西北大学哲学社会科学繁荣发展计划

中青年特色优势学科团队建设项目

"关学的历史、文献与思想研究"研究成果

西北大学关学研究院

中华关学文化继承与创新系列成果

关学文丛
丛书主编 刘学智

关学引论

刘宗镐 著

陕西师范大学出版总社

图书代号：SK20N2265

图书在版编目（CIP）数据

关学引论/刘宗镐著. — 西安：陕西师范大学出版总社有限公司，2020.12
（关学文丛/刘学智主编）
ISBN 978-7-5695-2017-0

Ⅰ.①关… Ⅱ.①刘… Ⅲ.①关学—研究 Ⅳ.①B244.45

中国版本图书馆CIP数据核字（2020）第231713号

关学引论
GUANXUE YINLUN

刘宗镐　著

出 版 人	刘东风
出版统筹	侯海英　曹联养
责任编辑	胡　杨
责任校对	张爱林
封面设计	安　梁
出版发行	陕西师范大学出版总社
	（西安市长安南路199号　邮编710062）
网　　址	http://www.snupg.com
印　　刷	西安五星印刷有限公司
开　　本	787mm×1092mm　1/16
印　　张	22.5
插　　页	4
字　　数	380千
版　　次	2020年12月第1版
印　　次	2020年12月第1次印刷
书　　号	ISBN 978-7-5695-2017-0
定　　价	78.00元

读者购书、书店添货或发现印刷装订问题，请与本社营销部联系、调换。
电　话：（029）85307864　85303629　　传真：（029）85303879

顾 问

张岂之 赵馥洁 方光华 徐晔 党怀兴

总 序

关学文丛

在纪念张载千年诞辰之际，陕西师范大学出版总社推出有关张载及关学研究的系列丛书，这是很有意义的学术盛举。

张载（1020—1077）是中国历史上著名的哲学家、教育家。作为宋明理学的奠基人、关学的创立者，他以"勇于造道"的精神，创建了博大精深的哲学体系。张载关学蕴含着丰富而深刻的精湛智慧，包括"太虚即气"的本体智慧、以"德性之知"超越"闻见之知"的认识智慧、由"气质之性"复归"天地之性"的修养智慧、"一物两体"的辩证智慧、"太和所谓道"的和谐智慧、"民胞物与"的道德智慧等等。张载哲学也体现着崇高而笃实的优秀精神，包括"立心立命"的使命意识、"勇于造道"的创新精神、"崇礼贵德"的学术主旨、"经世致用"的求实作风、"崇尚节操"的人格追求、"博取兼容"的治学态度等等。张载关学的这些智慧和精神，是中华传统文化的宝贵资源，是陕西地域文化的思想精华，是值得我们不断探索和发掘的精神宝藏。

对张载及关学的研究一直为历代关学学人所关注，特别是改革开放以来，陕西学人不断推进对张载及关学的学术研究和对关学优秀精神的弘扬。在纪念张载千年诞辰的今天，深入研究关学更有着特殊的意义。陕西师范大学出版总社为纪念张载千年诞辰，进一步推进关学研究，推出的这几种关于张载及关学研究的著作，是学者们近年在张载及关学研究方面成果的汇集。这些成果虽然不一定能全面反映近年关学研究的面貌，但是也从一个侧面体现了关学研究的新进展。其中，由刘学智、魏冬主编的《二十世纪前期关学研究文献辑要》，分为《张载研究》《明清关学研究与关学综论》《关学与陕西历史文化》三卷，集中对20世纪前期关学研究及与关学相关的陕西文化历史文献进行了系统整理。由魏冬撰著的《关学现代研究史论》则对这一时期关学的现代研究历史进程和主要观点进行了评述。这些成果从侧面说明了以现代学术视野和方法对关学进行研究早已开始。刘宗镐撰写的《关学引论》，从哲学之阈阐释关学的思想精髓，即"学以成人"的关学主题、"明道修辞"的关学言说、"体用全学"的关学形态、"崇实致用"的关学精神和"天人合一"的关学智慧等，对关学思想进行了综合研究，这些提法都颇有新意。刘宗镐所著《关学概说》一书，则是对张载关学及其发展演变加以介绍的概要性著作，语言质朴，文字简明，是一本适合初学者了解、学习关学的通俗性读物。魏冬和米文科撰写的《关学谱系与思想探研》一书，是近年他们对张载和关学进行专题研究的论文汇集，对关学文献源流特别是近现代关学研究成果进行了细致的探研与评述。全书以时间为轴，通过对关学谱系文献与思想文献的探研，展现了张载、马理、吕柟、韩邦奇、南大吉、王心敬、张秉直、党晴梵、曹冷泉等人在关学发展史上的重要地位，以及他们的思想特征与传承脉络，展现了关学的历史发展与派别流变。王美凤教授近年着力于清末民初关学多元走向的研究，尤其着力于对柏景伟的文献整理和思想研究。这次出版的是她对以往人们不大关注但却在清末关学史上有重要影响的关学学人柏景伟的著作《沣西草堂文集》的点校本，这是关于柏景伟著作的首次整理，对研究清末民初关学思想有着重要意义。《关学名言精粹》（书法版）一书，是为了普及推广张载及关学思想，由当前关学研究的专家学者精选关学学人著作中的部分经典名句，按照"人生理想""人生修养""治国理政""读书学习""为人处世"等类别加以编排，并搜集历史上一些著名书法家的书法作品，采取集墨的形式呈现关学思想和精神，可谓别开生面，别有风采。

祝愿张载及关学通过创新性的探索和研究，不断地生发新意、焕发生机！

是为序。

赵馥洁

二〇二〇年十一月八日

于西北政法大学静致斋

前言

北宋时期，在陕西关中形成了一个以张载为核心、以其创立的新儒学为特征的有全国性影响的地域性学术流派，史称"关学"。张载一生大部分时间在陕西眉县横渠镇度过，并长期在关中著述讲学，人称"横渠先生"，后来又被尊为"关中士人宗师"。其所创立的关学为孔孟儒学在宋代的重建奠定了坚实的理论基础。后人常将张载创立的关学与周敦颐的濂学、二程（程颢、程颐）的洛学以及朱熹的闽学并称为"濂洛关闽"，关学被视为宋代理学的四大学派之一。

关学并非一般意义上的"关中之学"，而是指自张载以来的关中理学。从广义上说，关学是指由张载开创及其后一直在关中传衍着的理学的统称；而狭义的关学，则指张载及其后在关中流传的与张载学脉或宗风相承或相通之关中理学。关学在张载去世时已成规模。只因张载去世过早，其弟子为弘扬道学，有的投奔二程门下，于是关学一度陷于寂寥，但到明代又出现了中兴之势，之后直到清末，关学统绪一直未有中断，关学宗风也持续被承传弘扬。由冯从吾所撰《关学编》及王心敬、李元春、贺瑞麟等续补的《关学续编》等关学学术史著作可知，关学统绪绵延不绝，"源流初终，条贯秩然"。随着时代的变化，关学的学术旨趣和思想特征虽有所变化，或与程朱理学融合，或与陆王心学融通，但"横渠遗风，将绝复续"，关学精神，世代相承。事实表明，关学是一个有其本源根基、学脉统绪、学术宗旨，风格独特而又开放包容的多元的地域性理学学术流派。

张载之学，特点是"尊礼贵德，乐天安命。以易为宗，以中庸为体，以孔孟为法，黜怪妄，辨鬼神"（《宋史·张载传》）。他将"历年致思所得"著成《正蒙》一书，其思想之深邃、博大、精严，在宋明理学史上独树一帜，由此他也被视为理学的重要开创者和奠基者。其著名的"为天地立心，为生民立命，为往圣继绝学，为万世开太平"的"四为"句，对激励国人树立志向、提升境界、塑造人格、彰显使命产生了积极的作用，并开显了儒家广阔的胸怀和宏大的气度；其被历代学人称颂和推崇的《西铭》，在"天人一体"思想基础上阐发的仁孝之理、"民胞物与"的仁爱精神和伦理境界，锻铸了关学学人特有的精神气象和人格气质，形成了理学史上颇具特色的关学学派品格。其思想和学派宗风一直影响着历代关中儿女，是人们处理人己关系、人与自然的关系、人的身心关系的方向指引和精神引领，也是中华民族和谐发展的重要价值理念，更是当今时代构建人类命运共同体的重要思想文化资源。

张载以其深邃的哲学思想，把汉唐以来的儒学推向一个新的高度。其在宇宙论上提出的"知太虚即气，则无无"的命题，以太虚之气的聚散对世界的存在做了富有哲理性的说明，从而把汉代以来以气为本原的宇宙生成论提升到本体论的高度；其"以易为宗"，以"幽明"之别纠正以往以"有无"之分对世界本质的说明，终结了历史上的"有无"之辩；他提出的"天地之性"与"气质之性"，以及"知礼成性""变化气质"的思想，使"性与天道为一"的"天人合一"思想得到系统的说明，从而使其哲学从宇宙论过渡到伦理观，从知识论走向价值论，使理学伦理本体化的目标得以实现。张载承继孟子"尽心""知性"的心性论路向，又汲取荀子"礼以成性"的思想，以"诚则明，明则诚"即"尊德性"与"道问学"的双向互动，实现了以虚静为涵养功夫而"养心"与以礼检束行为而"化性"相统一的"合内外之道"，使"知礼成性"即理想人格的培养落到了实处。

关学有一个鲜明的特征，就是重视躬行礼教，笃实践履。关学使关中文化既有隆礼重仪的古朴雅韵，又使其涌动着鲜活的生命力。关学学人一般都有一种坚持真理、不畏权贵、刚正不阿、崇尚气节的人格节操，有"无求生以害仁，有杀身以成仁"的理想信念，有"不降其志，不辱其身"的人生信条，有"富贵不能淫，贫贱不能移，威武不能屈""于公勇，于私怯"的大丈夫气概。他们的品格使儒家的优良传统在历史上一直闪烁着熠熠光芒。

张载创立的关学绵延八百余年，其文化精神不仅在中国历史上影响了一代代关中士人的风格、品行和节操，而且以其在社会生活中的丰厚遗存和深刻影响，至今仍然塑造和培育着当代关中人的精神风貌和行为方式，培育着关中乃至陕西人纯朴、质实、耿直、坚韧、诚信的文化性格，也对关中乃至陕西人形成求真务实、勇于担当、恪守正道、博取包容的品格和精神风貌产生了积极的影响。

2020年适逢张载千年诞辰，在这特殊的时刻，为了使广大读者缅怀张载，感受张载及关学学人的人格节操和精神风貌，感受包括关学在内的中华优秀传统文化的无限魅力，也为使大家了解、学习和领会张载及关学的核心思想、发展脉络，知悉20世纪前期的关学研究基本状况，应陕西师范大学出版总社刘东风社长之约，我们编撰了这套《关学文丛》。《关学文丛》推出的图书有七种，分别是：由刘学智、魏冬教授主编的《二十世纪前期关学研究文献辑要》（分为《张载研究》、《明清关学研究与关学综论》《关学与陕西历史文化》三卷），由魏冬教授撰著的《关学现代研究史论》，由魏冬和米文科二位教授撰写的《关学谱系与思想探研》，由王美凤教授点校的《〈沣西草堂文集〉校注》，由刘宗镐博士撰写的《关学引论》和《关学概说》，以及由国际儒学联合会与陕西省孔子学会编写（刘峰、张亚林为执行主编）的《关学名言精粹》。其中，《二十世纪前期关学研究文献辑要》对自戊戌变法前后到中华人民共和国成立这一时期的关学研究文献进行了较为系统的搜集整理，其中包括马一浮、刘师培、蔡元培、谢无量、钟泰、吕思勉、钱基博、钱穆、陈垣、冯友兰、张岱年、侯外庐等一百多位学者关于张载及关学的很有见地的研究著述，以及这一时期从文化视域重构关学及与关学相关的陕西文化的重要论著，说明以现代方法对关学进行研究与重构在这一时期已经开始且取得了丰硕的成果。在《关学现代研究史论》一书中，魏冬教授对自戊戌变法前后至中华人民共和国成立关学现代研究的历史进程及主要观点进行了研究和评述。《关学谱系与思想探研》是魏冬、米文科近年对张载和关学进行专题研究的论文汇集，书中对关学文献源流特别是近现代关学研究成果进行了细致的探研与评述，通过对关学谱系文献与思想文献的探研，展现了张载、马理、吕柟等诸多关学学人的思想及其传承脉络，也展现了党晴梵、曹冷泉等近现代学者在20世纪三四十年代关学研究方面的成就。《〈沣西草堂文集〉校注》是王美凤教授对以往人们不大关注但却在清末关学史上有重要影响的关学学人柏景伟著作的点校本，对于研究清末民初关学思想有着重要的参考价值。《关学引论》是刘宗镐博士从哲学之阈阐释关学思想精髓的专论，书中论及"学以成人"的关学宗旨、"明道修辞"

的关学言说、"体用全学"的关学形态、"崇实致用"的关学精神和"天人合一"的关学智慧等方面,是对关学思想进行综合研究的著作,许多论述颇富新意。《关学概说》是刘宗镐博士对张载关学及其发展演变加以介绍的概要性著作,通俗易懂,是适合初学者学习和了解关学的不可多得的普及性读物。《关学名言精粹》(书法版)是由国际儒学联合会与陕西省孔子学会动议并支持编撰的一部旨在普及推广张载及关学思想的通俗性读物,由原《关学文库》的部分作者精选关学学人著作中的部分经典名句并予以释义,由西北大学刘峰博士和陕西大家书画研究院张亚林院长负责编辑和统稿。这一简明易懂、图文并茂的读本,选取关学史上十九位代表学人的至理名言约三百条,以"人生理想""人生修养""治国理政""读书学习""为人处世"的主题分类编排,内容以书法体的形式予以展现,字体是从王羲之、颜真卿、于右任等历代名家作品中集墨而成,形式新颖,别具特色。

  这套丛书的编纂出版得到了陕西师范大学出版总社刘东风社长、侯海英主任的大力支持和精心安排,编辑胡杨、张爱林也为这套丛书付出了大量心血。在此我对刘东风社长、侯海英主任以及胡杨、张爱林两位编辑对丛书的大力支持和辛勤付出表示衷心感谢!时任国际儒学联合会秘书长牛喜平先生对本套丛书的编纂出版也给予了大力支持,在此一并表示诚挚的感谢!

  在这套丛书动议之初及编写过程中,张岂之先生、赵馥洁先生、方光华先生、徐晔先生、党怀兴先生等都给予了殷切关注、适时指导和大力支持,在此也对各位先生表示诚挚的感谢!

  由于时间仓促,我们的编撰工作会有不少疏漏乃至错误,希望广大读者朋友予以指正,以便我们在今后对其进一步加以完善。希望这套丛书能对大家了解和学习关学有所帮助。

刘学智
二〇二〇年十一月五日

目 录

绪　论　为关学正名——"尚能成派" ········· 001
　一、对古代关学的反思 ················· 003
　二、对现代关学的反思 ················· 008
　三、对关学的重新认识 ················· 014

第一章　关学宗旨——"学以成人" ··········· 021
　一、什么是人？ ····················· 024
　二、怎么做人？ ····················· 035
　三、什么是学？ ····················· 047
　四、怎么学习？ ····················· 059

第二章　关学言说——"明道修辞" ··········· 073
　一、批判地说 ······················ 076
　二、思辨地说 ······················ 086
　三、诗意地说 ······················ 097
　四、实证地说 ······················ 106
　五、分析地说 ······················ 116

第三章　关学形态——"体用全学" ··········· 127
　一、全学之向 ······················ 130
　二、明体之域 ······················ 141
　三、适用之域 ······················ 155

四、体用之学 169

第四章　关学精神——"崇实致用" 183
　　一、学崇"实际" 186
　　二、学贵"有用" 198
　　三、学务"实行" 211
　　四、学重"实事" 224
　　五、学求"致用" 238

第五章　关学智慧——"天人合一" 253
　　一、"明伦察物"的通识智慧 256
　　二、"民胞物与"的处世智慧 268
　　三、"与时偕行"的变通智慧 279
　　四、"至和可致"的和谐智慧 292

结　语　关学的未来——"因时变学" 305
　　一、地方与世界 307
　　二、传统与现代 316
　　三、传承与创新 322

参考资料 333

后　记 343

绪论 为关学正名——"尚能成派"

绪论　为关学正名——"尚能成派"

孔子主张"正名",因为"名不正,则言不顺;言不顺,则事不成"①。在研究关学之前,也需要对关学做一番正名的工作,因为只有准确理解关学之名,才能够"循名责实"②,进而准确地认知关学之实。

一、对古代关学的反思

关学这个概念,南宋已经出现。主要活动于宋孝宗时期的刘荀(生卒年不详)在其所著《明本释》中介绍张载说:"名载,字子厚,居凤翔郿县之横渠镇。学者称横渠先生。倡道学于关中,世谓之关学。"③这是我们目前所知"关学"的最早出处。

出现于南宋的关学概念没有受到当时学界的重视。客观地看,刘荀"其书在宋不甚显,至元明间始行于世也"④;主观地看,关学源于洛学的不实之论在南宋之时已随着科举畅销书《古今源流至论》的流布而广泛传播,严重阻碍了学子接受关学概念。⑤所以,直到晚明,关学概念才开始受到关注,使用也日益广泛。

刘荀较早地提出了关学概念,但没有明确界定。不过,从他说张载"倡道学于关中,世谓之关学"的言辞来看,关学应当指"关中道学"。明代晚期,冯从吾所撰《关学编》中比较频繁地出现"关学"一词,但也没有明确界定。冯从吾只是在表明其撰写目的时说:"题曰'关学编',聊以识吾关中理学之大略

---

① 《论语·子路》。
② 《韩非子·定法》。
③ 刘荀:《明本释》,见《景印文渊阁四库全书》第703册,台湾商务印书馆,1983年,第161页下。
④ 刘荀:《明本释》,第160页上。
⑤ 《古今源流至论》分前、后、续、别四集,各十卷,是南宋坊间流行的科举应试书籍。前、后、续三集由南宋林駉著,别集由南宋黄履翁著。四集均宣传二程弟子杨时和游酢的"横渠之学出于程氏"之论;尤其《别集》,依据杨、游之论而有"横渠本出于程氏也,而关中诸生欲尊其师,自为一家,毋乃以弯弓反射待横渠乎?"的妄断。(见《景印文渊阁四库全书》第942册,第565页上—下。)

云。"①由此来看，冯从吾将关学理解为"关中理学"。我们知道，理学也称"道学"或"新儒学"，都指谓今天习称的"宋明理学"。这样来看，冯从吾和刘蓉对关学的理解是相同的，即关学乃"关中理学"。这种内涵的关学被晚明以降的学者普遍接受和使用，这可视为古代的关学概念。

关学以"关中理学"为内涵，具有比较严格的地理阈限和学术阈限。"关中"是关学的地理阈限，"理学"即关学的学术阈限。

1. 关学的地理阈限——关中

何谓"关中"？关学学者对这个问题的回答很不一致。就目前习见的关学文献来看，关学学者当中最先介绍关中地理位置的是吕柟。他说："漆沮北澨，东河东篆，太华南峙，万里关中。"②他认为关中有万里之大，但如果北边以漆水和沮水为界③、东边以黄河为界、南边以华山为界的话，关中的地理区域没有那么大。所以，吕柟的上述文字只能视为文学描述，而不是地理记载。关学学者对关中地理的记载始于清代，共有四种观点。第一种是清代初期王建常提出的关中概念。他在给《尚书》作注时说："雍州之地，秦、汉曰关中，周之岐、丰、镐京皆在焉。"④这里的"雍州"即《尚书·禹贡》中的"黑水西河惟雍州"。《禹贡》中的雍州是古代九州之一，包括今天陕西和宁夏全境及甘肃、青海、新疆的部分地区，地理范围十分广阔。第二种是清代中叶王心敬提出的关中概念。他在与王承烈讨论关学时，提出"陕西全省既自秦汉来名关中矣"⑤的观点，即关中就是其所处历史时期的陕西。第三种是清代后期李元春提出的关中概念。他在《秦赋》中描绘了关中的地理位置，即："东则徙函谷而为潼兮，洪涛长抱而迅驰；西则嘉峪遥固夫肃、凉兮，沙漠直抵于远夷。少习名曰武关兮，南通楚、蜀而崄巇。延、榆并边于灵、夏兮，北俱接乎鄂尔多斯。"⑥这里提到函谷关、潼关、

---

① 冯从吾：《关学编（附续编）》，中华书局，1987年，第2页。
② 吕柟：《吕柟集·泾野先生文集》下册，西北大学出版社，2015年，第774页。
③ 漆沮，即漆水和沮水，古代河流名，具体地理位置不详，不过，吕柟的"漆沮北澨"很可能是沿用《诗经·大雅·绵》中的"自土沮漆"和《诗经·周颂·潜》中的"猗与漆沮"，《诗经》中漆水与沮水的地理位置应当在周朝发祥地——今陕西彬县、岐山一带。
④ 王建常：《王建常集》，西北大学出版社，2015年，第35页。
⑤ 王心敬：《丰川续集》，见《四库全书存目丛书·集部》第279册，齐鲁书社，1997年，第571页下。
⑥ 李元春：《李元春集》，西北大学出版社，2015年，第358页。

嘉峪关、武关，"关中"就是这四关之中的区域。就今天的地理范围来看，关中东起陕西潼关县，西至甘肃嘉峪关市，南起陕西丹凤县，北至陕西的榆林市。这样的话，关中就不只包括今天的陕西，还有甘肃嘉峪关以东的大部分地区。第四种是清代末期刘光蕡提出的关中概念。关中被刘光蕡称为"吾陕关中"①，这说明他将关中视为陕西的关中地区，即除陕北和陕南外的陕西地区。其子刘瑞騆在转述刘光蕡论述中国西北防守的话语时说："万一有事，陕北震惊，关中何能安枕？"②这再次比较明确地反映出，刘光蕡所谓的"关中"就是陕西的关中地区。以上就是关学学者理解的"关中"，一个认知并不一致的地理概念。

其实，关中作为古地区名，本来就不是一个十分明确的地理概念。《辞海》就记载有三种关中概念：第一种关中指函谷关以西，包括秦岭以南的汉中、巴蜀在内；第二种关中指秦岭以北的范围，有时包括陇西和陕北；第三种关中指"众关之中"，既有《关中记》的函关与陇关的二关之中说，又有《三辅旧事》的函谷关、武关、散关和萧关的四关之中说，还有胡三省注《资治通鉴》的陇关、函谷关、武关和临晋关的四关之中说，这都是后起之说，可信度不高。③可见，古代学者并没有清晰一致的关中地理概念。

关学史反映的关中也不一致。冯从吾的《关学编》著录的三十三位关学学者当中，有二十八位是陕西关中人；但于宋有今甘肃天水市的刘愿，于明有今兰州市的段坚和天水市的周蕙。《关学编》体现的"关中"是陕西关中和甘肃嘉峪关以东的部分地区，即"众关之中"的"关中"。王心敬将关中等同于陕西，所以《关学续编》不只著录陕西关中的关学学者，还著录有陕南洛南县的杨尧阶和杨舜阶；再者，他还将甘肃平凉市的文佩和天水市的蔡启允著录其中。王心敬《关学续编》体现的关中是陕西全境和甘肃嘉峪关以东的部分地区。李元春理解的"关中"包括甘肃部分地区，但是其所撰《关学续编》著录的自北宋至清代的二十一位关学学者全是陕西人，其中虽出现陕南城固县的谭达韵和南郑县的龚廷擢，也有陕北的刘玺、刘子诚和赵应震等人，但以陕西关中人居多。李元春《关学续编》反映的"关中"是陕西。贺瑞麟所撰《关学续编》著录清代关学学者十人，全都是陕西关中人，可见，贺瑞麟《关学续编》体现的"关中"是陕西

---

① 刘光蕡：《刘光蕡集》，西北大学出版社，2015年，第166页。
② 刘瑞騆：《行状》，见《刘光蕡集》，第285页。
③ 参阅《辞海·地理分册（历史地理）》，上海辞书出版社，1982年，第100页。

的关中地区。民国时期,四川成都人张骥撰《关学宗传》主张"以地系人",自觉地遵守关学的地域限制,非关中人"不敢附入"①。张骥理解的"关中"是陕西全境和甘肃嘉峪关以东的部分地区。可见,关学史所体现的关中地理概念也不相同。

无论是关学学者理解的关中,还是关学史体现的关中,地理区域都不相同,但是这些不同的关中概念存在一个交集,这个交集就是陕西的关中地区。这也就是说,关学之维的关中以陕西的关中地区为核心。这也就不难理解《关学编》、《关学续编》和《关学宗传》著录的关学学者,九成以上都是陕西关中人。所以,今天研究关学应当以陕西关中地区的宋明新儒学为核心。

在地理阈限确定之后,对关学学者身份的判定仍然存在问题——如何判定一个人是关中人?王心敬对这个问题的回答是"关中产也"②,即出生在关中地区。但是冯从吾并没有以此为标准,因为张载的弟弟张戬出生在今天的重庆市涪陵区,《关学编》依然将之著录。这样来看,判定关中人的标准应当是生活在关中地区。试想:如果一个理学家出生在关中,而其一生大都生活在他乡甚至客死他乡,将之视为关学学者似乎不太妥当;相反,一个理学家出生在他乡,而其一生绝大部分时间都"倡道关中"甚至老死关中,将之排斥在关学学者之外也不合情理。大概出于这种考虑,冯从吾将居住地而非出生地作为判定关学学者的地理阈限。

2. 关学的学术阈限——理学

关学的学术阈限是"理学",即宋明新儒学。宋明新儒学是儒学发展至宋明时期而形成的一种新的理论形态。冯从吾在《关学编》中明确规定"是编专为理学辑"③,即此书只著录关中的宋明新儒家。张舜典为《关学编》作的后序中也说此书"不载独行,不载文词,不载气节,不载隐逸,而独载理学诸先生"④。嗣后,王心敬、李元春、贺瑞麟的《关学续编》都严格遵守冯从吾确立的这条学术标准。

关学的理学阈限是说具有理学学者的身份是关学学者的必要条件。反之,不

---

① 张骥:《关学宗传》,见王美凤整理编校:《关学史文献辑校》,西北大学出版社,2015年,第147页。
② 王心敬:《王心敬关学续编序》,见冯从吾:《关学编(附续编)》,第65页。
③ 冯从吾:《关学编(附续编)》,第1页。
④ 张舜典:《关学编后序》,见冯从吾:《关学编(附续编)》,第62页。

具有理学学者身份,即使其他方面的成就再突出,也不能算作关学学者。比如清初"关中三李"都是著名人物,但王心敬的《关学续编》只著录李颙,而不著录李柏和李因笃。李元春的《关学续编》有意补充王心敬《关学续编》的遗漏,但依然不著录李柏和李因笃,后来贺瑞麟的《关学续编》亦复如是。这是为什么?原因诚如贺瑞麟所说:"二曲理学,天生文学,而雪木则高隐。"①《关学续编》不著录李柏和李因笃就是因为二者不是理学学者,尽管前者文学成就突出而后者节操高尚。再比如"以文章博雅,名动天下"的王弘撰,王心敬将之著录于《关学续编》并不是因为他颇有文学成就,而是因为他"晚年亦讲义理之学"②。由此足见,关学学者非常重视关学的学术阈限。

同时,关学的理学阈限暗含有时间阈限。我们知道,理学诞生于北宋,关学作为"关中理学",其时间上限自然也是北宋,诚如王承烈所说:"道学、理学之名起于宋。"③尽管冯从吾为了彰显关学源于孔子的儒学,而在《关学编》卷首著录有孔子的关中弟子四人,但是他强调"编中断自横渠张子始",即关学始于张载,而不是"孔门四子"。

但是张骥所著《关学宗传》打破了关学的学术阈限。张氏明确主张"不得以其有政事、文学屏之儒门之外"④,这不是说不能因为理学学者有政治业绩或文学成就便将之排斥在关学之外,而是说要将没有理学学者身份的著名官员和文人录入《关学宗传》。这是《关学宗传》著录"关学学者"多达二百多人的主要原因。不遵守关学的学术阈限,这是《关学宗传》的严重缺陷。

古代的"关学"即"关中理学"。关中指以陕西关中地区为核心而延及陕南和陕北乃至甘肃嘉峪关以东地区的广阔的地理区域,而其核心则是陕西的关中地区:这是关学的地理阈限。理学是指宋明新儒学,这是关学的学术阈限。只有长期生活在关中地区的宋明新儒学学者,才算是关学学者。一代代关学学者的宋明新儒学思想经过长期的凝聚和沉淀,最终形成了积淀深厚的关学。

---

① 贺瑞麟:《贺瑞麟集》上册,西北大学出版社,2015年,第450页。
② 王心敬:《关学续编》,见冯从吾:《关学编(附续编)》,第107页。
③ 这是王心敬在回复王承烈的书信中,引用王承烈来信中的话语。(见王心敬:《又答巽功弟》,《四库全书存目丛书·集部》第279册,第571页下。)
④ 张骥:《关学宗传》"例言",见王美凤整理编校:《关学史文献辑校》,第147页。

二、对现代关学的反思

现代意义上的关学研究，始于20世纪50年代侯外庐主编的《中国思想通史》第四卷中的"关学学风与张载的哲学思想"。嗣后，陈俊民的《张载哲学思想及关学学派》，龚杰《张载评传》中的"关学"和"关学与洛学"，姜国柱《张载关学》中的"关学干城"，赵馥洁的《关学精神论》，以及刘学智的《关学思想史》，都是关学研究方面的重要著作。其中，《张载哲学思想及关学学派》和《关学思想史》都是具有通史性质的关学力作。

1. 多元维度的关学

现代学人在接受古代关学概念的同时，对之做了不同维度的理解和诠释，形成了三种关学概念，即关学是北宋时期的张载学派，关学有广义和狭义两层含义，关学乃起始于北宋而终结于清代的理学学派。

关学是北宋时期的张载学派，这种观点以侯外庐和龚杰为代表。侯外庐主编的《中国思想通史》认为"北宋时期陕西地方的关学，以张载为核心，形成了一个重要的学派"[1]，并断言"北宋亡后，关学就渐归衰熄"[2]。龚杰在其所著《张载评传》中说"关学是张载在陕西关中地区所创建的理学学派"[3]，"在南宋初年即告终结"[4]，认为关学是张载及其弟子构成的独立学派。那么，元、明、清时期关中地区的宋明理学就不能称为"关学"，而只是关中地区的理学。

关学有广义和狭义两层含义，这种观点以张岱年和赵吉惠为代表。张岱年在给陈俊民《张载哲学思想及关学学派》撰写的序文中说："所谓关学，有两层意义，一指张载学说的继承和发展，二指关中地区的学术思想。"[5]赵吉惠在张岱年关学概念的基础上，指出关学有广义和狭义之分。他说，"关学概念在历史上向来有广义与狭义两种不同理解与用法"，"广义的关学，泛指封建社会后期的陕西关中理学（儒学）"，"狭义关学特指北宋时期以陕西关中张载为创始人的理

---

[1] 侯外庐：《中国思想通史》第四卷（上册），人民出版社，1959年，第545页。
[2] 侯外庐：《中国思想通史》第四卷（上册），第545页。
[3] 龚杰：《张载评传》，南京大学出版社，1996年，第197页。
[4] 龚杰：《张载评传》，第206页。
[5] 张岱年：《序》，见陈俊民：《张载哲学思想及关学学派》，人民出版社，1986年，第5页。

学或张载关学学派"。① 近年来，林乐昌提出关学是一个具有"三重维度"的概念的新观点，但他将张载创立的北宋关学视为独立学派而明清关学并非独立学派的观点，也应当属于关学两层含义论。② 这种关学两层含义论的观点既认可北宋时期的张载学派，也给元、明、清时期的关中理学以关学的名分，显得比较包容和开放。

关学是起始于北宋而终结于清代的理学学派，这种观点以陈俊民、赵馥洁和刘学智为代表。陈俊民在其所著《张载哲学思想及关学学派》中说："关学是宋明理学思潮中由张载创立的一个重要的独立学派，是宋元明清时期今陕西关中的理学（即道学或新儒学）。"③ 这乍看似两层含义论的关学，其实不然。这是说关学是一个独立学派，"它的发展大体上经历了北宋、元明、清初的形成、发展和终结三个主要时期"④。陈氏之所以认为关学是起始于北宋而终结于清代的独立的理学学派，是因为他研究发现张载之后关中地区的理学虽受到程朱理学和陆王心学的影响，但"主要还是直接继承了张载关学的'崇儒'宗旨和'实学'学风"⑤。陈氏所谓关学的"崇儒"宗旨即"关学世代'以躬行礼教为本'"⑥，而"实学"学风则是指关学"学贵有用"和"身体力行"的良好学风⑦。赵馥洁在其所著《关学精神论》中更明确地指出：北宋以后，以至清末，关中理学学者大都以张载为宗师，在不同程度上接受了张载的思想，继承了张载的学术旨趣，由此形成了在精神气质、学术宗旨、价值追求和治学作风上具有共性的地域学派——关学。⑧ 他进而认为，"自北宋张载创立关学之后，800年间，薪火相传，绵延不绝。它经历了北宋昌盛、金元衰落、明代复兴、清代嬗变的历史轨迹；它呈现着张载气学、程朱理学、陆王心学、明清实学交织递衍的学术面貌。然而，无论历史如何变迁，学派如何争论，关学却蕴含着重使命、重礼教、重创新、重博取、重节操的优秀精神"⑨。刘学智在其所著《关学思想史》中指出："关学是由张载

---

① 赵吉惠：《21世纪儒学研究的新拓展》，社会科学文献出版社，2004年，第241—242页。
② 林乐昌：《张载理学与文献探研》，人民出版社，2016年，第152—164页。
③ 陈俊民：《张载哲学思想及关学学派》，第1页。
④ 陈俊民：《张载哲学思想及关学学派》，第33页。
⑤ 陈俊民：《张载哲学思想及关学学派》，第43页。
⑥ 陈俊民：《张载哲学思想及关学学派》，第50页。
⑦ 陈俊民：《张载哲学思想及关学学派》，第51页。
⑧ 赵馥洁：《关学精神论》，西北大学出版社，2015年，第2页。
⑨ 赵馥洁：《关学精神论》，第6页。

创立并在其后的传播流衍中'与张载学脉相承之关中理学'。"①这是说元、明、清时期，关中地区既存在着关学，也存在着关中理学，前者继承了张载关学，后者没有继承张载关学；而其中的关学，则是一个起始于北宋而终结于清末民初的宋明新儒学学派。刘氏之所以说关学是学派，是因为关学既有一以贯之的"关学精神"——"'重气学''重性命''重礼教''重实用'"，也有一以贯之的"关学宗风"——"躬行礼教，崇真尚实，重视践履，崇尚气节"。②

关中地区由北宋至民国初期一直存在着宋明新儒学，这是客观事实。在古代的学者看来，毋庸置疑，这就是关学，因为他们普遍将关学理解为"关中理学"。但对现代学人而言，是否存在一个由北宋发展至民国初期的关学学派则是个问题，原因就在于他们从严格的学派之维来考核关学。

2. 学派视域的关学

关学是不是一个由北宋发展至清末民初的宋明新儒学学派，对关学学者来说，这不是问题，因为他们所谓的"关中理学"并不是关中的理学或者说理学在关中，而是一个由张载开创并被后来的关中学者代代传承的独立学派。张载"某既闲居横渠，说此义理，自有横渠未尝如此"③的言辞充分表明，他有开宗创派的自觉。客观地看，"（张）载学古力行，为关中士人宗师"④，关学学派业已形成。尽管有金一代，关学曾一度衰落，但明代关学学者普遍有振兴关学之志，而且他们振兴的关学不是关中地区的理学，而是"横渠派"⑤——张载开创的关学学派。自明以降，"关学之兴代有其嗣"⑥，至民国初期尚有学人盛赞"今天下讲学，惟关中尚能成派"⑦。可见，在关学学者看来，关学自始至终是一个独立学派。

关学学者普遍以张载为关学鼻祖，并有继承张载关学的自觉。张载弟子普遍恪守师说，即使张载病逝后师从二程的吕大临等人，也被程颐批评"守横渠学甚

---

① 刘学智：《关学思想史》，西北大学出版社，2015年，第6页。
② 参阅刘学智：《关学思想史》，第18页。
③ 张载：《张载集》，中华书局，1978年，第290页。
④ 脱脱等：《宋史》第36册，中华书局，1985年，第12724页。
⑤ 马理：《马理集》，西北大学出版社，2015年，第427页。
⑥ 贺瑞麟：《贺瑞麟集》下册，第635页。
⑦ 牛兆濂：《牛兆濂集》，西北大学出版社，2015年，第198页。

固"①。所以，其时的理学家依然称赞"与叔乃横渠门人之肖者"②。金元之时，汲取程朱理学的同恕有"振关洛之坠绪"的志向。有明一代，"（马理）与吕柟并为关中学者所宗"③，他们自觉承续张载，振兴关学。诚如贺瑞麟所说："关学启横渠，马吕尚追逐。"④具体来看，吕柟认为"横渠，教之宗也"⑤，积极整理和出版张载著作，传播张载关学；马理"倡道关中"，更是"追维绝学，横渠是师"⑥。即使师承王阳明的南大吉，在返回关中后也"前访周公迹，后窃横渠芳"⑦，非常自觉地学"遵横渠"⑧。到了清代，前有李颙倡导"关中之学，横渠先生开先"⑨，毅然承续张载"以倡明关学为己任"⑩；后有贺瑞麟高呼"横渠为关学之祖"⑪，柏景伟主张"横渠是吾师"，共同呼吁关中学者"振兴关学"。⑫民国初期，牛兆濂疾呼关中学者"振兴关学"⑬来"上接横渠之统"，其弟子李铭诚呼吁关中学人"共讲关学，以复横渠旧业"⑭。关学学者自觉地继承张载关学的精神被其时的学者所认知，就有学者称许关学学者"凡所以立身诲人者，往往奉横渠张子为准的"⑮。张载关学被关学学者代代传承而不断发展的现象，被学人称赞为"继继承承，相绵弗替"⑯。这都说明关学学者有继承和发展关学的自觉和志向，而且关学在他们积极的继承过程中代有传承。

关学学者认为"以礼为教"是张载关学的核心，遂自觉继承和发扬"横渠礼教"。张载的"以礼为教"在宋明新儒家中最具特色。程颢和程颐曾充分肯定和赞扬："子厚以礼教学者最善。"⑰吕大临完全继承张载的"以礼为教"，不只主

---

① 程颢、程颐：《二程集》，中华书局，1981年，第265页。
② 胡宏：《胡宏集》，中华书局，1987年，第189页。
③ 张廷玉等：《明史》第24册，中华书局，1974年，第7250页。
④ 贺瑞麟：《贺瑞麟集》上册，第282页。
⑤ 吕柟：《吕柟集·泾野先生文集》上册，第76页。
⑥ 乔世宁：《马谿田先生墓碑》，见《马理集》，第625页。
⑦ 南大吉：《南大吉集》，西北大学出版社，2015年，第11页。
⑧ 南大吉：《南大吉集》，第13页。
⑨ 李颙：《二曲集》，中华书局，1996年，第178页。
⑩ 李元度：《国朝先正事略》，岳麓书社，2008年，第879页。
⑪ 贺瑞麟：《贺瑞麟集》上册，第281页。
⑫ 柏景伟：《沣西草堂文集》卷八，光绪二十六年（1900）排印本，第23页b。
⑬ 牛兆濂：《牛兆濂集》，第128页。
⑭ 李铭诚：《庞荫轩存稿》，民国三十五年（1946）排印本，第7页b。
⑮ 周长发：《史复斋文集·序》，见《四库全书存目丛书·集部》第281册，第1页下。
⑯ 陆均：《序二》，见《吕柟集·泾野子内篇》，西北大学出版社，2015年，第245页。
⑰ 程颢、程颐：《二程集》，第23页。

张个人修养需要"致礼以治躬"①，而且提倡治理国家应当"恃礼以为治也"②。诚如牛兆濂所说："盖横渠以礼教关中学者，与叔从游最久，守其说甚固。"③金元之时，萧㪺"尤邃《三礼》"且"为善于礼"④。有明一代，王承裕"教人以礼为先"⑤；吕柟深悉"张子以礼教人"⑥，教学更重视礼教，以至有学人认为其"以礼教学者，似张横渠"⑦；马理也"执礼如横渠"⑧。至清代，前有王建常深知"横渠持身谨严，教人以礼"⑨，而重视礼教；中有李元春秉承"横渠以礼教人"⑩，而尤重礼教；后有贺瑞麟深悉"横渠先生以礼教关中学者"⑪，自觉地以振兴礼教来复兴关学，遂"俾横渠遗教畅然行乎三辅"⑫。民国之初，牛兆濂也深知"横渠以《礼》教关中学者"⑬，"辄思踵而成之"，遂积极推行"横渠礼教"，⑭希望"关中学者兴行于礼教"⑮来复兴关学。由此足见，"以礼为教"是关学一以贯之的主张和作风。问题是关学学者为什么普遍恪守张载的"以礼为教"？贺瑞麟回答说："横渠张子教学者以礼为先，使有所据守。此又吾关学当奉以为法者也。"⑯这是说"以礼为教"是关学最基本的特征，是关学学者必须恪守的宗旨。这就是关学学者重视"以礼为教"的根本原因。正是基于这种认识，在关学学者看来，"礼教兴行，关学一脉不致叹于中断"⑰，于是，就出现了一代代关学学者前赴后继地推行"横渠礼教"的壮举。也正是在一代代关学学者传承

---

① 吕大临：《吕大临集》，见吕大临等：《蓝田吕氏集》上册，西北大学出版社，2015年，第49页。
② 吕大临：《吕大临集》，第9页。
③ 牛兆濂：《牛兆濂集》，第40页。
④ 苏天爵：《元故集贤学士国子祭酒太子右谕德萧贞敏公墓志铭》，见萧㪺、同恕、杨奂《元代关学三家集》，西北大学出版社，2015年，第512页。
⑤ 马理：《马理集》，329页。
⑥ 吕柟：《吕柟集·泾野子内篇》，第75页。
⑦ 甘棠馨：《序三》，见《吕柟集·泾野子内篇》，第246页。
⑧ 冯从吾：《关学编（附续编）》，第48页。
⑨ 王建常：《王建常集》，第285页。
⑩ 李元春：《李元春集》，第756页。
⑪ 贺瑞麟：《贺瑞麟集》上册，第93页。
⑫ 牛兆濂：《牛兆濂集》，第241页。
⑬ 牛兆濂：《牛兆濂集》，第40页。
⑭ 牛兆濂：《牛兆濂集》，第70页。
⑮ 牛兆濂：《牛兆濂集》，第45页。
⑯ 贺瑞麟：《贺瑞麟集》上册，第149页。
⑰ 贺瑞麟：《贺瑞麟集》下册，第638页。

"横渠礼教"的过程中，关学一直绵延到民国初期。民国初期来陕西讲学的山东学者孙乃琨说："自横渠张子倡明礼教，本于天理民彝，合乎洙泗教法，故其学愈传愈远，历久弥曜。故至今西安文庙行礼，少长咸集，宛若熙朝盛世，莫不肃敬将事，令人忘其为晦盲时代。"①这充分说明，关学学者将张载的"以礼为教"传承至民国初期。

既然自元代至民国初期的关中理学学者普遍恪守张载关学的基本特色——"以礼为教"，那么，为什么现代相当多的学人认为关学不是一个始于北宋而终于民国的独立学派？或者说，为什么认为元代至民国初期的关中理学没有继承张载关学的基本特征？张岱年的有关言论给我们提供了回答这个问题的思路。他说："张载学说有两个最重要的特点，一是以气为本，二是以礼为教。后来关中地区的学者，大多传衍了以礼为教的学风，而未能发扬以气为本的思想。"②其实，认为关学不是一个始于北宋而终于民国之独立学派的学人，大都是站在气本论的立场判定关学自张载及其弟子之后断绝了。诚然，元代以至民国的关中理学家没有继承张载的气本论，但是他们普遍继承了张载的"以礼为教"学风。诚如贺瑞麟所反问："关中人士岂遂无上继横渠者？"③再者，张载关学是否"以气为本"尚存在争论。即使坚信张载关学是气本论的学者也不能不承认，在张载关学中太虚与气的关系"始终是一个争议颇多的课题"④。那么，将太虚等同于气从而认为张载关学是气本论之观点的可信度有多大？同时，将"以气为本"视为关学应当传承之基本特色的合理性就更不能不让人存疑。

但问题是，相对于"以气为本"，现代学人为何没有将"以礼为教"视为张载关学更基本的特征？原因恐怕是"以礼为教"只是"学风"，显得比较外缘，不足以揭示张载关学思想的基本特征。既然关学有"以礼为教"的学风这种外缘的表现，那必然有其形成的深层原因。大概有见于此，陈俊民主张关学传承是学风传承的同时，更强调关学传承是宗旨的传承；赵馥洁强调关学的共性除了治学作风外，还有精神气质、学术宗旨和价值追求，关学的精神传承除重礼教外，还有重使命、重创新、重博取、重节操；刘学智在主张关学传承是"关学宗风"传

---

① 孙乃琨：《灵泉文集》下册，济南善成合记印务局，1940年，第13页a—b。
② 张岱年：《序》，见陈俊民：《张载哲学思想及关学学派》，第5页。
③ 贺瑞麟：《贺瑞麟集》上册，第207页。
④ 杨立华：《气本与神化：张载哲学述论》，北京大学出版社，2008年，第27页。

承的同时，更强调"关学精神"的传承。就连认为不存在统一关学学派的林乐昌也承认：张载关学的传承既有"学术传承"，也有"精神传承"。[①]这样来看，关学除了"以礼为教"的学风外，还有深层的学术传承和精神传承。那么，我们应思考的就不是历史上有没有统一学派的关学，而是统一学派的关学何以可能的问题。对这个问题的有效回答，以有效回答关学有何精神、关学有何宗旨、关学有何形态等比较宏观的理论问题为前提。对这些问题的规范思考和有效回答，不只是对统一学派之维的关学何以可能的有效回答，更是对关学以及关学历史的重新认识。

三、对关学的重新认识

关学的传承，既有表层的学风传承，也有深层的学理传承。关学学风就是我们所熟知的"以礼为教"，如前所述，关学学者代代相传。关学学理，大体而言，包括关学宗旨、关学形态和关学精神，关学学者也代有传承。

1. 关学多元的学理传承

关学的学理传承既有"学以成人"的关学宗旨的传承，也有"体用全学"的关学形态的传承，还有"崇实致用"的关学精神的传承。

关学的传承是关学宗旨的传承。关学宗旨是"学以成人"。何谓"学以成人"？马理回答说："若夫贤人之学，何必然哉？知所当行，执而守之，之死不渝，亦成人矣。"[②]这是说"学以成人"就是通过终生学习并实践儒家的圣贤之学来成就"完人"。其中，学习是必要的手段，在关学学者看来，"非学何以成人？"[③]，不但要学习，而且要"博学"，要"广识"；成人是最终的目标，如果"学不成人"[④]，即使知识再丰富再精深，学习也是失败的。这就是关学所谓的"学以成人"。关学的"学以成人"宗旨奠基于张载，表现是他明确提出"学者

---

① 林乐昌：《张载理学与文献探研》，第162—163页。
② 马理：《马理集》，第272页。
③ 李元春：《李元春集》，第268页。
④ 贺瑞麟：《贺瑞麟集》下册，第758页。

学所以为人"①的关学基本命题。明代关学学者要么提倡"学也成人"②，要么倡导"学也者，所以学为人也"③，大力发扬关学的"学以成人"宗旨。迨清代，关学学者依然主张"学所以学为人也"④。在他们看来，"学而不如此，则失其所以为学，便失其所以为人矣"⑤，关学的"学以成人"宗旨得以继续弘扬。到了民国，前有牛兆濂提倡"学者，所以学为人也"⑥，后有李铭诚倡导"夫学者，所以学为人也"⑦，"学以成人"的关学宗旨依然被恪守。可见，关学自始至终以"学以成人"为宗旨。

关学的传承是关学形态的传承。关学形态即关学的理论形态，或者说关学的学术形态。关学的理论形态是"体用全学"。"体用全学"包括"道德之学"和"经济之学"，二者是体用关系。关学"体用全学"的建构始于张载：张载认为释老之学"有体而无用"⑧，而儒学则是体用兼备，所以，他自觉地建构"合体与用"⑨之学来振兴儒学。继而，李复和同恕也自觉地建构"体用之学"。有明一代，关学学者普遍提倡"圣贤体用之学"，尤其是薛敬之和吕柟师徒提出"明体适用"⑩。清初，"体用全学"被关学学者明确提出，并以李颙建构的"明体适用之学"为代表；嗣后，王心敬提倡"明体适用之全学"⑪，张秉直倡导"明体达用之学"⑫，李元春主张"学兼体用"⑬，贺瑞麟主张"圣贤学问有体有用"⑭，柏景伟倡导"学兼体用"⑮，刘光蕡提倡"中体时用"之学，张元勋建构成"用体用用"之学。总而言之，自张载始，关学学者普遍提倡并建构"体用之学"，不

---

① 张载：《张载集》，第321页。
② 薛敬之：《思庵野录》，见薛敬之、张舜典：《薛敬之张舜典集》，西北大学出版社，2015年，第67页。
③ 冯从吾：《冯从吾集》，西北大学出版社，2015年，第84页。
④ 王心敬：《王心敬集》下册，西北大学出版社，2015年，第820页。
⑤ 李颙：《二曲集》，第401页。
⑥ 牛兆濂：《牛兆濂集》，第214页。
⑦ 李铭诚：《宗铭书院谕学者语》，见《庇荫轩存稿》第11页b。
⑧ 张载：《张载集》，第18页。
⑨ 张载：《张载集》，第33页。
⑩ 薛敬之：《思庵野录》，第99页；吕柟：《吕柟集·泾野经学文集》，西北大学出版社，2015年，第361页。
⑪ 王心敬：《王心敬集》下册，第921页。
⑫ 张秉直：《治平大略》卷二，光绪元年（1875）传经堂刻本，第7页a。
⑬ 李元春：《李元春集》，第394页。
⑭ 贺瑞麟：《贺瑞麟集》上册，第380页。
⑮ 柏景伟：《沣西草堂文集》卷七，第58页b。

同的"体用之学"共同形成关学的"体用全学",这是关学在理论形态上的显著特征。

关学的传承是关学精神的传承。关学的基本精神是"崇实致用"。"崇实致用"是"崇实"和"致用"的合称。就前者来看,张载为学主张"敦实""务实""笃实",而吕大临则明确提出"崇实";有明以降,薛敬之为学提倡"著实"[1],吕柟治学倡导"务实为要"[2],马理"务为笃实之学"[3],冯从吾主张"君子务实"[4];迨清代,王建常为学提倡"笃实",王弘撰强调学问要有"切实之旨"[5],李颙治学主张"一味务实"[6],刘光蕡为学倡导"求实"[7]。就后者来看,张载为学提倡"求致用"[8];元代的萧㪺强调学问要"务见实用"[9];有明一代,王恕主张学问应"施为实用"[10],马理认为学问应当"有博济之用"[11],吕柟提倡"穷经以致用"[12],冯从吾批评儒者"驰空谈而鲜实用"[13],王徵批评"学术漫无用处"[14];迨清代,李颙主张"学为有用"[15],王心敬批评儒者学而"无以致用"[16],杨屾倡导"穷经致用"[17],贺瑞麟批评儒者"学而不能致用"[18],刘光蕡"为学专注实践,归依致用"[19]。由此足见,"崇实致用"是关学学者的普遍主张,是关学一以贯之的思想。

关学作为一个独立的宋明新儒学流派,具有三个不同层面的学理特征:就表

---

[1] 薛敬之:《思庵野录》,第41页。
[2] 吕柟:《吕柟集·泾野子内篇》,第17页。
[3] 永瑢等:《四库全书总目》,中华书局,1965年,第1575页上。
[4] 冯从吾:《冯从吾集》,第118页。
[5] 王弘撰:《王弘撰集》下册,西北大学出版社,2015年,第1015页。
[6] 李颙:《二曲集》,第201、437页。
[7] 刘光蕡:《刘光蕡集》,第232页。
[8] 张载:《张载集》,第74页。
[9] 萧㪺:《勤斋集》,见《元代关学三家集》,第217页。
[10] 王恕:《王恕集》,西北大学出版社,2015年,第480页。
[11] 马理:《马理集》,第175页。
[12] 吕柟:《吕柟集·泾野先生文集》下册,第1092页。
[13] 冯从吾:《冯从吾集》,第239页。
[14] 王徵:《王徵集》,西北大学出版社,2015年,第147页。
[15] 李颙:《二曲集》,第492页。
[16] 王心敬:《王心敬集》下册,第619页。
[17] 杨屾:《豳风广义》,见《续修四库全书》第978册,上海古籍出版社,2002年,第19页上。
[18] 贺瑞麟:《贺瑞麟集》上册,第111页。
[19] 刘光蕡:《公禀》,见《刘光蕡集》,第276页。

层的学术形态来看，关学以"体用全学"为形态；就较深层面的学术宗旨来看，关学以"学以成人"为宗旨；就核心层面的学术精神来看，关学以"崇实致用"为精神。

分析至此，我们可以回答本书的基本问题——统一学派之维的关学何以可能？关学自北宋张载开创，经元、明、清不同时期的关中新儒学学者的传承，至民国而终结。这八百多年间，关学学者代代相传的到底是什么？是"学以成人"的关学宗旨、"体用全学"的关学形态、"崇实致用"的关学精神、"以礼为教"的关学学风。这就是关学的学术特色，这就是关学的学术传统，这就是关学何以成为一个独立学派的理论支撑。

将古代的关学和现代的关学综合来看，关学既具有严格的地理阈限——关中地区，也具有严格的学术阈限——关学宗旨、关学形态、关学精神、关学学风。依据这两个基本阈限，只有以"学以成人"为宗旨、"体用全学"为形态、"崇实致用"为精神、"以礼为教"为学风的"关中理学"，才配称关学。不过，这还需要有个前提，就是关中理学学者认可关学并自觉地传承关学，不然的话，其学就不可能同时具备关学四个不同层面的基本特征。

基于上述认知，我们可以这样界定关学：关学是由北宋张载开创于关中并经关中学者继承和发展而终结于民国的以"学以成人"为宗旨、"体用全学"为形态、"崇实致用"为精神、"以礼为教"为学风的宋明新儒学学派。这就是关学之名。

2. 关学指称的关学之实

理解关学之名后，再用关学之实来验证关学是否名副其实。关学学者普遍主张"崇实"，故而比较重视名实之辨。李元春说："名者，实之宾；实者，名之主。名与实不可相离，有实而后有名。"[1]这告诉我们概念应有其指称的对象，那么关学也有其指称的对象，这个对象就是历史上的关学。历史上曾经存在的关学已经随着时间的流逝而消失，现在只能依据关学文本来回忆。杨屾建议人们"循名责实，莫为前人所愚"[2]。这正是我们回忆关学历史的主要原因，即通过历史来验证"关学"是否名副其实。

---

[1] 李元春：《李元春集》，第13页。
[2] 杨屾：《知本提纲》卷九（一），民国十二年（1923）重刻本，第36页b。

依据目前习见的关学文本,大体上可以重现关学漫长的发展历程。

关学诞生。北宋之时张载讲学关中,其学以"学以成人"为宗旨,初具"体用全学"规模,颇有"崇实致用"精神,教学侧重"以礼为教",吸引了大批学生,遂成为"关中士人宗师"。

关学继续发展。张载的关中弟子吕大临和李复恪守师说,为学以"学以成人"为宗旨,前者治学"在宋儒之中,可谓有体有用者矣"[1],彰显了关学的"体用全学"形态和"崇实致用"精神;后者为学既主张"崇实",又提倡"崇礼",突显了关学的"崇实致用"精神和"以礼为教"学风。

关学再度兴起。金人攻陷关中并统治关中,战事频繁,文治无望,关学遂中断。迨元代,萧𣂏和同恕虽多汲取程朱理学,但依然恪守关学"学以成人"宗旨,前者视宋明新儒学为"圣门实学"而颇重"实行"且"为善于礼",后者提倡"真知实践之学"又强调"务见实用",关学"崇实致用"精神和"以礼为教"学风得以传承;再者,二人讲学关中,"关辅之士,翕然宗之"[2]。

有明一代,关学中兴。具体而言,王恕及其子弟虽汲取程朱理学,但都恪守关学"学以成人"宗旨。王恕为学"贵力行",且强调"施为实用";其子王承裕主张学习圣人之学"当行圣人之事"而反对"空谈",且"教人以礼为先";其徒马理"务为笃实之学"且强调学问应当"体用备",更是"执礼如横渠"。关学"崇实致用"精神和"以礼为教"学风得以彰显。薛敬之、吕柟师徒也汲取程朱理学,但同样恪守关学"学以成人"的宗旨,且二人皆提倡"明体适用"之学。尤其是吕柟,既强调学问应"体用咸备",又强调学问须"崇实""务实",且自觉发扬"张子以礼教人"的学风,讲学"几与阳明氏中分其盛,一时笃行自好之士,多出先生之门"[3],关学的"体用全学"形态、"崇实致用"精神和"以礼为教"学风均得以突显,吕柟也被称为"关中有明一代理学之冠"[4]。韩邦奇及弟子杨爵也汲取程朱理学,但同样也恪守关学"学以成人"的宗旨,前者提倡"明体达用"之学而尤重"实用"且主张"礼教",后者主张学"兼体用"而强调"实行"且倡导"复礼"。关学"体用全学"形态、"崇实致用"精神和

---

[1] 永瑢等:《四库全书总目》,第1336页下。
[2] 宋濂等:《元史》第14册,中华书局,1976年,第4326页。
[3] 黄宗羲:《明儒学案》上册,中华书局,2008年第2版,第11页。
[4] 贺瑞麟:《贺瑞麟集》上册,第136页。

"以礼为教"学风得以弘扬。南大吉接受姚江心学,冯从吾和张舜典吸收江门心学,但三者力倡"学以为人"。南大吉重视"躬行"且倡导"遵礼义",冯从吾强调"实用"而主张"视听言动要合礼",张舜典关注"实际"且倡导"视听言动能复礼",三者都能够恪守关学的"崇实致用"精神和"以礼为教"学风。更重要的是,冯从吾掌教关中书院期间生徒多达五千余人,"关中书院之盛,近古未有也"①。明末,王徵积极学习西学,主张建构"有体有用"之学,并将西方的科学技术和重商思想纳入关学,丰富了"体用全学"的内容。

清易明鼎,关学再度复兴。抱有亡国之痛的王建常、王弘撰和李颙都不同程度地反思心学的不足。王建常和王弘撰吸收程朱理学,李颙汲取陈(白沙)王(阳明)心学,但都倡导"学以成人",主张建构"体用之学",尤其重视"崇实致用",主张"教人以礼"。特别是李颙,不只明确提倡"体用全学"并建构自己的"明体适用之学",大力倡导学"重实行"和学"求实用",还弘扬"张子以礼为教",倡导"礼为立身之准",关学的"体用全学"形态、"崇实致用"精神和"以礼为教"学风极大程度地得以彰显。他讲学江南影响极大,被称为是直接承续张载而"上接关学六百年之统"②的"海内真儒,关中正脉"③。嗣后,汲取心学思想者如王心敬主张"立体致用"之学,祝垲主张"明体达用之学";吸收理学思想者如张秉直提倡"明体达用之学",李元春主张"学兼体用";汲取基督教和伊斯兰教思想④的杨屾也积极建构"体用之学"。他们都极大地丰富了关学"体用全学"的内容,同时也极大地彰显了关学的"崇实致用"精神,而"横渠以礼教人"的学风也得到弘扬。

清代末期,关学开始走向终结。直面晚近中国贫弱不能独立的现状,刘光蕡"为学专注实践,归依致用",并试图建构"中体时用"之学来大量汲取西方的"富强之术",遂将关学"崇实致用"精神发展到极致,但结果是其学说中的"心性之学"非常稀薄而且浅显,同时"学以成人"的宗旨也相对淡化。与此相

---

① 翟凤翥:《重兴关中书院序》,见《冯从吾集》,第537页。
② 全祖望:《全祖望集汇校集注》,上海古籍出版社,2000年,第235—238页。
③ 高嵩侣:《学宪高公书》,见《二曲集》,第708页。
④ 吕妙芬认为杨屾不只汲取了基督教的思想,还吸收了伊斯兰教的思想。参阅氏著:《杨屾〈知本提纲〉研究——十八世纪儒学与外来宗教融合之一例》,载《中国文哲研究集刊》第四十期,2012年,第83—127页。

反，贺瑞麟直面西学的冲击，主张维护中国固有学术之"纯"之"正"，将其时汲取西学甚至实学的宋明新儒学斥为"杂学"，这导致其学缺少"经济之学"的内容，从而使其主张的"体用兼赅之学"有名无实，也使关学的"崇实致用"精神相对淡化。这都是关学走向终结的表现。嗣后，贺瑞麟的徒子徒孙牛兆濂和李铭诚连"体用全学"之名也不提，而只高唱"学以成人"的关学宗旨，并希图通过复兴"横渠礼教"来"振兴关学"，关学的"崇实致用"精神随之丧失，结果使关学终结。刘光蕡的弟子张元勋以"通古今，合中外"的方式追求"致用"，并建构"用体用用"之学来囊括古今中外的实用知识，导致其学几乎缺失"心性之学"，也使"学以成人"的关学宗旨几乎丧失；更为严重的是，他将宋明新儒学的最高本体——"道"悬置不论，只探讨"道之用"，而且道的"用之体"和"用之用"之间完全没有体用关系。这也是关学终结的表现。贺瑞麟曾坚信"礼教兴行，关学一脉不致叹于中断"，而牛兆濂和李铭诚"大倡礼教"来"振兴关学"的民国初期，恰是礼教被斥责为"吃人的礼教"而见弃于时的年代，即使地处西北的关中也受时代影响而无法推行礼教。当牛兆濂和李铭诚抱持的"关中学者兴行于礼教"的美好理想根本无法实现时，关学也就彻底终结了。

客观地看，历史上的确存在一个由北宋张载开创于关中并被关中学者继承和发展而终结于民国的以"学以成人"为宗旨、"体用全学"为形态、"崇实致用"为精神、"以礼为教"为学风的宋明新儒学学派，这个学派自南宋起被学人称为"关学"。这就是关学之名指称的关学之实，一个名副其实的宋明新儒学学派。

关学作为由北宋张载开创于关中地区并被关中儒者继承和发展而终结于民国初期的宋明新儒学学派，其理论上的基本特色是以"学以成人"为宗旨、"体用全学"为形态、"崇实致用"为精神、"以礼为教"为学风。关学，就其"学以成人"的宗旨而言，可以称为"人学"；就其"体用全学"的形态而言，可以称为"全学"；就其"崇实致用"的精神而言，可以称为"实学"；就其"以礼为教"的学风而言，可以称为"礼学"：这就是关学。

第一章 关学宗旨——「学以成人」

关学宗旨，既指关学学说的思想旨趣，也指关学者的立说意图。前者是后者的理论化表现，后者是前者的主体性存在，二者相互统一。纵观八百多年的关学思想史不难看出，关学宗旨是"学以成人"。北宋关学肇创之初，张载就将"学以成人"确定为关学的宗旨。他说："学者当须立人之性。仁者人也，当辨其人之所谓人。学者学所以为人。"①张载最关注的问题是：何以为人？如何为人？他要有效回答这些问题。他对这些问题的回答形成了"学以成人"话题，并进而成为其学的宗旨。嗣后，在关学八百多年的发展中，关学学者不是提倡"学也者，所以学为人也"②，就是倡导"学所以学为人也"③，普遍关注"学以成人"问题，进而使关学"学以成人"的宗旨表现得更加突出。迨民国关学终结之际，牛兆濂依然倡导"学者，所以学为人也"④，"学以成人"的关学宗旨始终不渝。关学学者普遍关注"学以成人"的问题，使"学以成人"成了关学的宗旨。

"学以成人"，就是"学以圣人为至"⑤，即学习的最高目标是成就圣人。据说，张载为学倡导"学必如圣人而后已"⑥，教弟子"以圣人为期"，原因是他认为秦汉以降，儒者有"求为贤人而不求为圣人"的不足。张载所谓"学至圣人"，其实是说做人应当"常以圣人之规模为己任"⑦，即做人应以最高标准严格要求自己。在这种"取法乎上"之高标准的要求下，即使没有培养出"圣人"，也可以"仅得其中"而造就"大人""贤人""君子"。之所以通过"学"来成就圣人，虽说有补救佛教"圣人可不修而至，大道可不学而知"之缺陷的考虑，但更重要的原因诚如贺瑞麟所说："人非道不立，道非学不成。"⑧这里的

---

① 张载：《张载集》，第321页。
② 冯从吾：《冯从吾集》，第84页。
③ 王心敬：《王心敬集》下册，第820页。
④ 牛兆濂：《牛兆濂集》，第214页。
⑤ 张秉直：《治平大略》卷一，第1页b。
⑥ 吕大临：《横渠先生行状》，见《蓝田吕氏集》下册，第749页。
⑦ 张载：《张载集》，第77页。
⑧ 贺瑞麟：《贺瑞麟集》上册，第529页。

"学"并非泛指一切学问,而是专指成就人性的学问,关学文本中也称为"圣人之学""贤人之学""大人之学""君子之学"等等,其实就是儒学。

"学以成人"既关乎成人,也涉及为学。成人关注的基本问题是:什么是人?怎么做人?前者探索人的本性,追溯人之为人的终极依据;后者以前者为前提,探讨人之成人的具体方法。成人之学关注的基本问题是:什么是学?怎么学习?前者探究什么样的学问是成人之学,后者探明怎样学习成人之学才可成人。本章即以这四个问题为中心,阐发关学的"学以成人"主题。

一、什么是人?

什么是人?或者说,人是什么?这是关学关注的最基本的问题。关学学者对这个问题的思考既重视人与物的区别,也关注人与物的联系。就人物有别的视域来看,人与物截然不同,关学学者通过彰显人与物之间的差异来追问人是什么,进而探究人的本质属性;就人物相关的视域来看,人与物共存必然发生关系,关学学者通过揭示人与物之间的联系来追问人如何存在,进而寻绎人的存在方式。人的本质属性,关学学者普遍称为"人性";人的存在方式,即关学学者所谓的"人世"。

1. 人性

人性,即人的本质属性,人之为人的内在依据。关学学者追问人性之时,面对的人是实然之维的个体存在者。他们试图从人的存在者当中探索出人的存在,即由经验界的个体人探明人的类本质。其探索的路径,首先从人的构成之维探索人性——"理"(德性)与"气"(形体);其次从人物之别的维度进一步寻绎人性——"灵"(德性与理性的统一);最后认为人性是德性与理性的统一,即"仁智合一",同时又以德性为主导。

对于个体存在的人,关学学者首先着眼于从人的构成要素来探索人性。就人的构成而言,人是理气合一的实体,人由理气两种基本元素构成,这是关学学者的普遍看法。张载既认为万物都由气构成,又认为"万物皆有理"[①];吕大临也认

---

① 张载:《张载集》,第 321 页。

为"天下通一气,万物通一理"①。既然宇宙间万物都由理和气构成,那么作为万物中之一物的人,自然也是理气的结合体。金元之际,萧㪺首先明确提出人由理气构成的观点。他说:"惟天生民,理与气具。理也,为仁义礼智之性。气也,为五脏百骸之形。"②稍晚于萧㪺的同恕也认为:"人之生也,得阴阳五行之气以成形,得健顺五常之理以成性。"③这种观点形成后,关学学人代代相传。民国之时,牛兆濂依然主张"天之生人,气以成形,理即赋焉。其所得于天之理,则性也"④。人由理和气构成,这是关学一贯的看法。

理和气是构成人的基本元素,其中,气构成人的形体,理构成人的本性。人作为经验界的实体,既有人之形(肉体),也有人之性(本性);人之形由气构成,人之性则是理。其实,这种观点不仅明确地表达了人的构成要素是理和气,还隐晦地表达出人的本质是理。具体而言,作为血肉之躯的人之形,众所周知,不可能成为人的本质,而以理为依据的人之性才是人的本质。那么,构成人之形的气就不是决定人本质的要素,而构成人之性的理才是决定人本质的要素。吕大临说道:"吾生所有,既一于理,则理之所有,皆吾性也。"⑤理是人的本质属性,即人的本性。构成人的基本要素是理和气,而理是决定人本质的要素。

理之所以是构成人本质的要素,是因为在人的构成要素——理与气当中,理居于主导地位。李元春说:"天之生人也,有理而后气聚之,有气而后质成之。理附于气,然后五常分焉,七情具焉;气成为质,然后五脏别焉,五官判焉。"⑥尽管理和气都是构成人的基本要素,但是"有理而后气聚之"表明理居于主导地位。李元春更明确地说:"天地生物,先有理后有气,理主而气辅之,盖所以应有是气,即理也。若无理则气直不应有,有之则天地人物皆泯梦耳。"⑦理先于气而存在,表明理居于主导地位。理的主导性,就人的构成而言,表现为气在理的主导下与理一起构成人。当然,就经验层面来看,理和气同时存在而没有先后,因为人的肉体与本性是同时共在的。所以,理相对于气的在先只是逻辑在先,这

---

① 吕大临:《吕大临集》,第176页。
② 萧㪺:《勤斋集》,第20页。
③ 同恕:《榘庵集》,见《元代关学三家集》,第149页。
④ 牛兆濂:《牛兆濂集》,第269页。
⑤ 吕大临:《吕大临集》,第459页。
⑥ 李元春:《李元春集》,第7页。
⑦ 李元春:《李元春集》,第201页。

使理成为构成人本质的要素。

理是人的本性，是人之为人的终极依据。王心敬认为"道，生人之本"①，萧㪺强调世界上不存在"无理之人"②，都明确表达理是人的终极依据。就关学史来看，无论是抱持"性即理"观点的关学学者，还是坚信"心即理"理念的关学学者，都将理作为人性的终极依据，可谓殊途同归。就个体之人来看，"人生之初也，天赋之理"③，即理与生俱来，带有先天性。理内在于人就是人之性，即"天道降而在人，故谓之性"④。将人性的依据追溯到理始于张载。张载既有"性即天道"的言说，也有"天道即性"的话语，论学更是"语性与天道之极"。在张载的关学语境中，"道"（天道）和"理"（天理）是同一概念。之所以在"理"前面冠一"天"字，是强调"理"是人之为人的终极依据。诚如冯从吾所说："以此理原是自然的，故曰'天'，不必说向高远了。"⑤理至高无上，是超越的形而上存在，是人性的终极依据。

仅将形上之理作为人性的终极依据，还不能有效回答"什么是人"的问题，因为"万物皆有理"，"凡物莫不有是性"⑥。这样看来，要探明人性还需要从人物有别之维探索。张载认为，人"禀五行之气以生最灵，于万物是其秀也"⑦。人在宇宙万物之中最高贵，原因是人"最灵"。换言之，"最灵"是人的特点。这种观点是关学的一贯看法，生活在晚清的刘光蕡依然倡导"天生万物，人为最灵"⑧。基于人的这种特性，人也被关学学者称为"万物之灵"。所谓"灵"，是指人特有的灵性。人具有这种灵性便能够反观到内在的理，进而知是知非，即吕大临所谓的"人心至灵，一萌于思，善与不善莫不知之"⑨。就灵性使人能够反思并知道善恶来看，其不单指人的知觉能力，还关涉人所知觉的对象。贺瑞麟说："心性知觉本不相离，但所知所觉者，性之理也；能知能觉者，心之灵也。"⑩灵

---

① 王心敬：《王心敬集》下册，第663页。
② 萧㪺：《勤斋集》，第51页。
③ 韩邦奇：《韩邦奇集》下册，西北大学出版社，2015年，第1358页。
④ 吕大临：《吕大临集》，第454页。
⑤ 冯从吾：《冯从吾集》，第491页。
⑥ 张载：《张载集》，第374页。
⑦ 张载：《张子全书》，西北大学出版社，2015年，第341页。
⑧ 刘光蕡：《刘光蕡集》，第368页。
⑨ 吕大临：《吕大临集》，第85页。
⑩ 贺瑞麟：《贺瑞麟集》下册，第844页。

性虽然指心的知觉能力，但是也涉及心的知觉对象——理。换言之，所谓灵性，是指人对内在之理的自觉。依据张载"得天下之理之谓德"①的话语来看，内在于人的理即"人之德性"，那么，人对内在之理的认知就是道德自觉。如果说觉是理性而所觉是德性，那么灵性就是德性与理性的统一。这样来看的话，人与物的根本区别是人具有道德自觉能力，而物没有道德自觉能力，或者说，人具有将德性与理性统一的能力，而物不具有将德性与理性统一的能力。

人之所以在万物中最具灵性，是因为构成人的气是清气，而构成物的气是浊气，即"人物之生，虽同生于二气五行之中；然人之生也，原是得天地清气，而万物原只得天地浊气"②。清气一方面决定了人在万物中最具灵性，即萧斅所谓"天以阴阳五行化生万物，流行不息，故生意无穷，惟人得其精，故最灵于物"③；另一方面也决定了内在于人的理是浑沦之全，即李元春所说"人得天地清淑之气以生，理全载之，与物不同，曰性善，原其初而言固纯善无恶"④。综合来看，诚如吕大临所说："物之性与人异者几希，惟塞而不开，故知不若人之明；偏而不正，故才不若人之美。"⑤细究其原因，即张载所说的："凡物莫不有是性，由通蔽开塞，所以有人物之别，由蔽有厚薄，故有智愚之别。"⑥这是说：人与物都具有理，人由于通开而具有灵性，能够知觉内在之理；物因为蔽塞而没有灵性，不能知觉内在之理。就人而言，有的蔽塞得较厚而比较愚昧，道德自觉能力较差；有的蔽塞得较薄而比较聪慧，道德自觉能力较强。有无灵性以及灵性的强弱取决于构成其自身的气，这就是"凡气清则通，昏则壅，清极则神"⑦。人物之别的根源在气：人由清气构成，物由浊气构成。

如果进而追问：为什么构成人的质料是清气，而构成物的质料是浊气？关学学者回答说"天命""天赋"，即将理据归因于天。这里的"天"没有人格意志，只是表示最终的根源，即张载所谓的"天本无心，及其生成万物，则须归功

---

① 张载：《张载集》，第191页。
② 王心敬：《王心敬集》下册，第916页。
③ 萧斅：《勤斋集》，第53页。
④ 李元春：《李元春集》，第409页。
⑤ 吕大临：《吕大临集》，第459页。
⑥ 张载：《张载集》，第374页。
⑦ 张载：《张载集》，第9页。

于天"①。不过，关学中也不乏将"天"理解为人格意志的学者：王心敬有见"视天为无权，使人漫无畏惧"，遂主张天乃"有真宰主乎其上"②；王徵受天主教的影响，将天视为"天主"，认为由于"天主主宰其间"③，人才得气之清者；杨屾受基督教的影响，视天为"上帝"，认为人由清气构成是"帝乃主宰其中"④的结果。无论天是人格意志之天，还是非人格意志之天，都只能作为人由清气构成的终极原因。就此而言，可以说天是人性以及人的本源。就本源之维来看，天赋予人清气，不但使人成为"万物之灵"，也使人进而成为"万物之秀"。简言之，就本源之维来看，诚如张元勋所说："人，灵且秀者。"⑤

尽管关学自张载始认为人性以德性为主导，但并不轻视理性。张载认为"智极其高"，人"不得智则不知"⑥，故而非常重视理性，强调"五常"（仁义礼智信）当中"惟智则最处先"⑦。就学理而言，道德自觉有两个前提：一个是人生而有理（德性），另一个是人生而能觉（理性）。道德自觉是能觉与所觉之理的合一，也就是德性与理性的统一。如果缺失理性，理虽内在于人，但人"不智则不知"。可见，德性离不开理性。这样来看，人性其实是德性与理性的统一。

人，就本性而言，是德性与理性的统一体，其中，德性为主，理性为辅。这就是张载所谓的"仁智合一"。在张载的关学话语中，"仁智合一存乎圣""仁智一而圣人之事备""必仁知会合乃为圣人也"是常见话语。⑧仁作为道德条目的总目，是德性的代称，那么，"仁智合一"就是德性与理性的统一，而以德性为主。张载有"圣人，人也"⑨的言辞，这是说圣人其实是人的本然状态。据此来看，本然之人就是德性与理性的统一体，或者说，人应当成为的人，是德性与理性的统一体。张载建议人"常以圣人之规模为己任"，其实是鼓励人们积极追求德性和理性，将自己塑造成为德性与理性统一的人。

---

① 张载：《张载集》，第266页。
② 王心敬：《丰川续集》，第682页下。
③ 王徵：《王徵集》，第165页。
④ 杨屾：《知本提纲》卷一，第33页a。
⑤ 张元勋：《原道》卷上，己未春尊经堂校印本，第1页b。
⑥ 张载：《张载集》，第274页。
⑦ 张载：《张载集》，第287页。
⑧ 张载：《张载集》，第187页。
⑨ 张载：《张子全书》，第387页。

将人性视为德性与理性的统一，进而视人为德性与理性的统一体，这是关学有别于其他宋明新儒学流派的显著特色。儒学自孟子"所恶于智者，为其凿也"①言辞出，遂独尊德性而轻视甚至忽视理性，以至于程颢将"用智"视为对德性的损害。②张载则不然，认为德性离不开理性，并有意地抬升理性至其应有的崇高地位。嗣后的关学学者大都承续张载，重视理性。

2. 人世

人世，又称人间，即人之在世，既是人的存在方式，也是人的存在之场。人作为关系的存在，是在人与物和人与事交互的过程中成就自身，而人世则是人与物和人与事交互中形成的关系之网。依此来看，人世是人的存在方式。人与物和人与事交互形成的关系之网，作为已在的客观环境，对生活于其中的人具有规范作用。据此来看，人世是人的存在之场。正因为人世是人的存在方式和存在之场，人不能也无法脱离人世。再兼有见佛教和道教的"梦幻人世"，张载特别强调人要"经世"，而所谓"经世"，即积极地"应事接物"。

人是关系的存在，即吕大临所谓的"人道主交"③，而"交"指人物之交。人世，就其间的存在者来看，不外乎人与物。李元春说："世间只有一理二气，分而为天地人物四者。"④这是从宏观的视域将世界上的存在者划分为四种，即天、地、人、物。但关学学者大都将天地视为人的生活场所，即所谓的"戴天履地而为人"⑤。当然，天地也是物存在的场所。这样来看，与人同时在场的就只有物，所以，张载说"物吾与也"⑥。由于张载强调"身亦物也"⑦，他所谓的人就侧重于人心，这从他论人与物的关系时使用的"以心役物""物不役心""徇物丧心"等话语可以看出。作为独立个体的人，身相对于心尚属外物，那相对这个独立个体而言的他人，自然也属于外物。这样来看，张载所谓的"物"，就是心

---

① 《孟子·离娄下》。
② 程颢说："人之情各有所蔽，故不能适道，大率患在于自私而用智。自私则不能以有为为应迹，用智则不能以明觉为自然。"（见《二程集》，第460—461页。）
③ 吕大临：《吕大临集》，第257页。
④ 李元春：《李元春集》，第387页。
⑤ 李颙：《二曲集》，第136页。
⑥ 张载：《张载集》，第62页。
⑦ 张载：《张载集》，第288页。

以外的所有人和物，那么张载从人与物的关系之维认知人，其实就是从心物关系之维认知人。

人的存在离不开物的存在，尤其对作为自然生命体的人而言。关学学者不只特别关注人性，而且对人形也比较关心，就是因为人性毕竟依附于人形而存在。就经验界的个体人而言，一旦作为人性载体的人形毁而不存，那人性就荡然无存，人自然也就不存在。人形的存在依赖于物，因为人的衣食住行无一不需要物来满足，即所谓的"天生万物以供人用"①。自然之物能够满足人的需要时，人直接向自然界索取，这就是"备物致用"②；自然之物无法满足人的需要时，人则需要加工自然物来满足自己的需求，这就是"造物备用"③。无论"备物"还是"造物"，都反映的是人的存在离不开物的存在。

就人性之维来看，人的存在也离不开物的存在。人性是内在于人的天理，人的自我认知本质上是对天理的认知。

首先，物也具有天理，人的自我认知需要认知物之天理。张载认为"万物皆有理"，而且此理诚如吕柟所说，是"物我一理"④。就心物之维来看，同样也是"人心物理皆所同然，有一无二"⑤。天理既内在于人心，也外在于事物，那么要认知天理的"全体大用"就必须人物兼顾。这也就是张舜典说的"明谓自明、明物"⑥，即人对天理的认知，一方面要认知自身之天理，另一方面要认知外在之物的天理，只有这样，才能够全面地认知天理、认知人性、认知自我。

其次，人对自己本心的认知，不得不依赖于物的触发。张载说："人本无心，因物为心。"⑦这是说：人与物未交时，本心寂然不动，是自在；人与物交时，本心感而遂通，人自觉其在。具体来看，心的基本功能是感，而感是"物交"引发的"应物之感"，因为"感亦须待有物，有物则有感，无物则何所感！"⑧本心在未感的状态下，是"虚明旷无迹"，自然"至心不可求"；而一旦

---

① 刘光蕡：《刘光蕡集》，第467页。
② 张载：《张载集》，第213页。
③ 杨屾：《知本提纲》卷首，第1页a。
④ 吕柟：《吕柟集·泾野经学文集》，第229页。
⑤ 吕大临：《吕大临集》，第106页。
⑥ 张舜典：《鸡山语要》，见《薛敬之张舜典集》，第120页。
⑦ 张载：《张载集》，第333页。
⑧ 张载：《张载集》，第313页。

由物触发而有感，便"应物乃现形"，人才能自觉到本心的存在。[1]本心之所以在物的触发下才能被认识，是因为本心是太虚，即李颙所谓的"心体本虚"[2]。"太虚无形"[3]，自然不易被认知。

再次，人对本心的护持需要借助物来验证和磨炼。本心"如明镜止水，物来不乱，物去不留"[4]。人心是否处于以及能否处于本然状态，需要借助物来验证；如果人心不能处于本然状态，则需要通过与物的接触来锻炼。再者，张载认为"大其心则能体天下之物，物有未体，则心为有外"[5]，那么开阔心境就需要不断接触物。

最后，对人性的维护需要即物穷理。人性依附于人形存在，而人形需要物滋养，如何以物养形？这需要"详万物备用之则"[6]，即掌握物理，而掌握物理则需要即物穷理。总之，人性的存在离不开物的存在。所以，吕大临说："为德非特成己，将以成物。"[7]正是站在这一立场，关学学者认为"成己成物，只是一事"[8]，甚至"离成物不足以成己"[9]。

但物有时也阻碍人认知天理，甚至导致人丧失本性，即张载所谓的"徇物而丧己也"[10]。人之所以"有事时人多逐物"[11]，是因为"人，有欲者也；物，欲所寄也"[12]。人的存在离不开物，因为物能够满足人的需求。正因如此，物易于引发人的物欲。物欲能够蒙蔽人的本心，导致人"智为物昏"[13]，进而"徇物丧心"[14]。物如何蒙蔽人的本心？王建常说："心才系于物，便为所动。系于物者有三般：一期待，一偏重，一留滞。"[15]事物出现前，人对之有所期待；事物出现，

---

[1] 李复：《李复集》，西北大学出版社，2015年，第122页。
[2] 李颙：《二曲集》，第408页。
[3] 张载：《张载集》，第7页。
[4] 王建常：《王建常集》，第236页。
[5] 张载：《张载集》，第24页。
[6] 杨屾：《知本提纲》卷一，第43页a。
[7] 吕大临：《吕大临集》，第120页。
[8] 牛兆濂：《牛兆濂集》，第356页。
[9] 王心敬：《王心敬集》下册，第821页。
[10] 张载：《张载集》，第18页。
[11] 张舜典：《鸡山语要》，第115页。
[12] 刘光蒉：《刘光蒉集》，第510页。
[13] 张载：《张载集》，第349页。
[14] 张载：《张子全书》，第449页。
[15] 王建常：《王建常集》，第243页。

人对之偏爱而有所倚重；事物消失后，人对之有所留恋：这都是本心丧失的心理活动，都可视为物欲。物欲是导致人丧失本心的根本原因，故而李复说"或失其本心，则物必引之矣"①。当人心丧失本然状态，此时"吾心亦物也"②，那么心与物交，必然是"物交物，随物而驰"③。当人心被物化，整个人也就被物化了，这时的人已经不是人的存在，而沦落成了物，即张载所谓的"人化物"。

人与物的关系是辩证的，那人就应当以辩证的态度对待物。以辩证的态度对待物，关键是要把握好度，做到适可而止，即张载说的"有容物，无去物；有爱物，无徇物"④。人既不能拒斥物，也不可迁就物，而应当接纳物，应当爱护物。具体到心物关系来看，人应当"虚以接物"⑤。所谓"虚以接物"，就是人在接物时始终保持心的本然状态，即心"不为物欲之所迁动，如衡之平，不加以物；如鉴之明，不蔽以垢"⑥。保持这种心态的基本要求是"内不著一物，外不随物转"⑦，即内心不被物欲蒙蔽，行为不被物引诱。具体方法是：人"于应物之后，未应之先，洗涤其心"⑧；人在"照物应事"之时，心"为一身之主"⑨。之所以这样做，就心性之维来看，是因为"心之本体，本无一物"⑩；就工夫之维来看，是因为"心虚则无物"⑪。本心是虚无一物，工夫就应当使其保持虚的状态。

人与物交是人存在的一种基本方式，是人世的基本内容之一。在关学学者看来，人之存在是"经世宰物"⑫之在，即处于人世之人通过主宰万物来挺立自我，只有这样人才是此在；而"绝物逃世"⑬是非人的存在，即断绝人物之交进而脱离人世，最终丧失了自我，沦落成物。

---

① 李复：《李复集》，第64页。
② 李元春：《李元春集》，第411页。
③ 李颙：《二曲集》，第408页。
④ 张载：《张载集》，第35页。
⑤ 张载：《张载集》，第216页。
⑥ 吕大临：《吕大临集》，第179页。
⑦ 李颙：《二曲集》，第527页。
⑧ 马理：《马理集》，第118页。
⑨ 马理：《马理集》，第185页。
⑩ 张舜典：《鸡山语要》，第32页。
⑪ 杨爵：《杨爵集》，西北大学出版社，2015年，第67页。
⑫ 李颙：《二曲集》，第126页。
⑬ 吕柟：《吕柟集·泾野先生文集》上册，第425页。

人的存在也是人与事交之在。人与物交，就交互对象而言，是人与物；就交互关系和过程而言，是人与事交。原因就在于物与事紧密联系，"有物必有事，事因物而生；因事亦生物，物缘事而成"①。前者是说，自然之物大都是因物生事；后者是说，人造之物大都是因事生物。总而言之，事与物紧密联系，不可分离。这样来看，人与物交也就是人与事交，人与物交是人的存在方式，那人与事交自然也是人的存在方式。

人的存在离不开事的存在，无论是从人形之维来看，还是从人性之维来看。这里着重从人性之维探讨人与事交的必要性。张载说"万事只一天理"②，那么人对天理的认知就需要"随事观理"③。当"天下无事外之道"④或者说"人事外无天理"⑤时，人对天理的认知就不得不就事穷理。

人与事的关系是辩证的。具体到心与事的关系而言，一方面事有助于本心的呈现，另一方面事也有碍于本心的呈现。就前者来看，主要是因为"心事不相离"⑥。就本心之维而言，本心"其原在内时，则有形见"，而只有在事的触发下，"情则见于事也，故可得而名状"⑦，这也就是刘光蕡所谓的"心见于事"⑧；就工夫之维而言，心"须在应感上随事磨炼"⑨才算作工夫，王心敬将之称为"即事即心"⑩；就知识之维而言，人要"随事察理"⑪进而准确掌握物理，就不能不"逐事要思"⑫，而"思者，体会于心"⑬，即在认知之域"求心事于合一"⑭。就后者来看，本心犹如太虚，空无一物，而"已过、未来者事著在心"⑮，本心若被蒙蔽，人遂丧失自我。就心物之间的辩证关系来看，人内心之境

---

① 张元勋：《原道》卷上，第15页b。
② 张载：《张载集》，第256页。
③ 王建常：《王建常集》，第267页。
④ 张秉直：《开知录》卷二，光绪元年（1875）传经堂刻本，第15页b。
⑤ 贺瑞麟：《贺瑞麟集》下册，第900页。
⑥ 吕柟：《吕柟集·泾野子内篇》，第159页。
⑦ 张载：《张载集》，第113页。
⑧ 刘光蕡：《刘光蕡集》，第468页。
⑨ 李颙：《二曲集》，第80页。
⑩ 王心敬：《王心敬集》下册，第671页。
⑪ 张秉直：《开知录》卷一，第11页b。
⑫ 张载：《张载集》，第288页。
⑬ 吕柟：《吕柟集·泾野经学文集》，第434页。
⑭ 吕柟：《吕柟集·泾野先生文集》上册，第565页。
⑮ 张载：《张载集》，第126页。

恰如李颙所说："一事系心，心便不了；心苟无事，一了百了。"① 人与事交，如何保持本心？答案是"无事时自不起念，有事时自不逐物"②，即：心与事未交，心无杂念，犹如虚空；心与事交，人不被事引诱。

人与事交是人存在的另一种基本方式，也是人世的基本内容之一。有见于此，关学学者将"事"称为"人事"或"世事"。"人事"和"世事"并不只是简单地表述人世间的事，而是隐含着人的存在方式——人世。具体而言，"人事"是人应当做的事，通过做事成就人；"世事"即人的存在方式是做事，通过做事彰显人的存在。正缘于此，关学学者倡导学以成人应当"在人事上学"③，而批评遁世者所谓的"世事妨学"④。

人与物交和人与事交是人的存在方式，人必须积极地"应事接物"，即人的在世。由于人与物之间、人与事之间存在辩证关系，那人与事交、人与物交需要遵循适度原则，做得恰到好处，即刘光蕡说的"凡人应事接物，其恰好处皆吾心固有之理，恰好处即是至善"⑤。人与物交，人与事交，要做到适可而止。就主体性而言，人"睹一物又敲点着此心，临一事又记念着此心，常不为物所牵引去"⑥；就内心状态而言，"物来则应，事过则化，不为物迁，不为事转"⑦；就心灵境界而言，"吾心于事苟无欺蔽，行之而自觉其是；于物苟无私累，处之而自得其安；则必自以为快矣"⑧。人只要按照这些原则"应事接物"，就能以人的方式存在，即在世。

人世，即人之在世，是人的存在方式。人的存在方式，是人在与事物的交互中成为人。具体而言，在人与事物的关系中展现人性，或者说，人性通过人化的事物来体现。这是关学学者的基本看法，刘光蕡就明确地说："守身与经世是一贯事，非两对事。不守身不能经世，能经世方为守身。"⑨ 人性与人世是统一的，保持人性必须经世，经世就是维护人性。

---

① 李颙：《二曲集》，第522页。
② 李颙：《二曲集》，第30页。
③ 吕柟：《吕柟集·泾野子内篇》，第131页。
④ 王心敬：《王心敬集》下册，第664页。
⑤ 刘光蕡：《刘光蕡集》，第357页。
⑥ 张载：《张载集》，第269页。
⑦ 杨屾：《知本提纲》卷九（二），第9页a—b。
⑧ 南大吉：《南大吉集》，第78页。
⑨ 刘光蕡：《刘光蕡集》，第164页。

二、怎么做人？

人，就属性之维来看，是"仁智合一"的存在，即人性是德性与理性的统一，不过以德性为主；就关系之维来看，是"处事以义，接物以恕"的存在，即人是与事物普遍联系的存在，不过以人化物彰显人性。这样来看，成人既要认知"内在人心"的人性，又要通过"应事接物"体现人性，即杨爵所谓"要存好心，行好事"①。人性乃人生固有，需要向内体验，人性内在而比较隐微，需要向外呈现，所以，李颙强调成人"务要体之于心，验之于行"②。就人内在的心性而言，仁义礼智比较丰富；就人外在的事物而言，真伪虚实比较复杂，故而对人性的认知和实践不得不"察之性情隐微之地，验之言行事物之间"③。尽管关学对成人论述颇为繁夥，但诚如冯从吾所说："千讲万讲，不过要大家做好人、存好心、行好事，三句尽之矣。"④其中，"做好人"是成人的目标，"存好心"和"行好事"是成人的方法，同时也是成人的表现。

"做好人"既需要"存好心"，也需要"行好事"，其实这是从"知行合一"之维论成人，用吕柟的话语表述，就是成人"惟以知行为事"⑤。具体而言，成人，就是人性之域的"知行合一"，一方面需要认知人性，另一方面需要践行人性。这要求人们在成人的过程中必须坚持"知行并进"，不只要做到"致知力行"，而且要做到"知明行当"⑥，只有这样才能够"知行合一"，最终成为人。

1. 知

关学自张载始就比较重视知。张载认为佛老的"梦幻人世"主要是由于知不足造成的，故而对知特别重视。嗣后的关学学者承续张载，普遍重视知。关学所谓的"知"，既指认知活动，也指认知活动所形成的知识。就认知活动而言，知包括能知和所知，而关学比较关注的是所知。就能知来看，知关乎心；就所知而言，知指向理。

---

① 杨爵：《杨爵集》，第198页。
② 李颙：《二曲集》，第116页。
③ 贺瑞麟：《贺瑞麟集》上册，第251页。
④ 冯从吾：《冯从吾集》，第148页。
⑤ 吕柟：《吕柟集·泾野先生文集》上册，第623页。
⑥ 王心敬：《王心敬集》下册，第628页。

就能知之维来看，知指认识主体及其能力。古人不懂得大脑的作用，遂将认识主体误认作心，关学学者也概莫能外，都将心视为真正的认识主体。无论张载的"心到处便谓之知"①，还是王弘撰的"此在吾之心者也，所谓知也"②，都强调知是心的活动或功能。在张载的关学话语中，"知包着心性识"③，是一个外延相当丰富的概念。但在张载之后，知要么被视为心的某种功能或作用，要么被当作心之本体或良知，成了一个外延很小的概念。就前者来看，知是心的知觉功能。王建常认为"知即是此心神明之用"，并举例说"心如一潭水，水之波光照物，便是知"，④心如同水是实体存在，而知是同水一般能够映照的功能。张元勋认为"思所至即知"⑤，我们知道"心之官则思"，是说思是心的功能，那么作为思虑所及的知自然也是心的功能。心被当作良知始于冯从吾，他说心"自其灵明处谓之知"⑥，而此知是王阳明所谓的"知善知恶是良知"。张舜典"盖论心是名，而知乃其体"⑦的话语表明，他将知视为心之体。李颙进而提倡"知体本全，不全不足以为知"⑧，这里的"知体"也是心之体。

就所知之维来看，知指向天理。认知对象是天理，认知活动就是"穷理"。张载说："明庶物，察人伦，皆穷理也。"⑨在张载的关学话语中，"穷理"既包括探明伦理，也包括研究物理，前者被张载称为"尽人之性"，后者则是"尽物之性"。探明伦理形成的知识是"德性之知"，研究物理形成的知识是"见闻之知"。张载认为，"知者不已其知，姑谓之知"⑩，这足以说明知识具有稳定性。这样来看，"德性之知"就是有关人性的知识，而"见闻之知"就是有关事物之理的知识。

德性之知，张载又称其为"德性所知"，既指以人性为认知对象的认识活动，也指这种认识活动所形成的有关人之本性的知识。我们知道，关学学者认为

---

① 张载：《张载集》，第316页。
② 王弘撰：《王弘撰集》上册，第496页。
③ 张载：《张载集》，第316页。
④ 王建常：《王建常集》，第239页。
⑤ 张元勋：《原道》卷上，第20页b。
⑥ 冯从吾：《冯从吾集》，第318页。
⑦ 张舜典：《鸡山语要》，第123页。
⑧ 李颙：《二曲集》，第18页。
⑨ 张载：《张载集》，第329页。
⑩ 张载：《张载集》，第187页。

人之本性以德性为主，故而以人性为认识对象的活动以及有关人性的知识被统称为"德性之知"。德性之知的认识对象具有多重性，导致作为认识活动的德性之知的称谓也具有多样性。具体而言，由于德性之知的认识对象是人性，德性之知被称为"知性"；由于人性主要是德性，德性之知被称为"知德"（知天德）；由于人性的形上依据是道或理，德性之知被称为"知理"（知天理）或"知道"（知天道）；由于人性的来源是天，德性之知被称为"知天"。总而言之，作为认识活动的德性之知具有多种称谓。

德性之知，就认知活动而言，是作为认识主体的人对自己本性的认知。这样的话，德性之知就是张载所谓的"自知"。具体来看，人性的本质是天理内在于人心，而认识主体又是人心，那么这种认识就是人心的自我认识，即道德自觉。用南大吉的话语表达，那就是心要"行之而自觉其是"①，即就主体性而言，本心要时时清醒而做主宰。就知觉的内容而言，"知觉的是天理"②，即心的知觉功能觉知到天理内在于心。这就是"自知"。

就德性之知的内容来看，主要是"五常"。德性之知是对人性的认知，其实也就是对"人之理"的认知。萧斅说"人之理曰仁义礼智信"，具体来看，"若仁者，爱之理也；义者，宜之理也；礼者，敬之理也；智者，别之理也；信者，实之理也，此人之性也，亦曰人之德也。盖此理得之于天，亦曰德性也"。③人性，总而言之，是德性；分而言之，是仁、义、礼、智、信五种属性，可统称为"五常"。但"五常"只是人的主要属性，而并非人的所有属性。对人而言，凡是善的都应当被视为人之本性。这就是萧斅所谓的"人之理，其大者为五常，其细者有万善"④。总之，人性至善，凡善性都可视为人性。

德性之知的内容还包括"五伦"。关学学者认为人生而有理乃属"天命"，那"五常"自然也是天赋的。既然天赋予人"五常"，人就具有践行"五常"的义务，即"命赋五常，务期克尽乎五伦"⑤。由于人性内在而比较隐微，需要通过待人处事将之彰显出来。再者，"于人伦见性"可与佛老脱离人世的"空寂之

---

① 南大吉：《南大吉集》，第78页。
② 冯从吾：《冯从吾集》，第33页。
③ 萧斅：《勤斋集》，第49页。
④ 萧斅：《勤斋集》，第49页。
⑤ 杨屾：《知本提纲》卷一，第44页a。

性"相区别。^①所以,关学学者普遍主张在"五伦"中呈现"五常"。何谓"五伦"?张元勋回答说:"家之伦三"和"国之伦二",前者"曰父子,曰兄弟,曰夫妇",后者"曰君臣,曰朋友"。^②"五伦"不只体现着五种人际关系,处理这五种人际关系的价值标准也体现着"五常"。关学学者非常看重"五伦",甚至有人认为"五伦外无道,五常外无德"^③。正因为"五伦"对成人至关重要,吕大临说:"所谓成人者,非谓四体肤革干童稚也,必知人伦之备焉。"^④成人的前提是充分认知"五伦"。

德性之知虽然聚焦于"人之德性",但并未忽视人之理性,这由关学学者的人性观决定。如前所述,关学学者认为人性是德性与理性的统一,而以德性为主。以德性为主导,他们会有"仁义德也,而谓之人"^⑤之类的话语,用德性来界定人,进而主张人存心应当"以德性为本体"^⑥,并认为学做人也"当以涵养德性为本"^⑦。这样来看,成人其实就是"成德"^⑧,完全依靠的是德性之知。其实不然,人对德性的认知依赖于理性,因为"惟智者不信耳目而信心,乃能推见至隐"^⑨。这是说理性促使人超越经验界的现象,进而反观人的内心来寻觅人之为人的隐微根据。据此来看,德性不能脱离理性,故而祝垲说"德器中须有智量"^⑩。关学学者之所以将德性作为人性的主体而以理性为辅,是因为"德者,人心固有之善也"^⑪,即德性是纯粹的至善,而理性则不免有"用智饰诈"^⑫的不足。德性不能脱离理性,那德性之知自然也要依靠理性来成就和完善。

见闻之知,既指人对事物的认知活动,也指认知事物而获取的知识。就前者而言,见闻之知既指人的感性认识活动,也指人的理性认知活动。在感性认识阶

---

① 参阅李元春:《李元春集》,第410页。
② 张元勋:《原道》卷上,第24页b。
③ 牛兆濂:《牛兆濂集》,第258页。
④ 吕大临:《吕大临集》,第187页。
⑤ 张载:《张载集》,第48页。
⑥ 王心敬:《王心敬集》下册,第712页。
⑦ 吕柟:《吕柟集·泾野子内篇》,第78页。
⑧ 吕大临:《吕大临集》,第26页。
⑨ 王徵:《王徵集》,第165页。
⑩ 祝垲:《体微斋日记》卷一,第25页b。
⑪ 杨爵:《杨爵集》,第70页。
⑫ 李元春:《李元春集》,第706页。

段，见闻之知以外在的事物为对象，通过"即物穷理"的方式获得对外在事物的感性认知，即张载所谓的"有识有知，物交之客感尔"①。在感性认知的基础上，进而"穷理以知言"②，从感性认识上升到理性认识。用杨屾的话语表达，那就是先通过"察性形，别物理"③的感性认知，获得感性知识；再通过"开心胸，推物理"④的理性认知，抽绎出理性知识。就后者而言，见闻之知既包括感性知识，也包括理性知识。

见闻之知的内容非常丰富，因为张载主张"博闻""博学"。在张载看来，一方面"见物多，穷理多"⑤，另一方面"欲以致博大之事，则当以博大求之"⑥，所以，他要求人们追求"知周乎万物"的知识，即博学多识。吕柟进而主张"一事不知，儒者之耻"⑦。但就生活在前现代社会的关学学者而言，他们认为"宜先知农务之要"⑧，再者，"兵事亦不可不知"⑨，这样便可确保民富国强。晚近以来，关学学者大都主张"知西事"⑩，先是有见西方的船坚炮利而主张"潜学各国制造法"⑪，继而发现西方"日臻富强"的奥秘在自然科学，遂提倡学习西方的"光、电、化、热之事"。张载主张的博学多识，不被主张"学不贵博，贵于正而已矣"⑫的程颐看好，他曾说张载"其学更先从杂博中过来"⑬，殊不知这恰是张载关学的特色。方东美说，有宋诸儒中，唯独张载大气磅礴。⑭探其原因，张载在知识之域追求"博大"就是一个重要因素。重视见闻之知，提倡博学多识，这是关学的理论特色。

---

① 张载：《张载集》，第7页。
② 王心敬：《王心敬集》下册，第738页。
③ 杨屾：《知本提纲》卷首，第17页b。
④ 杨屾：《知本提纲》卷九（一），第4页b。
⑤ 张载：《张载集》，第235页。
⑥ 张载：《张载集》，第272页。
⑦ 吕柟：《吕柟集·泾野子内篇》，第74页。
⑧ 杨屾：《知本提纲》卷五，第3页b。
⑨ 王心敬：《王心敬集》下册，第850页。
⑩ 刘光蕡：《刘光蕡集》，第115页。
⑪ 柏景伟：《沣西草堂文集》卷三，第36页b。
⑫ 程颢、程颐：《二程集》，第320页。
⑬ 程颢、程颐：《二程集》，第38页。
⑭ 方东美有"大气磅礴张横渠"之说，原因是"有这样子大气磅礴的思想表现，最有精神，最有气魄，在宋儒中首推张横渠"。（见方东美：《新儒家哲学十八讲》，中华书局，2012年，第265页。）

关学之所以重视见闻之知，并提倡博学多识，是出于"应事接物"的考虑。如前所述，人要在与事物打交道的过程中彰显人性。人性在应事接物中彰显，就是要做到"处事以义，接物以恕"①，即应事接物得宜适所，恰到好处。而应事接物要达到这个标准，必须以掌握"物理"和"事理"为前提。人一生中接触的事物何其之多，要应事接物皆得宜适所就不得不博学多识。

见闻之知强调"真"，确保闻见之知是"真知"。首先，认识主体必须做到"三要"，即"知有三要：一曰无私，二曰无惑，三曰无自狭"②，这是说认识主体要以客观的态度对待认识客体；其次，认知过程中要"知得真"③；最后，认知结果必然"真知其理"④。只要按照这些认知要求去做，便可获得"真知"。见闻之知是不是真理，还需要"徵验于事"⑤。具体而言，"即实物以求实理，务使物当其则，仍即实理以印实知，务使事合其式，而后可也"⑥。可见，这是一种典型的符合论真理观。

见闻之知强调"新"，见闻之知应当不断更新，勤索新知。因为事物在不断变化，人应当随着变化的事物"即物穷理"，从而获取新知。晚近以来，西方的器械和知识不断涌入中国，关学学者大都主张"采西人之新学、新艺、新器"⑦。睁眼看世界的关学学者比较清醒地意识到，"天地之机日新，帝王之政事、圣贤之学问、吾辈之识见，不得不求日新"⑧，所以，他们不但倡导"诸事日益求新"，治学也主张"学问日新月异"。有见"西人智识一日胜似一日"，遂倡导对西学也"宜取其最后最新者"。⑨

见闻之知依赖于理性。如前所述，见闻之知以万物为对象，以穷理为目的。就前者而言，万物林林总总，"别物理"需要分析，而分析依靠的是理性，即"智乃文理密察足以有别之智"⑩；就后者而言，"推物理"需要演绎，而演绎

---

① 张秉直：《开知录》卷一，第11页b。
② 吕柟：《吕柟集·泾野子内篇》，第30页。
③ 张舜典：《鸡山语要》，第122页。
④ 刘光蕡：《刘光蕡集》，第368页。
⑤ 吕柟：《吕柟集·泾野经学文集》，第434页。
⑥ 王心敬：《王心敬集》上册，第430页。
⑦ 康有为：《烟霞草堂文集序》，见《刘光蕡集》，第7页。
⑧ 刘光蕡：《刘光蕡集》，第233页。
⑨ 牛兆濂：《牛兆濂集》，第278页。
⑩ 王心敬：《王心敬集》下册，第776页。

"全赖思悟之功"①，更依赖于理性。所以，刘光蕡说"致知贵思"②。思有"致思之法"，悟有"入悟之门"，这是说理性思维有其规则，运思必须符合其法则。因为只有遵循合乎理性的思维规则，人才能够"思由灵生，悟由思开"③，将感性认识升华为理性认识。在人的认知过程中，理性始终不能缺位，诚如张元勋所说："理之程无尽，思之程亦相与无尽。"④人的见闻之知不能缺失理性，人类社会的"生物、成物皆赖人之智力"⑤。正是有见于此，关学学者普遍重视理性。尽管就关学的"仁智合一"人性论而言，关学学者普遍将仁抬升至主导地位，但对"五常"的看法大都主张智具其先。自张载提倡"五常"之中"惟智则最处先"始，关学学者大都将智排在"五常"之首。即使将仁与智并举，也以智为先而倡导"智仁"。⑥尤其晚近以来，刘光蕡反思"何以他国之人皆智"，发现西方的教育是"先贵启人人之智"⑦，而中国专制时代的教育是"恶民智而愚之"⑧，遂主张"开民智"，教学也大力提倡"智育"，关学重视理性的特色遂被推向巅峰。

德性之知与见闻之知既存在区别，也存在联系。就区别来看，首先，认知对象不同，德性之知以人为对象，其认知是"知人"，是"尽人之性"，而见闻之知以物为对象，其认知是"知物"，是"尽物之性"；其次，认知方法不同，德性之知主要依靠的是内在体验，而见闻之知主要依靠的是外在观察和逻辑推理；最后，认知目的不同，德性之知是为了"成人"，而见闻之知是为了"成物"。就联系来看，首先，由于"物我一理"，德性之知和见闻之知最终都指向天理；其次，由于天理内在于人心，德性之知和见闻之知都具有内在性，即吕大临所谓的"人伦物理，皆吾分之所固有"⑨；最后，从"天生物以供人用"⑩来看，"成物"也是为了"成人"，终极目的都是"成人"。

---

① 杨屾：《知本提纲》卷九（一），第32页b。
② 刘光蕡：《刘光蕡集》，第453页。
③ 杨屾：《知本提纲》卷九（一），第33页a。
④ 张元勋：《原道》卷上，第19页a。
⑤ 刘光蕡：《刘光蕡集》，第467页。
⑥ 同恕认为"智烛有光能彻地，仁元无碍可通天"（见《榘庵集》，第295页）；吕柟强调"智仁者，知人安民之本"（见《吕柟集·泾野经学文集》，第150页）；李元春也有"犹智仁之各从其性也"（见《李元春集》，第201页）之说。
⑦ 刘光蕡：《刘光蕡集》，第646页。
⑧ 刘光蕡：《刘古愚遗稿》，香港天马出版有限公司，2015年，第31页。
⑨ 吕大临：《吕大临集》，第174页。
⑩ 刘光蕡：《刘光蕡集》，第21页。

德性之知与见闻之知之间存在辩证关系,那么对待德性之知与见闻之知也应辩证地看待。就德性之知与见闻之知的不同来看,德性之知直接与人性紧密联系,且"德性所知,不萌于见闻"①,尤其道德修养之域"此等工夫不倚见闻,不靠知识"②,所以,以成人为宗旨的关学非常看重德性之知,而将见闻之知视为"闻见小知"③。就德性之知与见闻之知的联系来看,"察识于物,而开明心之知"④,即见闻之知有助于德性之知。再者,就对终极之天理的认知来看,既通过即物穷理来开发人的理性,又通过自知来体验人的本性,才能够掌握道的"全体大用",即吕柟所谓的"理穷而愚破,性开而心尽,道之不明者鲜矣"⑤。所以,见闻之知也不可忽视。基于这种认识,关学对待德性之知和见闻之知的态度是"以吾心德性之知为之主,广闻见以扩充之"⑥,建构关学对德性之知和见闻之知的安排是"人之为学,理性情为本,智慧次之"⑦,从而形成了关学既重视德性之知又不轻视见闻之知的特色。

2. 行

关学"贵行""尚行",关学学者普遍提倡"实行""力行"。如前所述,关学非常重视"知",因为"非知无以明道"⑧。但是张载认为"所行即是道"⑨,杨爵也说"见于行为道"⑩,可见,就学道而言,"要在力行"⑪。这就是关学倡导的"履道尚行"⑫。就成人而言,仅知道人是"仁智合一"的存在,但"知而不能行,德与智皆非"⑬,可见,成人也"以行为贵"⑭。这就是关学倡

---

① 张载:《张载集》,第24页。
② 张舜典:《鸡山语要》,第115页。
③ 张载:《张载集》,第20页。
④ 吕柟:《吕柟集·泾野经学文集》,第299页。
⑤ 吕柟:《吕柟集·泾野先生文集》上册,第609页。
⑥ 吕柟:《吕柟集·泾野经学文集》,第297页。
⑦ 刘光蕡:《刘古愚遗稿》,第68页。
⑧ 吕柟:《吕柟集·泾野先生文集》上册,第607页。
⑨ 张载:《张载集》,第71页。
⑩ 杨爵:《杨爵集》,第7页。
⑪ 薛敬之:《思庵野录》,第30页。
⑫ 吕大临:《吕大临集》,第250页。
⑬ 刘光蕡:《刘古愚遗稿》,第68页。
⑭ 马理:《马理集》,第109页。

导的"人之事在行"①。无论学道还是成人,诚如王恕所说"匪徒知之,尤贵力行"②,这就是关学的"贵行""尚行"原则。

行,即人的实践活动,是对知识的实践,也就是关学所谓的"行其知"。关学所谓的"知",既指"德性之知",也指"见闻之知";相应地,"行"既包括"行己",也包括"行事"。"行己"主要是对"德性之知"的实践,"行事"主要是对"见闻之知"的实践。无论"行己"还是"行事",都要"顺理而行"③。只有这样才能够"成己成物",并最终在人与物的交互中塑造人的"德行",即所谓的"行为德行"④。

行指的是"实行","实实之行"。张载所谓的"行",要么是"实而行",要么是"实行去",都是实行。张载的"实行"主张被其后的关学学者普遍继承,要么教学明言"我这里重实行"⑤,要么治学"尤重夫实行"⑥。就"行己"之维来看,"实行"就是"慎以行己"⑦,即做人须谨小慎微,即张载所谓"要细密处行之,并暗隙不欺"⑧。这是说有关人品的事即使是屑末小事,也要认真对待,不然,"不矜细行,终累大德"⑨。就"行事"之维来看,"实行"就是"实为其事"⑩,认认真真做事,即所谓的"执事敬"。关学之所以主张"实行",是有鉴于"伪行"的存在。"伪行世所恶"⑪,"行"中必须排除"伪行",那就必须强调"实行"。何谓"伪行"?吕大临说"饰行而行者,所行必伪"⑫,依此来看,伪行是不真实的行为。进而分析可知,"伪行"是一种伪善行为,即善行并非出于善念,而是为了达到别的目的而施行的善举。再者,"伪行"还包括"名浮于实",即名高于行。吕大临认为"名之浮于行则失实"⑬,

---

① 张载:《张载集》,第 325 页。
② 王恕:《王恕集》,第 36 页。
③ 张载:《张载集》,第 329 页。
④ 王心敬:《王心敬集》上册,第 173 页。
⑤ 李颙:《二曲集》,第 136 页。
⑥ 杨屾:《知本提纲》卷九(一),第 12 页 b。
⑦ 南大吉:《南大吉集》,第 74 页。
⑧ 张载:《张载集》,第 77 页。
⑨ 李元春:《李元春集》,第 408 页。
⑩ 刘光蕡:《刘光蕡集》,第 21 页。
⑪ 李元春:《李元春集》,第 795 页。
⑫ 吕大临:《吕大临集》,第 157 页。
⑬ 吕大临:《吕大临集》,第 130 页。

"失实"属于"伪行"。李元春进而分析说:"以名言,君子有伪也,小人无伪也。"①为什么?小人行为上追逐利,言谈上并不避讳,言行一致;君子高谈"君子喻于义",而行为却追逐利,言行不一。这看起来是"好名",其实是"行伪"。可见,"伪行"其实是名高于实或言高于行,那"实行"就应当是行为符合好的名言。

行有一定的标准,而最高标准是天理。遵循天理而行,即"顺理而行",或者说"循理而行"②。"行己"要做到"循理而行",就内心活动来看,是要"率性而行"。李颙说:"率性而行,便是'践形';行不率性,便被形践。'践形',则目视耳听、手持足行莫非天性用事,动不违则;形践,则目视耳听、手持足行莫非形色用事,动辄违则。"③我们知道,孟子有"形色,天性也;惟圣人,能践形"④的说法,意思是说通过外在的形色呈现内在的人性,即所谓的"践形",李颙"率性而行"阐发的就是孟子这个意思。人的构成无非理和气,气构成人的形体,理构成人的本性,本性内在于形体。"率性而行"就是要按照本性而行,即在本性的主宰下,人的言谈举止自然符合人的行为规范。简言之,"率性而行"就是依照内在的德性而行,将德性向外转化为德行。

就人的言谈举止来看,"行己"要做到"循理而行",就必须"率礼而行"⑤。所谓"率礼而行",就是言行遵守礼仪规范。张载认为"礼者理也"⑥,而且礼"本出于性"⑦,那么,无论是遵循天理而行,还是顺从人性而行,都必然是按照礼仪规范而行。再者,"礼着实处"⑧,具体而言,"礼主乎行,行则致之,故尽躬行之实"⑨,那么从重视"实行"的要求来看,也应当主张"率礼而行"。于是,人遵循天理而行就成了按照礼仪规范而行,这是关学形成"以礼为教"特色的重要原因。

"行事"遵循天理而行就是要"以义制事"⑩,或者说"处事以义"。何谓

---

① 李元春:《李元春集》,第 795 页。
② 马理:《马理集》,第 212 页。
③ 李颙:《二曲集》,第 531 页。
④ 《孟子·尽心上》。
⑤ 马理:《马理集》,第 329 页。
⑥ 张载:《张载集》,第 326 页。
⑦ 张载:《张载集》,第 264 页。
⑧ 张载:《张载集》,第 192 页。
⑨ 吕大临:《吕大临集》,第 185 页。
⑩ 王建常:《王建常集》,第 46 页。

"义"？张载说"如义者，谓合宜也"①，即恰到好处。那么，"以义制事"就是将事情办得恰到好处，使所办理之事成为"合宜之事"。事情之所以能够被人办理得恰到好处，是因为人具有"义"，而且"义"具有内在的价值。就张载接受孔子的"行义以达其道"②思想来看，义也以天理为终极依据；而吕大临"理之所当然之谓义"③的言辞进而阐明，义本质上就是天理。"以义制事"的"义"内在于人，吕柟说"义，在心者也，故以制在外之事"④，即义是人处理事物的内在尺度。

关学为什么"贵行""尚行"？就学理而言，是张载所谓的"化行则显"⑤。人是否成人，如何判断？就关学关注的学以成人问题来看，人之为人的根本依据是以德性为主的本性，但人的本性具有内在性，非常隐微，外人没法感知。人之为人的终极依据是天理，但天理具有超越性，人无法经验。那么，人是否成人就无法直接从人性和天理的层面去判断。张载"义理无形体，要说则且说得去"⑥的言辞表明，他也遇到了这样的难题。为了解决这个难题，他提出"化行则显"的主张，即将超越的天理和内在的人性转化成人可以直接经验的行为，依据人具体的行为来判断人的人性是否彰显。简言之，依据有无德行判断有无德性。王心敬据此进而提出明确的判断人品的方法，即"据行事以索心术，即心术以定人品"⑦。这是关学提倡"贵行""尚行"的重要原因。

其实，"贵行""尚行"是关学学者普遍提倡"实行""力行"的理论表现，所以，根源在关学共同体自身。朱熹说"西北人劲直，才见些理，便如此行去"⑧，道破了关学"贵行""尚行"的根源，即以张载为首的关学学者敢作敢为。程颐就曾说，在张载的影响下，"自是关中人刚劲敢为"⑨。这种敢作敢为是对善的勇敢而执着的追求，即曹冷泉所概括的关学学者"勇于从善"⑩。

---

① 张载：《张载集》，第287页。
② 《论语·季氏》。
③ 吕大临：《吕大临集》，第7页。
④ 吕柟：《吕柟集·泾野经学文集》，第156页。
⑤ 张载：《张载集》，第18页。
⑥ 张载：《张载集》，第322页。
⑦ 王心敬：《王心敬集》上册，第416页。
⑧ 朱熹：《朱子语类》，见《朱子全书》第17册，上海古籍出版社，2002年，第3364页。
⑨ 程颢、程颐：《二程集》，第114页。
⑩ 曹冷泉：《关学概论》，载《西北文化月刊》1941年第1卷第3期，第18页。

行，无论"行事"还是"行己"，都是通过体验天理最终成人。就天理层面来看，"行每有着力处，则其道自见"①，即凭借力行体验天理；就本性层面来看，"缘其行履，可以得其心性"②，即凭借"实行"体验本性。只有凭借"实行""力行"，才能够和那些"假道学"相区别，才可称为真正的理学家，借用冯从吾的话语表达就是"理学之见诸行事者也"③。

知与行是辩证的关系。知与行有差别，知是认知活动，行是实践活动，即王心敬所谓的"知者所以明此理，行者所以践此理"④。那么，无论是"以知该行"，还是"谓行皆为知"，都是将知行混同。⑤这种观点诚如吕柟所说，"以知行为一个，还不是"⑥。知与行的联系，关学学者掌握得比较全面。首先，"行必由知而入，知至必能行耳"⑦，即实践需要知识指导，知识需要实践证明。其次，"以轻重言，行为重，知亦为行也；以先后言，知为先，非知胡能行？"⑧这是说就知识的形成而言，实践更重要，因为知识产生于实践活动，而且知识需要实践检验，即所谓的"验知于事为"⑨。就具体实践活动而言，实践需要知识指导而使知识具有优先性，知识显得更重要。最后，"知行并进，行无尽知亦无尽"⑩，即知与行相依并存，实践活动的开放性和无限性决定了知识是开放的和无限的。

"德性之知"和"见闻之知"都是人之成人所应当具备的知识，将这些知识践之于行就是"行己""行事"。前者是有关人之为人的"真知"，后者是人之为人的"实行"。成人，就是要"致知力行"，就是要"真知实行"，就是要"知行合一"。这种知与行的统一是人一生的所知所行，诚如李元春所说，"知行为终身事"。人只有这样才可以成人，这也就是马理所说的"知所当行，执而守之，之死不渝，亦成人矣"⑪。

---

① 薛敬之：《思庵野录》，第6页。
② 李颙：《二曲集》，第554页。
③ 冯从吾：《冯从吾集》，第490页。
④ 王心敬：《王心敬集》下册，第724页。
⑤ 李元春：《李元春集》，第708页。
⑥ 吕柟：《吕柟集·泾野经学文集》，第318页。
⑦ 吕柟：《吕柟集·泾野先生文集》上册，第236页。
⑧ 李元春：《李元春集》，第410页。
⑨ 李元春：《李元春集》，第410页。
⑩ 李元春：《李元春集》，第410页。
⑪ 马理：《马理集》，第272页。

三、什么是学？

关学主张"学以圣人为归"，即学习的最终目标是塑造圣人人格。关学又认为"圣人可学而至者也"[①]，即圣人是经过后天的学习和培养而成。这样的话，人成就圣人人格，就必然依赖于后天的学习，即张载说的"致学而可以成圣"[②]。详言之，就人性的内在之维来看，人性以德性为主导，而学习可以培养人的德性，这就是"学以进德"[③]；就人性的超越之维来看，人性即天理，而学习可以体验超越的天理，此即"学以明理"[④]。总的来看，学习是成人的必由之路，要成人就不得不如吕柟所说，"笃于学以知人道"[⑤]。

关学所谓的"学"，既指学习的行为，也指学习的对象。就学习对象而言，"圣人者，学于万事万物者也"[⑥]，那么，学为圣人也必然"即事即学"[⑦]或者说"以事为学"[⑧]。就此来看，学之内容十分宽泛，包括自然界与人类社会。但就知识形态的对象而言，学指具有特定学术内容的学问，即"圣人之学"。"圣人之学"，关学学者普遍简称为"圣学"，它既指圣人遗留的学问，更是成就圣人的学问。就前者而言，"圣学"也被称为"孔子之学""孔门之学"，或"孔孟之道""邹鲁之学"。"圣学"，在关学话语中表述多样，如"圣贤大学""圣王之学""义理之学""心性之学""知性之学""穷理之学""为己之学"等等。尤其在与所谓"异学"的比对中，"圣学"获得了不同的名称：相对于佛老的"玄空之学"，而有"切实之学"之名；相对于士子的"口耳之学"或"记诵之学"，而有"身心之学"或"实践之学"之称；相对于杂霸的"功业之学"，而有"道德之学"之名。尽管"圣学"的名目繁多，质言之，即儒学。

张载提倡学习"圣学"，既需"知学"，也需"致学"，前者强调对"圣学"的认知，后者强调对"圣学"的实践。就具体知识之域的认知与实践关系

---

① 王承裕：《少保王康僖公文集》，见《明别集丛刊》第1辑第81册，第507页下。
② 张载：《张载集》，第65页。
③ 马理：《马理集》，第166页。
④ 萧㙔：《勤斋集》，第51页。
⑤ 吕柟：《吕柟集·泾野先生文集》上册，第315页。
⑥ 张元勋：《原道》卷上，第17页b。
⑦ 吕柟：《吕柟集·泾野子内篇》，第131页。
⑧ 刘光蕡：《刘光蕡集》，第360页。

来看，认知在先，实践在后。具体到"圣学"，自然也是先"知学"而后"致学"。如何认知"圣学"？张舜典回答说"尊圣经，论圣学"①。"圣学"既然是"孔氏之学"，认知"圣学"就应当从"孔圣之遗书"中学习。当儒家的经书被认为是孔子的遗书，那学习"圣学"就应当学习儒家的经书，诚如王心敬所说："圣贤虽往遗经在，透得遗经见圣贤。"②基于这种认识，关学学者普遍认为"吾儒之学在乎明经"③，吕柟更明确地说："夫士之治经，凡以为学也，为学凡以求道也，求道凡以修身也。"④成就圣人依赖于实践"圣学"，而前提是认知"圣学"，认知"圣学"则有赖于熟读"圣经"。

1. 圣经

关学学者自张载起普遍"尊经""贵经"，甚至将之奉为"圣经"。所谓"圣经"，指"圣人之遗经"，即孔子整理的经书。"圣经"在关学话语中，主要表述为"六经"。依照现代学人的研究，"六经"中的《乐》并不存在，所以，"六经"其实只有"五经"，即《诗》《书》《礼》《易》《春秋》。"六经"并非孔子所作，仅仅是由孔子整理而已，这几乎是现代学者的普遍看法。但关学学者普遍认为即使孔子只是整理"六经"，也在整理的过程中将"圣人之道"寄托其间，以便后人效法圣人而成就高尚的人格。民国之时的牛兆濂依然坚信"孔子集群圣之大成，删定六经以垂万世"⑤。孔子不仅创造了儒家的经书，更重要的是奠定了儒家的成人之道——"圣人之道"（简称"圣道"）。

儒家的经书中蕴含着"圣人之道"。关学学者认为"圣人作经，本是要明道"⑥，这是说经书被圣人用来阐发"圣人之道"，即刘光蕡所谓的"《六经》言道"⑦，那么，儒家的经书也就是"圣人之道"的载体，即王心敬说的"圣经者，圣道之攸寄"⑧。基于这种认识，关学认为圣人之道与儒家经书之间是道器关

---

① 张舜典：《鸡山语要》，第119页。
② 王心敬：《王心敬集》下册，第1147页。
③ 马理：《马理集》，第563页。
④ 吕柟：《吕柟集·泾野先生文集》下册，第981页。
⑤ 牛兆濂：《牛兆濂集》，第42—43页。
⑥ 王建常：《王建常集》，第270页。
⑦ 刘光蕡：《刘光蕡集》，第239页。
⑧ 王心敬：《尚书质疑》，见《四库全书存目丛书·经部》第59册，第655页上。

系，王恕说："夫《五经》《四书》，皆载道之器。"①吕柟进而简洁地表述为："经籍者，载道之器也。"②儒家经书是圣人之道的载体，圣人之道是儒家经书的内容，那么"'六经'之道"与"圣人之道"就是同一的。总而言之，儒家的经书，就典籍而言，是"圣经"；就内容而言，是"圣道"；就学问而言，是"圣学"："圣经""圣道""圣学"三者统一。

儒家经书中阐发的"圣人之道"既是培养人之德性德行的基本原则和方法，也是培养人应事接物的基本原则和方法。刘光蕡说："盖孔子生春秋末，逆睹后世之变，政失而救之以学，手定《六经》以明大道，始于知性，中于正身，终于经世。"③无论是"知性"还是"正身"，都指向个人的道德修养，而"经世"指的是应事接物。用刘光蕡的话语表述，前者是"守身之道"，后者是"经世之道"。就前者而言，成人需要"读群经而探性道之原"④；就后者而言，"圣贤之经乃所以治事，天下之事皆本于经"⑤，成人需要从中汲取应事接物的原则和方法。所以，成人离不开阅读儒家经书。诚如萧斗所说："夫圣贤经训，日就月将，义精仁熟，如居广居，立正位，行大道，用之能行，舍之能藏，尊主庇民，美风俗，寿国脉，无入而不自得，可谓君子儒为己之学矣。"⑥阅读儒家经书的过程既是认知"圣人之道"的过程，也是塑造圣人人格的过程。

儒家经书中的"圣人之道"是永恒的真理。关学学者普遍抱持这种观点，尤以刘光蕡的表述为典型。他说"盖《六经》之理，万世无变者也"⑦，又说"圣人之经，如日月之气象，终古无异者也"⑧。儒家经书中的"圣人之道"之所以具有普适性，是因为"圣人之道"是永恒的真理。其实，最早倡导这种观点的关学学者就是张载，他对儒家经书的看法是"求之书，合者即是圣言，不合者则后儒添入也"⑨。就此而言，张载并不否认儒家经书中存在谬误，但他认为谬误并非圣人

---

① 王恕：《王恕集》，第26页。
② 吕柟：《吕柟集·泾野先生文集》下册，第649页。
③ 刘光蕡：《刘光蕡集》，第115页。
④ 牛兆濂：《牛兆濂集》，第39页。
⑤ 吕柟：《吕柟集·泾野先生文集》上册，第288页。
⑥ 萧斗：《勤斋集》，第14页。
⑦ 刘光蕡：《刘光蕡集》，第584页。
⑧ 刘光蕡：《刘光蕡集》，第216页。
⑨ 张载：《张载集》，第272页。

的错误，而是后儒制造的谬误。这也就是说，儒家经书中的"圣人之道"本身不存在谬误，是永恒的真理。但问题是儒家经书中怎么会存有后儒制造的谬误？王心敬对这个问题的回答比较全面，他说："一训诂杂陈，未易即辨真旨；一经秦火之后，简编脱遗，后儒附会杂出，世远莫证其真。"①儒家经书中存在谬误，一方面是后儒弥补残缺造成的，另一方面是后儒诠释经文造成的；前者是补缺谬误，后者是诠释谬误。但如果从实践之维来看，那还存在误用谬误，关学学者对此尤为关注。吕柟说："故孔子之经一也，隽不疑用之以断伪，公孙弘用之以饰奸，吴祐用之以明仁，扬雄用之以贡谄，则岂非学者之罪哉？"②如果说补缺谬误和诠释谬误主要是因理解存在偏差而造成的无意之误的话，那么误用谬误则是别有用心的有意之误。所以，吕柟批评误用谬误纯属"学者之罪"；李颙更是将之斥为"经学之贼"，他说："诵经读书，见闻渊博，而谙于政事，短于辞令，此章句腐儒之常，犹无足怪。惟是借经书以行私，假圣言以文奸，政事明敏，辞令泉涌，适足以助恶而遂非，其为害有甚于腐儒，乃经学之贼、世道之蠹也。"③总而言之，儒家经书中存在的错误既有补缺谬误，也有诠释谬误，还有误用谬误，都不是经书中的"圣人之道"存在谬误，儒家经书中的"圣人之道"是永恒的真理，绝对不会有误。

同时，儒家经书中的"圣人之道"也是内在于人的天理。刘光蕡说："圣贤先得我心之所同然，故经书虽极精奥，皆我心自有之理。"④儒家经书中的"圣人之道"是圣人内在天理的写照，凡人与圣人就内在的天理而言是完全相同的，那么，经书中的"圣人之道"也就是人内在的天理。其实，张载早就抱持这种观点，他说"凡经义不过取证明而已"⑤，儒家经书中的"圣人之道"之所以能够被拿来印证内在于人的天理，是因为经书中的"圣人之道"就是内在于人心的天理。也正是基于这种观点，王建常说："读经者，须是就自家身上看道理，方能见得分明的确，有个下落。"⑥这样来看，人们阅读"圣经"，学习"圣学"，体

---

① 王心敬：《王心敬集》下册，第629页。
② 吕柟：《吕柟集·泾野先生文集》上册，第74页。
③ 李颙：《二曲集》，第489页。
④ 刘光蕡：《刘光蕡集》，第167页。
⑤ 张载：《张载集》，第277页。
⑥ 王建常：《王建常集》，第300页。

验"圣道"，其实都是为了自觉内在的天理。诚如冯从吾所说："吾辈为学，勿说我学圣人之道，把道当做圣人的，当知圣人不过先得我心之同然，我自赤子以来，此道完完全全，圣非有余，我非不足，只是我自家不知说我之道耳。"①儒家"圣经"中的"圣人之道"是内在于每个人心中的天理，这也说明儒家经书中的"圣人之道"是永恒的真理。

儒家经书中的"圣人之道"是永恒的真理，关学学者普遍"贵经""尊经"。张载自言其读书是"《六经》循环，年欲一观"②。他重视对儒家经书的阅读和研究，奠定了关学"贵经""重经"的传统。明代中期，吕柟有见"今人读经书，徒用以取科举，不肯用以治身"③，又见"今之君子既仕也，谈经者谓之狂，用经者谓之腐"④，更是提倡"学以守经为贵"⑤。晚近以来，儒学受到西学冲击，为了维护儒家经书的崇高地位，刘光蕡甚至主张"孔子所定之《六经》，为古今中外学问、政事之祖"⑥。他在书院教学虽然积极吸纳西学，但仍然以儒家经书为主，不妨看看他列的"首读书"："《易经》、《四书》，儒先性命之书，为道学类，须兼涉外洋教门、风土人情等书。《书经》、《春秋》、历代正史、《通鉴纲目》、《九朝东华录》等书，为史学类，须兼涉外洋各国之史，审其兴衰治乱，与中国相印证。《三礼》、《通志》、《通典》、《通考》、《续三通》、《皇朝三通》及一切掌故之书，为经济类，须兼涉外洋政治、万国公法等书，以与中国现行政治相印证。《诗经》、《尔雅》、《十三经注疏》及《说文》，儒先考据之书，为训诂类，须兼外洋语言、文字之学。"⑦显见，其所列书目当中，儒家经书是重点。有见新文化运动的"破除孔教"行为，牛兆濂不但高呼"经存斯道存"⑧，甚至认为"中土有一存经之人，即中国可以不亡"⑨，故而建议政府"申尊经之令以培本根"⑩。

---

① 冯从吾：《冯从吾集》，第 81 页。
② 张载：《张载集》，第 277 页。
③ 吕柟：《吕柟集·泾野子内篇》，第 55 页。
④ 吕柟：《吕柟集·泾野先生文集》上册，第 53 页。
⑤ 吕柟：《吕柟集·泾野先生文集》下册，第 982 页。
⑥ 刘光蕡：《刘光蕡集》，第 238 页。
⑦ 刘光蕡：《刘光蕡集》，第 228 页。
⑧ 牛兆濂：《牛兆濂集》，第 214 页。
⑨ 牛兆濂：《牛兆濂集》，第 196 页。
⑩ 牛兆濂：《牛兆濂集》，第 72 页。

关学重视儒家经书，相应地也重视建构经学。关学学者建构的经学属于宋学，而非汉学。关学学者普遍主张阅读儒家经书应当"求之传注"，因为经书去今太远，读之难免隔膜。虽然后儒对儒家经书的注疏存在误解，但毕竟"经传赖儒者而明"①。所以，注疏儒家经书不但必要，也很重要。就儒家经书的阅读而言，"凡读经辨得恰好训诂"②就足矣。但问题是，什么样的注疏才算是对经书的最好诠释？这却是经典诠释和经学建构的问题。关学学者诠释经学大都遵循宋学路径，王心敬说："唐汉诸儒解经，往往如猜枚射覆，宋儒出乃始得的当亲切之解。"③这种肯定宋学而否定汉学的言辞表明，关学的经学诠释趋向于宋学，而偏离汉学。李元春更是批评考据家说："考据家多读非圣之书，圣人之经反或昧焉，侈见闻而不顾理之当否，考据更多抵牾。"④但是关学学者批评过度诠释，陆九渊提倡的"六经皆我注脚"，在王弘撰看来，只是其"学贵心得"的表现，就注释儒家经书来看"不可以立训"。⑤总的来看，对儒家经书之诠释目的是彰显其中的"圣人之道"，凡不能准确彰显的注释都不是正当诠释。

学以成人，就是要学习"圣人之道"来培养圣人人格。"圣人之道"蕴藏在儒家经书之中，需要阅读经书来体验。然而经书的阅读存在难度：就客观方面而言，经书中的文字不易理解，而后儒的注疏也"训诂杂陈，未易辨真伪"；就主观方面而言，"书一也，已见与不见"⑥取决于读者的理解能力，而且"读经辨得恰好训诂"也取决于读者的理解能力。可见，要解决读经难题就不得不探讨阅读儒家经书的方法，其实，这即是从实践之维回答"什么是学"的问题。

2. 圣学

关学没有直接回答"什么是学"的问题，而是主张阅读"圣经"以自得的方式亲切感知"圣学"。换言之，关学从实践之维回答"什么是学"的问题，即通过读书把握"圣学"。关学学者普遍重视读书，尤其重视"读书之法"。对于读书方法，关学学者都有论说，只不过详略有别而已。关学主张的读书方法，概而

---

① 吕柟：《吕柟集·泾野先生文集》下册，第1090页。
② 王心敬：《王心敬集》下册，第926页。
③ 王心敬：《王心敬集》下册，第775页。
④ 李元春：《李元春集》，第201页。
⑤ 王弘撰：《王弘撰集》下册，第628页。
⑥ 张载：《张子全书》，第309页。

言之，就是"以心读之，以身证之"①，或者说"体之于心，验之于行"②。就前者而言，读书的目的侧重于获取知识，即"读书穷理"③；就后者而言，读书的目的侧重于对知识的实践，即"读书致用"④；总目标则是"读书须为好人"⑤。

就读书的内容来看，关学主张以儒家典籍为主而泛读博览。关学学者大都认为阅读应当以儒家的"圣贤之书"为主，而其他"有益之书"也应当阅读。依照李元春的看法，"读书以经为主，史为辅，旁及诸子百家"⑥。之所以主张广泛阅读，是因为"不究群经终无以澈其理，不读全史终无以既其实，不观诸子百家终无以尽其变"⑦。一方面通过历史事实印证儒家经书中的道理，另一方面储备丰富的知识来有效地应事接物。晚近以降随着西学传入，关学学者也主张"读西学诸书"，刘光蕡就说："西人艺事之书不可不读，其政治之书尤不可不读。"⑧但泛读有一个前提，就是不读"无益之书"。什么书属于"无益之书"？李颙回答说："天文、谶纬、《水浒》、《西厢》，一切离经叛道邪秽不正之书。"⑨张秉直进而补充道："若夫邪僻之小说、绮丽之淫词、百家之众技、惑世诬民之书，以及异端似是之言，直当同付之一炬。"⑩天象、谶纬、道藏、佛典、小说、诗词、曲艺等等，都被当作无益之书。这不只是李颙和张秉直的个人看法，关学学者大都持有这种观点。可见，关学具有时代局限性，这是客观事实。

关学主张阅读的书籍大概可以分为两类，即"明体类"书籍和"适用类"书籍。前者是以"道德之学"为主要内容的书籍，这类书籍关注的是人之德性德行的培养；后者是以"经济之法"为主要内容的书籍，该类书籍关注的是经国济世的具体知识和技能。⑪用杨屾的话语表达，"适用类"书籍即"经济之书"⑫，那么"明体类"书籍就是"道德之书"。针对不同类别的书籍，关学主张采用不同

---

① 冯从吾：《冯从吾集》，第60页。
② 李颙：《二曲集》，第116页。
③ 李元春：《李元春集》，第355页。
④ 刘光蕡：《刘光蕡集》，第277页。
⑤ 吕柟：《吕柟集·泾野先生文集》上册，第599页。
⑥ 李元春：《李元春集》，第774页。
⑦ 李元春：《李元春集》，第404页。
⑧ 刘光蕡：《刘光蕡集》，第235页。
⑨ 李颙：《二曲集》，第231页。
⑩ 张秉直：《治平大略》附录《杂论》，第27页a。
⑪ 参阅李颙：《体用全学》，见《二曲集》，第48—54页。
⑫ 杨屾：《知本提纲》卷九（一），第36页a。

的阅读方法来阅读。

无论读"道德之书"还是"经济之书",直接目的都是获取知识。首先,阅读从识字开始。王弘撰说:"学者读书,于字之点画、音韵皆当究心,不可承讹。"①所阅读之书籍中的文字应当识读准确,不能读错写错。李元春说"理学家每不究心典故"②,还特别强调读书要"考典",不但要探明典故的含义,还要详细考证其出处。接着,要"循名责实",通过文字把握事理。虽然关学主张读书以识字始,但"读书须知古人命意所在,不可泥文害意"③,不能只做个"字字相校"的"句读之士"。书籍中的文辞乃是"词本宣其事",即名言必然有其言说的对象,那么,读书就应当把握文字所指的对象。④张载对此尤为重视,他说:"言则指也,指则所视者远矣。若只泥文而不求大体则失之,是小儿视指之类也。常引小儿以手指物示之,而不能求物以视焉,只视于手,及无物则加怒耳。"⑤就"经济之书"中的名言来看,指称的对象大都是经验界的事物,可以观察并进而推理;而"道德之书"中的名言指称的性与天道并非经验界的事物,需要潜心体验。最后,经过实践检验确认知识。对于"道德之书"所言说的性及天道,按照"在内返诸身"的原则细心体验;对于"经济之书"所言说的事物,按照"在外验诸世"⑥的原则在现实中实践。实践检验其"知得真",则其知是"真知",不然,"义理有疑,则濯去旧见以来新意"⑦,修正与实践不符合的旧知识,最终形成"新知"。这就是关学所主张的读书获取知识的主要途径和大概过程。

"读书穷理"是读书的认识目标。关学自张载始就主张"读书求义理"⑧;明代中叶,马理进而强调"读书所以明夫道"⑨;迨关学终结之时的民国初期,牛兆濂依然主张"读书不明理,误人直到底"⑩。如何读懂书中的道理?针对不同的

---

① 王弘撰:《王弘撰集》下册,第 574 页。
② 参阅李元春:《李元春集》,第 414 页。
③ 王心敬:《王心敬集》下册,第 658 页。
④ 参阅杨屾:《知本提纲》卷九(二),第 36 页 a—b。
⑤ 张载:《张载集》,第 276 页。
⑥ 参阅刘光蕡:《刘光蕡集》,第 287 页。
⑦ 张载:《张载集》,第 286 页。
⑧ 张载:《张载集》,第 376 页。
⑨ 马理:《马理集》,第 359 页。
⑩ 牛兆濂:《牛兆濂集》,第 25 页。

书籍，关学主张采用不同的阅读方法。

"读书穷理"，就"道德之书"而言，有其特定的阅读方法，不过，这种特定的读书方法有一个基本前提——"信书"。关学话语中的"道德之书"，也表述为"圣人之书""孔孟之书"，指的是儒家典籍，尤其是儒家经书。对于这类书籍，首先要相信书中的"圣人之言"。张载说："学者信书，且须信《论语》《孟子》。"① 阅读"圣人之书"是为了认知"圣人之道"，进而用"圣人之道"塑造自己的圣人人格。"圣人之道"即"孔孟之道"，那记载孔孟言行的《论语》和《孟子》自然首当崇信。不尊信《论语》《孟子》，就是不尊信"圣人之道"。质言之，不相信有圣人存在，那为什么还要学习"圣人之道"来塑造圣人人格呢？可见，崇信"圣人之言"以及"圣人之书"是阅读"道德之书"的逻辑前提，而相信圣人以及"圣人之道"的存在是儒学成人理论的逻辑前提。如何尊信圣人？王心敬回答说："尊圣人不如信圣人，圣人往矣，何从信之？圣人往而言在也，言在斯圣人在矣。故吾每读圣人之言，而即信其言之无不实，更信其言之真可行也。"② 尊信圣人，即信奉圣人之言，不但认为其言真实不虚，而且认为其言可践于行。在张舜典看来，人只有对"圣人之书""信得及"，才有可能对"圣人之道""知得真"。③ 这就是关学为什么主张阅读"道德之书"首先应当"信书"。

"读书穷理"，就"道德之书"而言，阅读方法是"自得"。张载强调对"圣人之道"的认知应当"自得之"。④ 就"张子之学，主于深思自得"⑤ 的观点来看，"自得"可以被当作张载关学的特色。嗣后，关学学者承续张载的自得说，普遍主张阅读儒家典籍必须采用"自得"的阅读方法。薛敬之认为"读书而不自得，终为皮肤之学，是犹及宫墙而不入，未知百官宗庙之富且美也"⑥，原因在于"凡义理不自得，虽读书终无味。眼虽见，口虽言，终为外物"⑦。这是说对性及天理的认知只能依靠自得，不然，无法体会到内在的天理，也就不会自觉人

---

① 张载：《张载集》，第 277 页。
② 王心敬：《王心敬集》下册，第 751 页。
③ 参阅张舜典：《鸡山语要》，第 122 页。
④ 张载：《张载集》，第 192 页。
⑤ 永瑢等：《四库全书总目》，第 776 页下。
⑥ 薛敬之：《思庵野录》，第 43 页。
⑦ 薛敬之：《思庵野录》，第 50 页。

与生俱来的德性。而根本原因则如张秉直所说，"道本固有，学贵自得"①。这是说天理内在于人就是德性，或者说人性就是内在于人的天理，那么对人性的认知只能是内向体验式的"自得"。就认知天理而言，"物之理不异于人"②，向内体验式的"自得"和向外探求式的"即物穷理"都可以。但是就认知人性而言，必须采用向内体验的"自得"，因为人性是内在的天理。只有向内体验到天理，人才能够道德自觉，进而挺立人的德性，最终成为人。大概有见于此，吕柟强调阅读儒家典籍"只要自得"③。其实，就成人来看，"自得"是唯一的路径。诚如祝垲所说："学须自证自悟。看书籍，靠不得书籍；接师友，靠不得师友。"④如何"自得"？王徵说："诸士终日诵读，一字字都向心头想一想，一句句往身上贴一贴，试看古人之言，与我身心合不合？其合者，便要体验扩充；其不合者，便要沉潜思索。便知圣贤千言万语，说的是我心头佳话，立的是我身上妙方，不必另竭心思。"⑤依此来看，"自得"就是将儒家典籍中的圣贤之言在身心上反复体验，最终明白其言说都是真理；但本质地看，是人使自己的思想和行为符合儒家的圣贤之言。刘光蕡阐发的"自得"，更能表明此种观点。他说："圣贤先得我心之所同然，故经书虽极精奥，皆我心自有之理。读一句书，不必仅讲字面，必证之我心为何等道理，我心有否。若不能解，则觉非心所固有，此我心为私欲所蔽也。必力去其蔽，蔽去一分，此理即明一分，向之格格不入者，渐觉亲切有味，如此则读一句得一句，不过年余，即成大学问。"⑥自己的身心符合圣人之言，就是天理呈现；自己的身心不符合圣人之言，就是私欲遮蔽。认知到此，也就明白了吕柟所谓的"自得者，心有所契，身有所合"⑦。但是这种符合并非强制的符合，而是自然的符合，原因就在于圣人与凡人是"人同此心，心同此理"，只不过圣人是先知先觉，凡人须凭借圣人之言来自觉。当人感到圣人之言"如获我心"，正是自觉到内在天理的表现。可见，作为读书方法的"自得"，就是将儒家经书中的圣人之言在自己身心上体会，最终体验到内在的天理。

---

① 张秉直：《萝谷文集》卷四，道光九年（1829）中和堂刻本，第1页a。
② 贺瑞麟：《贺瑞麟集》上册，第410页。
③ 吕柟：《吕柟集·泾野子内篇》，第210页。
④ 祝垲：《体微斋语录》附录《日录》，第30页a。
⑤ 王徵：《王徵集》，第150页。
⑥ 刘光蕡：《刘光蕡集》，第167页。
⑦ 吕柟：《吕柟集·泾野经学文集》，第470页。

"读书穷理"，就"经济之书"而言，不能盲目"信书"。李元春说："古人书中多不可信之事，当断之以理，勿为所惑。"① 非但书中记载的事情不可轻信，书中阐发的道理也不可轻信，而要"徵诸事物"。如何用事物检验？杨屾提出"以事按词"和"循名责实"的检验方法。② 前者是说将文字记载与事实核对，检验其真伪；后者是说将概念与实物核对，检验其真伪。这样不只能"莫为前人所愚"③，更重要的是可以获取准确的知识。

"读书穷理"，就"经济之书"而言，需要抱持怀疑的态度。张载主张"学则须疑"④，主要针对的是阅读"经济之书"。之所以主张存疑，一方面是因为有怀疑才会追问，即"须有疑，是问是学处也"⑤；另一方面是因为有疑问才会思考，即"疑稍未释，焉得不思？"⑥ 就前者而言，与阅读"道德之书"因"多问未尝自得"而反对多问不同，张载主张阅读"经济之书"要多问，原因是"由问而有知"⑦；就后者而言，张载主张对"经济之书"记载的事物"逐事要思"⑧，原因是"思虑知识"，即有思考才有知识。依此来看，对物理和事理的认知需要抱持怀疑的态度。

"读书穷理"，就"经济之书"而言，阅读方法是"思"。这里的"思"虽泛指思考，但更侧重于思辨，即理性思维。就思维的特征来看，杨屾说"思绎之妙，如抽茧丝"⑨，又说"沉思之幽，如探海寻珠"⑩，"思"是深思，包括演绎推理；张元勋说"分者由思以得合，合者由思而渐分"⑪，"思"既包括综合思维，也包括分析思维。总而言之，"思"是理性思维。就思维的作用来看，理性思维可以穷究宇宙万物之理，即"宇宙事物之理，一思即能通"⑫。具体来看，"事物之理，层累而增，递析而微，旁达而远，均可至无穷之域，凝其思而致于

---

① 李元春：《李元春集》，第758页。
② 参阅杨屾：《知本提纲》卷九（一），第36页 a。
③ 杨屾：《知本提纲》卷九（一），第36页 b。
④ 张载：《张载集》，第286页。
⑤ 张载：《张载集》，第268页。
⑥ 冯从吾：《冯从吾集》，第60页。
⑦ 张载：《张子全书》，第363页。
⑧ 张载：《张载集》，第288页。
⑨ 杨屾：《知本提纲》卷九（一），第31页 a。
⑩ 杨屾：《知本提纲》卷九（一），第32页 a。
⑪ 张元勋：《原道》卷上，第20页 b。
⑫ 张元勋：《原道》卷上，第19页 a。

一,亦均可渐迄其域"①,理性思维可以穷诘事物之理。阅读"经济之书"的目的,无非是"明究物理""推究事理",而对物理和事理的掌握依赖的是理性思维,所以关学学者非常重视理性。就认知能力而言,"心之知思,足以尽天地万物之理"②;就知识的形成而言,"思所至即知"③;就科技研究而言,更需要"穷索苦思",如王徵为了搞懂西方的自鸣钟的原理,曾"穷索苦思,忘食寝,废酬应,一似痴人"④;就阅读"经济之书"而言,需要理性思维,因为"思者,心之用也,学问之事也"⑤。总而言之,在"经济之书"中"读书穷理"依赖的是理性思维,即刘光蕡所谓的"致知贵思"⑥。

"读书致用"是读书的实践目标。所谓"读书致用",就是将从书本中学到的知识付诸实践,应用于现实生活。这是关学学者的普遍主张。张载非常强调"力行"和"致用",对于读书亦然。迨明代,张载的读书致用主张被推向巅峰。具体来看,薛敬之认为"读书不在多,贵在知要;知要不在言,要在力行"⑦;王承裕强调"读圣人之书,当行圣人之事,岂可只作一场话说"⑧;马理倡导读书"必以所读之书而施诸所履之行,即以所履之行而验所读之书"⑨;吕柟最后总结为"以力行为读书"⑩。嗣后,关学有关"读书致用"的看法没有超越这种观点,要么盛赞"能行,便是会读书"⑪的观点,要么批评"读圣人之书,而不能实体诸躬,见诸行"⑫的行为。

"读书致用",就"道德之书"来看,就是将从书中学到的有关性及天道的知识付诸实践,内而体认自己的德性,外而展现自己的德行;就"经济之书"来看,就是将从书中学到的各种具体知识和技能应用于现实生活,有效地应事接

---

① 张元勋:《原道》卷上,第19页b。
② 吕大临:《吕大临集》,第450页。
③ 张元勋:《原道》卷上,第20页b。
④ 王徵:《王徵集》,第54页。
⑤ 刘光蕡:《刘光蕡集》,第453页。
⑥ 刘光蕡:《刘光蕡集》,第453页。
⑦ 薛敬之:《思庵野录》,第30页。
⑧ 王承裕:《少保王康僖公文集》,第507页下。
⑨ 马理:《马理集》,第359页。
⑩ 吕柟:《吕柟集·泾野先生文集》上册,第552页。
⑪ 王建常:《王建常集》,第269页。
⑫ 李颙:《二曲集》,第500页。

物。总而言之，成己成物。

关学学者通过读书，尤其是阅读"圣经"来回答"什么是学"的问题。他们的答案是"学以成人"之"学"即"圣学"。就"读书"而言，所读之书既有"道德之书"，也有"经济之书"，那么"圣学"就既是"道德之学"或"心性之学"，也是"经济之学"或"经世之学"。前者是由修己以治人的学问，主要培养人的道德品质；后者是应事接物的学问，主要培养人的经国济世才能。就"圣学"的内容来看，广泛涉猎经史子集，是对中国传统文化的继承；就"圣学"的核心来看，以儒家学说为主，恪守"学以成人"的为学宗旨。

四、怎么学习？

关学从阅读"圣经"之维对"什么是学"这一问题的回答是："圣学"，具体而言，既包含"道德之学"，也包含"经济之学"。前者也被称为"心性之学"，主要探讨如何认知人性并实践人性；后者又被称为"经世之学"，主要探讨如何待人、应事、接物，进而经国济世。知道"学以成人"之学是"圣学"后，如何学习"圣学"就成为备受关注的问题。人应当如何学习"圣学"？贺瑞麟回答说"君子之学将以求圣人之道，得于心体于身，行于伦常达于政事"[①]。其实，早在明代，有学生"问为学"，吕柟就给出了类似的答案："本之一心，验之一身，施之宗族，推之乡党，然后达诸政事，无往不可。"[②]这说明学习"圣学"，不但要认知"圣人之道"，而且要付诸实践。就实践而言，不仅要在日用伦常中践行"圣人之道"，还要在治国理民上践行"圣人之道"。这就是学习"圣学"的方法。

学习"圣学"就是认知"圣学"和实践"圣学"。用张载的话语表达，前者称为"知学"，后者称为"致学"，就培养圣人人格而言，二者缺一不可。张载认为"今人所以多为气所使而不得为贤者，盖为不知学"[③]，而且"惟知学然后能勉"[④]。这说明"知学"在成人的实践活动中处于指导地位，在"致学"之先。张

---

① 贺瑞麟：《贺瑞麟集》上册，第109页。
② 吕柟：《吕柟集·泾野子内篇》，第71页。
③ 张载：《张载集》，第266页。
④ 张载：《张载集》，第27页。

载又认为"致学而可以成圣"①,仅"知学"而"未致其学"还是不能成为圣人。这说明"致学"在成人的实践活动中虽处于"知学"之后,但居于核心地位。总的看来,学习"圣学"的方法是"知学"与"致学"并重。

1. 知学

知道学习的必要性和重要性是"知学"的前提。张载认为不存在先知,知识的获取必须依靠后天的学习。我们知道,孔子认为人既有"生而知之者",也有"学而知之者",而他自言"我非生而知之者"。②张载据此认为"仲尼为学而知之者"③,进而认为"圣人未尝有知,由问而有知"④。既然圣人都非生而知之者,凡人就更不可能是生而知之者,那么,学习对人而言就具有必要性。试问:终生抱有"乃所愿则学孔子也"⑤之理想的张载,为什么没有接受孔子人有"生而知之者"的观点?主要原因是佛教"大道可不学而知"观点对儒学的冲击。在张载看来,儒者受佛教"圣人可不修而至,大道可不学而知"⑥观点的影响,修养工夫空疏甚至缺失,造成人伦道德迷乱、社会秩序混乱等不良现象。基于这种认识,他强调学习的必要性,主张人并没有生而知之者而都是学而知之者,这就奠定了学习的必要性,同时也决定了学习的重要性。张载之后的关学学者,既有承续张载"圣人学而知之"之观点的,认为"圣人亦只是一个学"⑦,强调学习的必要性和重要性;也不乏接受孔子"人有'生而知之者'"之观点的,但都将生知归之于圣人而强调学习对于凡人依然必要且重要。总而言之,学习对人而言既必要也重要,人只有认识到学习的必要性和重要性,才会积极学习。就此来看,知道学习的重要性和必要性是"知学"的前提。

学习之所以对人至为重要,是因为学习能够培养人性,这正是关学主张"学以成人"的根本原因。就人性而言,人是德性与理性的统一体,而以德性为主导。学习不但可以培养人的德性,还可以培养人的理性。前者就是关学所谓的

---

① 张载:《张载集》,第65页。
② 参阅《论语》中《述而》和《季氏》。
③ 张载:《张载集》,第330页。
④ 张载:《张子全书》,第363页。
⑤ 张载:《张载集》,第324页。
⑥ 张载:《张载集》,第351页。
⑦ 李元春:《李元春集》,第379页。

"学以进德"①，后者即其所谓的"学开其智"②。"学以进德"是关学最为普遍的观点。张载说，"若大人则学可至也"③，学习可以培养大人的人格。具体而言，就是张载所谓的"学即能移"④，人在学习中可以潜移默化地转变气质。张载认为这是学习最大的好处，他说："为学大益，在自求变化气质。"⑤所谓"变化气质"，就是将气质之性转化为天地之性，从而彰显人的德性。张载曾比较直白地说："性不美则学得亦转了。"⑥嗣后的关学学者不但强调"君子所贵乎学者，为能变化气质而已"⑦，而且倡导"学者要变化气质是第一事"⑧，甚至认为"气质变方可言学"⑨。学习能够培养人的德性，这是关学学者的普遍看法，吕大临将之简洁地概括为"德系乎学"⑩。为了突出学习对培养德性的重要性，李颙甚至说"学之所以为学，只是修德"⑪。这都说明学习就培养人的德性而言至为重要。

"学以开智"也是关学较为普遍的观点。张载认为"非知，德不崇"⑫，所以，注重在学习中培养德性的同时，也应重视在学习中培养理性。吕大临强调"学之功，可使愚者明"⑬，原因是"凡学者所以解蔽去惑"⑭。杨屾从学与问的关系之维阐发了学习可以培养理性的观点，他说："学以致问，问以知学，学问并进，明智互生。"⑮晚近以降，刘光蕡思考"与中国并立者，何以他国之人皆智"⑯的问题时，发现中国专制时代有"恶民智而愚之"⑰的传统，故而，他更注重用学习培养人的理性，教学主张"先贵启人人之智"⑱。由此足见，关学非常注重通过

---

① 马理：《马理集》，第166页。
② 刘光蕡：《刘光蕡集》，第171页。
③ 张载：《张载集》，第76页。
④ 张载：《张载集》，第266页。
⑤ 张载：《张载集》，第274页。
⑥ 张载：《张载集》，第332页。
⑦ 吕大临：《吕大临集》，第108页。
⑧ 吕柟：《吕柟集·泾野经学文集》，第396页。
⑨ 薛敬之：《思庵野录》，第33页。
⑩ 吕大临：《吕大临集》，第431页。
⑪ 李颙：《二曲集》，第455页。
⑫ 张载：《张载集》，第191页。
⑬ 吕大临：《吕大临集》，第411页。
⑭ 吕大临：《吕大临集》，第103页。
⑮ 杨屾：《知本提纲》卷九（一），第11页b。
⑯ 刘光蕡：《刘光蕡集》，第234页。
⑰ 刘光蕡：《刘古愚遗稿》，第31页。
⑱ 刘光蕡：《刘光蕡集》，第646页。

学习培养人的理性。无论通过学习培养人的理性，还是通过学习培养人的德性，都体现的是"学以成人"。基于这种立场，刘光蕡将学习视为人禽之别，他说："故人性之贵，观于初生，犹不可见，见之于其行，行者人情之作用，精言之，则学也。故人之贵于物也，在能学之性。"① 这充分说明学习对成人的必要性和重要性。

既然学习对人而言至为重要，那人就应当立志好好学习，这就是张载所谓的"志学"。关学认为就学习而言，立志最为重要，即"学莫要于立志"②，学习的首要任务是立志。张载强调："有志于学者，都更不论气之美恶，只看志如何。"③ 学习是否成功很大程度上取决于学习的志趣。如何立志？首先，树立正确的学习志向。王心敬说"立志须立正志"，而所谓"正志"即"希贤希圣之志"，也就是说，学习要"立心效法圣贤"。④ 其次，树立远大的学习志向。张载说："人若志趣不远，心不在焉，虽学无成。"⑤ 这是说没有远大的志向就不会有强大的学习动力，学习也就很难取得丰硕的收获。有见于此，张载为关学确立极其远大的学习志向——"学必如圣人而后已"⑥。关学学者就实际成人的目标而言，几乎都主张"学者学为圣贤也"⑦；但就学习之初立志而言，还是坚持"学须是学圣人"⑧。原因诚如贺瑞麟所说："宁学圣人而未至，不欲以一善成名。"⑨ 所以，学习志向应以圣人人格为最高目标。最后，树立坚定的学习志向。学习志向一定要坚定不移，即张舜典所谓的"立志贵坚"⑩，不然，学习必不能"好学力行"，最终学无所成。

学习志向已立，就需要探讨具体学什么的问题。如前所述，"学以成人"之学是"圣学"，其内部既有"心性之学"，也有"经世之学"，这是就学问形态

---

① 刘光蕡：《刘光蕡集》，第393页。
② 王心敬：《王心敬集》下册，第625页。
③ 张载：《张载集》，第321页。
④ 王心敬：《丰川全集正编》，见《四库全书存目丛书·集部》第278册，齐鲁书社，1997年，第455页下。
⑤ 张载：《张载集》，第273页。
⑥ 吕大临：《横渠先生行状》，第749页。
⑦ 李元春：《李元春集》，第774页。
⑧ 李元春：《李元春集》，第379页。
⑨ 贺瑞麟：《贺瑞麟集》下册，第1006页。
⑩ 张舜典：《鸡山语要》，第115页。

而言的。如果具体到学习的对象，从超越之域来说，是体验天理；就内在之域来说，是获取知识。用关学话语表达，前者是"学以明理"①，即学习以认知天理为目标；后者是"学以求知"②，即学习以获得知识为目标。"学以明理"是关学普遍的观点，也可简称为"学道"。张载主张"学穷理"③，甚至认为"穷理即是学也"④；张舜典说"夫谓之学，以学道也"⑤，表明学习是要体验终极的天理或天道。天理或天道落实到经验界，既表现为自然界的物理，也表现为人类社会的伦理，那么，体验道就转向对"人伦物理"的认知，即张载所谓的"明庶物，察人伦，皆穷理也"⑥。尽管关学学者大都具有"学以求知"思想，但明确表达出来的却仅杨屾一人而已。如前所述，张载将人的知识划分为两类，即德性之知和见闻之知，前者是有关性及天道的知识，后者是有关事物分门别类的具体知识。那么，"学以求知"既是对德性之知的获知，也是对见闻之知的获知。天理与知识相互联系：天理是知识的认知对象，知识是对天理的认知结果。这样来看，现实中的学习对象就是物理和伦理，学习二者形成的知识是见闻之知和德性之知。

学什么的问题解决后，就需要回答如何学习的问题。人应当如何学习？张元勋回答说："圣人者，学于万事万物者也。事物在古，学于典籍；事物在今，学以闻见。"⑦学习既要从书籍上学习已有的知识，也要通过事物学习新知识。张载说："圣人，人也。"⑧圣人也不过是人的本然状态而已，那么，圣人的学习方法也就是人应采纳的学习方法。人应当向书本学习，更应当向社会这本大书学习。

首先，学应好学，学应勤学。关学学者普遍推崇"孔子好学"和"颜子好学"，甚至认为"好学不倦"是儒者的基本素养。好学的表现就是勤学，故而关学学者普遍提倡勤学。张载立于"学以成人"的高度，高屋建瓴地指出不勤学难以成人。他说："学者有息时，一如木偶人，牵搐则动，舍之则息，一日而万生万死。学者有息时，亦与死无异，是心死也，身虽生，身亦物也。天下之物多

---

① 萧斗：《勤斋集》，第51页。
② 杨屾：《知本提纲》卷九（一），第12页b。
③ 张载：《张载集》，第326页。
④ 张载：《张载集》，第330页。
⑤ 张舜典：《鸡山语要》，第147页。
⑥ 张载：《张载集》，第329页。
⑦ 张元勋：《原道》卷上，第17页b。
⑧ 张载：《张子全书》，第387页。

矣，学者本以道为生，道息则死也，终是伪物，当以木偶人为譬以自戒。知息为大不善，因设恶譬如此，只欲不息。"①就"学以成人"而言，张载认为学习不可间断，一旦间断，人性即失。张载的这番言论是以"道以学存"为前提的。人只有在学习中才能体会到自己的德性，保持自己的本性，那学习自然不能间断，而学习不间断就是勤学。嗣后的关学学者从不同维度具体论证了勤学的必要性。具体来看，就知识的开放性而言，知识是无穷无尽的，这导致"道无止境，学无止法"②，那么人必须勤学；就主体的求知欲望而言，人的学习欲望具有开放性，这导致人"学无止足"③，那么人必须勤学；就人的学习能力而言，"知之不真，得之或忘"④，那么人必须勤学；就学习成功必备要素而言，"学问必有辛勤，方能有成"⑤，那么人必须勤学。基于上述认知，关学提倡人应当终身学习，即所谓的"终身学"⑥。

其次，学需博学，学需多识。关学自北宋张载肇创之始就提倡"博学""多识"；明代中叶，吕柟进而主张"一事不知，儒者之耻"⑦；清代中叶，张秉直继而提倡"一物未知，不可谓智"⑧；迨民国时期，张元勋依然认为"遗一不学，不免有儒不知物之诮"⑨。就学习内容来看，"道德之学"以及"德性之知"固然以学习儒学为主，但佛道典籍中"足以发明心地之说"⑩也可以吸收，甚至"西人哲家等书"⑪以及耶教的相关思想也不妨汲取。就"经世之学"以及"见闻之知"而言，关学主张只要"实有益于民生日用"，哪怕是"技艺末务"也应该积极学习。⑫晚近以前主要旁及中国的农家和兵家学说，偶有汲取西方机械和商业方面的知识；晚近以来对"西人声、光、化、电之学"⑬等自然科学知识以及工业制造更

---

① 张载：《张载集》，第267—268页。
② 王心敬：《丰川全集正编》，第461页上。
③ 吕柟：《吕柟集·泾野先生文集》上册，第315页。
④ 吕柟：《吕柟集·泾野子内篇》，第45页。
⑤ 杨爵：《杨爵集》，第181页。
⑥ 李元春：《李元春集》，第796页。
⑦ 吕柟：《吕柟集·泾野子内篇》，第74页。
⑧ 张秉直：《治平大略》卷一，第6页a。
⑨ 张元勋：《原道》卷上，第17页b。
⑩ 王心敬：《丰川全集正编》，第484页上。
⑪ 刘光蕡：《刘光蕡集》，第238页。
⑫ 王徵：《王徵集》，第287页。
⑬ 刘光蕡：《刘光蕡集》，第21页。

是积极学习。关学主张博学,其兼容并包诚如刘光蕡所说:"今日讲学,万不宜自隘程途,悬一孔子之道为的,任人之择途而往,不惟不分程朱、陆王,即荀、杨、管、商、申、韩、孙、吴、黄老、杂、霸、词章以及农、工、商、贾,皆为孔教之人。苟专心向道,皆能同于圣人。而耶、佛亦可为吾方外之友,如孔子之于老子,楚狂、沮、溺等。"① 由此足见关学何等博学。这是关学的特色。关学之所以主张博学,是因为学是"学以成人"之学。具体而言,人在与事物打交道中存在,要有效地应事接物就需要丰富的知识,即"必有事于博学"②。张载强调人"要博学素备",即平素积累知识以备应事接物之用,就是出于这个原因。就人性而言,德性的培养也需要博学,即"博学以畜其德"③。这主要是因为见闻之知有益、有助于德性之知,当德性之知"与见闻之知相合为一,而此良知愈良"④,更易于成就人的德性。德性的培养需要见闻之知,而见闻之知源于博学,所以学习时应当博学。尽管关学学者普遍主张博学,但也不乏反对博学者,清末的贺瑞麟就是其中之一。在他的眼里博学是"杂学",即"杂学者,欲事事物物不知也"⑤。他之所以反对博学,是因为"杂学害道"⑥,即博学有损儒学的纯粹性。其观点的出现是关学走向终结的表现。

再次,学贵知本,学贵知要。学贵知本即知道学习的根本,知道学问的根本。就前者而言,知本就是学习以培养人性为本。张载说"学者先须立本"⑦,这个"本"指人的本性;所以,学贵知本就是"学者须当立人之性",可简称为"知性"。由于关学学者普遍认为人性是天赋予的,那么"知性"从知其本源之维来看,也就是"知天"。如前所述,这里的"天"仅仅是表示根源性之逻辑在先的概念,并不具有人格意志。但王徵和杨屾汲取耶教思想,"天"在他们那里是天主,是上帝,"知本"也就成了"知天上有主"⑧、"知帝"⑨。就后者而

---

① 刘光蕡:《刘光蕡集》,第122页。
② 王弘撰:《王弘撰集》上册,第494页。
③ 吕柟:《吕柟集·泾野先生文集》上册,第22页。
④ 刘光蕡:《刘光蕡集》,第360页。
⑤ 贺瑞麟:《贺瑞麟集》下册,第1040页。
⑥ 贺瑞麟:《贺瑞麟集》下册,第1041页。
⑦ 张载:《张载集》,第324页。
⑧ 王徵:《王徵集》,第161页。
⑨ 杨屾:《知本提纲》卷二上,第2页a。

言,"圣学"包括"道德之学"和"经济之学","圣学"的知识包含"德性之知"和"见闻之知",就人之本性以德性为主来看,"道德之学"以及"德性之知"无疑是"圣学"的根本。王心敬说"虽经济即道德,而要之道德则本也"①,这是说即使将"经济之学"等同于"道德之学","道德之学"也是根本。学贵知本强调学习应当以"道德之学"以及"德性之知"为本,而以"经济之学"以及"见闻之知"为末。这样的话,学习就应当"由本以及末"②,吕大临将之概括为"君子之学,自本及末"③。这不只说明前者比后者重要,而且在学习次序上也是前者先于后者,但最终要本末皆学皆知,即张载所谓的"知必周知"。学贵知要,即知道学习的要领,知道学问的要领。吕大临说"学之博者莫若知之之要"④,足见学贵知要的重要性。关学学者对"学之要"的理解和表述存在差异,比如:萧斛认为"日夕思省,使是非旷然,是则加勉,非则改之,毋自欺焉,学之要也"⑤;吕柟认为"君子之学,致曲为要"⑥。无论是萧斛认为学习的要领是改过,还是吕柟认为学习的要领是致曲,都指向人的德性。这样来看,学习的要领就是学以成人。就学以成人之维来看学习要领,张秉直的表达最为全面,他说:"学有三要:修身、处事、接物。修身以礼,处事以义,接物以恕,三者修而人道备矣。"⑦嗣后的关学学者普遍接受了这种观点,清末之时贺瑞麟依然强调"修身处事接物,三者固为学之要"⑧。就后者而言,"道德之学"以及"德性之知"是学问的要领,学贵知要就应当以学习"道德之学"以及"德性之知"为要,当然,也不能忽视"经济之学"以及"见闻之知"。

最后,学贵自得,学贵心悟。关学自张载始即强调学贵自得。张载认为对道的体知"须是自求,己能寻见义理,则自有旨趣",这就是"自得"。⑨自得就方法而言,主张向内体验而反对向外探求。张秉直说:"学贵自得,读圣贤书而不能体验于身心,徒袭取字句,妄分畛域,此俗儒支离之识,终无当于学问本旨

---

① 王心敬:《丰川续集》,第512页上。
② 李颙:《二曲集》,第508页。
③ 吕大临:《吕大临集》,第157页。
④ 吕大临:《吕大临集》,第108页。
⑤ 萧斛:《勤斋集》,第8页。
⑥ 吕柟:《吕柟集·泾野先生文集》下册,第988页。
⑦ 张秉直:《开知录》卷一,第11页b。
⑧ 贺瑞麟:《贺瑞麟集》下册,第1047页。
⑨ 张载:《张载集》,第273页。

也。"①而之所以主张向内体验，是因为道或理内在于人心。可见，自得既强调"道内在人心"，也强调"心上做工夫"。这样的话，学贵自得也就是"学贵心得"②。再者，"学贵自得"也强调对道的自信和自持，诚如王建常所说："学莫贵于自得，自得则所守不变，至老愈坚。"③只有学问是自得的，才会自信并践之于行，而至死不渝。就认知方法来看，"自得"即觉悟，属于直观认知方法。李复说："心之所自得，虽因闻见，若脱然自悟，闻见乃筌蹄矣。"④可见，"自得"即"自悟"。再依据吕大临 "觉之为义，有所悟之谓"⑤的言辞来看，觉即悟。合而言之，"自得"就是觉悟，即直观认知方法。吕大临和李复将"自得"视为觉悟的观点源于张载。张载受佛教"顿悟""了悟"思想影响，⑥为学特别重视觉悟。在他看来，人"悟后心常弘，触理皆在吾术内"⑦，即人一经觉悟便可见道，所以，他为学提倡"学贵心悟"⑧。觉悟作为一种直观认知方法显得比较神秘，吕大临就说"悟者沛然自如，不知所以为得"⑨。其实，觉悟是一种向内体验的方法，即杨屾所谓的"惟在返察，乃谓之觉"⑩。当然，觉悟并不只是向内体验的认知活动，还包括认知对象——道。李颙说："学，觉也，觉以觉乎其固有，非觉先觉之固有也。"⑪所谓"觉乎其固有"，是说人觉悟自己内在的天理。这样来看，觉悟就是向内体验道，用张载的话语表达，即"悟道"。基于这种立场，学习可以理解为觉悟，即冯从吾所谓的"学所以求其觉也"⑫。不过，从王建常"夫学以求觉人，特患不能自觉耳"⑬来看，学不能只"自觉"，还应当"觉

---

① 张秉直：《萝谷文集》卷四，第 1 页 a—b。
② 刘光蕡：《刘光蕡集》，第 342 页。
③ 王建常：《王建常集》，第 263 页。
④ 李复：《李复集》，第 34 页。
⑤ 吕大临：《吕大临集》，第 149 页。
⑥ 张载说："圣门学者以仁为己任，不以苟知为得，必以了悟为闻，因有是说。"（见《张子全书》，第 411 页。）又说："敦笃虚静者仁之本，不轻妄则是敦厚也。无所系阂昏塞，则是虚静也，此难以顿悟。苟知之，须久于道，实体之，方知其味。"（见《张子全书》，第 446 页。）
⑦ 张载：《张载集》，第 269 页。
⑧ 张载：《张载集》，第 274 页。
⑨ 吕大临：《吕大临集》，第 111 页。
⑩ 杨屾：《知本提纲》卷三（上），第 26 页 a。
⑪ 李颙：《二曲集》，第 427 页。
⑫ 冯从吾：《冯从吾集》，第 73 页。
⑬ 王建常：《王建常集》，第 361 页。

人",即儒家主张的"立己达人"。"学贵自得""学贵心悟"都是针对"道德之学"以及"德性之知"采用的学习方法,就"经济之学"以及"见闻之知"而言,学习方法应当是"学贵致思""学贵好问",即通过疑问和思考来学习。

"知学",就所学知识的来源而言,"学,行得者"①,即所学知识源于实践;就学习知识的目的而言,"以学为行"②,即学习是为了用知识指导实践活动。就知行之维来看,如果知属于"知学"的话,那么行就属于"致学"。可见,"知学"必然指向"致学"。

2. 致学

"致学",就是"学以致其道"③,即实践所学的知识,运用所学的知识。人如何"致其学"?王恕回答说"措诸行事"④;用张载的话语析而言之,那就是"致学"既要付诸"实行",又要见于"实事"。这样来看,人"致学"与否,可以"全在日用行事见得"⑤。如果说"圣贤之道不过在于日用行事之间而已"⑥,那么"致学"其实是在实践"圣人之道"。这就是张载提倡的"致学"。

"实行",即"力行以实之"⑦,通过实践活动将知识转化为实实在在的事情。就"道德之学"以及"德性之知"而言,"实行"即道德实践。人只有凭借道德实践,内在的德性才能表现为外在的德行,从而成为一个真正有道德的人;不然的话,只有道德自觉而缺失道德实践,内在的德性隐而不显,从外在行为看不出是有道德的人,这就是李复说的"士之于学,非尚其志、强其力,终无异于众人"⑧。就"经济之学"以及"见闻之知"而言,"实行"就是将待人应事接物的原则和方法落实于待人应事接物,将日常事务办理好。综合来看,"实行"就是将做好人与干好事统一起来。

"实行"是"圣学"的内在要求。如前所述,"圣学"不只是圣人之学,更

---

① 张载:《张子全书》,第391页。
② 张载:《张载集》,第266页。
③ 刘光蕡:《刘光蕡集》,第176页。
④ 王恕:《王恕集》,第121页。
⑤ 冯从吾:《冯从吾集》,第296页。
⑥ 马理:《马理集》,第359页。
⑦ 萧䘵:《勤斋集》,第53页。
⑧ 李复:《李复集》,第63页。

是成就圣人之学，而成就圣人就是要践行圣人之道，有圣人之行。这就是王心敬说的"学道是学所以行也"①。"道德之学"以及"德性之知"依赖"实行"。人有无道德既无法依据超越的天理来判断，也无法依据内在的德性来判断，而只能依据经验的德行来判断。因为天理是超验之在，经验界无法感知，而德性作为内心之在具有隐微性，他者无法感知。这样的话，判定道德只能依据经验界人人可以感知的德行。这说明人的道德依赖"实行"。"经济之学"以及"见闻之知"更依赖"实行"。"见闻之知"作为具体形态的知识本身就是关于事物的知识，脱离具体事物其本身的知识性尚且存疑，这导致"见闻之知"需要"实行"验证其正确性，进而证明其价值。"经济之学"作为经国济世的学问，广泛涉及社会中的人事物，再兼其强调因地制宜和因时制宜，就更依赖"实行"。就此而言，"圣学"是"学以为行也"②，吕柟更简洁地表达为"行学"③。

"实事"，就是"实为其事"④，即实实在在做事。关学自张载始就提倡"须行实事"⑤。就张载"事即是实行"的言辞来看，他主张实实在在做事之目的是强调实践，尤其是道德实践。因为只有"见于事实"，内在的德性才能转化为外在的德行。吕大临主张"实有是心，故实有是事"⑥也是出于这种目的。迨明代，吕柟将关学的"实事"主张推向顶峰，倡导学习与做事统一。他说："今人把事做事，学做学，分作两样看了。须是即事即学，即学即事，方见心事合一、体用一原的道理。"⑦就方法来看，学习与做事统一就是要"心事合一"，即"心事不相离，事上亦所以习心也"。具体而言，"事未至时，固当涵养。至于临事时，亦须要一验，不然，若只是静便感而遂通，除非是浑然的圣人。故一于定静，而恶与物接，恐又堕于禅佛。夫子不云'执事敬'！"⑧这是说人在应接事物中的修心养性。到了晚清，贺瑞麟依然出于这种目的而主张做事，他说："学问之道须是一面读书穷理，一面练习事务方好。平素虽觉有自得处，若不向日用事

---

① 王心敬：《王心敬集》下册，第802页。
② 贺瑞麟：《贺瑞麟集》上册，第464页。
③ 吕柟：《吕柟集·泾野经学文集》，第5页。
④ 刘光蕡：《刘光蕡集》，第20页。
⑤ 张载：《张载集》，第325页。
⑥ 吕大临：《吕大临集》，第112页。
⑦ 吕柟：《吕柟集·泾野子内篇》，第131页。
⑧ 吕柟：《吕柟集·泾野子内篇》，第159页。

物艰难困苦中磨厉一番，终靠不住。"①可见，关学学者主张做事的目的还是强调道德实践，甚至将做事当成道德修养的手段，而并不关注事情本身，考虑如何成功地办理事情。直到晚清，这种观念在西学的剧烈冲击下才发生了转变，表现就是刘光蕡主张"精于治事"②。在西方的比照下，刘光蕡发现"外洋之事治，中国之事不治也"③，原因是"外人之学在事，中国之学在文"④，即西方人学习做事，中国人学习作文。基于这种认知，他认为中国要富强，中国人必须"精于治事"，尤其是"富强之事"，进而提倡"以治事为学"⑤。这就是关学所谓的"实事"，"致学"的方法之一。

"实事"也是"圣学"的内在要求。就对道的体知来看，人需要做"实事"。如前所述，道普遍存在于事物之中，那么对道的体知就诚如吕柟所说："夫诸士子志于道者也，然道无往而不在，则其学无事而可忽。"⑥具体而言，有两个方面：一方面是人在应接事物的过程中"随事观理"，另一方面是人将事情办理得"事合于理"⑦，这都是"实事"。就道德实践来看，人需要做"实事"。如果人们"日逞口谈，而身无一事"，必然无法成就德行。再者，"儒者逞空谈、重心性而薄事功"，不但会导致儒学"流于黄老清谈"，甚至会"贻祸于世者尤巨"⑧。更根本的原因则是，与事物打交道是人的存在方式，人要存在必须与事物打交道，必须做"实事"。

"致学"作为"知学"的逻辑推进，非常重要。就"知学"之知的真实性和正确性而言，知识在"致学"的过程中得到了验证。具体而言，"实行"可以验证"圣人语性及天道"的真实性，而"实事"可以验证"物理"和"事理"的正确性。就"知学"之知的现实性而言，知识在"知学"的过程中被转化为经验。具体而言，"实行"可以将超越的天理和内在的德性转化为经验界的德行，而"实事"将"物理"和"事理"成就为现实的事物。总而言之，"致学"将可能

---

① 贺瑞麟：《贺瑞麟集》下册，第 907 页。
② 刘光蕡：《刘光蕡集》，第 21 页。
③ 刘光蕡：《刘光蕡集》，第 235 页。
④ 刘光蕡：《刘光蕡集》，第 227 页。
⑤ 刘光蕡：《刘光蕡集》，第 473 页。
⑥ 吕柟：《吕柟集·泾野先生文集》上册，第 465 页。
⑦ 刘光蕡：《刘光蕡集》，第 467 页。
⑧ 刘光蕡：《刘光蕡集》，第 442 页。

性转化为现实性，使人成为真实的存在。

"知学"和"致学"是从知行合一之维对"怎么学习"这一问题的回答。前者告诉我们，学习的学问是"道德之学"和"经济之学"，学习的知识是"德性之知"和"见闻之知"，而且学习以"道德之学"以及"德性之知"为本为要，以"经济之学"以及"见闻之知"为末为次。如果说儒家自孔子以降，"学的目的是最大限度地完善自己，实现自己的潜能"[①]的话，那么关学的学习主张就是对儒学学习主张的继承和发展，在学习之域体现出原儒旨趣。但同时，关学强调"博学""多识"，以儒家文化为主，广泛地汲取了经史子集各部类的学问，甚至对西学也多有涉猎。如果说儒家自孔子以来，学的含义是"传承文化"，学的对象是"传统智慧"的话，[②]那么关学更是如此，这也是在学习之域体现出原儒旨趣。这告诉我们，学习的方法是"知学"和"致学"，即知行并进，学用结合。"实行"主张将所学的知识付诸实践，"实事"主张精研其理而实为其事。如果说儒家以孔子为代表的儒学是实践哲学的话，那么关学更是如此，这也是在学习之域体现出原儒旨趣。可见，就学习之维来看，关学恪守原儒旨趣，这是关学自张载以来"为往圣继绝学"的表现。

如何做人，如何学习，尤其是如何通过学习来做人，这是关学自张载始便普遍关注的核心问题。张载对这个问题的回答如洪钟大吕，响彻古今，这就是"横渠四为句"，即"为天地立心，为生民立道，为去圣继绝学，为万世开太平"[③]。做人就要做这样的人，为学就要为这样的学，只有这样才算是做人，只有这样才算是为学。嗣后的关学学者铭记祖训，代代相传。李颙说："吾人既戴天履地而为人，须参天两地以有事。'为天地立心，为生民立命，为往圣继绝学，为天下后世开太平。'志不如此，便不成志；学不如此，便不成学；做人不如此，便不成人。"[④]这就是张载为关学确立的做人治学"宏大规模"。具体而言，按照"横渠四为句"做人，就是"做天下第一等人"；按照"横渠四为句"为学，就

---

① 陈来：《孔子·孟子·荀子：先秦儒学讲稿》，生活·读书·新知三联书店，2017年，第14页。
② [美]郝大维、[美]安乐哲：《通过孔子而思》，何金俐译，北京大学出版社，2005年，第46—50页。
③ 张载：《张载集》，第376页。
④ 李颙：《二曲集》，第136页。

是"做天下第一等事"。正是基于这种认识,关学学者普遍主张"为天下第一等人,做天下第一等事"①。也正是在"横渠四为句"的照耀下,关学学者自觉而努力地学以成人:"做人须堂堂的学做个大人物,方不负万古一生之身。"②由此足见,"横渠四为句"是关学的学术宗旨,更是关学的崇高理想。

其实,"学以成人"是孔子为儒学确立的宗旨。③关学以"学以成人"为宗旨,是对原儒教旨的守护。这充分体现出关学具有原儒精神。就"学以成人"来看,儒学可以称为"人学"。有学人认为中国哲学也可以称为"人学"。④据此来看,关学不但是纯正的儒学,也是纯正的中国哲学。同样,就关学"学以成人"的宗旨来看,关学也可以称为"人学"。

---

① 王建常:《王建常集》,第235页。
② 王心敬:《王心敬集》下册,第818页。
③ 参阅杜维明:《儒家的成人观》,见孔祥来、陈佩钰编:《杜维明思想学术文选》,上海古籍出版社,2014年,第35—47页。
④ 张立文认为:"人始终是中国哲学求索的中心,因此中国哲学可谓人的哲学,或称人学。"(见张立文:《中国哲学范畴发展史(人道篇)》,中国人民大学出版社,1995年,第45页。)

第二章 关学言说——「明道修辞」

关学言说，即关学的表达方式。关学宗旨针对的问题是"说什么"，即关学主要阐述什么内容；关学言说针对的问题是"怎么说"，即关学怎样阐述这些内容。如果说宗旨是内容的话，那么言说就是形式。依此来看，宗旨与言说紧密结合，不可分离。所以，在探讨关学宗旨之后，有必要紧接着探讨关学言说。

关学言说，概而言之，就是"明道修辞"。吕柟称赞其师薛敬之"以力行为读书，以明道为修辞"①，这里的"以明道为修辞"是说薛敬之为了表述清楚道而非常注重言说。

关学学者自张载始就认为"圣人语性与天道之极"②，那么作为"圣人之徒"的儒者就不能不"语性""语道"，关学学者甚至主张"非道莫言"③。但问题是超越之道对人的感官呈现为虚为无，人如何用语言描述道？即张载所谓的"虚上更有何说"④？思及此，冯从吾感叹"性学难言久矣"⑤。尽管性及天道难以言说，但又不得不言说，这就需要通过"修辞"来"明道"。在张载看来，"辞者，圣人之所重"，那么，儒者"语道"就更是"辞不可以不修"。⑥这就是关学主张的"明道修辞"。

"明道修辞"，就是运用多样的表述方式来言说道。具体而言，关学对道的言说有五种方式，即批判地说、思辨地说、诗意地说、实证地说和分析地说。⑦当关学学者用这五种方式言说道时，也就用这五种方式建构其关学学说。换言之，关学也表现为五种言说方式，这就是关学言说。

---

① 吕柟：《吕柟集·泾野先生文集》上册，第552页。
② 张载：《张载集》，第8页。
③ 韩邦奇：《韩邦奇集》下册，第1363页。
④ 张载：《张载集》，第269页。
⑤ 冯从吾：《冯从吾集》，第285页。
⑥ 张载：《张载集》，第198页。
⑦ 文中的"五种言说方式"参考杨国荣《哲学史研究的若干问题》一文中提出的哲学"言说的方式"。（见杨国荣：《历史中的哲学》，华东师范大学出版社，2009年，第403—405页。）

一、批判地说

批判地说，是以现实存在为批判对象，通过质疑其合法性或正当性来否定其存在的价值，进而提出批判者的理想主张。就方法而言，批判地说是一种有破有立甚至以破为立的言说方式。破是批判者所否定的并认为应当破除的，而立是批判者所肯定的并认为应当建立的。若进而言之，批判地说可以分为内部批判地说和外部批判地说，前者是深入其思想的逻辑体系去批判，后者是站在其他学术立场来批判。

批判地说是关学最主要的言说方式。关学自张载始便抱有"为往圣继绝学"的理想，这种理想导致关学学者视儒学为"正学"，而将冲击儒学发展的学问视为"异学"。再兼关学学者大都认为儒学是在"异学"的冲击下，才日渐沦为"绝学"，故而采取"攻乎异端"的方式来维护儒学和发展儒学。这种破"异学"而立"正学"的主张，决定了关学言说采用批判地说的表述方式，这也就使批判地说成了关学最普遍的言说方式。就批判的对象来看，关学批判地说主要有两种，即批判"异学"和批判"俗学"。

1. 批判"异学"

"异学"，关学也称其为"异端"。关学批判"异学"，在晚明以前，主要表现为批判佛教和道教，而对佛教的批判尤为突出；晚明以降，关学批判"异学"还包括批判耶教，尤其晚近以来对耶教的批判比较激烈。

张载肇创关学之初便批判佛教。究其原因，是在他看来佛教的流行导致社会弊病丛生。具体而言，"人伦所以不察，庶物所以不明，治所以忽，德所以乱，异言满耳，上无礼以防其伪，下无学以稽其弊"[1]，无不是佛教造成的社会危害。但张载并非从外部批判佛教，而是深入到其理论内部，指出佛教危害社会的深层原因——"以人生为幻妄，以有为为疣赘，以世界为荫浊，遂厌而不有，遗而弗存"[2]。为了纠正佛教虚无人生观对世人的影响，张载觉得有必要正本清源，深入到佛教理论内部批判其不足，于是他重点批判"释氏销碍入空"[3]和"释氏以感

---

[1] 张载：《张载集》，第64页。
[2] 张载：《张载集》，第65页。
[3] 张载：《张子全书》，第453页。

为幻妄"①的佛教理论。就前者而言，张载认为"释氏语实际"，其实根本不懂宇宙人生的真相。具体来看，一方面宇宙间的事物是真实的存在，佛教却"以心法起灭天地"②否定事物存在的真实性；另一方面宇宙间的事物都有其本质属性，佛教却用"缘起性空"否定事物的本质属性。这就是"销碍入空"，即将真实的存在遮蔽为不真实的存在。佛教通过"销碍入空"将宇宙间的事物及其属性视为假象，那虚假的世间自然不具有追求的价值，人在这种世界观的主导下必然"以人生为幻妄"。就后者而言，张载指出佛教只主张"因诚恶明"，而"不知穷理"，根本原因依然是不承认事物及其属性的真实性。在张载看来，"有物则有感"，作为人之认识功能的感官不但可以认识事物及其属性，还可以形成知识，即"有识有知，物交之客感尔"③。既然事物及其属性是真实的存在，那呈现于人的事物及其属性就不是感官产生的"幻觉"；同时，人也就不能只关注知觉的"灵明"，还应关注知觉所把握的"物理"。由此足见张载对佛教的批判非常深刻。正是基于对佛教的内在批判，他才提出了"太虚即气"和"性即天道"等非常重要的新儒学命题。

承袭张载对佛教的内在批判，冯从吾主张严格区分儒佛在义理上的差异。冯从吾认为，"辟佛而适以尊佛，崇儒而适以小儒"④的儒者大有人在。产生这种吊诡现象的原因，是儒者"讲学不精，见理不透"⑤，遂不明儒佛之异。这一现象导致的后果是儒者将儒佛"混而为一"，不只造成理论上"儒佛既混"，而且会导致儒者"误入佛氏"，甚至于儒者当中的"辟佛者"会"操戈于吾儒"。⑥出于这种认识，他主张"学莫先于儒佛之辩"⑦，尤其关注儒佛在心性之域的差异。首先，儒佛都论性，但性的本质不同：儒家所谓的性本质上是天理，所以论性"吾儒以理言"；而佛教所谓的性本质上是知觉，所以论性"佛氏惟以能知觉运动的这个言"。⑧其次，儒佛都谈心体，但心体的本质不同：儒家所谓"心体干干净净"是说心无执无染，"浑然一团天理，凡有应感，纯是德性用事"；而佛教所

---

① 张载：《张载集》，第126页。
② 张载：《张载集》，第26页。
③ 张载：《张载集》，第7页。
④ 冯从吾：《冯从吾集》，第44页。
⑤ 冯从吾：《冯从吾集》，第43页。
⑥ 冯从吾：《冯从吾集》，第45页。
⑦ 冯从吾：《冯从吾集》，第475页。
⑧ 冯从吾：《冯从吾集》，第45页。

谓"心体干干净净"却是"无相无念,是并天理德性而一切俱无"。①再次,儒佛都谈觉,但本质不同:儒家所谓的觉不只指能觉,也包括所觉,所觉即"知觉的是天理";而佛教的"圆觉大觉之觉"不包括所觉,只是"知觉运动"。②最后,儒佛都论灵明,但本质不同:儒家所谓的灵明是"指视之能明、听之能听、饮食之能知味的这个而言,即孟子人性皆善之说",这是说灵明乃人之善性;而佛教的灵明是"指目之知视、耳之知听、饥渴之知饮食的这个而言,即告子生之谓性之说"③,这是说灵明是人的知觉。总的来看,佛教不同于儒学的根本之处是,佛教"丢过'理'字说心,说知觉"④。基于这种认识,冯从吾指出儒佛的根本区别是,"吾儒之学以'理'为宗"⑤,而"佛氏以理为障"⑥。冯从吾对儒佛在心性之域的差异分析得相当深刻,以至于他批判佛教的有关言论被晚明批判佛教的儒者引为经典格言。⑦

就外部批判而言,关学学者对佛教的批判主要聚焦于其出世态度,其中,以王心敬的批判最具代表性。他说:"佛氏纵说到六度万行不遗处,只以供出世之借资;吾儒纵说到一念无欲真性流行处,只以归经世之本。"⑧儒家主张经世,而佛教和道教主张出世,这是儒家与佛道二教的显著区别。他还认为,处世态度的不同进而造成价值取向的不同,即"吾儒之道原是经世之道,故一切虚者归实;二氏之道原是出世之道,故往往实者归虚。不实不足经世,故吾儒所尚者仁义礼智、忠孝节烈;不虚不足以出世,故二氏所尚者虚无空寂、清净超然"⑨。其实,王心敬的这种见解犯了因果倒置的逻辑错误。儒家与佛道二教之所以处世态度不同,是因为其价值观不同,而价值观不同则是由于其世界观不同。儒家认为世界是真实的存在,而佛道二教认为世界是假象。这种不同的世界观决定其价值观不

---

① 冯从吾:《冯从吾集》,第50页。
② 冯从吾:《冯从吾集》,第33页。
③ 冯从吾:《冯从吾集》,第187页。
④ 冯从吾:《冯从吾集》,第33页。
⑤ 冯从吾:《冯从吾集》,第45页。
⑥ 冯从吾:《冯从吾集》,第210页。
⑦ 晚明张慎甫所著《禅宗定案》附录中有冯从吾批判佛教的语录。刘宗周在为该书作的序文中说:"居今之世,有以《六经》为断案,讨二氏之罪,必先生为正,宜慎甫有取尔也。"(见刘宗周著,吴光主编:《刘宗周全集》第四册,浙江古籍出版社,2007年,第18页。)这反映了晚明儒者对冯从吾儒佛之辨的高度认可。
⑧ 王心敬:《王心敬集》上册,第641页。
⑨ 王心敬:《王心敬集》下册,第772页。

同，即儒家崇实，而佛道二教尚虚。崇实的价值取向决定其处世态度是经世，而尚虚的价值取向导致其处世态度是出世。

关学学者之所以批判佛道二教，是想通过与佛道的对比彰显儒学的优越性，进而维护并推动儒学的发展。关学学者当中，刘绍攽对儒家与佛道二教的比较最易看到这种动机。他说："释氏之要三，曰戒、定、慧；道家之要三，曰精、气、神。养精即戒，养气即定，养神即慧：此其同也。道家虽言神，而假神炼气，则重在气；释氏虽言气，而遣形而存神，则所重在神：此其异也。异者同，同者异，要其离理而致于虚则一也，故吾儒尚焉。"相对于佛道二教的务虚，儒家比较崇实；相对于佛道二教的无视天理，儒家崇尚天理：这就是儒学的优越性。

关学学者批判佛道二教的同时，也汲取其相关思想。如前所述，张载虽批判佛教，但其思想中的"天地之性"及"善反"工夫则汲取了佛教的"真如佛性"及"体性"工夫方面的思想，①甚至其"大其心，则能体天下之物"的主张也有来自佛教的思想。②同样，张载在批判道教和道家的同时，也吸收其相关思想。有学人指出：张载关学中的"太虚""神化"等思想就来自道家和道教。③可见，张载对佛道思想的态度是既批判也继承。其实，这是关学学者对待佛道二教态度的缩影。关学学者为什么会这样对待佛道思想呢？吕柟有关佛教思想的言论给我们提供了答案。他说："夫佛以寂灭治心，虽非精一之中，其视世之干没于利欲者远矣；佛以慈悲为教，虽非仁义之正，其视世之残贼相加、妒嫉相形者远矣。但佛贪生而恶死，儒有视死如归之处；佛以山河为赘疣，色相为滞碍，而吾儒所用力者，正使山河安而色相顺也。"④佛教有值得肯定的思想，也有必须否定的思想，而予以肯定或否定的标准是儒学思想。换言之，有益有助于儒家学说的佛道思想应当借鉴，无益甚至有损于儒家学说的佛道思想应当批判。

关学学者对耶教的态度，总体而言，也是既批判又借鉴，只不过是大多数学者批判，而个别学者借鉴。

关学学者对耶教的批判始于冯从吾。晚明以来，随着耶稣会士来华，耶教

---

① 赖永海：《佛学与儒学》（修订版），中国人民大学出版社，2017年，第94—98页。
② 陈远宁：《中国佛教与宋明理学：一次本土文化与外来文化融合的成功例证》，湖南人民出版社，2002年第2版，第162页。
③ 参阅陈少峰：《宋明理学与道家哲学》，上海文化出版社，2001年，第68—80页。
④ 吕柟：《吕柟集·泾野先生文集》上册，第514页。

思想在社会上传播日渐广泛，中国士人受耶教思想影响，不乏洗礼入教者。这种社会现象引发正统儒者的不满甚至担忧，他们站在儒家的立场对耶教思想进行批判，关学学者概莫能外。当有学人问："利玛窦天主教之说何如？"冯从吾回答说："道之大原出于天。吾儒之学，何尝不以天为主，然又未尝专言天，而不祖述尧舜，愿学孔子也。祖述尧、舜，愿学孔子，正是尊天处，彼置尧、舜、孔、孟而专言天主，是挟天子以令诸侯，乃吾道之操莽也。世间有此不轨之徒，即诛其人，火其书，犹恐滋蔓，况从而羽翼之乎？"①冯从吾激烈批评耶教，甚至不无极端的主张。他之所以批评耶教，是因为耶教的思想与儒家学说冲突。就"天"范畴来看，儒耶均言"天"，但儒家的"天"是表示理或道之源头的概念，属于逻辑范畴，而耶教的"天"是"天主"，具有人格意志，是主宰宇宙万物的神灵。需要说明的是，冯从吾对儒学"天"的认识是宋明新儒学倡导的"义理之天"。再者，就"尊天"而言，儒耶皆"尊天"，但儒家"尊天"其实尊奉的是"圣人"，是"仁智合一"的人，而耶教尊奉的是"天主"，是"至善全能"的神。正是由于儒耶思想对立，作为儒者的冯从吾激烈地批判耶教。

晚近以来，关学学者对耶教的批判更为激烈。自明代末期始，关学学者已经认识到耶教与儒学的对立。清朝初期，王弘撰说："大抵西洋之学，专奉耶稣，于二氏外别立宗旨，其与吾儒悖，均也。"②但由于清廷尤其是康熙朝抑制耶教在华的传播，耶教的发展未对儒学造成冲击，关学学者对耶教的批判便偃旗息鼓。晚近以来，在西方列强坚船利炮的侵略下，耶教再次传入中国。因有枪炮护航，"耶教横恣"，引起儒者的强烈不满和激烈批判。刘光蕡抱有"耶氏盛于中国，孔子之教自亡"③的忧虑，对耶教展开了多维度的批判。首先，他批评耶教的灵魂及天堂说，认为"耶教所谓的灵魂"以及"天堂"根本不存在；其次，批评耶教的创世说，认为"西人谓耶稣创造天地万物"是"奋上帝之功能以予耶稣，是以人僭天也"，进而批评耶稣"以人而僭天，罪莫大焉。十字架之刑，其天之罚也"；④再次，批评耶教鄙弃肉体，轻视人事，认为耶教视人的肉体"为魔鬼，欲消除之"的错误观念必然导致世人"弃人事以全天性"；⑤最后，痛斥耶教对孔

---

① 冯从吾：《冯从吾集》，第473页。
② 王弘撰：《王弘撰集》上册，第548页。
③ 刘光蕡：《刘光蕡集》，第110页。
④ 刘光蕡：《刘光蕡集》，第717页。
⑤ 刘光蕡：《刘光蕡集》，第468页。

子的攻击，批评耶教"谓吾孔子为人不能统天下之人"的观点，进而斥责"近日天主教又人人得借耶稣以拜天，以驾于吾儒教之上"的动机和做法。① 在批判耶教的同时，刘光蕡鼓励国人既要学习西方的科技，也要学习中国的儒学。因为前者可使国人"与耶教争事功"，从而抵制耶教传播；后者可使国人"为孔子之圣徒"，进而"守孔子之庙堂"。与刘光蕡声色俱厉地批判耶教不同，贺瑞麟默默地抵制着耶教思想的传播和渗透，他反复强调"不可以博爱为仁"②。自韩愈标榜"博爱之谓仁"③始，儒者有以博爱为仁的主张，然而贺瑞麟极力否定韩愈此说，为的是抵制耶教的博爱思想，更为防止耶教思想浸渍儒学。

关学学人也不乏汲取耶教思想者，其中，最著名者莫过于王徵和杨屾。如前所述，冯从吾认为就天之域而言，儒耶有别，但他所谓儒学的"天"，是宋明新儒学的"义理"之"天"。就原始儒学而言，"天"也有"天帝"义项之"天"。王徵和杨屾正是站在原始儒学"天帝"之"天"的立场，认为儒耶不但不相违背，反而恰好吻合。王徵说耶教之旨"与吾儒知天畏天、在帝左右之旨无二"④；杨屾说儒家推崇"圣帝明王创制立法，告诫臣民，皆以事帝为正向，依帝为标准"⑤。基于这种认识，前者标榜"天主"，倡导"畏天爱人"⑥；后者标榜"上帝"，提倡"明性首在事帝"⑦。王徵主张"天上有主"，"实以畏天主之赏罚"来震慑世人。因为将"天"视为自然或天理而"全无一主宰者"，必然"长天下后世无忌惮之习"；只有当"天上主更有真正大赏罚"，世人才能"畏天主之赏罚"而不敢为非作歹。⑧ 杨屾之所以主张"上帝肇造天地，建极人生"⑨，是出于目的论式的宇宙论思考，即："至于天地之大，人物之众，若无神运总持之主宰，造化条析何以不害不悖？生物纷繁何以有条有理？"⑩ 他思考的结果是，宇宙间必然存在"上帝"，即"是以必知有一无始之大主宰为统御之上帝总持而宰

---

① 刘光蕡：《刘光蕡集》，第381页。
② 贺瑞麟：《贺瑞麟集》下册，第1053页。
③ 韩愈著，刘真伦、岳珍校注：《韩愈文集汇校笺注》，中华书局，2010年，第1页。
④ 王徵：《王徵集》，第240页。
⑤ 杨屾：《修齐直指》，见《刘光蕡集》，第713页。
⑥ 王徵：《王徵集》，第2、156页。
⑦ 杨屾：《知本提纲》卷首，第12页a。
⑧ 王徵：《王徵集》，第161页。
⑨ 杨屾：《知本提纲》卷首，第6页a。
⑩ 杨屾：《知本提纲》卷首，第5页a—b。

制之，所以终古如斯，而造化方能不紊"①。可见，关学学者主要汲取的是耶教的神创论，而主要意图是用"天主"或"上帝"来督促人们行善去恶。

关学学者批判"异学"，主要是站在儒学立场批判佛教和耶教。通过批判佛教之"空"进而彰显儒学"崇实"的价值取向，通过批判佛教"以知觉为性"进而彰显儒学的"性即天道"，通过批判佛教的"出世"进而彰显儒学的"经世"；通过批判耶教的"天堂""灵魂"彰显儒学关注人世、看重理性，通过批判耶教的"拜天"彰显儒学重视"人伦"。总之，关学通过批判"异学"来彰显儒学本色。

2. 批判"俗学"

"俗学"，关学学者也称其为"世学"，是相对"正学"而言的学问。关学学者认为学以成人之学是"正学"，即真正的儒学；那么，"俗学"就应当是不以学以成人为目的的学问。再者，"俗学"中的"俗"，依照张载的诠释就是"世俗""流俗"，那么，所谓"俗学"就是世俗之学。世俗之学不以学以成人为目的，那是什么学问呢？科举之学。

关学学者普遍主张将真正的儒学与科举之学相区别。具体而言，如果说前者是"身心之学"的话，那么后者就是"口耳之学"；如果说前者是"践履之学"的话，那么后者就是"记诵之学"；如果说前者是"道德经济一贯之学"的话，那么后者就是"辞章之学"：前者是"正学"，后者是"俗学"。关学学者之所以严格区分"正学"和"俗学"，是要鼓励和引导士子学习"正学"，而批判和拒斥"俗学"。

众所周知，科举之学尤其是元代以降科举之学的内容，是儒家的"四书""五经"。那科举之学怎么会是与真正的儒学相对的"俗学"呢？张载回答道："今之学者大率为应举坏之，入仕则事官业，无暇及此。"②这是说从事科举之学的士子，学习之时为追求功名而忙于学习，考取功名之后又忙于政事，总无暇将圣贤之言践之于行。在张载看来，学习就是要"强学以胜其气习"③，将气质之性转化成天地之性从而成为有道德的人，即"学以成人"。依此来看，科举之

---

① 杨屾：《知本提纲》卷首，第5页 b。
② 张载：《张载集》，第329页。
③ 张载：《张载集》，第330页。

学的内容虽然是儒家的"四书""五经",但诚如吕柟所说,士子"徒用以取科举,不肯用以治身"①。换言之,科举之学被视为"俗学"的原因不在其内容,而在士子的学习目的、学习态度和学习方法。这就是王心敬说的"有同乎流俗之心,便是俗学"②,即以"流俗之心"学习"圣人之学"便是"俗学"。基于这种认知,关学学者对科举之学的批判侧重于士子的科举学习。

首先,关学批判士子的学习目的。士子学习科举之学的目的是获取功名,步入仕途。我们知道,科举制度坚持"学而优则仕"的原则,将学习与做官直接联系,这就决定了研习科举之学的士子在学习之初便"心存富贵,志在高官",唯功利是图。诚如王心敬所说:"举四海士终身所讲求趋赴者,无非以《诗》《书》为荣名利禄之媒。即间有贤守令设义庠序,崇馆饩,号兴学重士,亦惟培植得士子荣名利禄之计而已。"③不但士子学习的目的是获取功名利禄,就连教授儒学的师儒也以获取功名利禄鼓励学生。由此足见,科举之学从教到学,"钓朝廷爵禄荣身,而肥家独不知清夜之间反心自问"④。依据孔子"君子喻于义,小人喻于利"的观点,士子学习更应当追求的是道义,而不是功利。再依据关学"学以成人"的宗旨,学习儒家的"四书""五经"的目的是成就圣人人格,而非攫取功名利禄。科举之学虽然学习的是儒家的"四书""五经",但其学习目的完全背离儒家之旨。诚如贺瑞麟所说:"即有科举文字,只为求富贵利达,与修道之教何干?孝弟之义何干?"⑤正是有见于此,关学学者批判士子追求功名的学习目的,而鼓励其以"学以成人"为目的。

其次,关学批判士子的学习态度。士子的学习态度是只学习与科考内容相关的知识,而对科考以外的书籍概不阅读。王心敬说,士子"所学之学,章句时艺外,一切道德经济之书并不肯讲究,甚者视此等书若赘疣,目此等人为迂阔。稍有涉猎,便以为有妨举业。遇一好古之士,辄摈讥诽谤之为快"⑥。士子不但只学习"辞章之学",还嘲笑甚至攻击"道德之学"和"经济之学"。对于宋明新儒

---

① 吕柟:《吕柟集·泾野子内篇》,第55页。
② 王心敬:《王心敬集》下册,第666页。
③ 王心敬:《丰川续集》,第647页下。
④ 王心敬:《王心敬集》下册,第820页。
⑤ 贺瑞麟:《贺瑞麟集》下册,第1070页。
⑥ 王心敬:《王心敬集》下册,第820页。

学,士子更是以诽谤为能事,诚如贺瑞麟所说:"今时士子科举之习陷溺已深,以为科举之外别无学问。一闻道学之名,例以为迂,讪笑毁谤,无所不至。"①如前所述,"圣人之学"乃是"道德之学"和"经济之学",士子却因学习科举之学而反对乃至攻击"圣人之学";即使他们学习的是"四书""五经"中的内容,依然完全背离儒家的学习宗旨。基于此,关学学者批判士子的学习态度。再者,即便囿于科举之学,士子的学习态度也不诚实,作弊成风。具体而言,"自时文官士,而夹带之弊滋;自夹带滋,而搜检之法不得不严。又自时文官士,而关节起;自关节起,而糊名易书之制不得不苛。且自取士专以时文,而代笔、联号之弊生;代笔、联号兴,而一切查号棘闱、峻墙守号之法不得不详。是则其始也,本以宾兴取士;其后遂不得不防以防盗之法。当其初也因弊日多,而法不得不日益繁;究之其后也,法益繁而弊终不可得而革。徒使上受待士失礼之名,下负甘心辱污之耻。上下交失,而士品先不可言矣"②。这种对待考试的态度和做法与"学以成人"的为学宗旨直接冲突,遭到关学学者激烈批评,王心敬斥之为"无耻之习"。

再次,关学批判士子的学习方法。士子的学习方法是背诵"四书""五经"中的"圣人之言",进而用之撰写科举应试之文。具体来看,"自近世以时文课学校,即以时文之工拙定人才之取舍进退。语其名则尊奉二帝、三王、周公、孔、孟之遗经,未尝不正。要之积习相沿,只藉前圣之经籍,敷衍排为通套排比之文,作进取之途径耳。而其实经籍自经籍,士学士行士品各自成其为士之学行品格"③。科举考试重视时文,士子们也就关注时文的撰写,一方面选择"四书""五经"中科考可能考到的"圣人之言",反复阅读,熟读成诵;另一方面在"四书""五经"中"寻章摘句,掇拾支离粉泽之言"来"排为通套排比之文"。这种学习儒学元典的方法被吕柟简称为"背经而荡于辞"④,即违背儒学的旨趣而只游荡于经书的言辞。再据宋伯鲁"吾乡学者多谫陋,自八比外,场屋试帖尚不免失粘"⑤的言辞来看,关中士子对八股文更为重视,甚至到了唯八股文是

---

① 贺瑞麟:《贺瑞麟集》上册,第304页。
② 王心敬:《丰川续集》,第154页。
③ 王心敬:《丰川续集》,第149页下。
④ 吕柟:《吕柟集·泾野先生文集》上册,第118页。
⑤ 宋伯鲁:《还读斋杂述》卷一,民国十二年(1923)海棠仙馆刊本,第5页b。

尊的地步，学习方法背离儒学宗旨更甚。在关学学者看来，学习儒家元典的方法应当是"读经书又以反身体认为切，而总以经历处践履所学为贵。盖看得是好样子，即力学此好样子，则行以明而精，明以行而实，久之心理渐渐融浃，存心行事自时时与昔圣昔贤共适于高明广大之途，而不至流于卑下狭暗之路矣"①。依此来观照士子的学习方法：士子只记诵"圣人之言"，遂使"圣人之学"沦陷为"记诵之学"；士子用"圣人之言"撰写科举应试之文，遂使"圣人之学"沦陷为"辞章之学"。如果说"记诵辞章谓之俗学"②的话，那正是士子不当的学习方法使"道德经济"之"正学"沦为"记诵辞章"之"俗学"。所以，关学学者批判士子的学习方法。

最后，关学批判士子的学习结果。士子的学习结果是造就了大批擅长撰写八股时文的务虚之士，而没有培养出德才兼备的人。就朝廷开设科举之学的目的来看，"国家科举取士盖沿前代之习，惟以《四书》《五经》命题，所以一学者之心思，欲其沉潜圣贤之道，以见之实用"③；但就科考所取之士的成就来看，"今则未仕之日，一不讲于所仕之学；既仕之后，又不暇细讲壮行之略。特稍有识者，不过顾忌功令，不敢恣肆耳。至求坐言起行，隐见不二，如古名世之臣，盖数十科中不一遇也"④。两相对照来看，科举之学并不能培养出德才兼备之人。晚近以来，关学学者将中学与西学比较发现，"中国尚虚文，外洋重实事"，进而指出科举之学实属"辞章之虚谈"，原因在于"务举业者多犯此病"，只会撰写八股虚文，而不能干实事。在刘光蕡来看，"事物之理尚未能晰，而谈天德、王道，但求能文，不求能治其事，故观其文亦似学问精神，而事不能治，则与一理未能晰者同矣"⑤。既不能明事理，也不能干实事，这就是科举之学培养出来的"人才"。基于这种认识，关学学者主张"黜虚文而尚实事"，批评科举之学。

关学对科举之学的批判，着重批判的是士子的学习态度及学习方法，这并不代表他们没有看到科举制度自身的弊端。其实，他们当中不乏如王心敬和贺瑞麟这样批判科举制度的学者，其中后者的批判尤为深刻。贺瑞麟说："科举实是坏

---

① 王心敬：《丰川续集》，第678页上。
② 贺瑞麟：《贺瑞麟集》上册，第422页。
③ 贺瑞麟：《贺瑞麟集》上册，第323页。
④ 王心敬：《丰川续集》，第154页上。
⑤ 刘光蕡：《刘光蕡集》，第341页。

人心术，人只为心为富贵所蔽，所以看他不破。"①这是说士子以追求功名为目的而读书，是由于科举制度将读书与功名紧密联系所造成的，科举制度自身存在不足。王心敬更是直指科举制度的弊端，他说："法久弊丛，于今已极。不惟不足以培植实才，适足以痼天下聪明才智之资，而引之虚伪无实之途耳。"②科举制度不但培养不出具有真才实学的人，而且成了僵化士人思想和异化士人人格的工具。

关学学者批判"俗学"，就是站在儒学立场批判科举之学。具体而言，通过批判科举之学是"口耳之学"来彰显儒学是"身心之学"，通过批判科举之学是"记诵之学"来彰显儒学是"践履之学"，通过批判科举之学是"辞章之学"来彰显儒学是"道德经济一以贯之之学"。总而言之，通过批判"异学"彰显儒学的特色。

关学无论批判"异学"还是批判"俗学"，无不是站在"正学"的立场批判，这无异于将"正学"与"异学""俗学"比较，来彰显"正学"的特征。所以说，批判是一种表达方式，即批判地说。批判地说，无论内在批判地说还是外在批判地说，都能够阐发其言说对象的特征。具体而言，关学学者心目中的"正学"是以追求内在超越的天理为目标的"穷理尽性之学"，是能够培养德才兼备之人的"道德经济一贯之学"。

批判地说，主要是一种"破"的言说方式，或者说是一种否定的言说方式，而其目的则是"立"，或者说是肯定。具体而言，关学通过"破"佛教、"破"耶教、"破"科举之学，而最终是要"立"儒学来肯定儒学。"破"主要是批判地说，而"立"则多表现为肯定地说，这就是思辨地说、诗意地说、实证地说和分析地说。

二、思辨地说

思辨地说，是指勾画超验对象的表达方式。超验的存在感官无法把握，需要依赖思辨的方式来把握，诉诸语言就是思辨地说。在哲学中，思辨地说常常被用来展示宏大的世界图景。换言之，思辨地说要么被用来勾画世界图式，要么被

---

① 贺瑞麟：《贺瑞麟集》下册，第890页。
② 王心敬：《丰川续集》，第153页上。

用来描绘宇宙模式，二者同为展示世界图景，但侧重有所不同。如果侧重于追溯万物之根源，关注于本源，那么这种理论就是宇宙论；如果侧重于探究万物之依据，关注于本质，那么这种理论就是本体论。

本体论亦称"存有论"，研究存在者的终极依据——存在。存在具有超越具体性和个别性的最普遍、最抽象的特征，对存在的把握需要依赖思辨。宇宙论也称"宇宙发生论"，研究宇宙万物的生成变化进而寻绎最基本的构成质料。质料也具有超越具体性和个别性的最普遍、最抽象的特征，对质料的把握也需要依赖思辨。总之，无论是对宇宙构成的言说，还是对宇宙本体的言说，都需要凭借思辨的言说方式。

就关学而言，本体论与宇宙论往往纠缠在一起，没有分裂成完全独立的两种理论形态，故而，我们不妨将之称为宇宙本体论。关学比较有特色的宇宙本体论有张载的"太虚"宇宙本体论，杨屾、刘光蕡的"元"宇宙本体论，张元勋的"道"宇宙本体论。分析这三种宇宙本体论的表达方式，可以概见关学思辨地说。

1."太虚"说

"太虚"是张载新儒学的核心概念。就张载新儒学体系的建构来看，有宇宙论和本体论双重建构路径。① "太虚"横跨这两大论域，既属于宇宙论范畴，也属于本体论范畴。

在张载的新儒学体系中，太虚是超验的存在，因为"太虚无形""太虚无体"②是张载反复强调的命题。张载明确地说"'形而上'者是无形体者"③，

---

① 劳思光认为张载关学存在"形上学与宇宙论混合"（见劳思光：《新编中国哲学史》第三卷上册，三民书局，1987年，第171页）的不足，这反映出张载关学存在本体论与宇宙论两层结构。丁为祥进而指出，张载关学是"本体论与宇宙论的同时并建"（见丁为祥：《虚气相即——张载哲学体系及其定位》，人民出版社，2000年，第56—57页），并认为其人性论以"本体论与宇宙论的并建并重为前提"（同上书，第13页）。林乐昌认为，张载的宇宙论哲学是两层结构论："太虚与气之间的相分关系，强调的是太虚本体的超越性和逻辑的先在性，这便构成宇宙本体论层次"；"太虚与气之间的相合关系，强调的是太虚与气的关联性和无分先后的共在性，这便构成宇宙生成论层次"。（见林乐昌：《张载理学与文献探研》，第36—37页。）
② 张载：《张载集》，第11页。
③ 张载：《张载集》，第207页。

那么无形无体的太虚就是形而上者，即超验的存在。再者，张载认为"义理无形体"①，他还举例说"言天地则有体，言乾坤则无形"②。依此来看，太虚属于义理而不属于实物，是依靠思维把捉的对象，而不是依靠感官感知的对象。换言之，太虚属于思维世界的抽象存在，而不属于经验世界的具体存在。

太虚被张载视为宇宙万物的根源。张载说："太虚无形，气之本体，其聚其散，变化之客形尔。"③这里的"本体"，指本然状态，这是说太虚是气的本然状态。换言之，太虚是本然之气。张载对此还有更简洁的表达："太虚者，气之体。"④由此足见，将太虚视为气的本然状态是张载关学的基本观点。张载认为气属于两重性存在，即超验的本然之气和经验的实然之气，前者也被称为"太虚"，是太虚之气，是宇宙万物的本源；后者是物质之气，是构成物质实体的质料，具有聚散两种状态。在张载看来，经验界的物体都由实然之气构成，即"凡可状，皆有也；凡有，皆象也；凡象，皆气也"⑤。或者说，经验界的物体都是实然之气处于聚的状态。实然之气处于散的状态，人的感官无法把握，从而呈现为"空"、呈现为"虚"，这就是张载所谓的"虚空即气"。就经验界而言，根本不存在"空""虚""无"，因为这都是实然之气处于散的状态，质言之，都是实然之气。基于这种认知，张载批评经验界的虚无说，即"诸子浅妄，有有无之分"⑥。老庄之学与玄学都主张"有无之分"，但按照张载的看法，所谓"有无"只不过是实然之气聚散的状态，本质上都是气，那么，区分有无就没有实质的意义。总而言之，经验界无论物体还是虚空，其实都是气，即实然之气。但实然之气以本然之气为存在的依据，张载以比喻的方式说："气之聚散于太虚，犹冰凝释于水。"⑦这是说"太虚凝而成气，气聚而成物；物散而为气，气复散而为太虚"⑧，即本然之气凝聚为实然之气，实然之气凝聚为万物，万物消散化为实然之气，实然之气再散而回归本然之气。其实，这也就是张载所谓的"太虚不能无

---

① 张载：《张载集》，第322页。
② 张载：《张载集》，第69页。
③ 张载：《张载集》，第7页。
④ 张载：《张载集》，第66页。
⑤ 张载：《张载集》，第323页。
⑥ 张载：《张载集》，第9页。
⑦ 张载：《张载集》，第8页。
⑧ 张岱年：《中国哲学大纲》，商务印书馆，2015年，第115页。

气,气不能不聚而为万物,万物不能不散而为太虚"①。总而言之,作为本然之气的太虚是构成宇宙万物的终极根源,这就是太虚宇宙论。

太虚也被张载视为宇宙万物的本体。张载说"太虚者自然之道"②,这里的"自然"强调道乃先天固有,非后天人为而成,基于此,"道"又被称为"天道"。同时,道在张载的新儒学体系中,主要是超验的存在。他说"无形迹者,即道也",又说"运于无形之谓道",都表明道是超验的存在。当太虚被视为天道,那太虚也就是超验的存在。同时,道又内在于经验界的实体,是内在的存在。道内在于经验界的实体就是性,"凡物莫不有是性"③,而且"莫不性诸道"④。这样来看,天理内在于事物就是事物自身的性;反过来说,事物自身之性以超越的天理为终极依据。用张载的哲学话语表达,那就是"天道即性"⑤,"性即天道"⑥,二者只有超越与内在之别,没有本质的差异。当太虚被当作道,那太虚也就是内在的存在。太虚既是内在于万物的存在,又是超越于万物的存在,这决定了太虚是万物之所以为其本身的终极依据。这就是太虚本体论。

太虚更是人之至善本性的终极依据。张载说"人生固有天道"⑦,而天道内在于人就是人之本性。人的本性是至善的,即张载说的"性于人无不善"⑧。人的本性之所以是至善的,是因为"性之本原,莫非至善"⑨。人性的本原是道,而当太虚即道,那么,太虚也就是人性之本原。依此来看,太虚应当是至善的本原。但问题是,在张载的新儒学体系中,太虚是否是至善之本原?答案是肯定的,因为张载说:"虚者,止善之本也。"⑩张载"就心性论而说之'太虚'",有"'虚'即'太虚'之简称"的用语习惯,⑪那这句话中的"虚"就是太虚的简称。据此来看,太虚是至善的本原。非但如此,张载"虚则生仁"⑫以及"虚者,

---

① 张载:《张载集》,第 7 页。
② 张载:《张载集》,第 325 页。
③ 张载:《张载集》,第 341 页。
④ 张载:《张载集》,第 22 页。
⑤ 张载:《张载集》,第 234 页。
⑥ 张载:《张载集》,第 63 页。
⑦ 张载:《张载集》,第 325 页。
⑧ 张载:《张载集》,第 22 页。
⑨ 张载:《张子全书》,第 445 页。
⑩ 张载:《张载集》,第 307 页。
⑪ 朱建民:《张载思想研究》,文津出版社,1989 年,第 61—62 页。
⑫ 张载:《张载集》,第 325 页。

仁之原"①等命题的提出，也说明太虚是至善本性之本原。当太虚是至善的本原，太虚也就是人性的本原。换言之，太虚是人之为人的终极依据。这是人性之域的太虚本体。

其实，对太虚作为宇宙万物的本体，张载有比较明确的表达。他说："诚则实也，太虚者天之实也。万物取足于太虚，人亦出于太虚，太虚者心之实也。"②经学人研究，这里的"实"是"真实存在"③，这是说太虚既是天的真实存在，也是心的真实存在，即太虚是宇宙本体。即使我们由"诚则实"进而将"实"之含义追溯到"诚"，依然可以探明太虚是宇宙本体。按照学人对张载关学语境中"诚"之具体用法的研究来看，④无论这里的"诚"是看待事物的正确态度，还是一种道德实践方法，甚或是一种极高的道德境界，"诚则实"中的"实"都指"真实本相"。这样来看，太虚既是天的"真实本相"，也是心的"真实本相"，那太虚就是宇宙本体。

在张载的哲学体系中，太虚既属于追溯万物之本源的宇宙论范畴，也属于探索万物之本体的本体论范畴，而且宇宙论和本体论合二为一，没有分离，所以，可以说太虚是张载新儒学的宇宙本体论。

2."元"说

在关学中，杨屾和刘光蕡将"元"视为宇宙本体。杨屾认为，"元"在宇宙之域表现为"元气"，是构成宇宙万物的原始物质；而"元"在本体之域表现为"元体"，是宇宙万物的终极依据。刘光蕡认为，"元"在宇宙之域也表现为"元气"，是构成万物的原始物质；而"元"在本体之域表现为"天元"，是宇宙万物的终极依据。

"元"在杨屾的新儒学体系中，既是宇宙论范畴，也是本体论范畴。杨屾说："一元始分，二仪奠定，两间造化生成，而人物并育，万类象质显著。"⑤这

---

① 张载：《张载集》，第325页。
② 张载：《张载集》，第324页。
③ 蒙培元：《理学范畴系统》，人民出版社，1998年，第473页。
④ 杨立华认为，张载哲学语境中的"诚"有四种含义：其一，诚是天道之实质，或世界的真实本相；其二，诚是理解和看待事物的正确态度，以及由此态度而来的对事物的真实理解；其三，诚是一种极高的道德境界；其四，诚也是修身进德的践履之方。（见杨立华：《气本与神化：张载哲学述论》，第72页。）
⑤ 杨屾：《知本提纲》卷首《知本提纲弁言》，第1页a。

是说人世是"一元之世"在经验界的显现。从杨屾"粤稽混沌之先,厥惟一元之世"的话语来看,"一元之世"就是本然之世,是人类最初之世。《春秋繁露》说"谓一元者,太始也",杨屾使用"一元"也取这种义项。在杨屾的新儒学体系中,"元"主要有"元气"和"元体"两种义项。如果"一元"中的"元"是"元气"的话,那么"一元始分"就是宇宙发生论,而"元气"就是宇宙万物的本源;如果"一元"中的"元"是"元体"的话,那么"一元始分"就是本体论,而"元体"就是宇宙万物的本体。

杨屾持"元气"本源论。他说:"帝道建而一元始命,元气著而万理中出。"① 尽管宇宙万物是上帝创造的,但元气却是被用来制造万物的原始物质。具体而言,"上帝主一神之念,鬼神通两化之机。阴阳显迹,有物成体。清阳浮越在表者,凝为少阳之天;浊阴降就重心者,结为少阴之地。太阳化火,随天而转;太阴化水,浮土而息。天以九重园凝于外,职司覆冒包括,旋转大行施之功。地以圆球奠于中,主夫承载质体,孕育著含化之德。火主光煖,而天以包裹,故能焱上达下,招地水以上腾。水司洁润,而土以蒸发,故能就下达上,合天火而下降。一元分四有,纯体自立而不杂"②。这是说元气有阴阳,阴阳和合而形成"四有",即天、地、水、火。宇宙万物无不由天、地、水、火构成,而天、地、水、火则由元气构成,元气是宇宙万物的本源。这就是杨屾的"元气"宇宙论。

杨屾也持"元体"本体论。在杨屾的新儒学体系中,"元体"是与"著体"相对的概念。他说:"元体者,先天纯一之神,永无毁还之理;著体者,后天假合之形,实有从化之机。"③ 相对于经验的著体而言,元体是超验的存在;相对于有生成毁坏的著体而言,元体是永恒不变的存在。而且在杨屾看来,"著形虽真而实幻,元体虽幻而实真"④,即元体是真实的存在,是值得人追求的终极价值。那么"元体"到底是什么?是耶教的神灵,是精神实体。元体的最高者就是上帝,即"上帝者,元体之君也"⑤。宇宙万物之所以是其本身,乃是上帝造物如此,那上帝就成了宇宙万物的本体。这就是杨屾的"元体"本体论。

---

① 杨屾:《知本提纲》卷一,第3页a—b。
② 杨屾:《知本提纲》卷一,第3页a—7页b。
③ 杨屾:《知本提纲》卷二上,第7页b。
④ 杨屾:《知本提纲》卷九(三),第9页a。
⑤ 杨屾:《知本提纲》卷二上,第11页a。

"元体"内在于人就是"元灵",是人之为人的终极依据,即杨屾所谓的"元灵主宰乎理气者人之所以异于物也"①。这也就是说,人性是"元灵之性"。就来源来看,"性乃帝衷元灵"②,即上帝赋予人元灵之性。元灵是永恒的存在,即杨屾所谓的"元灵不灭"③。但是元灵在后天会被气遮蔽,构成人体质的气"固有浑坚清薄之殊",所以,"元灵依著形,因有难易久暂之别"④。但人只要"内依元灵之性"做克己工夫,"元灵克还本体"⑤,就最终成为人。就内容来看,"元灵"就是"仁和",即杨屾说的"元灵仁和"⑥。其中,"仁"指由"涵养以全本体之仁"而"朝野同归于仁","和"指由"致中和"而"臻太和"。这是人性之域的"元体"本体论。

"元"是杨屾新儒学的宇宙本体。就宇宙论而言,"元"是构成宇宙万物的原始物质,即"元气";就本体论而言,"元"是宇宙万物的终极依据,即"元体",而"元体"内在于人就是"元灵",即人的本性。

"元"也是刘光蕡新儒学的宇宙本体。就宇宙之域来看,"元"即"元气",是构成宇宙万物的原始物质;就本体之域来看,"元"即"天元",是宇宙万物的终极依据。

"元气"是构成宇宙万物的原始物质。刘光蕡认为,万物都由"理""气"构成,即"气之所至,即流为形,而理为之主,有物有则也"⑦。气构成物的实在之体,"理"构成物之本性,那么"气"就是构成物体的质料。在刘光蕡的新儒学体系中,"气"具体分为实然层面的气和本然层面的气,前者是构成物体的实然之气,后者是凝结实然之气的"元气"。就万物的生成来看,先由"元气"凝结为"气",再由"气"凝结为"万物"。就"气"由"元气"凝结而成来看,"元气"更为根本,故而被称为"气母"⑧。就万物形成的原始物质而言,"元气"无疑更为原始,所以刘光蕡说"元气根也"⑨。其实,刘光蕡之所以在宇宙之域主张

---

① 杨屾:《知本提纲》卷二上,第5页a。
② 杨屾:《知本提纲》卷二上,第3页a。
③ 杨屾:《知本提纲》卷二上,第16页a。
④ 杨屾:《知本提纲》卷二上,第17页a。
⑤ 杨屾:《知本提纲》卷九(二),第5页b。
⑥ 杨屾:《知本提纲》卷六下,第18页b。
⑦ 刘光蕡:《刘光蕡集》,第463页。
⑧ 刘光蕡:《刘光蕡集》,第464页。
⑨ 刘光蕡:《刘光蕡集》,第465页。

"元",目的是"为气寻出根源"①。由此足见,"元气"是宇宙万物的本源。

"元"是刘光蕡新儒学的本体。刘光蕡《孟子性善备万物图说》建构的新儒学体系中,"元"是最高的哲学范畴,被称为"天元"。作为最高哲学范畴的"元",既统摄天道也统摄人道,既关涉成己也关涉成人以及成物。具体而言,"理、气、性,天之道也;民、物、亲,人之道也;身、心、性,己之学也"②,都由至上的"天元"统摄:修心养性,成就自我,以"元"为终极依据;亲民爱物,治理社会,以"元"为终极依据;理气生物,穷理尽性,以"元"为终极依据。"元"之所以能够成为宇宙万物的终极依据,是因为"元"是宇宙万物的本体,即所谓"在天为元,在人为性"③。

不过,在刘光蕡的新儒学体系中,作为本体的"元"不能等同为"理"。"理是有形质上之文理,必有形质,方有文理可寻,气未发动,何有形质?"④可见,刘光蕡将"理"理解和诠释为内在之理,即"理"是内在于物体的"理",物体不存在,"理"也就不存在;当物体还没有形成时,那"理"自然也未形成。这样来看,如果将"元"等同为"理",那就等于否定了"元"的超越性,所以,他坚决认为"'元'不可名曰'理'"⑤。

"元"更是人之为人的本性。刘光蕡主张"在天为元,在人为性",这是说"元"内在于人就是人性。由于"人性皆善",那么"元"也应当是"至善",所以,刘光蕡强调"元""可名为'善',名为'仁'"⑥。这样的话,"元"作为内在的存在,就人而言,即人性,同时,"元"又是超验的存在。总的来看,"元"是超越的内在,是人之为人的终极依据。那么,人之成人就必须体知"元",即刘光蕡所谓的"由性而上直至于元,达天德也"⑦。这充分说明,"元"是人之为人的终极依据,或者说,"元"也是心性本体。

"元"是中国哲学史固有的术语,尤其是儒学固有的术语。就宇宙之维来看,《春秋繁露》就有"元者为万物之本"的观点;就本体之维来看,《春秋公

---

① 刘光蕡:《刘光蕡集》,第 464 页。
② 刘光蕡:《刘光蕡集》,第 463 页。
③ 刘光蕡:《刘光蕡集》,第 463 页。
④ 刘光蕡:《刘光蕡集》,第 465 页。
⑤ 刘光蕡:《刘光蕡集》,第 465 页。
⑥ 刘光蕡:《刘光蕡集》,第 465 页。
⑦ 刘光蕡:《刘光蕡集》,第 468 页。

羊》已有"元者气也"的观点。特别是《周易》将"乾元"视为"万物资始",将"坤元"视为"万物资生",更有将"元"作为宇宙本体的意向。①杨屾和刘光蕡的"元"宇宙本体论就是对上述典籍尤其是《周易》中有关"元"思想的继承和发展。

3. "道"说

将"道"或"理"作为本体,是宋明新儒学比较普遍的学术现象。当然,这也是关学比较普遍的学术现象。关学学者为了强调"理"的逻辑在先性,大多主张"理生气先"②,甚至认为"太极所以生气者即道"③,那么,"理"或"道"就不只是本体,同时还是本原,"道"或"理"也就成了宇宙本体。在关学当中,就"道"(或"理")宇宙本体论而言,比较有特色的要数张元勋的"道"说。

张元勋认为"道"有体有用,"体不可测;彰诸教者,用耳"④,所以,其学悬置"道之体",只论"道之用"。具体而言,成书于1904年的《原道》建构出以"道之用"为最高范畴的哲学体系。首先,张元勋认为"道""体不可见,亦不可名"⑤,遂只论"道之用"而不谈"道之体",这样其金字塔式的逻辑体系顶端虽然是"道",但其实只是"道之用"。其次,他将"道之用"进而划分为"用之体"和"用之用",前者是"道中之用,人为之体",后者是"在道为用,人为又为用",简言之,前者是人,后者是人的行为。⑥再次,他将人作为中心扩展到人以外的物体,从而使"用之体"能够统摄宇宙万物,同时,以"用之用"统摄人类活动。最后,用"道之用"统摄"天""人""物""著""藏""光""火""声""力""事""学""思""内""外""家""国"诸范畴,建构出将自然界与人类社会完全涵盖其内的新儒学体系。

"道"是超越的存在。尽管张元勋只论"道之用"而不谈"道之体",但他坚信"道"是超越的存在。"道之体"具有超越性,人的感官无法把握,也就难以言说,所以,他将"道之体"悬置,对之悬而不论。"道"的"用之体"是

---

① 《周易》乾卦之《彖》曰:"大哉乾元,万物资始,乃统天。"《周易》坤卦之《彖》曰:"至哉坤元,万物资生,乃顺承天。"
② 李元春:《李元春集》,第706页。
③ 李元春:《李元春集》,第704页。
④ 张元勋:《原道》卷首《叙》,第1页a。
⑤ 张元勋:《原道》卷下,第2页b。
⑥ 张元勋:《原道》卷下,第2页b。

客观的存在，那"道"也应当是客观存在。人虽然感知的都是"道之用"，但可以进而推理出"道之体"的存在，即"人见其大用日出不穷，强名其所由出为道耳"①。具体而言，"天地间之物，必常见其体而默识焉，然后以用状之，虽不能指名为何物，人可由其用而猜知其体。如有物其大类桃，圆其体，红其色，冷其性，体外受生处附以櫺，围櫺以小叶，厥数四，如扇然。受形于春莫，成实于秋杪。食时软硬惟所欲，硬食煖以水，软食烘以缸。不待辞终，人即能应之曰此为柿。何者？以柿之体常在吾胸，此物之状适与符也，故知之能无疑。设告人曰：有物大如天，小如米，长如江，短如黍，饥渴食万石，而饱不能纳一粒，此系何物？虽圣人亦弗知。何者？以平日未尝见此体也。由是言之，见则知，不见则不知。道之体既不能见，于用状之乌能确知为道而无疑？"②由"道之用"推理出"道之体"的存在，就认知路径而言，是由感性认识上升到理性认识。这反映出"道"作为超越的存在，只有依赖思辨方式才能把握。

"道"是人之为人的终极依据。张元勋认为"道会其灵且粹者，而付诸人，是道不能行，行以人也"③。这是说"道"内在于人，由于人具有知觉能力，"道"会被人知觉进而付诸实践，最终在成人的过程中彰显"道"的存在。可见，张元勋用"道"来界定人，即用"道"规定人性。具体而言，"盖仁义，道也；秉仁义者，人也。以人为仁义，犹以道为道"④。人性就其内容而言，即仁义；就其终极依据而言，即道。总而言之，道是人之为人的终极依据。

"道"是宇宙万物的本源。"道"的"用之体"指经验界存在的一切事物。何谓"体"？张元勋回答："曰质曰气，质以载气，气以运质，旋相为功也。"⑤这是说"质"是存在者的实在之体，而"气"是构成此实在之体的质料。但是张元勋又有"天地间凡具方圆三角之形者，皆曰质"⑥和"天地间凡不具方圆三角之象，或可见，或不可见，而实知有其物者，是曰气"⑦的话语，据此来看，"质"是具有实在之体的物，"气"是不具有实在之体的物，"气"并非构成"质"的

---

① 张元勋：《原道》卷下，第 2 页 b。
② 张元勋：《原道》卷上，第 2 页 a—b。
③ 张元勋：《原道》卷上，第 5 页 a。
④ 张元勋：《原道》卷上，第 5 页 a。
⑤ 张元勋：《原道》卷上，第 1 页 a。
⑥ 张元勋：《原道》卷上，第 1 页 b。
⑦ 张元勋：《原道》卷上，第 2 页 a。

质料。其实不然，在张元勋的新儒学体系中，"气"虽然主要指经验界的具体存在者，但也不乏构成具体存在者之质料的意涵。前者"其大者如天气、热气、养气、硝气、炭气、云气、水汽之类"；后者是对前者抽象后的统称，即所谓的"气只一气"。①但是"气"仅仅是实然之气，是构成实在之体的物的具体质料，而不是宇宙万物的本源。宇宙万物的本源是"道"，张元勋说："气者，道之子，而用以母乎万物者也。"②就经验界的物体来看，"气"是构成物体的质料，而"气"又是"道之子"，由"道"派生而形成。由此足见，"道"才是宇宙万物的本源。

"道"作为张元勋新儒学体系的最高范畴，既是宇宙论范畴，也是本体论范畴。但张元勋将"道之体"悬置，而只论"道之用"，相当于否定了"道"的超越性。同时，"道"内在于人即人性，而张元勋又很少论及人性，相当于否定了"道"的内在性。所以，在张元勋的新儒学体系中，就其逻辑体系来看，作为宇宙本体论范畴的"道"高高在上；就其哲学思想来看，几乎都探讨的是自然界和人类社会的具体事物，而很少涉及深刻的宇宙本体思想。这是关学终结的理论表现。

无论是张载的"太虚"说，还是杨屾和刘光蕡的"元"说，抑或是张元勋的"道"说，向我们展现的都是宇宙万物的本原和本体。具体而言，"太虚"作为"气"是宇宙万物的本原，"太虚"作为"道"是宇宙万物的本体；"元"作为"元气"是宇宙万物的本原，"元"作为"元体""天元"是宇宙万物的本体；"道"作为"气母"是宇宙万物的本原，"道"作为"本体"是宇宙万物的本体。如果说张载的"太虚"说和刘光蕡的"元"说是理气合一的"浑沦之说"，那么，杨屾的"元"说就是"元体"主导的"上帝造物"论，张元勋所谓的"道"说就是"理"主导的"理生气"说。

"太虚""元""道"都是超验的存在，人的感官无法感知，那就只能依赖思维进行认知。同时，也只能采取思辨地说的方式对其加以言说。具体而言，张载有关"太虚"的言说，杨屾和刘光蕡有关"元"的言说，张元勋有关"道"的言说，都是在宇宙万物的演化中寻找宇宙万物的根源，都是在宇宙万物的众象中寻找宇宙万物的本质。而所谓的"寻找"，只能是"寻绎"，即在思维世界中寻找，这就是思辨地说。

---

① 张元勋：《原道》卷下，第4页b。
② 张元勋：《原道》卷上，第2页a。

三、诗意地说

诗意地说，是指运用带有诗意的语言表达哲学观念。诗意地说不一定采用诗歌这种文学体裁表达哲学观念，但是其表达哲学观念所使用的语言，一定带有诗的意境。这样来看，诗意地说可以采用诗歌这种文体，也可以是非诗歌式的表达，前者可称为"诗式诗意地说"，后者可称为"非诗式诗意地说"。

1. 诗式诗意地说

诗式诗意地说，简言之，就是运用诗歌表达哲学观念。运用诗歌表达哲学观念，是大多数关学学者的关学言说方式。综合这些诗歌来看，关学的主旨及主要论域都被用诗歌来言说。这样我们就可以通过欣赏诗歌来了解关学。

关学"学以成人"主旨强调成人依赖于后天学习圣学，所以关学学者普遍重视儒学元典。马理说："世孰为大，文献居先。文献弗足，圣明焉传。"① 圣学凭借儒学元典流传后世，后人也是凭借儒学元典继承圣学，儒学元典的重要性可想而知。重视儒学元典是因为其中含有圣道，而体知圣道依赖于有效阅读元典，那么"读书谁解书中意？"就成为阅读儒学元典不得不思考和解答的问题，"读书之法"可以有效解决这个问题。具体而言，"精一肇自唐虞初，此是古人心上书。后来读者失其要，一生辛勤类蠹鱼。人心原是书之本，会寻真趣便能虚。心与书道相忘处，身居天下之广居。吾闻陋巷颜氏子，耕莘伊老翁。学发孔圣蕴，德与昊天同。道业千年昭宇宙，孰非昔人读书功"②。有效阅读儒学元典的方法是"用心读书"，而不是用口读书、用眼读书。所谓用心读书，是指用心体会并印证书中的圣人之道，因为儒学元典承载的圣道就内在于每个人的心灵。如何体会？做"精一"工夫。相传"精一"工夫是虞舜传给夏禹的心学要诀，即"人心惟危，道心惟微，惟精惟一，允执厥中"③。这也就是宋明新儒家乐于称道的"虞廷十六字"，意思是说人之思想很危险，道之内涵极精微，体察道之精微并始终如一地恪守，便能够秉承不偏不倚的中和之道。只有以这样的方法阅读儒学元

---

① 马理：《马理集》，第530页。
② 杨爵：《杨爵集》，第247页。
③ 《尚书·大禹谟》。

典，才能够体知内在的天德，并将内在的天德扩充进而成就外王的功业。可见，阅读儒学元典其实是在"心上做工夫"。所以，冯从吾说："切己工夫只恨少，会心言语岂须多。而今识得斫轮意，甘苦疾徐奈若何。"①儒学元典中的圣人之言诚如轮扁对桓公所说："古之人与其不可传也死矣，然则君之所读者，古人之糟粕已夫！"②圣人传授的圣道只能意会而不可言传，如果不用心体会，那儒学元典中的圣道也就成了糟粕。因为只有通过做"切己工夫"才能激活自己内心的圣人之道，从而真正地理解圣人所谓的"道"或"理"。

理解圣人所谓的天理，就是印证天理内在于自己的心灵，即本然之域的自己与圣人相同，这也就是自我觉醒。贺瑞麟在华山希夷洞的题诗说："人愿先生醒，我爱先生睡。古今多少人，醒时不如寐。"③据传陈抟"嗜睡"，其实，这是一种修养方法。在贺瑞麟看来，陈抟看似昏睡，其实恪守自我，修心护性；世人看似清醒，其实浑浑噩噩，丧失自我。可见，这首诗是以反讽的方式督促人们觉醒，因为只有认知本我，才能挺立自我。这种感觉诚如牛兆濂所描述："踏破白云千万重，仰天池上水溶溶。横空大气排山去，砥柱人间是此峰。"④当人认知本我与圣人相同之时，便会产生这种顶天立地的自豪感和使命感，并在自豪感的推动下完成人之为人的使命。

自我觉醒就内容而言，即认知人之为人的依据——天理。人作为实在之体，其构成质料是"气"。"万物生芸芸，与我本同气。氤氲随所感，形体偶然异。丘岳孰为高，尘粒孰为细。忘物亦忘我，优悠何所觊。"⑤就宇宙万物的构成而言，构成实在之体的基本质料都是"气"，没有本质的区别。这样来看，不但凡人与圣人相同，而且人与物也相同。但人之为人的依据不是"气"，而是内在的"理"。"太极分明造化根，人人灵府种深浑。聪明不是颜曾独，自谓颜曾有力存。"⑥人人生而固有"太极"，即天理。就天理内在于人来看，凡人与圣人也是相同的，只不过圣人自觉地呵护内在的天理不被遮蔽，而凡人则没有意识到内在

---

① 冯从吾：《冯从吾集》，第351页。
② 《庄子·天道》。
③ 贺瑞麟：《贺瑞麟集》上册，第579页。
④ 牛兆濂：《牛兆濂集》，第11页。
⑤ 李复：《李复集》，第103页。
⑥ 同恕：《榘庵集》，第332页。

的天理，不知道呵护，导致天理被遮蔽。诚如祝垲所说："人人有至宝，径寸含晖光。随身堪取足，历劫不能伤。灵气通天地，清影鉴毫芒。昼夜无明晦，生死泯存亡。智士苦钻研，愚夫昧珍藏。"① 既然天理内在于人，而且永存不灭，那为什么会被遮蔽？贺瑞麟回答说："天地既生人，此理自全赋。但为气禀拘，又为物欲锢。遂令天性漓，沈迷竟不悟。"② 就人的构成来看，"气"构成人的实在之体，而"理"内在于实在之体。换言之，"理"存在于"气"中。就人的实体存在而言，尽管构成人与万物的质料都是气，但气本身清浊不同，而且清浊在后天也会发生变化。构成人的气是清气，理就不会被遮蔽；气是浊气，理就会被遮蔽。就人的心理活动而言，人与外在的事物接触必然产生意念活动，不正当的意念会遮蔽内在的天理。所以，就成人而言，关键不是追求天理从何而来，而是扪心自问天理何在。"妙理权衡日用间，吾人何受受之天。洗开胶膝盘中眼，一点神光触处圆。"③ 人内在的天理是天赋的，是先天的，人人相同。人应当在日常生活中护持天理。只要天理不被遮蔽，人就是觉醒的，待人应事接物也会适宜得所；否则，天理被遮蔽，人迷失自我，日常事务也不会处理好。

人与生俱来的天理在后天会被遮蔽，这意味着人需要依靠学习来祛蔽，呈现天理。"所以古圣人，以学为首务。学则始为人，不学如泥塑。"④ 人只有通过学习圣学，体知内在的天理，使其保持呈现而不被遮蔽，才能最终成为人。如何学？就学习内容而言，并不是增加知识，而是认知本我。诚如王承裕所说："来时如此去时同，几许光阴醉梦中。人爵何如天爵贵，好从仁义上加工。"⑤ 天理本来就内在于人，即使被遮蔽依然内在，只是隐而未显，所以，人之为人就是一生保持天理呈现。超越的天理内在于人，其呈现的表现就是人具有仁义之性。孟子说："仁义忠信，乐善不倦，此天爵也；公卿大夫，此人爵也。"⑥ 前者是天理在人的表现，是上天赋予人的爵位；后者是人努力获取的功名，是人世间的爵位。就人之为人而言，无疑前者更为重要，所以，学以为人就是护持人的仁义之性。就学习要求而言，工夫要扎实而不间断。"心之未明，物或塞之。道之未性，力

---

① 祝垲：《诗附·至宝歌》，见《体微斋语录》，第25页b。
② 贺瑞麟：《贺瑞麟集》上册，第583页。
③ 同恕：《榘庵集》，第336页。
④ 贺瑞麟：《贺瑞麟集》上册，第583页。
⑤ 王承裕：《少保王康僖公文集》，第529页上。
⑥ 《孟子·告子上》。

或息之。不塞不息，学而后可。既学以行，岂不在我？推所未行，勉所未能，我德既成，民无不兴。"①天理之所以没有呈现于人而表现出人的仁义之性，一方面是人没有体知内在的天理，另一方面是虽然体知天理但没有践之于行。所以，学习的要求就是既要体知天理，又要践行天理；或者说，先要道德自觉，接着要道德实践。只有这样才能够成为有德行的人，进而成为受人爱戴的人。关学学者特别强调工夫的不可间断性，这里的"不息"就是说工夫不可间断，甚至有学者主张"时习工夫"，如"克己必从难者，期于净尽无余。兹乃圣门实学，先须时习工夫"②。工夫要时时落实，不可有一时的间断，要将内心的妄念清除净尽，要将混浊之气转化净尽。就学习方法而言，既有学者提倡主敬工夫，也有学者提倡主静工夫。就前者而言，"出处隐显，惟在一敬，可质三王，可俟后圣。曰齐曰庄，惟中惟正，与天合德，与物无竞，其平如衡，其明如镜。圣学真传，归根复命"③。无论是内心的活动，还是外在的言行，都要秉持主敬工夫。就内心来看，保持心的不偏不倚，如镜之明，如秤之平，就是主敬；就行止来看，整齐干净，庄重严肃，就是主敬。就后者而言，"扫清云雾方呈日，淘净泥沙始见金。学道宁专靠静坐，静中却易见真心"④。主静就外在来看，不免于静坐；就内心而言，心中的杂念妄思退却干净，从而呈现出天理。这就是学以成人的学习。

人之为人的标志是自我醒悟并挺立自我。成人就要终生保持自我觉醒，并终生挺立自我。王建常说："百体于身靡不具，惟心唤做立人翁。此翁若是难成立，身似河舟叠浪中。叠浪之中鲜定舟，才微棹短任风游。游来游去何时住，只恐终难到岸头。不到岸头最可伤，浮沉一世总茫茫。低回欲得安身处，还向立人觅要方。要方还觅立人翁，定得若翁百体从。极目滔滔能砥柱，男儿到此是豪雄。"⑤这里的"立人翁"就是主人翁，即自我意识。当然，这里的自我是人类本质之维的自我，而并非个体独特的个性。人只有具有自我意识，才能追求自我，成就自我。人毕竟是社会存在，就社会之维来看，人之为人的表现是遵守社会礼仪规范。张载说："圣心难用浅心求，圣学须专礼法修。千五百年无孔子，尽因通变老优游。"⑥学以成人必须遵守礼仪，如果人迁就自己的好恶而打着变通的旗

---

① 吕大临：《吕大临集》，第780页。
② 萧𫗦：《勤斋集》，第98页。
③ 张舜典：《鸡山语要》，第139页。
④ 王心敬：《王心敬集》下册，第1146页。
⑤ 王建常：《王建常集》，第406页。
⑥ 张载：《张载集》，第368页。

号来免受礼仪的范导，那么最终也就难以成人，原因就在于礼仪是天理在社会制度层面的体现。诚如吕大临所说："礼仪三百复三千，酬酢天机理必然。寒即加衣饥即食，孰为末后孰为先。"①礼仪是社会规范层面的天理，人循理而行自然就应当遵守礼仪规范，遵守礼仪也应当是自然而然的。天理内在于人就是人性，礼仪也就是人性的制度化，那人之为人自然不能脱离礼仪。"人生何事能离礼？废礼何人尚是人？此礼原来非外铄，三千三百尽吾仁。"②人如果不遵守礼仪就不是人，人之为人必须遵守礼仪。

成人不只是"立己"，还要"达人"。将前者推向极致就是"内圣"，将后者广泛普及就是"外王"。儒者尤其是关学学者认为，"外王与内圣，夫岂异人任"③。无论做人还是治学，"内圣外王兼始大"④。如何实现外王？关学学者主要施诸教育，即培养"道德经济一以贯之"的"通才"。故而，关学学者普遍重视讲学。王恕说："维兹书院，实萃群英。隆师亲友，讲道穷经。工夫既到，义理自明。匪徒知之，尤贵力行。乡举里选，荐其贤能。进于宗伯，达于大廷。牧民守宰，辅政公卿。皆由此出，千载垂名。"⑤讲学时教授儒家的"圣王"之道，鼓励学生步入仕途去实践"圣王"之道，成为经国济世的名臣。同时，关学学者规范了"圣王"，即"合天地德，是谓大人。体天地心，是谓大君。何以体之，仁弘君恩。何以体之，礼节君身。何以体之，信乃民任。义宜智别，有春有伦。匪是道也，霸而不醇"⑥。理想的社会统治者应当是"圣王"，就其政治人格而言，是因道德高尚而被民众信任的人。关学学者希望通过教育培养名臣，名臣辅君而造就"圣王"，"圣王"治理天下必然教化得人人成人。

2. 非诗式诗意地说

非诗式诗意地说，就文学体裁而言，并非诗歌，但采用的是带有诗意的语言。所谓诗意的语言，是指带有诗之意境的语言。这种语言多采用叙事的方式，通过比喻甚至寓言的方式来阐明哲理。采用非诗式诗意地说阐述哲学思想，也是

---

① 吕大临：《吕大临集》，第789页。
② 王心敬：《王心敬集》下册，第1149页。
③ 王心敬：《王心敬集》下册，第971页。
④ 王心敬：《王心敬集》下册，第1174页。
⑤ 王恕：《王恕集》，第36页。
⑥ 王心敬：《王心敬集》下册，第942—943页。

大多数关学学者的言说方式。

理,就其超越之维而言,具有唯一性;就其内在之维而言,具有多样性:这就是所谓的"理一分殊"。薛敬之说:"偶于园中观小儿摘杏,实觉得一本万殊道理。或问曰:'何谓也?'曰:'当时种得只是一本,如今结了百千万个,不亦殊乎!'一本万殊,万殊一本,有甚时了期,就见得'维天之命,于穆不已'气象。"① "一本万殊"不只说明超越之理与内在之理的同一性,而且也指理的永恒性。

理内在于人,就是人的本性,即仁。"道也者,盖皆指其发见流行、显仁之用、践履制作彰施之工夫,岂论于无声无臭、不睹不闻之际哉!不有卵乎?黄白耳,雏未之见也,羽、血、骨、肉、心、肝、肠、肾,缺一而雏不完,卵则雏之极也。不有核乎?仁种耳,木未之见也,花、叶、枝、干、根、株、果、实,缺一而木不完,核则木之极也。卵、核者,即雏、木之本体,不杂乎雏、木,不离乎雏、木而为言耳。"② 天理作为超越的存在,具有超验性,人的感官无法把握到其本身,自然也就无法直接言说,仁作为天理的表现却可以言说。换言之,"理"本身无法直接言说,但是其表现和作用可以言说,因为理的表现和作用属于经验界。就人而言,内在的理表现为仁,是人之为人的依据,是生发人的内在力量。这样来看,理如同飞禽之卵和果木之核。就前者而言,飞禽之卵实然地看,无非蛋黄蛋白而看不出飞禽之在,但能够孕育出飞禽,所以是飞禽之本;就后者而言,果木之核实然地看,无非果仁而看不出树木之在,但却能生发出树木,所以是树木之本。天理虽然在经验界无法感知,但就人之为人的依据来看,却是实实在在的存在。

理内在于人心,是错综复杂的存在。理内在于人就是性,但性与气、情等交织在一起,关系比较复杂。"心便是个官人,性便是个印信,情便是那文书,命便是那文书上说得事物。文书或写得好歹,说得利害紧慢,便唤做才。这一弄事物,不是气怎么样做的便唤作气。故心、性、情、命、才、气本同一衮的物事,更何异?"③ 这是说"心"如果是官员的话,那"性"就是官员携带的公章,"情"是官员撰写的公文,"命"是官员书写的公文内容,"才"是官员书写公

---

① 薛敬之:《思庵野录》,第45页。
② 韩邦奇:《韩邦奇集》下册,第1358页。
③ 薛敬之:《思庵野录》,第21页。

文的能力。这个比喻形象地说明，心、性、情、命、才、气等紧密联系，而并非孤立的存在；但同时也强调"性"居于核心地位，是人之为人的根本依据。具体而言，"心"作为官员虽然决定着是否写公文以及如何写，是主动性或者主体性的体现，但"性"作为公章不只决定公文有效与否，更是官员身份真假的验符。因此，"性"更为重要。

"性"虽是本质属性，但需要"心"来呈现。"圣人胸次真如莹雪，万里灿然；一段光明，岂有一毫滓腻？"①对持理本论的关学学者而言，只有保持这种澄明的心境，天理才能呈现。对于持心本论的关学学者而言，澄明的本心就是性。"盖人性上不容添一物，就如皓月当空，纤尘不染。"②心无执无染，保持澄明状态，这其实就是性。"性"被张舜典称为"明德"，即"明德在心，随物而照，照本无物，其体不动，清净无染。物体之体，是谓真体"③。所谓的"真体"是心之体，即清净无染的心，也就是性。李颙进而指出"真体"是"本性真体"，他说："炯炯常觉，则主人翁在室，不至认贼作子，以识神为本面。空空无适，则自无不善之动。得其所止，而心如太虚，乃未发之中，本性真体，不落思想，不堕方所，无声无臭，浑然太极，大德之所以敦化也；当恻隐即恻隐，当羞恶即羞恶，知爱知敬，知是知非，随感而应，小德之所以川流也。"④"性"就是本然之心，本然之心犹如太虚，空无所有；但是本心并非只是知觉，而是内含道德价值，是未发之中。这样来看，"性"就内在之维来看，是仁义，是良知；就超越之维来看，是太极，是天理。其实，性是心的本然状态，即本心。"心"的本然状态是"无事时，湛寂凝定，廓然大公；有事时，物来顺应，弗逐境驰"⑤。人没有应事接物之时，没有意念产生，其心澄明；人应事接物之时，本心观照事物但不被有关事物的意念遮蔽，依然澄明。王心敬进而更为详明地言说本心，即"心虽能神妙无方，然来往变灭者却非本心；虽无一物，然不可宰物者却非本心；虽至微至密，然不能遍照者却非本心；虽众理具备，然有能有所者却非本心；虽应酬万事，然溺形滞迹者却非本心。自体自用，非虚非实。意必既泯，将迎不形。如明镜止水，虚而能应，应而常虚"⑥。这是说本心是永恒的存在，是人的主宰，

---

① 薛敬之：《思庵野录》，第45页。
② 冯从吾：《冯从吾集》，第155页。
③ 张舜典：《鸡山语要》，第120页。
④ 李颙：《二曲集》，第145页。
⑤ 李颙：《二曲集》，第127页。
⑥ 王心敬：《王心敬集》上册，第385页。

能够应事接物而不被事物诱惑，自始至终保持虚明的状态。这就是本心，即性。

关学学者认为做人不但要有崇高的品格，还要有博大的气量。冯从吾说："甘得淡者品高，容得人者量大。"①关学学者之所以对做人有品格高和气量大两个层面的要求，是因为本心有"体"和"量"两个层面。这就是王心敬所谓的"心体精明，同乎日月；心量弘厚，同于天地"②。就前者而言，心体如同日月，自明自亮，一尘不染；就后者而言，心量如同天地，兼容并包，无所不有。前者追求的是内心"一物不有"的空灵境界，后者追求的是圣人"万物一体"的人生境界。同时，二者紧密联系。诚如冯从吾所说："吾辈心体必一物不容，而后能万物皆备。彼反身不诚，万物不能皆备者，还是自家心上有物，还是自家心体不干净。"③只有心体保持空虚的状态，才能容纳万物于心。其实，这就是张载所谓的"能容以虚"④，即只有虚才能容纳。由张载的这种主张，冯从吾继而提出"圣人胸中如太虚然，一无所有而亦无所不有"⑤的观点，王心敬又发展出"心体""心量"的观点。

既然本心有"体"与"量"两个层面，那么，尽心工夫就必须既呵护心体使之虚明，又扩充心量使之博大。这也就是冯从吾说的"士君子为人，全要有品有量。一介不苟以学品，则品自高；万物皆备以学量，则量自大"⑥。就前者而言，首先需要做主静工夫，因为"水澄则珠自现，心澄则性自朗。故必以静坐为基"⑦。主静工夫就形式来看，起初不免静坐，但就内心而言，是要通过清静而保持澄明，即"静极生明"。具体而言，"无事时自不起念，有事时自不逐物，如明镜，如止水，终日鉴而未尝驰，常寂而常定，安安而不迁，百虑而一致，无声无臭，浑然太极矣"⑧。主静，就人未应事接物时来看，内心平静没有产生意念；就人应事接物来看，内心没有被有关事物的意念牵引：心始终如明镜止水一般澄澈。这说明静坐只是主静工夫的初始阶段，继而要在应事接物中锻炼，即所谓的"动处用功"。吕柟说："昔终南僧用功三十年，尽禅定了。有僧曰：'汝习静

---

① 冯从吾：《冯从吾集》，第111页。
② 王心敬：《王心敬集》上册，第12页。
③ 冯从吾：《冯从吾集》，第155页。
④ 张载：《张载集》，第126页。
⑤ 冯从吾：《冯从吾集》，第209页。
⑥ 冯从吾：《冯从吾集》，第163页。
⑦ 李颙：《二曲集》，第20页。
⑧ 李颙：《二曲集》，第30页。

久矣,同去长安柳街一行。'及到,见了妖丽之物,粉白黛绿,心遂动了,一旦废了前三十年工夫。可见亦要于繁华波荡中学。"①由此足见,保持心之澄明必须在应事接物中做工夫。就后者而言,扩充心量使之博大有赖后天的学习,即所谓"气量大小系于所学"②,只有博闻多识,才能够拓展心胸。扩充心量依赖博闻多识,而博闻多识离不开应事接物,呵护心体更是不能脱离应事接物,所以,修养工夫必须在应事接物中进行。这种修养工夫决定了儒者必须抱持入世的态度,进而经世,而不能像佛老之徒离尘出世。诚如李复所说:"达者尽道极理,虚乎天地之间,不必远市朝,不必绝视听。正心顺行,忽焉感焉,应天下之故,反而照之,凝然寂然,旷然阒然,无荣辱利害之纷然,而有虚白之皎然,乃不偏滞于一曲也。山林岩穴之深,江湖鱼钓之逸,独可以寓形也。与接为酬,日与心斗,神犹受其役焉,然则智何能而及之?亦曰虚其中而已矣。"③对天理的体知其实就是保持心的虚明,而心的虚明是在应事接物中的虚明,不是脱离事物的孤明内守。隐居山林虽然内心能够保持虚明,但这是脱离事物的虚明。可见,隐居山林不但无法扩充心量,就心体的呵护而言,也只是片面的、暂时的,甚至是虚假的。

工夫毕竟是"心上工夫",侧重于内心的修养,具有隐微性。为了便于人们学以成人,关学学者还提出相对比较具体的做人原则和方法。吕柟主张阅读儒学元典应当"如读医书",将书中的圣人之言"用以治身";王徵进而发明出学以成人的药方——"活人丹方"。具体来看,药物的配方是"敬天真心一副,爱人热肠一片,孝顺十分,忠肝一段,大肚皮一具,劲骨一大节,信实根梢俱用,本来面目要全,阴骘不拘多少,神异奇料临时酌取",即敬天爱人、忠君孝亲、有气度、有节操;煎药的方法是"以上同入宽平锅内锻炼,不要焦躁,放清凉地上冷定,除去火性。又要耐烦宁静,研为细末,神水调匀,一团和气为丸。每服一两,日进三服,一味淡薄汤送下",简言之,心平气和;服药的禁忌是"一逆天害理,一利己损人,一言清行浊,一始勤终怠,一暗中箭,一笑里刀,一两头蛇",即不做伤天害理、损人利己的事情,要有闲邪存诚、为善去恶的修为,杜绝口是心非、口蜜腹剑行径。④按照这个药方修行,就可以"活人",即成为真实

---

① 吕柟:《吕柟集·泾野子内篇》,第51页。
② 冯从吾:《冯从吾集》,第78页。
③ 李复:《李复集》,第64页。
④ 参阅王徵:《活人丹方》,见《王徵集》,第322页。

存在的人；或者说，按照人之在的方式存在。嗣后，王心敬又发明了学以成人的"续命四物汤"，他说："全体大用，真知实践，是吾常服续命四物汤。"①王心敬所谓"四物"，即体、用、知、行。"续命四物汤"非常形象地告诉我们：就认知和实践的对象而言，天理之本体能够被人完全觉知，天理的功用能够被人广泛践履，就可以成人；就认知和实践的主体而言，人只要全面认知天理，并用天理指导实践活动，就可以成为人。对学以成人之学，张秉直提出"三要"，即"学有三要：修身、处事、接物。修身以礼，处事以义，接物以恕，三者修而人道备矣"②。人在日常生活中按照这三方面的要求行事，就可以成人。李元春认为，做人应当坚持"四不愧"原则，即"学者须知四不愧：不愧天地，不愧父母，不愧圣贤，不愧吾心"③。能做到"四不愧"，尤其是不愧心中的天理，就可以成人。柏景伟认为，人要成人必须"打破三关"。他说："况人生斯世，或穷或达，苟欲自勉为君子，必须打破三关，方能豁开眼界，立定脚根，中立而不易，百折而不回，否则未有不为所摇夺者也。所谓三关者：生死第一，利害第二，毁誉其末焉者也。"④人只有不畏惧死亡，不计较利害，不顾忌诋毁，执着地以天理或道义作为行为的基本原则，才可以成为人。

诗意地说，是关学基本的表达方式，宋明新儒学也比较普遍地采用这种表达方式。怀特海有"哲学与诗境相接"的观点，海德格尔尝试使哲学重归诗歌的源头。西方现代哲人用诗歌表达哲思的观点以及尝试，早已被中国古代哲人所践行。就关学诗意地说来看，诗意的语言完全可以言说关学思想，尤其对精神世界的言说比较深刻。

四、实证地说

实证地说，亦称"科学地说"。采用这种言说方式的哲学家，大都有把科学作为哲学理想范式而欲使哲学取得科学形态的意图，这导致以科学的言说方式表达的哲学思想带有追求科学化的趋向和诉诸科学经验的特征。

虽说实证地说在西方实证主义那里表现得比较突出，但是中国古代哲学也不

---

① 王心敬：《王心敬集》下册，第725页。
② 张秉直：《开知录》卷一，第11页b。
③ 李元春：《李元春集》，第387页。
④ 柏景伟：《沣西草堂文集》卷三，第25页b—26页b。

乏实证地说。就关学来看，自张载始就采用实证的言说方式表达哲学思想；迨晚近以来，这种言说方式表现得更为明显。与宋明新儒学的其他学派相比较，关学实证的言说方式表现得更为突出。

1. 实证态度

关学学者是一个特殊的学术群体。作为宋明新儒家，他们无疑都是哲学家。但与宋明新儒学其他流派不同的是，他们大都不只是哲学家，还具有其他身份，比如科学家、考古学家、音律学家、农学家等等。具体而言，吕大临"是我国最早的金石学家和考古学家之一"[①]；韩邦奇是中国古代"音乐理论"方面的研究专家，即音律学家；王徵是一位著名的科学家，甚至被西方汉学家称为"中国第一位'现代的'工程师"[②]；杨屾和王心敬均是颇具"创造性"的农学家。[③]即使那些在科学领域不著名的关学学者，也大都对自然科学抱有浓厚的兴趣，甚至不乏研究，其中一些关学学者的研究也较有成绩。张载虽是著名哲学家，但他对天文学的研究亦取得了较好的成绩；[④]李复为学"考证今古，贯穿博洽，于易象、算术、五行律吕之学，无不剖晰精微"[⑤]；王弘撰虽对"西洋之学，专奉耶稣"颇为不满，但盛赞其"天文奇器，则有独长"；[⑥]李颙鼓励学人研读意大利传教士熊三拔所著《泰西水法》，并要求学以致用；[⑦]刘绍攽对"西历"和"勾股"均有研究；[⑧]而周元鼎对"日行""月食""星陨"等天文现象也有所研究。[⑨]晚近

[①] 张蕴：《考古鼻祖北宋吕大临家族墓地出土文物》，载《收藏》2010年第7期，第26页。
[②] 参阅林乐昌：《前言》，见《王徵集》，第1、25—26页。
[③] 参阅王毓瑚：《中国农学书录》，中华书局，2006年，第219—220、221—222页。
[④] 冯契认为张载"在天文学理论方面（特别是地动说），作出了独特的贡献"［见冯契：《中国古代哲学的逻辑发展》下册（《冯契文集》第六卷），华东师范大学出版社，2016年，第33页］；姜国柱认为"张载精辟地阐发了天体自己运动的思想，提出了'动非自外'的光辉命题"（见姜国柱：《张载关学》，陕西人民出版社，2001年，第115页）；乐爱国认为张载"提出的地在气中以及日月五星顺天左旋转等看法，在当时是有一定科学价值的"（见乐爱国：《为天地立心：张载自然观》，海天出版社，2013年，第68页）。
[⑤] 永瑢等：《四库全书总目》，第1336页下。
[⑥] 王弘撰：《王弘撰集》下册，第548页。
[⑦] 参阅李颙：《二曲集》，第54页。
[⑧] 参阅刘绍攽：《皇极经世书发明》卷首《自序》和《总论》，见《四库未收书辑刊》第3辑第23册，北京出版社，2000年，第392页下、398页下。
[⑨] 参阅周元鼎：《谈天》《日行说》《月食说》《星陨论》，见《汇菊轩文集》卷三，咸丰十年（1860）守泽草堂刻本，第6页a—16页b。

以来，刘光蕡与张元勋对自然科学表现出极大兴趣。前者精研微积分并在书院讲授代数，且将西方近代的物理、化学课程以及实验引入教学；后者撰有数学专著《天元勾股迻求和较术》，并实地测量，参与绘制陕西地图。可见，关学学者非常重视自然科学。

普遍对自然科学感兴趣，甚至投身于自然科学研究，这是关学群体的一个显著特点。这个特点反映出关学学者具有一定的实证精神，治学抱持实证态度。无论是科学家、农学家，还是考古学家、音律学家，治学都需要实证方法。王徵从事"远西奇器"的研究，杨屾从事"树桑养蚕"的研究，王心敬从事"农田水利"的研究，凭借的都是实证方法，这自不待言。其实，考古研究和音律研究也凭依实证方法。吕大临的金石考古要从"先王之陈迹"中"求其所以迹"，就必须用实证的方法研究"尊、彝、鼎、敦之器"上的"形制文字"，而且，也正是这种实证性的研究方法使他能够"补经传之阙亡，正诸儒之谬误"。① 韩邦奇的"古乐"研究，包括声律、乐调、乐器、舞蹈、瑟谱、乐史等，其研究无论是"察器数而求元声"，还是"考天文、察地理、稽人事"，凭借的都是实证方法；更重要的是，这种实证的研究方法，使其研究达到"不为无益之空言，必究制作之实用"的研究目标。② 如果说从事科学研究的关学学者都运用了实证方法的话，那么对科学感兴趣的关学学者虽没有掌握实证方法，但研究学问都抱持实证态度。换言之，关学学者治学普遍抱持实证态度。王弘撰说："吾辈为学，当以平心静气为第一义，凡读书论人当求其实。为吾所最尊之人，或有一失，不必为之掩。为吾所深排之人，或有一得，不可因之废。揆之于理，度之于心，唯求其是而已，唯求其是之有可以征者而已。"③ 这是关学学者为学抱持实证态度的写照。

崇尚科学与反对迷信紧密联系。关学学者治学普遍抱持实证态度，那么他们必然普遍反对迷信。关学学者既批评世俗的鬼神说，批评朝堂的灾祥说，也批评宗教的仙佛说，还批评江湖的数术说。

关学学者批评世俗的鬼神说。在日常话语中，鬼神都是具有超能力的人的异化存在。关学学者普遍认为日常话语中的鬼神根本不存在。在张载看来，所谓的鬼神其实是气之聚散，即"鬼神者，二气之良能也"④。具体而言，"至之谓

---

① 吕大临：《吕大临集》，第486页。
② 韩邦奇：《韩邦奇集》下册，第1372页。
③ 王弘撰：《王弘撰集》下册，第641页。
④ 张载：《张载集》，第9页。

神，以其伸也；反之为鬼，以其归也"①。这是说"神"其实是"伸"，而"鬼"其实是"归"，前者用来言说物体的形成，后者用来言说物体的消亡。张载又说："显而为物者，神之状也；隐而为变者，鬼之状也。"②这是说气聚而成物，这种由无到有的现象被称为"神"；物散而为气，这种由有到无的现象被称为"鬼"。总而言之，鬼神是气的聚散功能以及气的聚散现象。基于这种认识，张载批评"浮屠明鬼"，其实是"不知鬼"，并批评"庄生谬妄，又谓有神人焉"③。嗣后，关学学者普遍继承了张载的鬼神观念。既然日常话语中的鬼神不存在，那人为什么还敬神而怕鬼？周元鼎回答说："惟吾心有鬼神，而后天地间有鬼神。"④这不只指出敬神怕鬼是人的心理作用，更揭示出人内心隐匿的秘密。当然，敬神还有追求利益方面的原因，这诚如王恕所说"欲神之佑之"⑤。在王恕看来，神可以存在，人也可以敬神，但这"神"只能是"聪明正直者为神"⑥，即将崇高的人格视为神。这样的话，"事神者惟在尽其诚耳"，具体而言，"诚者，不欺之谓也。一念之萌，一事之为，必求合乎天理之正；不正，勿萌也，勿为也。由是以事神，则神格矣，福自至，祸自免矣"⑦。可见，"事神"完全被转换成了人的道德修养。

关学学者批评朝堂的灾祥说。灾祥说，即上天根据人间是否有德来赐福或降灾。这也就是《尚书》所说的"惟吉凶不僭在人，惟天降灾祥在德"⑧。凭借天的赏善罚恶来督促世人为善去恶，就动机来看无可厚非。故而，经董仲舒天人感应说详细阐发，灾祥说成了儒者劝导君主推行德治的有力理论。那么，关学学者为什么批评灾祥说呢？原因是灾祥说在具体使用中走向了两个极端：一个是重视天命而轻视人为，另一个是侈谈祥瑞而避谈灾祸。这样的话，灾祥说就失去了其使用价值。有见于此，关学学者批评灾祥说。面对臣僚搜索祥瑞而歌功颂德，萧㙨对灾祥说予以批评："休因瑞麦斗诗工，指有枝骈理亦同。圣代灾祥都不论，只

---

① 张载：《张载集》，第19页。
② 张载：《张子全书》，第380页。
③ 张载：《张子全书》，第453页。
④ 周元鼎：《汇菊轩文集》卷一，第21页b。
⑤ 王恕：《王恕集》，第9页。
⑥ 王恕：《王恕集》，第9页。
⑦ 王承裕：《少保王康僖公文集》，第512页下。
⑧ 《尚书·咸有一德》。

凭人瑞作丰年。"①社会治理依赖的是贤能之人，而不是天命，更不是阿谀奉承之徒，这是萧𣂏批评祥瑞说的原因。关学学者因批评灾祥说而声震天下者，莫过于杨爵。杨爵被明代学人视为有明一代的"天地正气"，原因是他坚守道义而宁死不屈。具体来看，"（杨）爵疏诋符瑞，且词过切直"②，被"备极拷掠，血淋漓，衣前襟尽成赤色"，嗣后七八年监狱生活中，即使"坐卧处，血流地上，可手抔之。履袜衾苫之类为血所沾，若滞于水中"，他也顽强地活了下来。面对臣僚借雨雪为祥瑞而歌功颂德，身为监察御史的杨爵上书嘉靖皇帝："大略谓雪雨不可为祥瑞而颂之，谓权奸不可为忠信而迩之，谓土木之工不可不止，谓朝讲之礼不可不修，谓邪说之妨政害治者不可不斥，谓谠言之益国与民者不可不听。"③杨爵认为灾祥说是"邪说"，不但不可信，而且应当斥而远之。就理论而言，关学学者之所以批评灾祥说，是因为灾祥说缺乏科学性。

关学学者批评宗教的仙佛说。佛教所谓的"佛"，道教所谓的"仙"，都不免有超人的能力。在关学学者看来，仙佛根本就不存在，佛道二教有关仙佛的言说都纯属"妄谈"。吕柟说："太虚之气，不得不聚而为人物；人物之气，不得不散而为太虚。若曰仙佛白日升天，彼太虚茫茫，何所安着？安得不谓之散而无邪？"④吕柟基于气本源论的立场，指出仙佛之说的荒谬，体现的是实证的治学态度。晚近以来，随着耶教思想的广泛传播，关学学者也对耶教的灵魂说和天堂说展开批判。贺瑞麟说："近世邪教只养个虚灵之心，谓之灵魂，却说有天堂死后须归去，都是诳人语也。"⑤贺瑞麟将耶教斥为"邪教"显然是不正确的，但他对灵魂和天堂的批评反映了他抱持实证的为学态度。刘光蕡更是站在天文学的立场批判耶教天堂说，他说："天之高远，直不可思议，耶稣死，入天堂，其行即如炮子之速，至今尚在半路，此则天之无穷，非战国以后所言之天也。"⑥刘光蕡接受西方天文学知识，认识到"天"并非中国古代所谓的天圆地方，而是"日之吸力以摄各星球，则又日月星辰系焉之义也"⑦，即以太阳系为中心的浩瀚宇宙。依

---

① 萧𣂏：《勤斋集》，第109页。
② 张廷玉等：《明史》第18册，第5526页。
③ 杨爵：《杨爵集》，第155页。
④ 吕柟：《吕柟集·泾野先生文集》下册，第573页。
⑤ 贺瑞麟：《贺瑞麟集》上册，第268页。
⑥ 刘光蕡：《刘光蕡集》，第644页。
⑦ 刘光蕡：《刘光蕡集》，第644—645页。

据这种天文学知识，他批评天堂说的荒诞。这都体现出关学学者具有实证的治学态度。

关学学者批评江湖的数术说。所谓江湖数术，是指卜筮、星命、看相、风水等迷信活动。在王弘撰看来，"术士为术，实皆有所据以起。虽其技不同，大约不外于数"①，所以，对数术不能像"非理非数"的仙佛那样简单批评，而应当深入其数其理来揭发其伪科学性。周元鼎正是沿着这种路径来批判江湖数术，他认为"人之所终身大惑有不甚解者，卜筮、星命、阴阳宅合、婚选日之术"②，对这些数术他一一深入其数其理来批判。具体而言，"六壬、卜易、梅花数之类"，他认为"粗浅谬陋"，且其中不乏"邪说"；"星命之说"，经他分析，"荒渺悖道，尤为无据"；"阴阳宅合、婚选日之说，莫不皆然"；"最为世害者，尤在风水之说"，原因是风水之说看似合理且人多信奉，实则是"绝无人理"而"敢于妄为悬说"。既然江湖数术都是不可信的伪科学，为什么还有人将之奉为真理？周元鼎分析认为，"然而不尽其术者之罪也，用而信之者之罪也，亦非其无故用信之罪也，利欲熏心，邪说鼓其外，不能自主之罪也"③。这是说，就认知水平而言，人们未能洞察数术的非科学性；就动机而言，人们唯利是图，而不免利令智昏。以上足见关学学者对数术批评的深刻性。

关学学者批评世俗的鬼神，批评朝堂的灾祥，批评宗教的仙佛，批评江湖的数术，这是关学普遍反对迷信的表现，而反对迷信正是崇尚科学的体现。再者，关学学者对迷信内在地批判，体现出他们具有相当丰富的自然科学知识。这都是关学学者崇尚科学的表现，更是他们具有实证的治学精神和态度的体现。

2. 实证言说

关学学者普遍具有实证的治学精神和治学态度，具体表现在哲学之域，就是他们表达哲学思想采用实证的言说方式。在古代，实证地说以张载最为突出；近代以来，实证地说以刘光蕡和张元勋最为突出。

实证地说，在张载的关学体系中，突出地表现在其自然观中。所谓自然观，是指对自然界的基本看法或总体看法。张载认为自然界的万物都由物质性的气构

---

① 王弘撰：《王弘撰集》下册，第595页。
② 周元鼎：《汇菊轩文集》卷一，第40页b。
③ 周元鼎：《汇菊轩文集》卷一，第41页a—b。

成，气的运动变化有其自身的规律。

首先，自然界的万物都由气构成。张载说："凡可状，皆有也；凡有，皆象也；凡象，皆气也。"①这里的"象"是指人的感官可以感知的物体，在张载看来，这些物体都是由气构成的。同时，张载主张"虚空即气"②，即感官无法感知的物体，看似虚似空似无，其实也是气。他说："气聚则离明得施而有形，气不聚则离明不得施而无形。"③气凝聚就是实在之物，人的感官可以直接感知；气散而未聚就是不具有实在之体的物，人的感官无法直接感知。这样来看，"象"是气聚的状态，而"虚空"则是气散的状态，自然界呈现于人的实在和虚空都是气。就连自然之天，张载也认为是气。他说"由太虚，有天之名"④，又说"太虚者天之实也"⑤，这说明"天"就是"太虚"，而"太虚无形，气之本体"⑥，即太虚是本然之气。据此来看，天也就是气。总而言之，自然界的万物乃至整个自然界都由气构成。

其次，气是物质性的永恒存在。张载说："所谓气也者，非待其蒸郁凝聚，接于目而后知之；苟健、顺、动、止、浩然、湛然之得言，皆可名之象尔。然则象若非气，指何为象？时若非象，指何为时？"⑦感官感知到的物体，其本质是气；感官未感知到的所谓的"空"或者"虚"其实也是气，甚至于时空也因气的存在而形成。可见，张载所谓的气是客观存在，而非人的主观意识。再者，气的运动变化属于自因，而非外因。"气有阴阳，屈伸相感之无穷，故神之应也无穷；其散无数，故神之应也无数。虽无穷，其实湛然；虽无数，其实一而已。阴阳之气，散则万殊，人莫知其一也；合则混然，人不见其殊也。形聚为物，形溃反原，反原者，其游魂为变与！"⑧气的运动变化是由气内部阴阳相互作用引发的，阴阳相互作用的无穷性决定气的运动变化也是无穷的。即使气聚而成为物，物散而为气，也由气内部的阴阳相互作用决定。气虽然运动变化不停，但气自身

---

① 张载：《张载集》，第63页。
② 张载：《张载集》，第8页。
③ 张载：《张载集》，第8页。
④ 张载：《张载集》，第9页。
⑤ 张载：《张载集》，第324页。
⑥ 张载：《张载集》，第7页。
⑦ 张载：《张载集》，第16页。
⑧ 张载：《张载集》，第66页。

却不会消亡。张载说"气之聚散于太虚，犹冰凝释于水"①，这是说气有聚散变化，但太虚之气永存不灭，这如同水凝为冰、冰释为水，但水自身永恒存在。张载之所以用"太虚"指称本然之气，是为了强调本然之气的永恒性，即他说的"金铁有时而腐，山岳有时而摧，凡有形之物即易坏，惟太虚无动摇，故为至实"②。这充分说明气是永恒的存在。

最后，道是气的运动规律。张载说"由气化，有道之名"③，即气运动变化体现出的规律就是道。"阴阳者，天之气"，但张载认为"亦可谓道"。④这是因为气有阴阳之分是自然的，气的阴阳变化也是自然的，而气的阴阳变化体现的规律就是道。张载特别强调道的经验性或实在性，他说："著则是成形，成形则是道也。"⑤经验界的事物是实在之物，而道是实在之物自身的属性或规律。

张载认为世界是物质的，物质的运动是有规律的，这就是他的自然观。这种自然观"实近远西科学思想"⑥。据此，有学人指出张载的自然观对中国古代科学发展产生了积极的作用，⑦甚至有人认为张载的自然观没有得到后学的继承和发扬是中国自然科学不发达的一个重要原因，即所谓的"惜后世祖述无人，致其传不能发挥光大，诸夏科学之无进步，此其绝大原因"⑧。这样来看，张载的自然观非常重要，尤其对自然科学而言。这也能够从理论上解释为什么一些关学学者是科学家。

但有学人指出，"气一元论"自身存在的弱点，对自然科学的发展或多或少产生了消极的影响。具体而言，"这种以气为本的观点，并不能圆满地说明世界的多样性"，所以，"在物质的多样性问题上，它的回答就显得贫乏单薄"；然而"自然科学的发展与对物质进行分门别类的研究分不开，而科学能否发展到分门别类的研究，虽然归根到底取决于生产力的发展水平，但又与哲学能否从本体论的高度说明世界的统一性与多样性相联系"。⑨张载的自然观明显属于"气一元

---

① 张载：《张载集》，第 8 页。
② 张载：《张载集》，第 325 页。
③ 张载：《张载集》，第 9 页。
④ 张载：《张载集》，第 324 页。
⑤ 张载：《张子全书》，第 239 页。
⑥ 陈钟凡：《两宋思想述评》，东方出版社，1996 年，第 66 页。
⑦ 乐爱国：《为天地立心：张载自然观》，第 109 页。
⑧ 陈钟凡：《两宋思想述评》，第 73 页。
⑨ 杨国荣：《历史中的哲学》，第 69—70 页。

论",这样的话,张载的自然观又不利于自然科学的发展。

张载的自然观被一些学人认为有利于自然科学的发展,又被一些学人认为不利于自然科学的发展。我们应当如何看待这两种截然对立的观点?这需要考察张载的新儒学是否存在以"统一性"遮蔽"多样性"的现象。其实,张载的新儒学不存在这种现象。张载强调"道得之同,理得之异"①,即:道是宇宙万物的终极依据,体现出的是统一性;而理则是万物的具体依据,体现的是多样性。正是基于这种分别,他一方面说"通万物而谓之道"②,强调超越之道的统一性;另一方面说"每一物虽纤毫之末,莫不尽有精微之理"③,强调具体之理的多样性。特别是在"穷理"之域,张载提倡"博学",追求"博大",而"穷理"的途径就是"见物多,穷理多"。当然,不能否认张载"穷理"的最终目的是体知人性,但其"穷理"没有忽视事物事理的多样性则是事实。这样来看,张载的新儒学中的自然观有利于科学发展。这不只是张载在天文学方面取得成就的原因,也是关学学者在自然科学方面取得成绩的原因。

张载的自然观,是其新儒学的重要构成部分。就哲学表达方式而言,自然观是采用实证的言说方式勾画世界图景的理论结晶。这种自然观被后来的关学学者普遍继承,形成了对物与理的客观看法,即薛敬之所说:"凡有物则有气,有气则有理,必须气而后著。若无气则无物,却说个什么理?"④这种观点既是对世界实证的言说,也是对世界客观的反映,有利于关学学者研究事物之理,从而走向科学。这就是关学学者中不乏科学家的理论原因。

晚近以来,对西方自然科学抱有极大兴趣的刘光蕡和张元勋受西学影响,实证地言说哲学思想表现得更为突出,尤其表现于"格物"说。我们知道,格物在宋明新儒学中属于工夫论,即道德修养方法。就关学而言,无论格物被理解和诠释为革除"物欲",还是被理解和诠释为"即物穷理",都诚如王弘撰所说,"格物者,以吾心格之,非求知于外也"⑤,即都是修心养性的工夫。但经刘光蕡和张元勋的诠释,"格物"由道德哲学转向认识论。刘光蕡说"'格物'者,即物之形以求其性,使归有用也"⑥,这是说格物就是研究事物的属性,而并非以

---

① 张载:《张载集》,第324页。
② 张载:《张载集》,第64页。
③ 张载:《张子全书》,第382页。
④ 薛敬之:《思庵野录》,第54页。
⑤ 王弘撰:《王弘撰集》上册,第494页。
⑥ 刘光蕡:《刘光蕡集》,第20页。

"尽物性"为手段来达到"尽人性"的目的。更何况刘光蕡明确强调,"尽物之性即'格'"①,格物就是研究物理,而并非伦理。只有认知事物的属性,实践中才能够"俾物物顺其性",从而达到实用的目的。张元勋说:"格物者,欲由影以定形,宜防视差,勿遽疑形影之不类;欲即响以求声,须防耳误,毋疑声响之顿殊。"②这是说格物是由研究事物的现象来把握事物的本质,而且研究中要避免假象、错觉等。非但如此,"格物者,必历无穷级数以迄于不可思议"③,即格物还要依赖抽象的思维。显见,无论是刘光蕡的格物说,还是张元勋的格物说,都不再是表达心性修养工夫的宋明新儒学概念,而是探究事物属性的自然科学范畴。格物说发生转向,是追求科学的结果。刘光蕡说:"中国之衰,由于空谈性命,而不实征诸事物,则是谓中国孔子所传格物之说,仅重伦理而遗万物,则非也。"④尽管儒家的格物看似重视伦理也不忽视物理,但实际上偏重伦理而忽视物理:这是导致中国衰落的重要原因。有见于此,刘光蕡和张元勋特别重视物理,刻意将格物诠释为研究事物之理。就表达方式而言,他们采用实证的言说方式来表达他们的格物说,"征诸事物"就是实证地言说格物的明确表达。

实证地说还突出地表现在对"理"和"气"的理解和诠释上。"理"和"气"是中国哲学的核心范畴,前者是宇宙万物的本体,后者是宇宙万物的本源,两者都是既超越又内在的存在。但是晚近以来,"理"和"气"经刘光蕡和张元勋的诠释,也发生了转向。就前者来看,刘光蕡认为,"理是已有形质后自具之文理"⑤,或者"理是有形质上之文理"⑥,即理是经验界的事物之理、是内在的而非超验的。更何况刘光蕡反复强调,"气流行时有动静即有条理可寻,故可言理"⑦,或者"必有形质,方有文理可寻"⑧。这样的话,理就完全成了内在的物理,而非超越的天理。就后者来看,张元勋认为"气"有"质"有"重",是经验界的实在。具体而言,"器中有气,不容他物入也,必气出,物始入。覆瓶于水,水入不深,气阻也。以樽入水,且响且入,水入气出,阻不入,气不

---

① 刘光蕡:《刘光蕡集》,第 20 页。
② 张元勋:《原道》卷上,第 14 页 b。
③ 张元勋:《原道》卷上,第 15 页 a。
④ 刘光蕡:《刘光蕡集》,第 20 页。
⑤ 刘光蕡:《刘光蕡集》,第 464 页。
⑥ 刘光蕡:《刘光蕡集》,第 465 页。
⑦ 刘光蕡:《刘光蕡集》,第 464 页。
⑧ 刘光蕡:《刘光蕡集》,第 464 页。

出,不入,非质而何?"①可见,张元勋所谓的"气"其实是空气。更何况他认为"气"有不同种类,即"其大者如天气、热气、养气、硝气、炭气、云气、水汽之类"②。同样,"气"的超越性被悬置,完全成为经验界的实在。"理"和"气"之所以由既超越又内在的存在而转为内在的存在,就哲学表达方式而言,是采用实证地说的结果。

关学之所以侧重采用实证地说,是因为关学学者普遍比较重视"实事"。张载为学倡导"须行实事"③,而"须行实事"体现在哲学表达方式上就是"所言皆实事"④,即实证地说。那么,关学学者继承张载"须行实事"的为学观点,必然在哲学表达方式上继承张载实证地说的言说方式。

但是哲思的表达过于倚重实证地说会造成思辨性薄弱,最终导致哲学被遮蔽甚至沦丧。晚近以来,刘光蕡等关学学者认为中国落后于西方的原因是"中国尚虚文,外洋重实事,虚不如实"⑤,所以,他们为学主张"矫虚以反诸实"⑥。就哲思表达来看,主张"求实事"和"实事求是",过于倚重实证地说。这不免将哲学引向衰落,刘光蕡和张元勋的哲学就是例证,其实,这是关学终结在表达方式上的表现。

五、分析地说

分析地说,是通过语言分析表达哲思的言说方式。分析地说关注的是语言,侧重于对语言的逻辑分析。就分析地说所使用的方法来看,主要是分析的方法,而不是综合的方法。

分析地说的典型形态是20世纪以降西方分析哲学采用的语言分析。分析哲学注重语言的逻辑分析,运用分析的方法来研究语言、意义、真理、实在、指称、证实等哲学问题。尽管中国古典哲学没有分析哲学这种哲学形态,但并不意味着中国哲学没有分析的言说方式。就关学而言,分析地说依然是关学学者表达哲思

---

① 张元勋:《原道》卷下,第4页b。
② 张元勋:《原道》卷下,第4页b。
③ 张载:《张载集》,第325页。
④ 张载:《张载集》,第288页。
⑤ 刘光蕡:《刘光蕡集》,第136页。
⑥ 刘光蕡:《刘光蕡集》,第321页。

的一种基本方法。就关学文本来看,分析地说有两种形式,可分别称为"概念分析"和"逻辑分析",前者侧重于分析哲学概念的基本意义,后者侧重于建构宏大的哲学体系。

1. 概念分析

概念,在关学话语中被称为"名"。关学自张载始就比较重视使用"名"来表达哲学思想。张载说:"由太虚,有天之名;由气化,有道之名;合虚与气,有性之名;合性与知觉,有心之名。"①这里的"天""道""性""心",张载明确地说是概念,而且他对这四个哲学概念下了定义。这是通过运用概念来表达哲学思想,属于典型的概念分析。同时,关学学者也意识到概念分析在理解和诠释方面的重要作用。张载有"言天地则有体,言乾坤则无形"②这类较难理解的哲学话语,但通过萧㙤"天之理曰乾,地之理曰坤"③的概念分析,这类难以理解的哲学话语便变得易于理解。这说明关学学者意识到概念在理解和诠释方面的重要作用,并自觉运用概念分析来解决理解和诠释上的难题。概念分析既有助于理解固有的哲学概念,也有助于表达崭新的哲学思想。基于对概念分析重要性的认知,杨屾提出"明理知名"④的哲学命题。这个命题告诉我们:概念分析在理解和表达两方面至为重要。由此足见,关学学者非常重视概念分析。

概念分析,是指通过对哲学概念的诠释来表达哲学思想。就语言学来看,概念分析表现为对字或词的解释。在关学文本中,概念分析既表现为近似逻辑学式的定义,也表现为近似训诂学式的诠释。

近似逻辑学式的定义,即通过近似逻辑学之下定义的方式来分析概念,进而表达哲学思想。如前所述,关学最关注的是如何成人的问题,其中"什么是人"是关学必须首先回答的基本问题。王弘撰说:"人有是人,即载是理,所谓性也。"⑤这是说人之所以是人,是因为具有人之为人的"理",这个"理"内在于人就是"性"。"性者,心之生理"⑥,即"性"是人先天固有的"理",或

---

① 张载:《张载集》,第 9 页。
② 张载:《张载集》,第 69 页。
③ 萧㙤:《勤斋集》,第 49 页。
④ 杨屾:《知本提纲》卷二下,第 13 页 b。
⑤ 王弘撰:《王弘撰集》下册,第 727 页。
⑥ 冯从吾:《冯从吾集》,第 45、51、192 页。

者说,"性"是内在于人的"理"。"性"的基本特点是"性善",李元春说:"人得天地清淑之气以生,理全载之,与物不同,曰性善。"①由于构成人的气相对于物而言比较清淑,内在于气的理便不会被遮蔽,从而能够完全呈现,最终表现出性善的特点。这种内在的善也被称为"德",即"德者,人心固有之善也"②。但内在的德性必须外显为德行,所以"德"既需要包含内在的"理",也需要包含应事接物之"理"。诚如王建常所说:"德,即人之所得于天,以具众理而应万事者。"③这样"德"就不只关涉既超越又内在的"理",还指向应事接物所体现的"理"。依此来看,成人就是成德成性,彰显内在的理。但因为人的本然状态是圣人,成人的最高标准自然也就是"成圣"。何谓圣人?南大吉回答说:"夫所谓圣人者,以天地万物为一体者也,而何以用兵为哉!"④圣人与天地万物一体,那圣人就不能只"立己",还应当"达人";就不能只"成己",还需要"成物"。关学对于如何成人问题的探讨,主要通过概念的分析来展开,具体表现为通过对"人""性""德"等新儒学概念下定义来揭示其内涵,进而表达对人之为人的看法。

近似逻辑学式的定义也被广泛用来辨析相似的概念。就"道"与"理"的区别而言,"自其纯一不杂者曰道,自其伦类各适者曰理"⑤。这是说"道"是终极的、纯粹的本体,而"理"指事物的类属性。就"性"与"命"的关系而言,"命与性一也,降自天为命,具于人为性"⑥,即尽管"性"与"命"相互联系,但是"命"侧重于气的不可改变性,而"性"强调理的内在性。就"性"与"情"的区别而言,"情者,性之发于外;意者,心之动于中"⑦。这是说"情"是"性"在形色上的表现,而"意"则是内心产生的意识。就"道"与"德"的区别而言,"以理之共由言之,谓之道;以理之自得言之,谓之德"⑧。"道"指宇宙万物的终极依据,而德指对内在之"理"的自觉。就"道"与"礼"的关系

---

① 李元春:《李元春集》,第 409 页。
② 杨爵:《杨爵集》,第 70 页。
③ 王建常:《王建常集》,第 45 页。
④ 南大吉:《南大吉集》,第 70 页。
⑤ 李元春:《李元春集》,第 409 页。
⑥ 杨爵:《杨爵集》,第 7 页。
⑦ 冯从吾:《冯从吾集》,第 192 页。
⑧ 王建常:《王建常集》,第 62 页。

而言,"道者,浑沦之礼;礼者,条理之道"①。这是说"道"是太初状态或原始状态的"礼",而"礼"则是秩序化或社会化的"道"。对于相近概念,近似逻辑学式的下定义有助于辨析概念之间的关系,进而准确地表达哲学思想。

近似逻辑学式的下定义,还被用来多向度地揭示新儒学概念的内涵和外延,进而展现新儒学概念的多样性、丰富性,这就是关学文本中的"异名同原"现象。王心敬指出宋明新儒学乃至儒学的概念存在"异名而同原者"②,即不同的概念指向同一的事物,其实,这也就是张载所谓的"其实一物,指事而异名尔"③。就道而言,"今夫道一也,就其随处可行言之,谓之道;就其道得于心言之,谓之德;就其生机遍满言之,谓之仁;就其自然之制言之,谓之义;就其天理之节言之,谓之礼;就其不欺不伪言之,谓之忠信"④。这是说"道""德""仁""义""礼""忠信"作为不同的概念,其实都刻画的是道,只是把握道的维度不同而已。具体而言,"道"强调道的普遍性和可行性,"德"强调人对道的体知和实践,"仁"强调对道之实践的内在动力,"义"强调循道而行的正当性,"礼"强调道的秩序性和社会性,"忠信"强调对道体知的自觉性和公开性,都属于从不同维度言说道。心也存在这种"异名同原"现象,"此心即天地之心,以其有知,故谓之心;至虚而无所偏倚,故谓之中;高明广大,无所不尽,故谓之性;变化不测,故谓之神;可以推而行之,故谓之道;可以得而有之,故谓之德"⑤。这是说"心""中""性""神""道""德"虽然属于不同的概念,但是它们刻画的对象其实都是心。具体来看,"心"强调心的知觉,"中"强调心中正无偏的状态,"性"侧重心中之理的普遍性和永恒性,"神"强调心的知觉活动的神秘性,"道"强调心中之理的可行性,"德"强调对内在之理的自觉,都是从不同维度刻画心。近似逻辑学式的下定义的这种言说方式,能够使我们多维且深入地认知道和心。

定义作为逻辑方法,有其严格的规范性。就定义的形式而言,定义是以判断词连接被定义项和定义项。依此来看,关学文本中的定义都符合这种形式。就

---

① 王心敬:《王心敬集》下册,第755页。
② 王心敬:《丰川全集续编》,见《四库全书存目丛书·集部》第278册,第680页下。
③ 张载:《张载集》,第66页。
④ 王心敬:《丰川全集续编》,第680页下。
⑤ 吕大临:《吕大临集》,第766页。

定义的规则而言，定义必须清楚确切，具有非常严格的准确性和严谨性。就此而言，关学文本中的定义与其规则之间还有一定的距离。正是基于这种认识，关学文本中的定义被称为"近似逻辑学式的定义"。

近似训诂学式的诠释，作为哲思的表达方式，主要是通过训释文字尤其是儒家经典中的文字来表达哲学思想。就形式而言，符合训诂的形式；但就训诂的规范性来看，又没有那么严格和规范。如前所述，张载主张阅读儒家经典的方法是"心解则求义自明，不必字字相校"[①]；或者说，阅读儒家经典应当"求大体"，而反对"泥文"。从训释元典之维来看，张载对儒家元典的诠释应当属于宋学追求义理的哲学路径，而不是汉学追求字义的训诂学路径。其实，这是大多数关学学者的诠释路径。基于这种立场，关学学者对汉学以及汉学家多有微词，尤其是随着清代考据学兴起，关学对其批评的声音更是不断。王心敬说"汉唐诸儒解经，往往如猜枚射覆，宋儒出乃始得的当亲切之解"[②]，并指出"汉儒多经师，而十七不通其旨"[③]。李元春不但认为"考据之学"不能探究"圣贤义理之学之精"[④]，还认为"考据之学，袭汉儒之学而流于凿者也"[⑤]，尤其对考据学家"侈见闻而不顾理之当否，考据更多抵牾"[⑥]提出批评。刘光蕡也认为"汉儒重训诂，墨守古训，不求心得；宋儒反之身心，为大有功于圣道"，并指出汉儒训释儒家经典往往是不见微言大义，即"盖泥文字以为训诂，不证之义理，故见不及此也。"[⑦]贺瑞麟认为"考据之穿凿附会，纷然杂出"[⑧]，并批评考据学家尊奉的"实事求是"治学学则，说"盖'实事求是'或未免各是其是，而于事物当然之理容有差者"[⑨]。基于这种认识，关学学者普遍认为"训诂不足以尽经旨"[⑩]，他们注释儒家经典也是"独探本原，不屑字栉句比，为训诂家言"。这就是近似训诂学式的诠释。

[①] 张载：《张载集》，第276页。
[②] 王心敬：《王心敬集》下册，第775页。
[③] 王心敬：《丰川续集》，第538页上。
[④] 李元春：《李元春集》，第11页。
[⑤] 李元春：《李元春集》，第12页。
[⑥] 李元春：《李元春集》，第201页。
[⑦] 刘光蕡：《刘光蕡集》，第21页。
[⑧] 贺瑞麟：《贺瑞麟集》上册，第463页。
[⑨] 贺瑞麟：《贺瑞麟集》下册，第901页。
[⑩] 王心敬：《丰川续集》，第538页下。

关学学者以近似训诂学式的诠释来训释儒家经典，借助诠释经典来表达自己的哲学思想甚至学术立场。其中，以对《大学》之"格物"的训释最为典型。王弘撰认为对"格物"的理解和诠释关键在于训释"物"字。在他看来，"'物'字实兼身、心、意、知、国家、天下言，'物有本末'之物，即在此'物'字内"①，那"格物"就应当先体知内在于人心之理，再认知事物之理。基于这种认知，他肯定和赞扬朱子"穷至事物之理"之说，认为对"格物"的理解和诠释"终当以朱子之说为正"，而否定和批评王阳明的"为善去恶是格物"之说，认为其说"自非孔、曾本旨"。但刘光蕡认为对"格物"的正确理解和诠释关键"在'格'字，不在'物'字"。在他看来，"格物"之"格"既源于《诗经》的"神之格思"，也源于《尚书》的"格其非心"，那么，"格"就既可以训释为"至"，也可以训释为"去"。基于这种认知，他认为"朱子训'格'为'至'"不无偏失，而王阳明将"格物"理解和诠释为"为善去恶"②则比较全面。刘光蕡之学"以良知不昧为基"③，倾向心学；而王弘撰为学"固受考亭之训"④，倾向理学。他们对"格物"的训释不只是在表达自己的哲学思想，更是在委婉地表达自己的学术立场。

近似训诂学式的诠释被关学学者直接用来表达自己的哲学思想。这种运用具体表现为两种形式：一种是通过字音来解释字义，即音训；另一种是通过字形来解释字义，即形训。就前者而言，始于张载，张载说："至之谓神，以其伸也；反之为鬼，以其归也。"⑤用"伸"释"神"，以"归"释"鬼"，都是音训。再者，张载说"礼者理也"⑥，亦属于音训。嗣后，张舜典的"夫圣，诚而已"⑦，李颙的"学，觉也"⑧，也都属于这种类型的近似训诂学式的诠释。就后者而言，李颙为了说明其倡导之"全儒"思想的合理性，从"儒"字的字形做文章。他说："'儒'字从'人'从'需'，言为人所需也。"以此为据，他认为儒者应

---

① 王弘撰：《王弘撰集》上册，第 494 页。
② 刘光蕡：《刘光蕡集》，第 21 页。
③ 康有为：《烟霞草堂文集序》，见《刘光蕡集》，第 7 页。
④ 王弘撰：《王弘撰集》下册，第 874 页。
⑤ 张载：《张载集》，第 19 页。
⑥ 张载：《张载集》，第 326 页。
⑦ 张舜典：《鸡山语要》，第 114 页。
⑧ 李颙：《二曲集》，第 427 页。

当既有"道德之学",也有"经济之才",即"道德经济备而后为全儒"。①王弘撰认为人的本性是"仁",他通过分析"恩"字的字形来说明:"恩字,从因、从心,可见推爱以及人、物者,性之自然也,故曰'仁人心也'。"②在王心敬看来,心性相同。他说:"观'性'之为字,从'心'从'生',乃知心性原非二物,特各就其存住异名耳。"③刘光蕡在阐发其"元"宇宙本体论时,认为《说文解字》将"元"训释为"从一,从兀"是错误的,正确的训释应当是从"二"从"儿"。前者"象为天地",后者"象气之流行未透出",总而言之,"元"是气"未行于天地间",是"天地生物之心",是天地万物之根。④这都属于形训。当然,这里说的形训和音训都不是训诂学严格意义上的形训和音训,而只是近似,所以将之称为"近似训诂学式的诠释"。

近似训诂学式的诠释还被用来批判他人的哲学思想。程颢认为张载新儒学有"二本"之嫌。⑤吕柟受这种观点影响,认为张载抱持理气二元论。我们知道,张载有"合虚与气,有性之名"的哲学话语。吕柟聚焦于此句的"合"字,认为张载之学存在"理气二本"的缺陷,即"观合字,似还分理气为二,亦有病"⑥。诚然,张载所谓的"合"乃是"合异",即"太虚"与"气"只有作为异质的存在才能言"合"。吕柟正是抓住"合"字的这种内涵,才断定张载新儒学是理气二元论。这是运用近似训诂学式的诠释批判张载的思想。冯从吾借批评对孔子"从心所欲,不逾矩"的过度诠释,来批判晚明阳明末学的"以纵欲为良知"⑦。他说:"近世谈从心所欲,不谈不逾矩,且将'从'字读作'纵'字。夫纵也,安所问矩哉?圣人从以为圆,彼纵以为圆,则无忌惮而已矣。"⑧据杨伯峻考证,黄侃和柳宗元就将"从"字写作"纵"字,但"纵"字古人多用为贬义。⑨依此来看,以"纵"训释"从心所欲"中的"从"并不正确,那么冯从吾运用近似训诂

---

① 参阅李颙:《四书反身录》,见《二曲集》,第450页。
② 王弘撰:《王弘撰集》下册,第583页。
③ 王心敬:《王心敬集》下册,第804页。
④ 刘光蕡:《刘光蕡集》,第465页。
⑤ 程颢在《答横渠张子厚先生书》中认为张载"以内外为二本"。(见《二程集》,第460页。)
⑥ 吕柟:《吕柟集·泾野子内篇》,第101页。
⑦ 冯从吾:《冯从吾集》,第313页。
⑧ 冯从吾:《冯从吾集》,第494页。
⑨ 参阅杨伯峻:《论语译注》,中华书局,2009年,第13页。

学式的诠释批判就有其合理性和正当性。这就是关学学者运用近似训诂学式的诠释来批判他人的哲学思想。

关学比较重视语言分析。尽管这种语言分析与西方分析哲学的语言分析不同,但用作表达哲思的方法则是相同的。关学学者受儒家"言不尽意"和庄子"得鱼忘筌"观点的影响,仅仅把语言视为表达思想的工具。在他们看来,"为学便是实体,休为言语文字之工"①,对"惟靠语言文字漫度光阴"②的研究更是激烈批评。所以,关学的语言分析不可能走向分析哲学。

2. 逻辑分析

分析地说,作为一种言说方式,其核心是使用分析的方法而非综合的方法。这种分析方法除了被用来分析语言之外,还被用来分析哲学体系。就宋明新儒学而言,大哲学家的思想往往都自成体系。这种体系以哲学范畴为结,以哲学范畴之间的关系为线,交织成巨大的哲思之网。分析地说对哲学体系的言说,就是将哲学体系分解为不同的范畴,进而厘清范畴之间的关系。其实,这彰显的是哲学内部的逻辑关系,故而称为"逻辑分析"。

如果参照西方的哲学著作来看,不难发现中国古代哲学著作缺乏形式逻辑,但这并不意味着中国古代哲人对哲思的表达缺乏逻辑性,只不过其逻辑缺乏直观的表达形式,从而显得比较隐晦。关学,尤其是古典关学,作为宋明新儒学的重要组成部分,其缺乏形式逻辑自不能免。不过需要注意的是,关学学者当中不乏重视逻辑分析的学者,他们偏好用图形来展示其哲学思想中的逻辑关系。李颙的《学髓图》、祝垲的《卫性五营图》、刘光蕡的《孟子性善备万物图》、张元勋的《原道图》都属于这类逻辑分析的图谱。尤其是张元勋的《原道图》汲取西方的形式逻辑,完全属于哲学思想的逻辑关系图。

关学自张载始便企图建构庞大的哲学思想体系。尽管现代学人对张载哲学之本体论的认识尚存分歧,但都承认其学自成体系。有学人在分析张载主张的"气化产生天地万物"时绘制的"简表",初步向我们展示了张载新儒学的逻辑关系。大体而言,其哲学体系分为四个层次:"太和"居于顶端,二分为"太虚

---

① 王徵:《王徵集》,第151页。
② 李颙:《二曲集》,第230页。

（神）"和"阴阳之气（气）"；"阴阳之气（气）"再划分为"清阳之气"和"阴浊之气"；"清阳之气"构成"天（包括恒星）"，"阴浊之气"构成"地（土）"，"清阳之气"和"阴浊之气"交互成的"天地之气"则构成宇宙间的万物。①这反映出张载新儒学内部具有严格的逻辑关系，而这种逻辑关系是其采用逻辑分析言说其新儒学思想的结果。

刘光蕡的《孟子性善备万物图》更是一个逻辑关系复杂的哲学思想体系图。按照刘光蕡"图，浑图也，书之以楮，不得不易为平"的言辞来看，该图应当是一个立体的图形。就该图展现的逻辑关系来看，"天元书上，至圣书于下，物象注于右，治化注于左"，其间概念颇多，而且概念间的关系也相当复杂。大体而言，"图分九层，层分三类"，这三类九层的内容是"理、气、性，天之道也；民、物、亲，人之道也；身、心、性，己之学也"。②该图反映刘光蕡建构了一个以"元"为最高范畴的哲学体系，这个哲学体系拥有众多哲学范畴，而且哲学范畴之间关系复杂。当然，这更直观地反映出刘光蕡运用逻辑分析的言说方式表达其哲学思想。

成书于1904年的《原道》是张元勋的哲学专著。该书在用文字阐发哲思之前，先在书的首页绘制其哲学体系图——《原道图》。这是一幅由"道"统摄二十九个哲学范畴的四层级逻辑体系图。《原道图》给出的二十九个哲学范畴之间的逻辑关系如下所示："道"是最高的哲学范畴，但张元勋悬置"道之体"，只谈"道之用"；再将"道之用"划分为"用之体"和"用之用"，前者是"质"和"气"二范畴，后者即"知"和"行"二范畴；"质"范畴下辖"动"和"植"，"气"范畴下辖"见"和"隐"，"知"范畴下辖"格"和"致"，"行"范畴下辖"身"和"伦"；"动"范畴包括"天""人""物"，"植"范畴包括"著""藏"，"见"范畴包括"光""火"，"隐"范畴包括"声""力"，"格"范畴包括"物""事"，"致"范畴包括"学""思"，"身"范畴包括"内""外"，"伦"范畴包括"家""国"。③

需要注意的是，《原道》明显借助了西方的形式逻辑。具体而言，一方面有概念的明确界定，另一方面概念之间有明确的关系。《原道》的理论形态突破了

---

① 参阅程宜山：《张载哲学的系统分析》，学林出版社，1989年，第24页。
② 参阅刘光蕡：《孟子性善备万物图》，见《刘光蕡集》，第462—463页。
③ 参阅张元勋：《原道》卷首《原道图》。

以往关学理论的模糊样态，具有很大的进步性。这充分反映了张元勋运用逻辑分析的言说方式表达哲学思想。

无论是刘光蕡的《孟子性善备万物图》，还是张元勋的《原道图》，都体现的是关学学者运用分析方法建构哲学体系。具体而言，对超越的"元""道"采用分析的方法，将之逐级分化，逐层细化，或三层或四层，但最末层级必然分门别类地将自然界和人类社会的一切物事囊括其中。在所划分的层级之间，无论是上下层之间还是同一层级不同范畴之间，都具有一定的逻辑关系。所以说这种分析是逻辑分析，是分析地言说哲学思想。

逻辑分析除了被用来言说庞大的哲学体系外，还被用来言说心性以及心性修养工夫。就前者而言，李颙的《学髓图》可作为代表；就后者而言，祝垲的《卫性五营图》可引为例证。就《学髓图》来看，大圆圈表示"人生本原"，小白点和小黑点分别表示"理""欲"，前者"念起"产生后者，后者中的黑白相反象征"理""欲"对立。这是说本心没有意念滞染，显得空虚澄明；本心产生意念，善念即"理"，妄念杂念邪念皆"欲"。其实，这是采用分析方法表示"心""念""理""欲"之间的逻辑关系，只不过为了便于理解而用直观的图像做辅助。就《卫性五营图》来看，以"己"为帅居中营，以"视""听""言""动"为将居前、右、左、后四营，以此阐发"以中驭外，制外养中"的逻辑关系。李颙的《学髓图》展现的是用逻辑分析言说心性论域诸范畴之间的逻辑关系，祝垲的《卫性五营图》展现的是用逻辑分析言说工夫论域诸范畴之间的逻辑关系，总而言之，即用逻辑分析言说哲学思想。

关学的逻辑分析所体现的逻辑与西方的形式逻辑还有相当大的差距。即使就受西学影响而自觉运用形式逻辑建构哲学体系的《原道》来看，其自身的逻辑也存在较大的缺陷。具体而言：其一，概念界定不够准确，比如将"质"界定为"天地间凡具方、圆、三角之形者，皆曰质"[①]，但事物的存在样态非常多样，何止方、圆、三角之形？其二，分类的标准不够准确，导致"物"这一范畴既出现在"用之体"之中，又出现在"用之用"之中。其实作为认识客体的"物"就是自然界中的"物"，二者本质上没有什么不同。其三，哲学体系中存在逻辑矛盾，比如"气"既被视为"用以母乎万物者"[②]的哲学范畴，又被当作"天气、热

---

① 张元勋：《原道》卷上，第1页 a。
② 张元勋：《原道》卷上，第1页 b。

气、养气、硝气、炭气、云气、水汽之类"①的物理学范畴，试问"气"如果是后者的话，如何构成宇宙万物？这说明，相较于西方的形式逻辑，关学的逻辑分析有待提高。

分析地说主要是通过对语言的分析来言说哲学思想。就关学文本来看，分析地说是客观存在的学术事实，那么，关学就没有"反语言的倾向"②。诚然，关学学者也普遍认为"言不尽意"，但这是针对言说超验之道的"言"而说的。吕大临说"不得于言，视之不见，听之不闻，无声形接乎耳目而可以道也"③，是说道之所以不可名状，是因为道是超验的存在。正是站在道"非言能传"④的立场，关学学者主张"忘言"，反对"惟靠语言文字"。就其目的来看，无非是建议人们超越语言文字去体知"道"，即张载说的"其不可道，存乎忘言之妙"⑤。这样来看的话，关学乃至中国古典哲学应当是具有"超语言倾向"，而非"反语言倾向"。其实，李颙认为道"超言思"⑥的观点反映出对"道"的体知必须超越语言文字、超越日常思维。何谓超越语言文字？张舜典说："以言语文字求之则不得，离言语文字求之亦不得。"⑦这是说对"道"的体知既不能沉溺于语言文字，也不能脱离语言文字，其实，就是超越语言文字。

关学具有多样的言说方式，即批判地说、思辨地说、诗意地说、实证地说、分析地说。就关学学者个人来看，可以采用多种言说方式表达哲学思想。张载的哲学既采用批判地说、思辨地说，也采用实证地说，还采用分析地说。不同的学者对于表达方式有不同的偏好，张载、杨屾、刘光蕡就偏好思辨地说和分析地说，而冯从吾、李颙、王心敬则偏好诗意地说。言说方式与言说内容有机结合，便形成哲学家的哲学风格。不同的哲学家具有不同的哲学风格，这是哲学个性的体现。

---

① 张元勋：《原道》卷下，第4页a。
② 邓晓芒：《论中国哲学中的反语言学倾向》，载《中州期刊》1992年第2期，第42—47页。
③ 吕大临：《吕大临集》，第85—86页。
④ 杨屾：《知本提纲》卷九（二），第7页b。
⑤ 张载：《张子全书》，第382页。
⑥ 李颙：《二曲集》，第21页。
⑦ 张舜典：《鸡山语要》，第120页。

第三章 关学形态——『体用全学』

第三章 关学形态——"体用全学"

关学形态，指关学的理论形态。关学属于宋明新儒学，就学术形态而言，自然是儒学。但这揭示的是关学的类属性，而非关学的特性或个性。就特性而言，关学的形态是"体用全学"。"体用全学"是关学学者围绕"学以成人"的基本话题，采用批判地说、思辨地说、诗意地说、实证地说和分析地说等多种表达方式，而最终呈现的理论形态。

"体用全学"，是相对于"有体无用"和"有用无体"的"偏曲之学"而言的。具体来看，"有体无用"之学只关注心性修养而忽视经世致用，典型代表是"释老之学"；"有用无体"之学只关注经世致用，而忽视心性修养，典型代表是"杂霸之学"；"体用全学"则不然，既关注心性修养，也关注经世致用，而且心性修养与经世致用之间的关系是体用关系，故称"体用全学"。

"体用全学"的建构始于张载。从张载批评释老之学"不知本天道为用"①来看，他认为释老之学"有体而无用"②，而儒学则是体用兼备的学问。所以，他要自觉地建构"合体与用"③之学来振兴儒学。继而李复和同恕也自觉地建构"体用之学"。有明一代，关学学者普遍提倡"圣贤体用之学"，尤其是薛敬之和吕柟师徒提出"明体适用"。清初，"体用全学"④被关学学者明确提出，并以李颙建构的"明体适用之学"为代表。嗣后，关学学者恪守"儒者明体适用之全学"⑤的信念，进而根据时代的需要提倡"中体时用"之学。这就是关学的理论形态——"体用全学"。

---

① 张载：《张载集》，第8页。
② 张载：《张载集》，第18页。
③ 张载：《张载集》，第33页。
④ "体用全学"本是康熙八年（1669）张珥在手录李颙讲解的"明体适用之学"书目及提要时起的总括性的名称，但据《体用全学·题识》可知，"体用全学"也是张珥对李颙"明体适用之学"的称呼。（见《二曲集》，第48—54页。）
⑤ 王心敬：《王心敬集》下册，第921页。

一、全学之向

建构"全学",是自张载以来关学学者的学术祈向和学术追求。因为"全学"不只是关学的内在要求,更是人之成人的基本要求。我们知道,关学要成就的最高人格是"圣人"或"全人"①。张载认为即使降而求其次成为"大人",也需"全备天理"。②就"性与天道"之维来看,要成就"全人",既需要"见道之全体"③,也需要"明此性之全体"④。就前者而言,成就"全人"既要"察伦理",又要"穷物理";就后者而言,成就"全人"既需"尽人性",也需"尽物性":人需要广泛学习才能成为"全人"。

关学主张的成人是"学以成人",那成为"全人"就必须有其可以凭借的学问——"全学"。因此,张载为学提倡"博学"。嗣后,吕大临主张"博闻多见"⑤,李复主张"广博求多益"⑥,同恕提倡"博雅"⑦,王恕强调"学贵乎博"⑧,吕柟强调"博学以畜其德,博问以通其学"⑨:众学者皆在前赴后继地为"全学"的建构而不懈努力。晚明以前,关学学者建构的"全学"诚如刘光蕡所说:"不惟不分程朱、陆王,即荀、杨、管、商、申、韩、孙、吴、黄老、杂、霸、词章以及农、工、商、贾,皆为孔教之人。"⑩这是说"全学"以儒学为主,广泛汲取其他学派的学术思想。晚明以降,西学东渐,王徵认为只要有益于民生日用,"夫说亦何西、东之有?"⑪故而主张积极学习西学知识。迨清末,意识到中国落后的关学学者,更是强调西学只要"理苟确切",就应当积极学习,"奚论中西?"⑫基于这种见识,关学学者主张在学术上"融中西"⑬"通

---

① 马理:《马理集》,第355页。
② 张载:《张载集》,第236页。
③ 吕大临:《吕大临集》,第115页。
④ 薛敬之:《思庵野录》,第24页。
⑤ 吕大临:《吕大临集》,第460页。
⑥ 李复:《李复集》,第102页。
⑦ 同恕:《榘庵集》,第143页。
⑧ 王恕:《王恕集》,第332页。
⑨ 吕柟:《吕柟集·泾野先生文集》上册,第22页。
⑩ 刘光蕡:《刘光蕡集》,第122页。
⑪ 王徵:《王徵集》,第155页。
⑫ 张元勋:《原道》卷上,第5页b。
⑬ 刘光蕡:《刘光蕡集》,第228页。

中西"①，于是，关学被建构成"通古今，合中外"②的"全学"。

"全学"内容虽然异常丰富，但庞而不杂，因为"全学"是具有内部结构的学问体系。具体而言，作为儒学，"全学"是"内圣外王之学"；作为关学，"全学"是"有体有用之学"。

1. 内圣外王

儒学被关学学者普遍视为"内圣外王之学"，简称"圣王之学"。众所周知，"内圣外王"语出《庄子》。《庄子》认为道术分裂之后，"内圣外王之道，暗而不明，郁而不发，天下之人各为其所欲焉以自为方"③。这是说学术分裂为诸子百家之前是统一的，这种统一性就体现在"内圣外王"。就先秦诸子学说来看，儒、墨、道、法等皆标榜"圣王"。现代学人研究认为，"在中国哲学中，无论哪一派哪一家，都自以为是讲'内圣外王之道'"④，但是关学学者普遍认为，只有儒学才配称"内圣外王之学"，即"有体有用，内圣外王，孔门'一贯'之心法"⑤。就其文本依据来看，吕柟认为《论语》和《尚书》中的"典""谟""训"最易体现儒学是"圣王之学"⑥，杨爵认为《周易》中的卦辞也体现儒学是"内圣外王之学"⑦；而"内圣外王"的渊源则在《大学》，王心敬说"观《大学》圣经一章寥寥二百余言中，举帝王天德王道之精蕴渊源于此，吾儒内圣外王之旨归渊源于此"⑧，贺瑞麟也认为"《大学》明新至善，内圣外王之规，一以贯之矣"⑨。总而言之，关学学者认为"内圣外王"是儒学独具的特性，故而儒学可以称为"内圣外王之学"，简称"圣王之学"。

"圣王之学"，就内容而言，强调道德修养和社会治理相统一。荀子说："圣也者，尽伦者也；王也者，尽制者也；两尽者，足以为天下极矣。"⑩圣人是

---

① 张元勋：《原道》卷下，第1页a。
② 张元勋：《原道》卷首《叙》，第1页a。
③ 《庄子·天下》。
④ 冯友兰：《新原道：中国哲学之精神》，见《三松堂全集》第五卷，河南人民出版社，2000年，第7页。
⑤ 王徵：《王徵集》，第12页。
⑥ 参阅吕柟：《吕柟集·泾野先生文集》下册，第1133页。
⑦ 杨爵认为"内圣外王之学，'观颐，自求口实'尽之矣"（见《杨爵集》，第59页）。
⑧ 王心敬：《王心敬集》上册，第426页。
⑨ 贺瑞麟：《贺瑞麟集》上册，第51页。
⑩ 《荀子·解蔽》。

最理想的道德修养者,即孟子说的"圣人,人伦之至"①,而王者是最理想的社会治理者,二者统一,即人类社会最理想的存在状态。其实,这就是孔子的"修己以安百姓"。在孔子看来:"修己以安百姓,尧舜其犹病诸?"②由此足见,"内圣外王"是儒家对人类存在的崇高理想。关学学者认为"内圣外王"是儒学独具的特色,那么其对"内圣外王"内容的把握,自然也完全是原始儒学的内容。具体来看,杨爵认为"内圣"就是通过"修己"来"蓄内圣之德","外王"就是通过"治人"来"成外王之化"。③王心敬认为,"成己,内圣之修;成物,外王之事"④。综合来看,"内圣"侧重于道德修养,"外王"侧重于经世致用,相应地,"内圣外王之学"也被关学学者划分为"道德之学"和"经济之学"。但无论是"内圣外王"还是"内圣外王之学",都反映出关学主张人一方面要通过道德修养不断完善自己,另一方面也要帮助他人完善乃至使人类社会臻于完善。

"圣王之学",就其内在的逻辑关系来看,是一种内外关系,即圣王之间具有内外关系。要明白这种内外关系,先要清楚内外具体何指。吕柟认为"内"指"在内之心","外"指"在外之事"。⑤王建常认为"内"指"心在内","外"指"事在外"。⑥王心敬认为,以物我而言,"内"指"成己","外"指"成物"。⑦李元春认为,"以人己言,己,内也;人,外也"⑧。综合来看,"内"指自己,"外"指自己以外的人和物,那么内外关系既涉及人己关系,也涉及物我关系。吕大临说:"人有是形而为形所梏,故有内外生焉;内外一生,则物自物、己自己,与天地不相似矣。"⑨依此来看,人之所以有"内外之别",是囿于自身的缘故。但从构成人的质料——气来看,人物同此气,从构成人的本性——理来看,人物同此理,所以,非但人己、物我应当"混混一体"⑩,而且"天地万物为一体"⑪。据此而言,内外一体,即内是外之内,外是内之外,二者

---

① 《孟子·离娄上》。
② 《论语·宪问》。
③ 杨爵:《杨爵集》,第70页。
④ 王心敬:《王心敬集》上册,第432页。
⑤ 吕柟:《吕柟集·泾野经学文集》,第156页。
⑥ 王建常:《王建常集》,第46页。
⑦ 王心敬:《王心敬集》下册,第711页。
⑧ 李元春:《李元春集》,第706页。
⑨ 吕大临:《吕大临集》,第112页。
⑩ 吕大临:《吕大临集》,第111页。
⑪ 吕大临:《吕大临集》,第174页。

紧密联系，不可分离。正是基于这种认识，王弘撰强调"内外元不相离"[①]；王建常更是认为"内外浑无间"[②]；而王心敬反对和批评将"内外"分离，"视为两截"[③]。内外既截然不同，又相互联系，明显是一种对立统一的关系。那么，圣王之间也就是一种对立统一关系。

圣王之间的内外关系，也被理解为本末关系。李元春认为"内似本，外似末"[④]，那么圣王之间也就是本末关系。其实，圣王之间的本末关系源于《大学》。《大学》说："物有本末，事有终始。知所先后，则近道矣。古之欲明明德于天下者，先治其国。欲治其国者，先齐其家。欲齐其家者，先修其身。欲修其身者，先正其心。欲正其心者，先诚其意。欲诚其意者，先致其知。致知在格物。物格而后知至，知至而后意诚，意诚而后心正，心正而后身修，身修而后家齐，家齐而后国治，国治而后天下平。"[⑤]朱熹解释说："格物、致知、诚意、正心、修身者，明明德之事也。齐家、治国、平天下者，新民之事也。"他还认为"明德、新民，两物而内外相对，故曰本末"。[⑥]据此来看，"明明德之事"就是"本"，而"新民之事"就是"末"。如前所述，《大学》被关学学者视为"内圣外王"之渊源。王心敬就认为"《大学》一书明德立体，新民达用，内圣外王，一以贯之"[⑦]。这是说"明德立体"属"内圣"之事，而"新民达用"乃"外王"之事。综合来看，"内圣"是"本"，"外王"是"末"，那么，圣王之间也就具有了本末关系。我们知道，"本"的本义是树木之根，而"末"的本义是树木之梢，据此分析本末的关系：一方面本末一体，本是末之本，末是本之末，二者紧密联系，不可分离；另一方面本先末后，因为末由本生，自然本先在于末。《大学》"知所先后"就"物有本末"而言，就是强调先本后末。就"内圣外王"来看，自然是先内圣而后外王。

圣王之间的内外本末关系决定学习"圣王之学"的轻重缓急。就内外本末一

---

① 王弘撰：《王弘撰集》下册，第584页。
② 王建常：《王建常集》，第401页。
③ 王心敬：《王心敬集》下册，第814页。
④ 李元春：《李元春集》，第416页。
⑤ 《礼记·大学》。
⑥ 朱熹：《四书或问·大学或问》，见《朱子全书》第六册，上海古籍出版社、安徽教育出版社，2002年，第511页。
⑦ 王心敬：《王心敬集》下册，第879页。

体来看，本不当有内外之别和本末之分，之所以要区分，诚如王弘撰所说："大抵天下之理，内外虽不相离，然必有内外之分，所以有合内外之道。如无分矣，又何以言合？"①分是为了更好地合。所以，关学自张载始就主张"合内外"②，吕大临更是强调要"合内外而无间"③。这是说学习"圣王之学"，应当"内外不遗"④，"本末毕该"⑤，最终做到"内外本末，必一齐俱到"⑥。就本先末后的关系来看，首先要"有本末轻重之辨"⑦，进而"内外别轻重"⑧，然后做到"先内而后外，由本以及末"⑨，原因就在于"惟本先而末后，本重而末轻，由本及末，由重及轻，亦自由内及外"⑩。这是说学习"圣王之学"应当先圣而后王，应以圣为重而以王为轻，其实这仅仅是从学习的先后次序而言的。总的来看，就学习内容的重要程度而言，应当先学习"道德之学"而后学习"经济之学"；就学习的循序渐进规律而言，也应当先学习"道德之学"而后学习"经济之学"；但就最终的学习结果而言，必须是"道德之学"与"经济之学"兼备，只有这样才算是学习"圣王之学"。

关学之所以将儒学视为"内圣外王之学"，是出于正当地建构"圣王之学"的考虑。而之所以要建构"圣王之学"，是因为无论是对个人还是对社会而言，"内圣外王之学"都显得比较合理，即杨爵说的"内圣外王同贯合，身谋国计总相因"⑪。就个人而言，人作为德性与理性统一之存在，德才兼备无疑是人之成人的基础。正是基于这种认识，关学主张做人应当将"道德"和"经济"统一起来。杨爵认为人不但要"蕴仁义之道"，还要"怀经济之术"；⑫王徵认为人既要有"真德行"，也要有"真经济"；⑬李颙认为人不但要成为"道德之贤"，还要

---

① 王弘撰：《王弘撰集》上册，第497页。
② 张载：《张载集》，第273页。
③ 吕大临：《吕大临集》，第112页。
④ 王心敬：《王心敬集》上册，第593页。
⑤ 王心敬：《王心敬集》下册，第724页。
⑥ 李颙：《二曲集》，第126页。
⑦ 孙景烈：《滋树堂文集》，见《清代诗文集汇编》第307册，上海古籍出版社，2010年，第88页上。
⑧ 萧㲄：《勤斋集》，第61页。
⑨ 李颙：《二曲集》，第508页。
⑩ 李元春：《李元春集》，第416页。
⑪ 杨爵：《杨爵集》，第261页。
⑫ 杨爵：《杨爵集》，第94页。
⑬ 王徵：《王徵集》，第296页。

成为"经济之贤";①王心敬认为做人应当力求"道德经济，一以贯之";②贺瑞麟认为做人既要"讲道德"，也要"讲经济";③柏景伟认为做人应当做"道德经济，一以贯之"④的"通才"。就社会而言，社会治理应当采用"德治"，推行"仁政"，故而关学主张将"天德"和"王道"统一起来。张载认为"圣位天德"⑤，圣人的治世之道"莫非王道"⑥；马理认为"有天德之中"，才会有"王道之正";⑦杨爵认为社会治理的理想原则是"君臣皆以天德行王道"⑧；李颙认为社会治理应当坚持"天德王道，一以贯之"⑨的原则；王心敬认为"圣学是天德王道兼综条贯事"⑩；杨屾认为社会治理既要有"天德之实"，也要有"王道之本";⑪张秉直认为"天德王道同条共贯"⑫是治世的基本原则。个人发展需要遵循"道德经济，一以贯之"的基本原则，社会发展需要遵循"天德王道，一以贯之"的基本原则，而这两种基本原则都内含于"内圣外王之学"。所以，关学认为儒学是"圣王之学"，并自觉地建构"圣王之学"。

视儒学为"内圣外王之学"，并积极建构"内圣外王之学"，这是关学比较显著的理论特色。据学人的研究来看，明确将儒学称为"内圣外王之学"主要是现代新儒家的做法，宋明新儒家很少这样称呼儒学，⑬而关学学者尤其是明代以降的关学学者普遍将儒学称为"内圣外王之学"，这是关学比较显著的特色。再者，宋明新儒家很少自觉地建构"内圣外王之学"，尤其明代的新儒学，"外王"内容更是稀薄，而明代关学学者普遍自觉地建构"有体有用"的"圣王之学"，这也是关学比较显著的特色。

---

① 李颙：《二曲集》，第412页。
② 王心敬：《丰川全集正编》，第481页下。
③ 贺瑞麟：《贺瑞麟集》上册，第208页。
④ 柏景伟：《沣西草堂文集》卷二，第22页b。
⑤ 张载：《张子全书》，第453页。
⑥ 张载：《张子全书》，第363页。
⑦ 马理：《马理集》，第34页。
⑧ 杨爵：《杨爵集》，第65页。
⑨ 李颙：《二曲集》，第193页。
⑩ 王心敬：《王心敬集》下册，第693页。
⑪ 杨屾：《知本提纲》卷五，第2页a。
⑫ 张秉直：《治平大略》卷一，第1页b。
⑬ 参阅郑臣：《内圣外王之道——实践哲学视域内的二程》，上海人民出版社，2015年，第7页。

2. 有体有用

关学学者普遍要将关学建构成"有体有用之学"。所谓"有体有用之学",简称"体用之学",是指在"道德"和"经济"以及"道德之学"和"经济之学"之间搭建体用关系的"圣王之学"。

关学自张载始就表现出建构"体用之学"的祈向。张载认为"释老之学",就方法论而言,不懂"体与用之道",其学大都是"体用殊绝"①,即割裂体用;就内容而言,因为"不知本天道为用",其学往往是"有体而无用"。有见于此,张载认为儒学是"合体与用"之学。从他"为往圣继绝学"的志向来看,不无建构"体用之学"的理想。就张载的新儒学来看,内容也不外乎"道德之学"和"经济之学",可谓"有体有用",但他没有在"道德之学"和"经济之学"之间搭建明确的体用关系。张载的弟子吕大临和李复没有架构"体用之学"的自觉:前者虽掌握体用方法,但没有用来建构"体用之学";后者之学虽然"在宋儒之中,可谓有体有用者矣"②,但对体用方法不很关注。迨元代,同恕之学虽近似"圣贤体用之学"③,但其中"经济之学"并不丰富,而且没有明确的体用方法。有明一代,薛敬之首倡"明体适用之学"④,其弟子吕柟认为"圣贤之学,有体必有用"⑤,并承续师说继续倡导"明体适用"⑥;其时,韩邦奇主张"明体达用"⑦,其弟子杨爵也主张学"兼体用"⑧。晚明,王徵为学主张"有体有用"⑨,并将西方的"天主"和"技艺"纳入其"体用之学"。总的看来,关学学者自张载始就前赴后继地为建构"体用之学"而努力。

清初,李颙继承薛敬之和吕柟"明体适用"的为学旨趣,最终建构出"明体适用之学"。首先,李颙明确提出"明体适用之学"。他说:"儒者之学,明体适用之学也。"⑩进而诠释道:"穷理致知,反之于内,则识心悟性,实修实证;

---

① 张载:《张载集》,第 8 页。
② 永瑢等:《四库全书总目》,第 1336 页下。
③ 王瓚:《同文贞公谥议》,见《元代关学三家集》,第 375 页。
④ 薛敬之:《思庵野录》,第 99 页。
⑤ 吕柟:《吕柟集·泾野经学文集》,第 444 页。
⑥ 吕柟:《吕柟集·泾野经学文集》,第 361 页。
⑦ 韩邦奇:《韩邦奇集》下册,第 1358 页。
⑧ 杨爵:《杨爵集》,第 55 页。
⑨ 王徵:《王徵集》,第 11 页。
⑩ 李颙:《二曲集》,第 120 页。

达之于外，则开物成务，康济群生。夫是之谓'明体适用'。"①其次，李颙确立了"明体适用之学"的内容及关系。就内容来看，"明体适用之学"包括"道德之学"和"经济之学"，前者由"识心悟性，实修实证"来培养人的道德，后者由"开物成务，康济群生"培养人的才干；就关系来看，"明体适用之学"有明确的体用关系，即"明道存心以为体，经世宰物以为用"②，这不只在道德修养和经世宰物之间搭建体用关系，而且在"道德之学"与"经济之学"之间搭建体用关系。最后，李颙强调"明体适用之学"就是"内圣外王之学"。他说："明体适用，内圣而外王也。"③如前所述，关学学者将儒学称为"内圣外王之学"，依此来看，这是强调"明体适用之学"是儒学，更何况他明言"儒者之学，明体适用之学也"。其实，这是在说只有"明体适用之学"才是儒家的"真学"，才是"圣学真脉"。这就是关学的"体用之学"，是关学典型的理论形态。

李颙之后，关学学者普遍提倡"体用之学"。具体来看，王心敬为学提倡"立体致用"，杨屾治学提倡"著体致用"，张秉直倡导"明体达用之学"④，贺瑞麟主张"体用兼赅之学"⑤，祝垲提倡"明体达用之学"⑥，李光蕡为学倡导"中体时用"，张元勋治学提倡"用体用用"。这些不同的"体用之学"尽管其体之域和用之域的内容不尽相同，但体之域和用之域之间是体用关系则完全相同。

体用范畴是中国哲学的固有概念。李颙认为体用范畴源于禅宗，并反驳顾炎武"体用"源于儒家的观点："'体用'二字相连并称，不但《六经》之所未有，即《十三经注疏》亦未有也。"⑦牛兆濂指出李颙的论据有误，因为"《正义》云：'天者，定体之名。乾者，体用之称。'"⑧。这是说《周易正义》中已经出现体用概念，但他没有进而探究体用范畴的源头。据学人研究，体用范畴最早出自《荀子》；真正成为哲学范畴，则见于魏晋玄学；后来，佛道二教也普遍

---

① 李颙：《二曲集》，第120页。
② 李颙：《二曲集》，第149页。
③ 李颙：《二曲集》，第176页。
④ 张秉直：《治平大略》卷二，第7页a。
⑤ 贺瑞麟：《贺瑞麟集》上册，第311页。
⑥ 谢裕楷《跋》："世伯幼从楷叔曾祖鹤龄公游，即究明体达用之学，而不规规于记诵词章。"（见祝垲：《体微斋遗编》，光绪十六年刻本，第1页a。）
⑦ 李颙：《二曲集》，第150页。
⑧ 牛兆濂：《牛兆濂集》，第265页。

运用体用范畴。① 可见，李颙有关体用范畴渊源的看法不正确。其实，李颙关注的是"今无论出于佛书、儒书，但论其何体何用"②，即看重体用范畴贵在运用，而不是其渊源。他认为体用范畴源于禅宗，还坚持用来建构"明体适用之学"，足以说明他具有开放的治学态度，这也是他能够建构出"明体适用之学"的主观原因。

就关学文本来看，体用范畴中的"体"指"本体"，"用"指"作用"。吕柟说："指门腔是体，为人出入是用；灯能照满室是用，光是体。"③ 这是以比喻的方式表明："本体"是实体，而"作用"是实体的功用或属性。由于关学学者普遍接受程颐"至微者理也，至著者象也。体用一源，显微无间"④ 的观点，认为"本体"是形而上者，而"作用"是形而下者，所以，"本体"指向现象背后的本质，而"作用"则趋于经验界的现象。同时，就"本体"被称为"元初的本体"⑤ 或"本来之体"⑥ 来看，"本体"具有本然之意。依此来看，有学人认为中国哲学中的"本体"指"本然状态"⑦ 是正确的。但是"本然状态"并不与"实体"相冲突，因为"元初"和"本来"也有强调原始性和终极性的意味。这也就是说，本体是终极依据，是最高实体。综合来看，"体"指本体、本质、实体，"用"指本体的作用、本质的现象、实体的属性：这就是体用范畴的内涵。

体用之间是对立统一关系，但体居于核心地位。体用紧密联系，不可分割。王心敬说："用即体之用，无用便体不成体；体即用之体，无体便用不成用。盖体以用而名，无用则体于何见？且将以何为体？用以体而名，无体则用于何本？且将以何为用？"⑧ 就体用的内涵来看，体是实体，用就是属性；体是本质，用就是现象；体是本体，用就是作用：后者依附前者而存在，自然不能分离。但是在体用之中，体居于核心地位。用是实体的属性，是本体的作用，那么，具有体必

---

① 参阅张立文：《中国哲学范畴发展史（天道篇）》，中国人民大学出版社，1988年，第625—634页。
② 李颙：《二曲集》，第149页。
③ 吕柟：《吕柟集·泾野子内篇》，第63页。
④ 程颢、程颐：《二程集》，第582页。
⑤ 吕柟：《吕柟集·泾野经学文集》，第319页。
⑥ 王心敬：《王心敬集》上册，第621页。
⑦ 张岱年认为"宋明哲学中所谓本体，常以指一物之本然"（见张岱年：《中国哲学大纲》，第68页）。
⑧ 王心敬：《王心敬集》下册，第822页。

然相应地具有用。这就是马理所谓的"体具用周"①，即具有完备的体，便拥有周全的用。相应地，就人的认识和实践活动而言，只要挺立体，便会彰显用，即"体具而用行"②，或者说"体立自然用行"。③

体用的显著特点是其蕴含有形上形下相统一的意涵。将"体用"与"内外""本末"比较分析，这种特点就会表现得相当突出。李元春说："治己，本也、体也；治人，末也、用也。"④这反映出体用含有内外关系，即体内而用外，这也就不难理解马理"内外而体用备"⑤的观点。同样，体用也内含本末关系。李元春说："内，本也、体也；外，末也、用也。"⑥可见，体用具有本末关系，即体本而用末。由于"本之立者末必生"⑦，那自然也就有"体立自然用行"的观点。但体用具有内外、本末所不具有的特点，这就是"体用一源，显微无间"。"显"即显著，而"微"指隐微，前者乃经验界的现象，而后者既可指内验之在，也可指超验之在。就内验之在而言，体用主要表现为"心之体用"⑧，即"蕴之中为体，见于外为用"⑨，强调德性与德行之间的体用关系。这种体用关系用内外也可以表达，并非体用的特点。就超验之在而言，体用主要表现为"道之大用全体"⑩。在儒学"道器一贯"⑪的观点中，体就是道，而用则表现为器。依照张载"无形迹者即道也"和"有形迹者即器也"⑫的观点来看，这种体用揭示的是现象乃存在表现出来的表象，而存在是隐匿在现象背后的实体，二者是形上与形下的统一。

这种道器之维的体用，无论内外还是本末都不具有这种意涵。这样来看，"体用"既具有内外和本末所具有的全部意涵，又具有内外和本末不具有的意涵。就概念间的逻辑关系来看，"体用"包含内外和本末，或者说内外、本末包

---

① 马理：《马理集》，第182页。
② 马理：《马理集》，第182页。
③ 李颙：《二曲集》，第163页。
④ 李元春：《李元春集》，第706页。
⑤ 马理：《马理集》，第297页。
⑥ 李元春：《李元春集》，第706页。
⑦ 王心敬：《王心敬集》下册，第766页。
⑧ 薛敬之：《思庵野录》，第22页。
⑨ 李元春：《李元春集》，第411页。
⑩ 马理：《马理集》，第242页。
⑪ 王心敬：《王心敬集》上册，第398页。
⑫ 张载：《张载集》，第207页。

含于体用。正有见于此，关学学者普遍要在圣与王之间搭建体用关系，将"内圣外王之学"改造为"有体有用之学"。

关学学者普遍在圣王之间搭建体用关系，从而建构成"有体有用之学"。这些"体用之学"具体来看，有"明体适用之学""立体致用之学""著体致用之学""明体达用之学""中体时用之学""用体用用之学"，它们共同构成关学的"体用全学"。如前所述，"体用全学"是关学的理论形态，其中，尤以李颙的"明体适用之学"为典型。

"体用全学"是关学的理论特色。宋明新儒家普遍使用体用范畴，但缺乏自觉建构"体用之学"者。除关学外，没有哪个宋明新儒学流派一贯地提倡"体用之学"。据载，宋初胡瑗就宣扬"明体达用之学"。① 然而观其著作，既没有"体用之学"的内容，也缺失建构"体用之学"的自觉，仅仅是提倡儒学"有体有用"，即"圣人之道，有体、有用、有文。君臣父子，仁义礼乐，历世不可变者，其体也。《诗》《书》史传子集，垂法后世者，其文也。举而措之天下，能润泽斯民，归于皇极者，其用也"②。胡瑗的弟子程颐虽然普遍使用体用范畴，并提出了被宋明新儒学普遍接受和使用的"体用一源，显微无间"体用论，但是并未建构"体用之学"，反倒认为张载追求的"体用全学"有"博杂"的不足。关学则不然，自张载起就倡导"博学"，而且主张"合体与用"来建构"体用之学"。张载"合体与用"之学博而不杂，因为其学具有体用关系。关学学者深知"君子为学，贵博不贵杂"③，为了克服学问庞杂而在"道德之学"与"经济之学"之间搭建体用关系，故而主张建构"体用之学"。嗣后的关学学者普遍倡导"体用之学"，并最终由李颙建构成"明体适用之学"。可见，"体用全学"是关学显著的理论特色。

"体用之学"是由"圣王之学"发展而来的。就内容而言，无论是从"内圣外王，有体有用"④来看，还是从"有体有用，有圣有王"⑤来看，"圣王之学"和"体用之学"都具有相同的内容，即都具有"道德之学"和"经济之学"。

---

① 黄宗羲原著，全祖望补修：《宋元学案》第1册，中华书局，1986年，第25页。
② 黄宗羲原著，全祖望补修：《宋元学案》第1册，第25页。
③ 李颙：《二曲集》，第125页。
④ 王徵：《王徵集》，第296页。
⑤ 王弘撰：《王弘撰集》下册，第802页。

就关系而言，无论是从"内外合而体用备"①来看，还是从"体用兼该，内外不遗"②来看，体用关系可以替代内外关系。其实，"体用之学"就将"圣王之学"的内外关系改变成体用关系，从而将"内圣外王之学"转换为"有体有用之学"。如前所述，"体用"包含"内外"，就内在的逻辑关系而言，"有体有用之学"比"内圣外王之学"更完善。

"体用全学"具有显著特点。就内容来看，这个显著特点是"全"，它既包括"道德之学"，也包括"经济之学"，尤其是后者，几乎囊括了人类生存和发展所需要的基本知识和技能。就关系来看，这个显著特点是"体用"，道德素养和经世致用之间是体用关系，"道德之学"与"经济之学"之间也是体用关系。

"体用全学"具有重要价值。就儒学的理论形态而言，如果说儒学尤其是原始儒学是"内圣外王之学"的话，那么，"体用全学"不仅继承了原始儒学的精髓，而且在继承中将之发展为一种崭新的理论形态——"有体有用之学"。就儒者的基本精神而言，如果说原始儒家抱持"修己以安百姓"之崇高精神的话，那么，"体用全学"主张的"道德经济备而后为全儒"③则是对原儒精神的重振和光大。总而言之，"体用全学"作为关学的理论形态，既体现关学对儒学精神的继承，也体现关学与时俱进的创新。

二、明体之域

"体用全学"是以体用方法建构的"圣王之学"。作为关学的基本理论形态，"体用全学"具体表现为"明体达用之学""明体适用之学""立体致用之学""著体致用之学""中体时用之学""用体用用之学"，其中尤以李颙的"明体适用之学"为典型。

"明体适用之学"，就内容来看，无非"内圣外王之学"，即以如何培养"内圣"和如何成就"外王"为主要内容。如何成就"圣人"？"明体"，围绕"明体"的相关探讨构成明体之域；如何成就"王者"？"适用"，围绕"适用"的相关探讨构成适用之域。前者以"圣人"为目标，探讨如何修身养性，形

---

① 马理：《马理集》，第297页。
② 王心敬：《王心敬集》上册，第593页。
③ 李颙：《二曲集》，第450页。

成的学术形态称为"道德之学";后者以"王者"为目标,探讨如何经世致用,形成的学术形态称为"经济之学"。

"明体"既有"明体中之明体",又有"明体中之工夫"。相应地,明体之域可进而划分为本体论域和工夫论域:前者探究何以成圣的问题,形成的相关理论称为本体论;后者探究如何成圣的问题,形成的相关理论称为工夫论。换言之,"道德之学"主要包括"本体"和"工夫"两大论域。

1. 本体

就宋明新儒学而言,"本体"主要探究人之为人的终极依据,专门回答"何以为人"这一问题。由于作为宋明新儒学范畴的本体具有"应然原自本然"[①]的价值取向,"本体"指向人的终极关怀,是人生追求的终极目标——这与西方哲学的本体完全关注现象背后的本质不尽相同。就关学来看,本体主要是"太虚"和"道",前者是关学有别于其他宋明新儒学流派而特有的本体,后者则是关学与其他宋明新儒学流派共有的本体。

尽管明确提出"太虚本体"的关学学者是冯从吾,但是关学自张载始就将太虚视为本体。张载说:"诚则实也,太虚者天之实也。万物取足于太虚,人亦出于太虚,太虚者心之实也。"[②]太虚是"天之实",即太虚是宇宙本体;太虚是"心之实",即太虚是心性本体。学界对张载"太虚"的研究,聚焦于宇宙之域的"太虚",而对心性之域的"太虚"关注不够。[③]宇宙之域的"太虚"在探讨张载新儒学思辨的言说方式时已多有论说,这里只讨论作为心性本体的"太虚"。

太虚是张载新儒学的心性本体,即张载所谓的"太虚者心之实也"。其实,

[①] 丁为祥认为中国古典哲学"不仅视道德理性为应然,且首先将其视为本然"(见丁为祥:《虚气相即——张载哲学体系及其定位》,第8页脚注)。

[②] 张载:《张载集》,第324页。

[③] 学界有视张载"太虚"为"本然之心"的观点,但阐述得比较简单,且缺乏论证。程宜山认为张载所谓"太虚"是指保持心的"本然状态"(见程宜山:《张载哲学的系统分析》,第122页);姜国柱指出张载的"'虚'也是'心'的本然面目"(见姜国柱:《张载关学》,第104—105页);日本学者大岛晃认为张载的"太虚"也指"本来的心的状态"(见小野泽精一、福永光司、山井涌编:《气的思想——中国自然观与人的观念的发展》,李庆译,上海人民出版社,2014年,第383页);韩国学者张闰洙也认为"太虚"指向"人之本心"(见赵吉惠、刘学智主编:《张载关学与南冥学研究》,社会科学文献出版社,2004年,第161—162页)。

太虚是心之本体的观点,还可以用张载关于"赤子之心"以及太虚与天的关系的言论来证明。就前者而言,张载说:"大人不失其赤子之心,赤子之心今不可知也,以其虚也。"①张载认为"赤子之心"的特点是虚;同时,他认为人应当保持"赤子之心"。众所周知,赤子即刚出生的婴儿,那么赤子之心也就是人之初心,即人的本然之心。张载将虚作为本然之心的基本特点,反映了他视太虚为心之本体。就后者而言,张载有"由太虚,有天之名"②的关学话语。这句话是说"太虚即所谓天"③;或者说,"天即是太虚"④。据此来看,"太虚者天之实也"就是说太虚是天的本然状态。依此类推,"太虚者心之实也"就是说太虚是心的本然状态,或者说心的本然状态是太虚,简言之,太虚是心之本体。

太虚不仅被张载用来界定本心,还被用来界定本性,这就是他说的"合虚与气,有性之名"⑤。张载就心性论而说之太虚,有将其简称为"虚"的用语习惯。⑥"合虚与气"中的"虚"就是太虚的简称。就张载的著作来看,"合"被用来"合异",他明确强调"非有异则无合"⑦,那么,"合虚与气"中的太虚就不会是"气"。⑧那它是什么?这需要从张载的人性论中寻找答案。张载将太虚与气综合起来探讨人性,探讨的结果是人性包括"天地之性"和"气质之性"。他说:"形而后有气质之性,善反之则天地之性存焉。故气质之性,君子有弗性者焉。"⑨人性包括天地之性和气质之性,但张载明确将天地之性作为人的本性。就他探讨人性的方式——"合虚与气"来看,"太虚无形,气之本体"⑩,即太虚是气的本然状态,那么,气也就是太虚的实然状态。张载将太虚与气结合起来论性,就是要从本然和实然两个层面揭示人性:本然层面的人性是天地之性,实然

---

① 张载:《张载集》,第326页。
② 张载:《张载集》,第9页。
③ 张岱年:《中国哲学大纲》,第114页。
④ 张岱年:《中国古典哲学概念范畴要论》,中国社会科学出版社,1989年,第22页。
⑤ 张载:《张载集》,第9页。
⑥ 朱建民:《张载思想研究》,第61—62页。
⑦ 张载:《张载集》,第63页。
⑧ 林乐昌指出"相'合'的二者一定是异质的","合虚与气"中的"虚"是太虚,即"天",乃"性"的"根源"。(见林乐昌:《论张载的理学纲领与气论定位》,载《孔学堂》2020年第1期,第32页。)
⑨ 张载:《张载集》,第23页。
⑩ 张载:《张载集》,第7页。

层面的人性是气质之性。这样的话，天地之性自然也就以太虚为本体。

张载将太虚视为心性本体的观点，被其弟子吕大临和李复继承。张载病逝后，吕大临转而师从二程，但诚如程颐所说："吕与叔守横渠学甚固，每横渠无说处皆相从，才有说了，便不肯回。"①就吕大临之学的心性之域来看，也是"守横渠说甚固"。他认为心"至虚而无所偏倚，故谓之中"②，这是说虚是心的基本特点。再者，"天之道，虚而诚，所以命于人者，亦虚而诚，故谓之性"③，这是说虚也是性的基本特点。吕大临之所以要将本然的心性视为虚，就"诚而不虚，则多蔽于物而流于恶"④来看，是为了确保人性至善。同时，吕大临也用"空"来言说心，而所谓的"空"是"无私意小知挠其间"⑤，可见，"空"就是张载所谓的"虚"。这说明吕大临也视太虚为心性本体。李复因"独承张载的'气本论'"而被视为张载"关学的'正传'"。⑥其实，就继承张载心性之域的太虚说来看，李复也是关学正传。李复认为"人之心，虚一而静者也"⑦，又说"至心不可求，虚明旷无迹"⑧，可见李复也认为心的特点是虚。他以"虚白之皎然"⑨言说本心，更表明虚是心的基本特点。这说明李复也将太虚视为心性本体。吕大临和李复都是张载的高足，他们将太虚作为其学心性之域的本体是恪守师说的表现。

嗣后，关学学者继承了张载的太虚心性本体说。薛敬之和吕柟认为太虚是性，尤其是人之性。前者认为"太虚无形便是至静无感，天命之谓性者也"⑩；后者说"夫人人皆有此性，与太虚同体，若明得尽时，则人人各得其性"⑪。冯从吾和李颙认为太虚是本心。具体来看，前者不仅认为"圣心如太虚然"⑫，还认为

---

① 程颢、程颐：《二程集》，第 265 页。
② 吕大临：《吕大临集》，第 766 页。
③ 吕大临：《吕大临集》，第 449 页。
④ 吕大临：《吕大临集》，第 449 页。
⑤ 吕大临：《吕大临集》，第 449 页。
⑥ 陈俊民：《张载哲学思想及关学学派》，第 15 页。
⑦ 李复：《李复集》，第 64 页。
⑧ 李复：《李复集》，第 122 页。
⑨ 李复：《李复集》，第 64 页。
⑩ 薛敬之：《思庵野录》，第 51 页。
⑪ 吕柟：《吕柟集·泾野先生文集》上册，第 585 页。
⑫ 冯从吾：《冯从吾集》，第 316 页。

"人心本自如太虚"①,因为他认为"儒之所谓善就指太虚本体"②;后者更是主张"心如太虚""心同太虚",因为"心如太虚,乃未发之中,本性真体"③。

太虚作为关学的本体论范畴,不只指向宇宙本体,还指向心性本体。作为心性本体的太虚,就人心而言,指人的本心,或者说心之本体;就人性而言,指人的天地之性,或者说人之本性:太虚是人之为人的依据,是关学的本体。

道更广泛地被关学学者视为其学之本体。本体之域的道,也被表述为"理"。尽管张载非常重视道,认为"人生固有天道"④,但他并没有将道作为本体,而是将太虚作为本体。宋明新儒家首先将"道"作为本体的是二程,关学学者受其影响也将道视为本体。

道作为本体,也被称为"道体"。作为本体的道具有多方面的规定性,如果用贺瑞麟的话语表达,那就是"道原于天,具于心,著于伦常,散于事物,全于圣人,而备于书"⑤。具体来看,"原于天"强调道的超验性,"具于心,著于伦常,散于事物"强调道的内在性,"全于圣人,而备于书"强调道的可知性。

本体之道具有超验性,或者说,本体之道是超验的存在。关学学者对道的超验性的表达是"理无形"。李元春说"理虽无形,实也"⑥,即理无法被感官感知,显得不存在;其实不然,道才是最真实的存在。王弘撰"理本实,而其位则虚"⑦表达的也是这种看法。其实,这都是在表达道是超验的存在。道作为超验的存在,首先表现在道相对于宇宙万物的逻辑在先。李元春说"道先天地即太极"⑧,即道是宇宙万物产生之前的浑沦之态,也就是"太极";牛兆濂"宰天地万物而终始之者,道也"⑨的话语,更明确地表达道是超验的存在。另外,关学学者还通过理气关系来彰显理的逻辑在先,这就是李元春所谓的"气后道先"⑩,即道先于构成宇宙万物的气而存在。为了确保理的先在性,他甚至主张"气非理则不

---

① 冯从吾:《冯从吾集》,第211页。
② 冯从吾:《冯从吾集》,第36页。
③ 李颙:《二曲集》,第145页。
④ 张载:《张载集》,第325页。
⑤ 贺瑞麟:《贺瑞麟集》上册,第438页。
⑥ 李元春:《李元春集》,第201页。
⑦ 王弘撰:《王弘撰集》上册,第497页。
⑧ 李元春:《李元春集》,第409页。
⑨ 牛兆濂:《牛兆濂集》,第43页。
⑩ 李元春:《李元春集》,第702页。

生"①。道作为超验的存在，还表现在道具有普遍性和永恒性。薛敬之说"道在天下，只是个公共底物"②，这是说道是普遍的存在。王建常说"道之在天地间者，未尝一日亡也"③，这是说道是永恒的存在。综合来看，道是普遍而永恒的存在，这就是刘绍攽所说的"道之在天地，无物不有，无时不然"④。总而言之，道是超验的存在。

本体之道又具有内在性。道既内在于人，也内在于事物。张载认为"万物皆有理"⑤，又认为"人生固有天道"⑥，这表明道具有内在性。道之所以是内在的，就实然层面来看，是因为理只有附着于气才能存在。诚如薛敬之所说："若无气则无物，却说个什么理？"⑦张秉直"天下无事外之道"⑧的言辞，也是从实然之维来表达道具有内在性。我们知道，人也由气构成，自然也就具有理。这种内在性对人而言，即先天性，所以，杨爵说"道，吾所固有"⑨。就道的内在性而言，"人之理不异于己，物之理不异于人"⑩。具体而言，"在外之物，其理皆寓于在内之心；在内之心，其理皆通乎在外之物"⑪。不过，关学学者更关注内在于人的道，因为"夫万物之中，人所以最贵者，只是为有此理"⑫，这是说道是人之为人的根本依据。

道内在于人，即人之本性。大多数关学学者认为，内在于人之道即性。由于道是本体，性也被称为"性体"。这种观点如果用命题的方式表达，那就是"性即理"，即性是内在于人心的理。尽管张载提出"性即天道"和"天道即性"的命题，但是他所谓的"性"泛指"人之性"和"物之性"，而并没有提出严格意义上的"性即理"命题。"性即理"命题最早由程颐提出，他说"性即是理，理

---

① 李元春：《李元春集》，第810页。
② 薛敬之：《思庵野录》，第46页。
③ 王建常：《王建常集》，第296页。
④ 刘绍攽：《卫道编》，见《四库未收书辑刊》第6辑第12册，第213页下。
⑤ 张载：《张载集》，第321页。
⑥ 张载：《张载集》，第325页。
⑦ 薛敬之：《思庵野录》，第54页。
⑧ 张秉直：《开知录》卷二，第15页b。
⑨ 杨爵：《杨爵集》，第60页。
⑩ 贺瑞麟：《贺瑞麟集》上册，第410页。
⑪ 吕柟：《吕柟集·泾野先生文集》上册，第563页。
⑫ 萧㫤：《勤斋集》，第51页。

则自尧、舜至于途人,一也"①,又说"性即理也,所谓理,性是也。天下之理,原其所自,未有不善"②。这里的性明显指人性,这是说性是内在于人心的理。吕大临接受程颐的"性即理"观点,认为"吾生所有既一于理,则理之所有皆吾性也"③。嗣后,关学学者普遍主张"性即理"。具体来看,萧斛认为"理也,为仁义礼智之性"④;韩邦奇说"人生之初也,天赋之理,无偏不倚,凝然静一,而万行皆备于其中,《书》所谓'降衷',人之性也"⑤;杨爵认为"性与道一也,统于心为性"⑥;张舜典说"心之理义是谓圣心之理义,是谓性体"⑦;王建常认为"性即理,心属气"⑧;孙景烈说"性者,人心所具之理,即心之全体"⑨;贺瑞麟认为"性是心之理"⑩;牛兆濂说人"得于天之理,则性也"⑪。总而言之,关学学者大都认为"性即理",即将性视为内在于人心的道。

道内在于人,即人之本心。有不少关学学者认为,内在于人之道即本心。由于道是本体,本心也被称为"心体"。这种观点如果用命题的方式表达,那就是"心即理"。"心即理"在张载的思想中已显端倪,即他将太虚视为本心。他的弟子吕大临和李复都提出"本心"概念,而且吕大临还有"良心所发,莫非道也"⑫的思想。但最先明确提出"心即理"命题的宋明新儒家是南宋的陆九渊,他在论孟子的"四端之心"时说:"人皆有是心,心皆具是理,心即理也。"⑬其实,这是将"四端之心"视为理。而"四端之心"被陆九渊视为"本心",即"仁义者,人之本心也"⑭。可见,陆九渊所谓的"心即理"是说本心是理。但是关学学者主张"心即理"并非受陆九渊心学思想的影响,而是接受明代心学的

---

① 程颢、程颐:《二程集》,第204页。
② 程颢、程颐:《二程集》,第292页。
③ 吕大临:《吕大临集》,第109页。
④ 萧斛:《勤斋集》,第20页。
⑤ 韩邦奇:《韩邦奇集》下册,第1358页。
⑥ 杨爵:《杨爵集》,第7页。
⑦ 张舜典:《鸡山语要》,第128页。
⑧ 王建常:《王建常集》,第230页。
⑨ 孙景烈:《滋树堂文集》,第178页下。
⑩ 贺瑞麟:《贺瑞麟集》下册,第1043页。
⑪ 牛兆濂:《牛兆濂集》,第269页。
⑫ 吕大临:《吕大临集》,第85页。
⑬ 陆九渊:《陆九渊集》,中华书局,1980年,第149页。
⑭ 陆九渊:《陆九渊集》,第9页。

相关观点。具体而言，南大吉接受王阳明"良知即天理"的思想而标榜"心之良知"，他说："以其运于天而言谓之命，以其赋于人而言谓之性，以其率而行之谓之道，以其修而诚之谓之教，以其推而及之于四海谓之治，以其成而重之于万世谓之功。皆是心也，天下之所同也，学所以明此也，仕所以行此也。"①良知是道是理，良知也是心，这就是"心即理"。冯从吾受江门心学影响而大谈"心之本体"。②在他看来，"此'善'字即'未发之中'，即'天命之性'，即心之本体"③。这是说"心之本体"就是《中庸》所谓的"未发之中"和"天命之性"，其实就是"心即理"。嗣后，李颙将"人生本原"视为"无声无臭廓然无对，寂而能照应而恒寂"④。其实，这就是王阳明所谓的"无善无恶心之体"。更何况李颙明确将本心视为人之为人的依据，即"人之所以为人，止是一心"⑤。李颙的弟子王心敬则认为"天理者吾之本心也"⑥，并强调"心外无道"⑦。祝垲则明确主张"性即本心也"⑧。这就是"心即理"，即将本心视为内在的天理。

作为关学的本体，无论是太虚还是道，既是超越的存在，也是内在于人和事物的存在。换言之，关学的本体具有既超越又内在的属性。如果说相对于西方哲学之本体乃超越而非内在来看，中国古典哲学之本体具有的"内在-超越"属性是中国哲学的特色，彰显哲学的民族性，⑨那么关学无疑也具有这种特色，它也在哲学之域彰显华夏民族的特性。中国古典哲学的本体为什么具有内在的特性？就关学的学理来看，是为了寻绎人之为人的根本依据，即贺瑞麟说的"只是要求个自家为人道理"⑩，从自身寻找人之为人的依据——道，从而使超越的道具有内在性，即"内在—超越"的存在。道的这种特性决定了人之成人必须在现象界追求本体，在现实世界中追求超越，从而具有中庸所谓的"极高明而道中庸"的特色。

---

① 南大吉：《南大吉集》，第78页。
② 参阅刘宗镐：《论关学的心学化及其价值》，载《人文杂志》2018年第12期，第57—60页。
③ 冯从吾：《冯从吾集》，第302页。
④ 李颙：《二曲集》，第17页。
⑤ 李颙：《二曲集》，第135页。
⑥ 王心敬：《王心敬集》下册，第791页。
⑦ 王心敬：《王心敬集》下册，第677页。
⑧ 祝垲：《体微斋语录》卷二，第17页 b。
⑨ 参阅郭齐勇：《中国哲学史十讲》，复旦大学出版社，2020年，第28页。
⑩ 贺瑞麟：《贺瑞麟集》上册，第417页。

2. 工夫

工夫，也写作"功夫"，指道德修养方法，主要被宋明新儒学用来回答"如何成人"的问题。对这个问题的思索和回答构成宋明新儒学的工夫论。就关学而言，工夫具体包括"克己工夫""虚心工夫""诚意工夫""正心工夫""致知工夫""格物工夫""慎独工夫""主静工夫""主敬工夫""明明德工夫""致良知工夫""致曲工夫"等等，其中，以"虚心工夫"和"主敬工夫"比较常见，前者是关学特有的工夫，后者是宋明理学习见的工夫。

首先需要说明的是，关学学者所谓的工夫是"心学工夫"[1]，即"从心地做工夫"[2]。具体而言，冯从吾说"自古圣贤学问，总只在心上用功"[3]；张舜典也说"圣贤教人，只在心上用功"[4]；王建常认为"学者先须就心上做工夫"[5]；李颙强调"学问全在心上用功"[6]；贺瑞麟说"要为真实学问，须是心上有工夫"[7]；刘光蕡认为"复性工夫全在心上"[8]；牛兆濂强调"做工夫"乃是"心上做工夫"[9]。关学学者之所以普遍主张在心上做工夫，是因为对人之为人的根本依据——理的认知只能依赖于心。就认知主体而言，关学学者普遍认为认知主体是心，因为心具有知觉功能。就认知对象而言，理内在于人心决定对天理的体知只能"求诸心"；理内在于事物决定对理的体知需要"即物穷理"，但由于"物我一理"，"格物"也只是"以吾心格之，非求知于外也"[10]。综合来看，对理的认知只能是"理由心得"[11]，这也就决定了工夫必然是"心学工夫"。

"虚心"是张载倡导的基本工夫。学界探讨张载关学的工夫论，大都关注的是变化气质。但就张载"变化气质与虚心相表里"[12]的话语来看，"'虚心'其实

---

[1] 薛敬之：《思庵野录》，第15页。
[2] 薛敬之：《思庵野录》，第44页。
[3] 冯从吾：《冯从吾集》，第32页。
[4] 张舜典：《鸡山语要》，第118页。
[5] 王建常：《王建常集》，第230页。
[6] 李颙：《二曲集》，第432页。
[7] 贺瑞麟：《贺瑞麟集》下册，第942页。
[8] 刘光蕡：《刘光蕡集》，第487页。
[9] 牛兆濂：《牛兆濂集》，第257页。
[10] 王弘撰：《王弘撰集》上册，第494页。
[11] 韩邦奇：《韩邦奇集》下册，第1357页。
[12] 张载：《张载集》，第274页。

是'变化气质'的根本，气质之改变只不过是'虚心'的外在表现而已"①。张载论述修养方法说："立本既正，然后修持。修持之道，既须虚心，又须得礼，内外发明，此合内外之道也。"②其中，礼是"形式的，外表的"，而虚心则是"精神的，内部的"。③总的来看，张载关学以虚心为基本工夫。

虚心工夫既指向内心，也涉及外物。张载认为，"毋四者则心虚"④，即能做到孔子说的"毋意，毋必，毋固，毋我"⑤，就能保持心的本然状态；不然的话，心"有固、必、意、我，无由得虚"⑥。就此而言，虚心工夫是心的内在活动。张载又说："心之不能虚，由有物榛碍。"⑦这又说明虚心工夫涉及外物。综合来看，虚心工夫既指向内心，也涉及外物，是一种内外双向互动的修养方法。就内心的单向度来看，虚心要做到"无四"（或"毋四"），即"无意、必、固、我"⑧。孔子的"毋四"是指"不悬空揣测，不绝对肯定，不拘泥固执，不唯我独尊"⑨。张载对"无四"的理解则是："意，有思也；必，有待也；固，不化也；我，有方也。"⑩"必"是"有待"，"无必"即"不绝对肯定"；"固"是"不化"，"无固"也就是"不拘泥固执"：这是张载与孔子的相同之处。不同的是：孔子的"意"同"億"，是凭空猜测之意，而张载的"意"是"有思"；孔子的"我"是自以为是，而张载的"我"是"有方"。依据"意"是"有思"来看，"无意"就是"无思"。但这并不表示张载反对思虑，只是反对多思多虑，即"自来只以多思为害"⑪。原因是多思多虑会导致"心清时常少，乱时常多"⑫。依据"我"是"有方"来看，"无我"就是"无方"。张载认为"方"与"体"同义，⑬故而"无方无体"并言。在他看来，"体不偏滞，乃可谓无方无

---

① 杨立华：《气本与神化：张载哲学述论》，第132页。
② 张载：《张载集》，第270页。
③ 范寿康：《中国哲学史通论》，武汉大学出版社，2008年，第266页。
④ 张载：《张载集》，第307页。
⑤ 《论语·子罕》。
⑥ 张载：《张载集》，第272页。
⑦ 张载：《张载集》，第325页。
⑧ 张载：《张载集》，第28页。
⑨ 杨伯峻：《论语译注》，第86页。
⑩ 张载：《张载集》，第28页。
⑪ 张载：《张载集》，第283页。
⑫ 张载：《张载集》，第284页。
⑬ 张载认为"方"和"义"同义，由其"神与易虽是一事，方与体虽是一义，以其不测，故言无方；以其生生，故言无体"（见《张载集》，第187页）一语可知。

体"①，即人不能偏执于自我。这也就是他说的"大其心则能体天下之物，物有未体，则心为有外"②。"无方无体"之目的是要达到"无我"，张载明确主张"无方无体，然后无我"③。之所以主张"无我"，是因为人在"无我"的境界中，其心才能"虚而善应"④。可见，"无四"是要人心回归或保持其本然状态——太虚。就外物的单向度来看，虚心工夫即"虚以接物"⑤。张载认为，就人与物的关系而言，人应当是"有容物，无去物，有爱物，无徇物"⑥的存在，故而人必须在与外物相互联系的过程中成就自我，"虚以接物"就是在这种关系中运用的修养方法。所谓"虚以接物"，是说人在应事接物时始终保持心的本然状态。综合内外而言，虚心就是要使心处于无执无染的虚空状态——"心虚"。因为只有"心虚"，才能够"虚中求出实"⑦，即呈现"实"。这里的"实"是仁，张载说"虚则生仁"⑧，因为他认为"虚者，仁之原"⑨，即虚是仁的本源。这就是张载的虚心工夫。

张载的虚心工夫被吕大临和李复继承。吕大临认为心性之本体是太虚，即"空"，那么，对本心或天道的认知只能"虚心以求之"⑩，即"空空"。所谓"空空"，就是作为心性本体之"空"保持其虚空的状态。只有心处于虚空的无执无染状态，才能"空然后见乎中"⑪。这里的"中"就是天理，吕大临明确地说："空空无知，则道所由出。"⑫李复认为心性之本体是太虚，对本心及性的认知只能是"虚其中"⑬，这里的"中"指心，"虚其中"表达的就是虚心工夫。另外，其"放开虚白见天心"⑭的诗句表达的也是虚心工夫。

主敬工夫是关学学者普遍提倡的道德修养方法。尽管张载肯定"君子庄

---

① 张载：《张载集》，第65页。
② 张载：《张载集》，第24页。
③ 张载：《张载集》，第80页。
④ 张载：《张载集》，第66页。
⑤ 张载：《张载集》，第216页。
⑥ 张载：《张载集》，第35页。
⑦ 张载：《张载集》，第269页。
⑧ 张载：《张载集》，第325页。
⑨ 张载：《张载集》，第325页。
⑩ 吕大临：《吕大临集》，第83页。
⑪ 吕大临：《吕大临集》，第86页。
⑫ 吕大临：《吕大临集》，第425页。
⑬ 李复：《李复集》，第64页。
⑭ 李复：《李复集》，第190页。

敬"①，也主张"敬和接物"②，但并未提出主敬工夫，而是倡导虚心工夫。宋明新儒学最早提倡主敬工夫的是程颐。程颐在论"心有主"时说"如何为主？敬而已矣"③，在论"如何为善"时说"只是主于敬，便是为善也"④：这就是"主敬"。主敬作为工夫，程颐明确解释说："所谓敬者，主一之谓敬。所谓一者，无适之谓一。"⑤这是说敬是专心一意于心中之理，不能有丝毫松懈和怠慢，这就是主敬工夫。⑥关学学者主张的主敬工夫，大都承袭于程颐。具体来看，薛敬之认为"敬只是个约束此心，不令疏放远去的法子"⑦；吕柟强调"敬者，主一无适，不东那西移的意思"⑧；王建常说"不胡思乱想，这便是主一，便是敬"⑨；李元春说"持敬则心无累，主一之谓敬，无适之谓一"⑩；贺瑞麟认为"敬只是提起这心莫教放散恁地"⑪：都是强调把持心中之理，不敢丝毫松懈。

不过，关学学者对程颐倡导的主敬工夫有所发展，这就是主敬工夫以主静工夫为基础，即李颙所谓的"敬以为之本，静以为之基"⑫。主静工夫就其渊源来看，始于周敦颐倡导"主静"。周敦颐在《太极图说》中提出"圣人定之以中正仁义而主静，立人极焉"的命题，他所谓的"静"，是"无欲故静"。⑬关学学者倡导的"主静"，也是这种意涵的主静。关学学者主张以主静为基础的主敬工夫，始于薛敬之。薛敬之倡导主敬工夫，但他认为"涵养非静不可"⑭，甚至有"静，理窟也"⑮的言辞。嗣后，提倡主敬工夫⑯的马理，教导学生也是"初至

---

① 张载：《张载集》，第269页。
② 张载：《张载集》，第325页。
③ 程颢、程颐：《二程集》，第169页。
④ 程颢、程颐：《二程集》，第170页。
⑤ 程颢、程颐：《二程集》，第169页。
⑥ 参阅蒙培元：《理学范畴系统》，第405页。
⑦ 薛敬之：《思庵野录》，第43页。
⑧ 吕柟：《吕柟集·泾野经学文集》，第419页。
⑨ 王建常：《王建常集》，第230页。
⑩ 李元春：《李元春集》，第755页。
⑪ 贺瑞麟：《贺瑞麟集》，第434页。
⑫ 李颙：《二曲集》，第96页。
⑬ 周敦颐：《周敦颐集》，中华书局，1990年，第6页。
⑭ 薛敬之：《思庵野录》，第54页。
⑮ 薛敬之：《思庵野录》，第39页。
⑯ 参阅马理：《敬箴铭》，见《马理集》，第353页。

者必令静坐许时"①，因为"静而正，欲之尽也"②。冯从吾虽然主张"敬中求真"③，但也强调"静坐原是吾儒养心要诀"④，原因在于"坐久静极，不惟妄念不起，抑且真念未萌，心体惟觉湛然"⑤。王建常倡导"持敬之功"，也强调通过静坐体验"明镜止水"般的心，即"静坐时，亦须想见是真个如此"⑥。李颙认为"'敬'之一字，彻上彻下的工夫，千圣心传，总不外此"⑦，但也强调工夫之始"只是要主静"，而主静的方法是静坐，因为"静极明生"，⑧更何况他明确地说"水澄则珠自现，心澄则性自朗。故必以静坐为基"⑨。王心敬虽然认为"尽六经、四子、千圣万贤发明学术的脉络总不外一敬字"⑩，但也提倡主静工夫，理由是"主静自明"⑪。总而言之，关学学者比较普遍地主张主敬以主静为基础。

关学学者之所以将主静工夫作为主敬工夫的基础，是因为主静工夫便于体知本体。王心敬说："学道宁专靠静坐？静中却易见真心。"⑫所谓的"静"，即"心不妄动之谓静"⑬，这是说心不产生妄念杂念便是静。静坐可以隔断外在的引诱，令心无所攀缘而顿然思虑清宁。对持"性即理"者而言，心中欲念净尽而没有遮蔽，天理便可呈现；对持"心即理"者而言，心中欲念净尽便是本心，本心即天理。可见，主静工夫易于认知人之为人的终极依据——理。认知理之后，便可做主敬工夫，即马理说的"敬非只是闭门叉手静坐，要在随事谨恪做去"⑭，即在应事接物中做主敬工夫，这也就是贺瑞麟说的"敬无他，只是时时事事都要用心"⑮。

关学以主静为基础的主敬工夫看似完全继承周敦颐的"主静"工夫和程颐的

---

① 李开先：《黥田马光禄传》，见《马理集》，第622页。
② 马理：《马理集》，第95页。
③ 冯从吾：《冯从吾集》，第215页。
④ 冯从吾：《冯从吾集》，第289页。
⑤ 冯从吾：《冯从吾集》，第302页。
⑥ 王建常：《王建常集》，第236页。
⑦ 李颙：《二曲集》，第46页。
⑧ 李颙：《二曲集》，第30页。
⑨ 李颙：《二曲集》，第20页。
⑩ 王心敬：《王心敬集》下册，第689页。
⑪ 王心敬：《王心敬集》上册，第125页。
⑫ 王心敬：《王心敬集》下册，第1146页。
⑬ 吕柟：《吕柟集·泾野子内篇》，第81页。
⑭ 马理：《马理集》，第604页。
⑮ 贺瑞麟：《贺瑞麟集》上册，第428页。

"主敬"工夫，其实也不尽然，还有源于张载的思想。就主静工夫来看，有学人认为"张载也主张静中工夫"，并给出相关的理据。①其实，张载之所以主张"静中工夫"，就工夫之域来看是因为"盖静者进德之基"②，就本体之域来看是因为"静者善之本"③。就主敬工夫来看，张载的"君子庄敬"和"敬和接物"也指向工夫。所以说，关学以主静为基础的主敬工夫有来自张载新儒学的源头活水。

关学学者普遍倡导工夫要真实、要切实。朱熹之所以称"横渠工夫最亲切"④，就是因为张载主张"实行""实作"。嗣后，关学学者普遍继承了张载工夫之域的"实行"主张，吕柟说"学者做工夫，须从实上做将去"⑤；贺瑞麟倡导"真实做工夫"⑥；甚至为了强调工夫的切实，有关学学者主张"勤苦用功"⑦，"坚苦工夫"⑧。工夫的真实、切实表现在多个方面：其一，关学学者普遍倡导"日用工夫"⑨，即强调通过日常生活中的待人、应事、接物做工夫，这就是所谓的"日用间著实用功"⑩，在关学学者看来，这样做工夫才是"日用最亲切工夫"⑪；其二，关学学者普遍倡导"时习工夫"⑫，即工夫须臾不可间断，在关学学者看来，"论工夫，虽上知圣人亦不能废"⑬，甚至有"圣人只是工夫不间"⑭的看法，而之所以主张工夫不可间断，原因就在于"道理无穷，工夫何已？"⑮；其三，关学学者普遍倡导"工夫要密"⑯，他们主张"工夫精密"⑰或"细密工夫"⑱，而反对简捷工夫，更批评工夫荒疏，在他们看来，陆象山"所见不差"但

---

① 蒙培元：《理学范畴系统》，第404—405页。
② 张载：《张载集》，第113页。
③ 张载：《张载集》，第325页。
④ 朱熹：《朱子语类》，第2112页。
⑤ 吕柟：《吕柟集·泾野经学文集》，第381页。
⑥ 贺瑞麟：《贺瑞麟集》上册，第360页。
⑦ 杨爵：《杨爵集》，第181页。
⑧ 刘绍攽：《卫道编》，第245页下。
⑨ 同恕：《榘庵集》，第329页。
⑩ 冯从吾：《冯从吾集》，第127页。
⑪ 王建常：《王建常集》，第267页。
⑫ 萧𪻐：《勤斋集》，第97页。
⑬ 冯从吾：《冯从吾集》，第288页。
⑭ 吕柟：《吕柟集·泾野子内篇》，第58页。
⑮ 贺瑞麟：《贺瑞麟集》上册，第361页。
⑯ 祝垲：《体微斋语录》卷一，第1页b。
⑰ 贺瑞麟：《贺瑞麟集》上册，第404页。
⑱ 刘光蕡：《刘光蕡集》，第348页；牛兆濂：《牛兆濂集》，第63页。

是"工夫不免粗耳",王阳明"致良知甚好"但是"工夫未免少亏"。①

明体之域之所以既探讨本体,又论述工夫,是因为本体与工夫紧密联系。这也就是王心敬说的"工夫不离本体,本体不离工夫也"②,具体而言,"识得本体,好做工夫;做得工夫,方才不失本体"③。就修养方法而言,对本体的体知是"从工夫识本体",工夫的施展是"从本体用工夫"。④比如,只有"虚心"工夫,才能保持"心虚",即心处于本然状态是"太虚";当心处于"太虚"的本然状态,此时其工夫自然是"虚心"。再比如,之所以主张"主敬"工夫,是因为"敬者,心之本体"⑤;反之,由于敬是心之本体,保持心之本体必然需要"主敬",因为"敬是心法"⑥。就学理建构而言,宋明新儒学"是通过'本体—工夫'的相互规定、双向诠释来建构自己的思想学说或哲学体系"⑦,关学自然亦复如是,那么探讨本体必然关联工夫,探讨工夫也必然关联本体。

明体之域包括本体论和工夫论,前者探讨的是人之为人的根本依据,后者探讨的是如何修养而成为人。这样来看,明体之域完全关注的是"修己""成己"的问题。但是原始儒学是"修己治人"之学,是"成己成物"之学,是"内圣外王"之学,那么,在探讨"修己""成己""内圣"之余,还必须探讨"治人""成物""外王",这就指向适用之域。

三、适用之域

儒学自孔子始便主张"修己治人",或者说,主张"成己成物"。"修己"和"成己"的最高目标是成就"圣人","治人"和"成物"的最高目标是成就"王者",合而言之,即成就"圣王"。相应地,围绕"圣人"目标展开的有关"修己"和"成己"的探讨构成"内圣之学",而围绕"王者"目标展开的有关"治人"和"成物"的探讨构成"外王之学",合而言之,"内圣外王之学"简

---

① 祝垲:《体微斋语录》卷一,第6页。
② 王心敬:《王心敬集》下册,第633页。
③ 李颙:《二曲集》,第455页。
④ 王弘撰:《王弘撰集》下册,第563页。
⑤ 冯从吾:《冯从吾集》,第214页。
⑥ 李颙:《二曲集》,第409页。
⑦ 朱汉民:《儒学的多维视域》,东方出版社,2015年,第51页。

称"圣王之学"。

关学学者遥承孔子的原儒精神和为学旨趣,以建构"全学"和成就"全儒"为目标。就前者而言,关学自张载始即试图建构内容包括"道德之学"和"经济之学"的"体用全学";就后者而言,关学自张载始即自觉成为"道德经济,一以贯之"的"全儒"。

就儒家的"圣王之学"来看,"修己"不能不"治人","成己"也必须"成物";就关学的"体用全学"而言,"明体"必然指向"适用",而以"治人"和"成物"为讨论主题,构成"体用全学"的适用之域。适用之域,用李颙的话来说,主要是探讨"经世宰物"①的论域,而有关的探讨内容形成"经济之学",或称"经世之学"。

1. 经世

关学学者普遍主张"经世",重视"经世之学"。就前者而言,关学学者普遍认为"应世""辅世""经世""济世""匡世""救世"是儒者的天职。在张载看来,"经世"乃"圣人"的天职。抱有"为万世开太平"理想的他,更是将"经世"视为儒者的天职。吕大临认为儒者应当积极"应世",而批评"外乎世务"②。同恕主张儒者"应务适变,有用于世"③。吕柟强调儒者不只是"学为体道者也",也是"学为经世者也"。④杨爵力倡"君子欲行道济世"⑤。李颙则明确提出"吾儒之教,原以'经世'为宗"⑥。晚清,刘光蕡依然强调"圣人以学承尧、舜之统,以经世为重"⑦。就后者而言,关学学者认为"吾儒之道原是经世之道"⑧。"六经"无非记载"古圣王以道经世"⑨,具体而言,"六艺首《易》,以《易》为道之源也;次《书》,经世之大纲;次《诗》,经世之细目;次《礼》,次《乐》,经世之具;而《春秋》,经世之用也"⑩。那么,作为

---

① 李颙:《二曲集》,第126页。
② 吕大临:《吕大临集》,第166页。
③ 同恕:《榘庵集》,第170页。
④ 吕柟:《吕柟集·泾野先生文集》下册,第1209页。
⑤ 杨爵:《杨爵集》,第119页。
⑥ 李颙:《二曲集》,第122页。
⑦ 刘光蕡:《刘光蕡集》,第406页。
⑧ 王心敬:《王心敬集》下册,第772页。
⑨ 刘光蕡:《刘光蕡集》,第567页。
⑩ 刘光蕡:《刘光蕡集》,第568页。

儒者，"学者自当为用世之学"①。在儒学建构方面，也应当是"学原不问精粗，总期有济于世"②；不然，儒者"言不切于时务，不关于经世"，其学就是"虚谈迂论"。③

关学学者普遍倡导"经世"，那么，何谓"经世"？刘绍攽回答道："经世者，治世也。"④这是说经世就是治理社会，即管理国家，处理政务。就"经济"来看，"经济，谓经国济世也"⑤，同样也是指治理社会和管理国家。经世必然涉及"经世之法"⑥。关学"经世之法"的内容相当丰富，但是关学学者普遍认为"政教者，治世之先务"⑦。所谓"政教"，即政治教化，前者是政治，后者则指向教育。

关学学者普遍比较重视政治。因为关学有"学政不二"的传统。张载说："朝廷以道学政术为二事，此正自古之可忧者。"⑧这是说"吾儒之道"与"经世之法"是相统一的，即现代学人所概括的"学政不二"。张载的这种观点被嗣后的关学学人普遍继承：明代南大吉主张"学与仕本一事"⑨；清代孙景烈提倡"夫学与仕，其道一而已矣"⑩；清末，前有贺瑞麟倡导"学与治无二道也"⑪，后有刘光蕡提倡"仕学一贯"⑫。可见，关学的"学政不二"传统决定关学学者普遍关注政治，这是关学一个比较显著的特点。

关学主张治理社会推行"王道"。在张载看来，治世之道"莫非王道也"⑬。就历史之维来看，"王道"就是"二帝三王"的治世之道，即唐尧、虞舜、夏禹、商汤和周文王等"圣王"治理社会的方法。但张载又说："若尧舜之

---

① 李元春：《李元春集》，第 393、833 页。
② 王徵：《王徵集》，第 287 页。
③ 韩邦奇：《韩邦奇集》下册，第 1367 页。
④ 刘绍攽：《二南遗音》，见《四库全书存目丛书·集部》第 412 册，第 397 页上。
⑤ 杨屾：《知本提纲》卷九（一），第 36 页 a。
⑥ 李颙：《二曲集》，第 53 页。
⑦ 南大吉：《风土考》，见《南大吉集》，第 139 页。
⑧ 张载：《张载集》，第 349 页。
⑨ 南大吉：《南大吉集》，第 78 页。
⑩ 孙景烈：《滋树堂文集》，第 88 页下。
⑪ 贺瑞麟：《贺瑞麟集》上册，第 51 页。
⑫ 刘光蕡：《刘光蕡集》，第 25 页。
⑬ 张载：《张子全书》，第 363 页。

世,实求此物,则安得也?但言其至和可致,不必须有此。"①据此来看,张载之所以推崇"王道",是因为"王道"能够建构和谐社会,即"王道"自身具有重要的政治价值。就张载的政治思想来看,构建和谐社会就是要社会管理者"爱民",进而做到"养民"。那么,"王道"也就是对民众有益的一种社会治理方法,这也就是马理说的"益民唯在于王道"②。这是关学提倡"王道"的根本原因。

"王道"坚持的治世原则是"以道治世"。关学自张载始就秉持这种主张,即所谓的"治身以道与治物以道"③。作为治世原则,"以道治世"包括三方面内容。首先,"以道治世"应当坚持"以民为国本"④。关学学者认为,道是"仁民之道"⑤,那么"以道治世"就必须坚持"以民为本"。基于这种认识,他们强调治世应当"爱民""益民""觉民",而反对"殃民""剥民""愚民"。官员有无政治业绩,应当根据"民间口碑"来评判;官员是不是好官员,也应当根据"民情爱戴"程度来判定。其次,"以道治世"应当推行"以德行政"。德即德性,而"道具于心而为性",所以,"以道治世"必须坚持以德治国。以德治国的逻辑前提是"人性至善",既然人心向善,那么自然能够"以明仁之心,行明仁之政"⑥。基于这种认识,关学学者反对以法治世而主张"以礼淑世",即"君子以礼而行政"。⑦最后,"以道治世"应当奉行"学以为政"⑧。站在这个立场上,张载就说:"盖学也者,君国子民之道也。"⑨学习可以使人"道明德立",那么"以道治世"必须奉行"学以为政";同时,这也是"学以成人"关学宗旨的内在要求。学习的内容是"内圣外王之学",或者说"有体有用之学";学习的目的则是"学以进德修业",更好地治理社会。

"以道治世"具体落实起来,君、臣、民都要遵循相关要求。就传统政治哲学而言,其政治架构是"君—臣—民",关学自然也不例外。"以道治世",就

---

① 张载:《张子全书》,第 336 页。
② 马理:《马理集》,第 153 页。
③ 张载:《张载集》,第 288 页。
④ 李颙:《二曲集》,第 211 页。
⑤ 吕柟:《吕柟集·泾野先生文集》上册,第 298 页。
⑥ 马理:《马理集》,第 181 页。
⑦ 马理:《马理集》,第 12 页。
⑧ 刘光蕡:《刘光蕡集》,第 232 页。
⑨ 张载:《张子全书》,第 360 页。

君主而言：首先，君主理想的政治人格是"明君"；其次，君主应当抱持"兴道以致治"①的基本政治信念；最后，君主需要具备相应的政治素养，即"圣主者，不世出也，而又备高天下之德，纵高天下之才，富高天下之学"②，或进而要求"君天下者，必有高天下之识，包天下之量，贞天下之力，邃天下之学，然后无愧首出万物之义。故四德缺一不可，然学为枢"③。就臣子而言：首先，官员理想的政治人格是"良臣"；其次，官员应当秉持"以道为仕"的为官原则，如吕大临所说"儒者之仕，将以事道也"④，既"以道事君"，也"以道济民"；最后，官员需要具备忠、廉、公、勤等政治素养。就民众而言：首先，民众理想的政治人格是"顺民"；其次，民众应当奉行"以顺从为道"⑤；最后，民众需要具备勤俭的政治素养。只有这样，"以道治世"的原则才能具体落实；也只有这样，才能够做到"君臣一心""官民一体"，从而实现"事无不谐，人无不和"⑥的和谐社会。

关学提倡的"以道治世"，从本质上看，是君臣的"以道治世"。因为民众完全处于顺从、服从的被管理、被统治地位，毫无政治权力可言。关学学者主张建构和谐社会的前提——"明良相逢"更直白地表明了这种观点。马理认为"明良相逢以成泰道也"⑦，即明君与良臣共同治理社会，便会臻于太平盛世。王恕说："有是君，有是臣，所以共成雍熙泰和之治，泽被当时，名垂万世而无已矣。"⑧可见，建构和谐社会完全是君主和官员的事情，而民众几乎没有什么政治权力。有关学学者甚至认为，"天下之和系于主君"⑨。原因是家天下的时代，"大君在上，一颦一笑，天下之生杀出焉，休戚系焉"⑩，选取贤能来建构和谐社会那当然也完全是君主的事情。这说明关学所谓的"以道治世"，完全言说的是专制时代的社会治理。这是关学在政治之域的时代局限。

---

① 杨爵：《杨爵集》，第5页。
② 韩邦奇：《韩邦奇集》下册，第1375页。
③ 王心敬：《王心敬集》下册，第777页。
④ 吕大临：《吕大临文集》，第168页。
⑤ 马理：《马理集》，第136页。
⑥ 王恕：《王恕集》，第125页。
⑦ 马理：《马理集》，第52页。
⑧ 王恕：《王恕集》，第345页。
⑨ 薛敬之：《思庵野录》，第48页。
⑩ 马理：《马理集》，第78页。

尽管在封建专制时代，治理国家被完全视为君主的事，但是"四海之广，而皇上不能亲至"，所以，又不得不让臣僚代为管理，即"人主之所恃以治天下者，内外臣工"。①如果用杨爵的话语表达，那就是"天下之事，当与天下之贤才共之，而非一人之手所能成"②。这样，选贤与能就成了治理国家的重要任务，有关学学者甚至认为"欲治天下，当以求贤才为先务"③。然而，对贤能的培养依赖于教育，在科举制度下选取贤能更要依靠教育。可见，教育属于"经世"的重要内容。

关学学者之所以普遍认为教育是"经世"的重要内容，另一个重要的原因是教育的终极目的是建构和谐社会。同恕说："国家开设学校，长育人材，凡以建民极之中庸，跻至治之馨香也。"④具体来看，就学校而言，不但能够培养社会精英，而且能够提高民众素质。就前者而言，王弘撰说"先王之制，党庠术序有其地，师氏保氏有其职，诗书以训之，礼乐以节之，名物以彰之，觥挞以治之，为士计至殷"，而最终使其"守身有道，养之以有为也"。⑤就后者而言，"学校所以教民也"，即学校教育民众提高素养。就书院而言，同样具有培养社会精英和提高民众素养的功能，这也就是王恕说的"书院乃儒者讲学明伦之所，所以化民善俗而成才者也"⑥。不过，关学学者倾向于将书院创办成培养社会精英的基地。王恕主掌的弘道书院，其人才培养理念是"进于宗伯，达于大廷。牧民守宰，辅政公卿"⑦。其实，这是关学学者书院讲学的基本理念。晚清，柏景伟主讲关中书院依然是"所望于诸生者，为真儒为名臣"⑧。无论是学校教育还是书院教育，都以追求和谐社会为目标。换言之，教育是政治手段，隶属于政治。正因如此，才有"政教"这个词。这是前现代中国教育的一大特征，并非关学独有的特点。

教育被关学学者视为"王道"的重要内容，甚至在晚清之时，刘光蕡依然主

---

① 王心敬：《丰川续集》，第309页下—310页上。
② 杨爵：《杨爵集》，第62页。
③ 王承裕：《少保王康僖公文集》，第508页上。
④ 同恕：《榘庵集》，第143页。
⑤ 王弘撰：《王弘撰集》下册，第1065页。
⑥ 王恕：《王恕集》，第13页。
⑦ 王恕：《王恕集》，第36页。
⑧ 柏景伟：《沣西草堂文集》卷四，第4页b。

张"以教为政,王是王政"①。如前所述,"王道"就其实施者来看,"明君"和"良臣"无疑都是社会精英,这也就是说以"王道"治世其实推崇的是社会精英治理社会。社会精英的造就,依赖的是良好的教育。用关学学者的话语表达,那就是"致治由于人才,人才出于学校"②。所以,关学学者普遍倡导"兴学校"。再者,学校不只是人才诞生的摇篮,更是代表正义的圣殿,这就是关学学者所谓的"公论出于学校"③。公平、正义是文明政治的基本要素,故而被关学学者视为"王道"的基本特征。正是基于这些原因,教育被关学学者视为"王道"的重要内容。

教育的人才培养目标是"全才"或"通才"。所谓"全才"或"通才",就是"材德咸美"④,或者说"才品兼优"⑤,即德才兼备的人才。具体而言,"道明德立,学具天人,是谓道德之贤;识时达务,才堪匡世,是谓经济之贤。道德之贤,上则举之置诸左右,俾专讲明古圣帝明王修己治人大经大法,朝夕启沃,随机匡正;次则举之俾掌国学,督学政,师范多士,造就人才。经济之贤,上则举之委以机务,俾秉国成,献可替否,默平章奏;次则举之随其器能,任之以事,分理庶务"⑥。简而言之,就是既有"道德"也通"经济"的人才。之所以要培养这样的"全才",主要还是出于建构文明和谐社会的考虑。

不过,需要注意的是关学学者侧重道德素养的培育。关学学者之所以侧重道德教育,是受限于对德才关系的认知。萧㷡认为"夫德其本也,才则其施。德有大小,才必从之"⑦;王心敬也认为"才艺是学问之枝叶,德性是学问之根本"⑧。基于这种认识,马理明确主张"君子之道,轻才而重节"⑨,萧㷡甚至认为"贵德不贵才之义,通天下古今也"⑩。既然德才关系是德为本而才为末、德为体而才为用,那么教学自然也就侧重于德育,这样的教育也就成了"德教",

---

① 刘光蕡:《刘光蕡集》,第 423 页。
② 李颙:《二曲集》,第 516 页。
③ 王徵:《王徵集》,第 152 页。
④ 吕柟:《吕柟集·泾野先生文集》上册,第 558 页。
⑤ 李颙:《二曲集》,第 463 页。
⑥ 李颙:《二曲集》,第 412 页。
⑦ 萧㷡:《勤斋集》,第 17 页。
⑧ 王心敬:《王心敬集》上册,第 398 页。
⑨ 马理:《马理集》,第 358 页。
⑩ 萧㷡:《勤斋集》,第 17 页。

即南大吉所谓的"教德教也"①。相应地,培养的"全才"也只不过是"成德全才"②。晚近以来,在西学的冲击下,关学学者才对这种教育局限有了清醒的认识。祝垲指出"一味重德轻才,今于用人始知其流弊甚矣"③,刘光蕡则进而指出"中国人才不如外洋者,非吾圣人之教不如彼也,中国尚虚文,外洋重实事,虚不如实,故逊于外洋也"④。这里的"虚"指空泛的道德教育,而"实"指具体的实际才能。

"成德全才"的培养依靠的是"以礼为教"。据载,张载教学侧重"礼教"。探究其原因:就道德修养而言,"礼所以持性"⑤,因为"礼者理也",那么知礼守礼可以护持本性,成就自我;就社会治理而言,"礼成"是"政可明"的前提,⑥因为"夫礼也者,制度名数之所寓也"⑦,即政治制度都依据礼而制定。张载的"以礼为教"在北宋新儒学中最具特色,受到了程颢、程颐兄弟的充分肯定,他们盛赞"子厚以礼教学者最善"⑧。吕大临完全继承了张载的"以礼为教":就道德修养而言,他主张"致礼以治躬"⑨;就治理社会而言,他主张"恃礼以为治也"⑩。诚如牛兆濂所说:"盖横渠以礼教关中学者,与叔从游最久,守其说甚固。"⑪金元之时,萧㪺"尤邃《三礼》"且"为善于礼"⑫,教学终于礼教。有明一代,王承裕"教人以礼为先"⑬;吕柟深悉"张子以礼教人"⑭,教学更重视礼教,以至有学人认为其"以礼教学者,似张横渠"⑮;马理也"执礼如横

---

① 南大吉:《风俗考》,见《南大吉集》,第138页。
② 萧㪺:《勤斋集》,第14页。
③ 祝垲:《体微斋日记》卷一,第17页a。
④ 刘光蕡:《刘光蕡集》,第136页。
⑤ 张载:《张载集》,第264页。
⑥ 张载:《张载集》,第214页。
⑦ 杨奂:《还山集》,见《元代关学三家集》,第399页。
⑧ 程颢、程颐:《二程集》,第23页。
⑨ 吕大临:《吕大临集》,第49页。
⑩ 吕大临:《吕大临集》,第9页。
⑪ 牛兆濂:《牛兆濂集》,第3页。
⑫ 苏天爵:《元故集贤学士国子祭酒太子右谕德萧贞敏公墓志铭》,第512页。
⑬ 马理:《马理集》,第329页。
⑭ 吕柟:《吕柟集·泾野子内篇》,第75页。
⑮ 甘棠隆:《序三》,见《吕柟集·泾野子内篇》,第246页。

渠"①。迨清代，前有王建常深知"横渠持身谨严，教人以礼"②而重视礼教；中有李元春秉承"横渠以礼教人"③而侧重礼教；后有贺瑞麟自觉地以振兴礼教来复兴关学，即"横渠张子教学者以礼为先，使有所据守。此又吾关学当奉以为法者也"④。民国之初，牛兆濂依然倡导"横渠礼教"⑤。由此足见，"以礼为教"是关学的基本特色。

政治和教育联系紧密，以至于被合称为"政教"，但是二者当中，教育更重要。吕柟认为"夫政也者，教之成也"，因为"无教故不得士，不得士故无政"。⑥从事社会管理的官员作为社会精英，无不依靠教育来培养；如果没有良好的教育，也就没有良好的社会治理。刘光蕡说："教学，源也，本也；政治，委也，末也。建国君民，以教学为政治，得其本矣，而非兴教立学之本也。"⑦教育和政治是一种本末关系，明显突出教育的重要性。这在一定程度上表明，关学学者主张"政教合一"。其实，刘光蕡就明确主张"政与教合"，而反对"政与教分"。⑧当然，这里的"教"是"孔教"或"儒教"，即儒家学说，而不是严格意义上的宗教。

2. 宰物

"宰物"，即"经世宰物"中的"宰物"，由"经世理物"⑨来看，也作"理物"。在社会治理之域，"宰物"和"理物"都强调从政治民需要掌理万物。之所以要掌理万物，是因为需要"备物"⑩来"养民"和"卫民"。

"养民"有赖于财物，而"卫民"依靠军事，即吕柟所说的"养民莫如财，卫民莫如兵"⑪。但前现代社会的"生财之道"主要依赖的是农业，那么"养民"最终依靠的也就是农业。在关学学者看来，治理社会"兵食二政则亦事权之重，

---

① 冯从吾：《关学编（附续编）》，第48页。
② 王建常：《王建常集》，第285页。
③ 李元春：《李元春集》，第756页。
④ 贺瑞麟：《贺瑞麟集》上册，第149页。
⑤ 牛兆濂：《牛兆濂集》，第70页。
⑥ 吕柟：《吕柟集·泾野先生文集》上册，第54页。
⑦ 刘光蕡：《刘光蕡集》，第344页。
⑧ 刘光蕡：《刘光蕡集》，第416—417页。
⑨ 王心敬：《王心敬集》下册，第821页。
⑩ 张载：《张载集》，第213页。
⑪ 吕柟：《吕柟集·泾野先生文集》下册，第1088页。

不可忽者"①；李颙更是明确地强调"兵食固为政先图，而固结人心，尤经济要务"②。可见，"宰物"主要强调的是掌握理财和军事，而理财主要是农业生产。

关学自张载始就比较重视理财。张载认为，"知用财而不知养财，天下所以穷；知养财而不知用财，天下所以不治"③。这是说要治理好社会，一方面要能生财，另一方面要节俭。但二者当中，他认为生财更重要。如何生财？这就涉及"致富之道"④。在前现代社会，"财者，民之所出也"⑤，乃至"国家财计亦全出于农"，即生财依靠的是农业。尽管不乏有学者发现"商人者，财用发生之根本也"⑥，进而主张"恤商裕国"⑦，但是重农轻商依然是关学的主调。所以，"致富之道"主要依靠农业生产。

关学学者非常重视农业，因为古代社会"生财"主要依靠农业生产。据载，张载"共买田一方，画为数井"⑧，欲试验井田制。他主张恢复井田制的目的是维护农民的经济利益，即"治天下不由井地，终无由得平"⑨。张载主张维护农民经济利益方面的公平，是为了调动农民生产的积极性，最终提高农业生产水平。李复反对井田制，理由是"夫井田之法坏已久矣，今天下之田皆私田，民自养也，民之私田可尽夺而为王田，以周制分授之乎？此养民之政无本也"⑩。李复虽然反对井田制，但在维护农民的经济利益方面与其师张载完全相同。有明一代，关学学者对农业的重视也是通过探讨井田制是否可以恢复来展现的。如王恕、吕柟、冯从吾、张舜典认为井田不可行，而马理、杨爵推崇三代之治而主张井田可行。王恕认为井田不可恢复的主要原因是，随着户口的增加，有限的土地不得不逐年被划界再次分配，这会导致农民不胜其烦而"怀苟且之心，怠于耕作粪壅"，最终"妨误农业"。⑪吕柟认为井田制虽不可恢复，但张载假借井田来实

---

① 吕柟：《吕柟集·泾野先生文集》上册，第281页。
② 李颙：《二曲集》，第483页。
③ 张载：《张子全书》，第404页。
④ 杨爵：《杨爵集》，第80页。
⑤ 吕柟：《吕柟集·泾野经学文集》，第394页。
⑥ 王徵：《王徵集》，第40页。
⑦ 王徵：《王徵集》，第51页。
⑧ 吕大临：《吕大临集》，第750页。
⑨ 张载：《张载集》，第248页。
⑩ 李复：《李复集》，第56页。
⑪ 王恕：《王恕集》，第135页。

现"均田"的主张应当落实,尤其针对富豪兼并土地的做法应当实施"限田"。①关学有关井田制可否恢复的探讨反映了关学学者非常重视农业。

清代关学学者普遍重视农业生产。首先,关学主张"重农",即国家应当重视农业以及农民。李颙认为"农者,国之本、民之命",所以,推行"王道"必须"重农"。②重视农业,相应地应当重视农民。李元春认为农民应当同士人一样尊贵,即"士农为贵"③。其次,关学主张"知农",即国人应当普遍懂得农业生产的相关知识。农业不只是农民的专业,更是国家长治久安的基本产业,即杨屾所谓的"虽属民人专业,实为经国远猷"④。所以,非但农民,管理社会事务的官员也应当懂得农业知识。杨屾说:"君知农,可以理天下;臣知农,可以佐治平;士知农,可以储经济;民知农,可以立身家。"⑤只有国人普遍掌握农业生产的知识,才能够大力推动农业生产。农业知识,李颙认为"审其土宜,通其有无,如水利其最要矣;次如种树、种蔬、种药之法,必详必备"⑥。杨屾则认为,"耕稼要法,园圃助养,蚕桑要法,树艺要法,畜牧要法"⑦都要掌握。最后,关学学者强调"悯农",即同情和关爱农民。王心敬甚至有"最可怜者在农民"⑧的观点,原因就在于"国家财计亦全出于农",而"民穷如丐,官尊如天,役猛如虎"⑨。"悯农"一方面要"稽农田",确保农民有田地耕种;另一方面要"均赋税",确保农民承担的税赋公平。⑩尤其在征收农税方面,朝廷要"轻敛",而且要"非时不征"。⑪只有这样,农业生产水平才能够提高,而民众才能够被养活。

"养民"的关键是"理财",即广大民众创造的财富在朝廷和民众之间合理分配。首先,吕柟强调朝廷应当明白"理财以养民"⑫,即理财的目的是维护民众

---

① 吕柟:《吕柟集·泾野子内篇》,第 95 页。
② 李颙:《二曲集》,第 537 页。
③ 李元春:《李元春集》,第 837 页。
④ 杨屾:《知本提纲》卷五,第 62 页 b。
⑤ 杨屾:《知本提纲》卷五,第 63 页 a。
⑥ 李颙:《二曲集》,第 537—538 页。
⑦ 杨屾:《知本提纲》卷首《目录》,第 3 页 b。
⑧ 王心敬:《丰川续集》,第 638 页上。
⑨ 王心敬:《丰川全集外编》卷二,康熙五十五年(1716)额伦特刻本,第 10 页 b。
⑩ 李元春:《李元春集》,第 749—750 页。
⑪ 李颙:《二曲集》,第 538 页。
⑫ 吕柟:《吕柟集·泾野经学文集》,第 303 页。

的利益，而不是朝廷的利益。其次，朝廷应当明白"伤财"对民众以及朝廷的危害。吕柟说："财者，民之所出也；力者，民之所生也。伤财则竭民之血脉，而劳力则戕民之筋骨矣。"①财富完全由民众的辛勤劳动创造，朝廷应当珍惜而不能挥霍无度，否则，必然会对民众造成极大的伤害。非但如此，对民众的伤害最终将会伤及朝廷，即杨爵所谓的"财者，民之所资以生者也，伤财则至于害民；民者，国之所赖以立者也，害民则自伐其国矣"②。最后，朝廷应当懂得财政收入的"得中之道"。就朝廷的利益而言，"定赋之道，所以裕财之源也。均财之道，所以节财之流也"③。这是说就财政收入来看，应当广开财源，税赋应当多而重；就财政支出来看，可以为了维护公平，力求少而轻。这显然有利于朝廷，但会对民众造成极大的伤害。朝廷的正确做法应当是"既不损上，亦不剥下"，这就是朝廷"理财"的"得中之道"。④基于这种认识，关学学者激烈反对"剥民奉君"的主张及行为，将此辈人斥为"小人"。⑤总之，在"理财"方面，关学普遍主张"益民"，而坚决反对"剥民"。

关学自张载起就非常关注军事以及兵学。据载，张载"少喜谈兵"，一度专门研究兵学，后来在范仲淹"儒者自有名教可乐，何事于兵"的教诲下，转而研究儒学。⑥尽管张载后来成为著名儒学家，但其学不无兵学知识。嗣后，关学学者普遍重视兵学，迨清代，关学反对"兵非儒者所事"⑦的观点，最终形成"儒者不可以不知兵"⑧的共识。

关学重视兵学的表现是关学学者具有比较丰富的兵学知识。关学学者普遍论及兵学，且不乏兵学著作。关学学者的兵学著作有张载的《边议》，马理的《兵防论》，南大吉的《兵论》，王徵的《兵约》和《乡兵约》，王心敬的《培植将才》、《兵间事宜》、《兵论》和《军机琐言》，张秉直的《足兵》，李元春的《左氏兵法》和《结寨团练议》，李光贲的《壕堑私议》和《团练私议》，等等。即使没有兵学著作的关学学者，也对兵学抱有极大兴趣，诚如吕柟所说：

---

① 吕柟：《吕柟集·泾野经学文集》，第394页。
② 杨爵：《杨爵集》，第116页。
③ 张秉直：《治平大略》卷二，第22页a—b。
④ 张秉直：《治平大略》卷二，第14页a。
⑤ 杨爵：《杨爵集》，第80页。
⑥ 脱脱等：《宋史》第36册，第12723页。
⑦ 李颙：《二曲集》，第53页。
⑧ 李元春：《李元春集》，第123页。

"予素不职兵,亦未尝经阅塞徼,第闻人有探兵本、晓兵机者,则知其为善,喜爱不已也。"①所以,这些关学学者的著作中也或多或少论及兵学,如李复、杨屾都论及"兵政",而韩邦奇论及"戎兵"等。可见,关学学者的兵学思想比较丰富。

关学学者之所以研究兵学,是因为兵学既重要也难懂。首先,兵学非常重要。吕柟说"兵者,民之手足也",这是说国家的正常运行、人民的生活安泰都离不开军事保障,究其原因,一方面是"卫民莫如兵",另一方面是"夫国家之强盛者,强盛以兵耳"。②其次,用兵最难。李颙说:"经世之法,莫难于用兵。"③原因就在于"兵贵相机观变"④,即用兵要相机而动,因时制宜,难以掌握;再者,兵道多变,没有常规,诚如韩邦奇说:"兵者,随机应变,因敌制胜者也,何常形之有哉?"⑤基于这些原因,关学学者大都投身兵学研究。

关学重视兵学,目的在于"卫民",即保卫人民,保卫国家。关学学者虽然认为"兵之为道,至凶至危事"⑥,但还是主张兵不可废,即杨爵所说的"兵,非圣人之得已而为,德化之辅,不可废也"⑦。探究其原因,则在于"设兵所以镇边疆,而卫国家"⑧。关学学者深知"兵弱则寇侵"⑨,而"兵精国自强"⑩。基于这种考虑,他们主张"虽太平之日,王畿四海皆不可一日忘兵备"⑪。所以,关学学者普遍主张国家应积极致力于军事建设。不过,关学学者反对侵略,他们反复强调强兵的目的只是为了保卫人民、保卫国家。诚如韩邦奇所说:"戎兵者,强国之道也,而其本在于安民。"⑫用杨屾的话语来表达,那就是"兵本戡乱而卫民"⑬。这是关学对强兵的基本看法和要求。

---

① 吕柟:《吕柟集·泾野先生文集》下册,第1083页。
② 王心敬:《丰川续集》,第262页下。
③ 李颙:《二曲集》,第53页。
④ 杨屾:《知本提纲》卷四,第62页a。
⑤ 韩邦奇:《韩邦奇集》下册,第1528页。
⑥ 王心敬:《丰川续集》,第244页上。
⑦ 杨爵:《杨爵集》,第91页。
⑧ 王心敬:《丰川续集》,第311页上。
⑨ 吕柟:《吕柟集·泾野先生文集》下册,第1088页。
⑩ 王心敬:《王心敬集》下册,第1116页。
⑪ 王心敬:《丰川续集》,第311页上。
⑫ 韩邦奇:《韩邦奇集》下册,第1525页。
⑬ 杨屾:《知本提纲》卷四,第61页a。

关学主张国家应当追求"富强"。"宰物"既包括"理财",也包括"强兵",前者的目标是"国富",后者的目标是"国强",那么,主张"宰物"必然追求"富强"。正是出于这个原因,关学学者比较关注"富国强兵之道"①。关学学者主张"富国",因为"国富益民"②,即国家富裕对于民众是有益的。杨屾认为儒者"忽于耕桑之本务,多弃农书,鄙致富而轻积贮"③是不正确的,正确的态度和做法是积极"致富",因为"民富既属国裕"④,而"国富则民兴廉耻,民裕则国崇礼教"⑤。总之,"富国"是建构文明社会的前提。关学学者也主张"强国"。由于深知"戎兵者,强国之道",所以,关学学者主张发展军事。只有军事强大,国家才会强大,即"国威振以兵强"⑥。关学学者追求"富国""强国",就是追求国家富强。晚近,刘光蕡认识到"今日中国非力求富强,不能以自全",教学培养学生能够"实为富强之事"。⑦如何从事富强之事?依然是"理财"和"治兵"。⑧

政治、教育、理财、强兵,是"经世宰物"的基本方法,也是"体用全学"适用之域的基本内容。关学学者认为四者当中,教育和理财(尤其是农业)最为重要。在他们看来,治理社会无非"教养两端"⑨而已。"教"即"教民",依靠的是教育;"养"即"养民",依靠的是"理财"。所以,他们更关注教育和理财。

"体用全学"的适用之域主要探讨的是"治人""成物"。"治人"就是"经世",通过政治和教育来"治人";"成物"就是"宰物",通过理财和强兵来"养物""备物",最终来"养民""卫民"。"经世""宰物"属于"体用全学"的适用之域,而"治人""成物"属于"圣王之学"的外王之域。可见,关学的"体用全学"其实就是儒家的"圣王之学"。

---

① 吕柟:《吕柟集·泾野经学文集》,第483页。
② 王徵:《王徵集》,第80页。
③ 杨屾:《豳风广义》,第20页下。
④ 杨屾:《知本提纲》卷四,第42页b。
⑤ 杨屾:《知本提纲》卷四,第43页a。
⑥ 王心敬:《丰川续集》,第167页上。
⑦ 刘光蕡:《刘光蕡集》,第127页。
⑧ 刘光蕡:《刘光蕡集》,第163页。
⑨ 李元春:《李元春集》,第837页。

四、体用之学

"体用全学"作为关学的理论形态,具体包括"明体适用之学"、"立体致用之学"、"著体致用之学"、"明体达用之学"、"中体时用之学"和"用体用用之学"。其中,古代的"体用全学"以李颙的"明体适用之学"最为典型,而近代的"体用全学"则以刘光蕡的"中体时用之学"最为典型。

之所以要在关学的"体用全学"内部进行古代与近代的划分,是因为古代的体用之学和近代的体用之学不同。这种不同,就理论来看,既表现在"体"和"用"的内容方面,也表现在"体"与"用"的关系方面;就理论的产生来看,"明体适用"之学与"中体时用"之学产生的社会背景完全不同,这个层面的不同主要是时代的不同造成的。更重要的是,这种区分有助于我们更深入地认知"体用全学"。

1. 明体适用之学

就目前习见的关学文献来看,明体适用之学最早由薛敬之提出。他教导士子说:"敢因以明体适用之学,为吾应士望。"①而薛敬之的儒学也被学人认为"有体有用"②。再者,他有"体用"思想,尤其推崇程颐的"体用一源,显微无间"。这样来看,薛敬之不无建构明体适用之学的理想和努力。薛敬之的弟子吕柟也提倡"明体适用",他说:"苟学者能博古通今,明体适用,主司未有不知者。"③与其师相同,吕柟也鼓励学子学习明体适用之学。同样,吕柟也明白"体用一原的道理"④,而且认为"圣贤之学,有体必有用"⑤。可见,吕柟也以建构明体适用之学为目标和追求。这是李颙建构明体适用之学的理论基础。

承续薛敬之和吕柟师徒建构明体适用之学的理想,李颙自觉地以建构明体适用之学为目标。他不但认为"儒者之学,明体适用之学也"⑥,而且明确诠释了"明体适用":"穷理致知,反之于内,则识心悟性,实修实证;达之于外,则

---

① 薛敬之:《思庵野录》,第 99 页。
② 阴子叔:《思庵野录后序》,见《薛敬之张舜典集》,第 70 页。
③ 吕柟:《吕柟集·泾野经学文集》,第 361 页。
④ 吕柟:《吕柟集·泾野子内篇》,第 131 页。
⑤ 吕柟:《吕柟集·泾野经学文集》,第 444 页。
⑥ 李颙:《二曲集》,第 120 页。

开物成务，康济群生。夫是之谓'明体适用'。"①更重要的是，就其明体适用之学来看，既包括"明体"内容，也包括"适用"内容，而且二者是"体用"关系。这充分表明，明体适用之学已被李颙建构成功。

明体适用之学是李颙早年建构且终生提倡的学问。据张珥记载，李颙"中年以后，惟教以返观默识，潜心性命；中年以前，则殷殷以明体适用为言"②，这似乎表明李颙中年以后的学术方向发生转向，放弃了明体适用之学。其实，事实并非如此，明体适用之学是李颙始终提倡的学说，而且现代学人研究发现，"明体适用"是李颙之学的核心。③如此看来，张珥的这番言辞其实是说，明体适用之学在李颙中年以前已经建构完成。

明体适用之学，就其内容而言，包括"明体"和"适用"两大方面。所谓"明体"，由李颙对"明体适用"的诠释来看，是指"穷理致知，反之于内，则识心悟性，实修实证"，即对人固有善性的内在体验。李颙在《体用全学》中说"明体"既有"明体中之明体"，也有"明体中之工夫"；再者，他讲解《大学》"明明德"说："'明德'是体，'明明德'是明体。"综合来看，"明体"既涉及本体，也涉及工夫。所谓"适用"，由李颙对"明体适用"的诠释来看，是指"达之于外，则开物成务，康济群生"。再者，他讲解《大学》"亲民"说："'亲民'是用，'明明德于天下''作新民'是适用。"概而言之，"适用"就是经世致用，治理社会。但"适用"所需要的知识，据《体用全学》可知，主要是政治、教育、军事、农业等领域的知识，足见明体适用之学的内容非常丰富，尤其是"适用"方面的内容。

首先，分析明体之域的本体。"本体"，李颙指"心之本体"，简称"心体"，也就是"本心"。李颙认为心体是"人生本原"，即人之为人的根本依据。心体"无声无臭，廓然无对"，"寂而能照，应而恒寂"。④就前者来看，

---

① 李颙：《二曲集》，第120页。
② 张珥：《识言》，见《二曲集》，第48页。
③ 林继平将李颙的"明体适用之学"称为"体用全学"，认为是"体用全学为二曲哲学的精蕴之所在"（见林继平：《李二曲研究》，台湾商务印书馆，1999年第2版，第163页）；陈祖武认为"'明体适用'学说才是李颙思想中最为成熟、最有价值的部分"（见陈祖武：《关于李颙研究中的几个问题》，载《中国社会科学研究生院学报》1987年第2期，第75页）；刘学智认为"明体适用"说的提出，是二曲思想成熟的重要标志（见刘学智：《关学思想史》，第389页）。
④ 李颙：《二曲集》，第17页。

本心具有超越性；就后者而言，本心具有内在性。所谓超越性，是说本心是超越善恶的独立存在，即王阳明所谓的"无善无恶心之体"。所谓内在性，是说只有人与物接触而内心产生意念时，心才会出现"理"与"欲"的分化，从而有善恶可言。同时，李颙强调本心能够识别善恶，就此而言，本心也可称为"良知"；那么，本体也就是"良知之本体"，简称"知体"。本体的基本特点是"本体自全"①：一方面是说本体是"我固有之也"，强调其先天性；另一方面是说本体譬如"日之在天"，其"光体不增不损"，强调其永恒性。这样来看，本心只有被"欲"遮蔽而昏昧，而不会减损乃至消失。

其次，分析明体之域的工夫。工夫与本体紧密联系，李颙说"复其原来本体，才算工夫"②，即工夫是保持和维护本体的方法。具体而言，"本然处原淡、原简、原温、原近、原微，即此便是本体；能淡、能简、能温、能谨近、谨自、谨微，即此便是工夫"③。这是说保持心之本然状态——"本心"的方法和过程就是工夫。由于本体是"无善无恶心之体"，那么工夫也就是保持本心处于"无物"的状态，即"惟将平日所蕴，一切放下，闲思杂虑，尽情屏却，务令此中空洞虚豁，了无一物，便是工夫"④。就此而言，工夫的特点就是"只要'有'归'无'"⑤。李颙提倡的工夫是"敬以为之本，静以为之基"⑥，即主敬是贯穿终始的工夫，而主静是入门下手的工夫。他认为"'敬'之一字，彻上彻下的工夫，千圣心传，总不外此"⑦。所以，做工夫应当"成始成终，不外一'敬'"⑧。不过，李颙强调"敬是心法"⑨，具体内容是"小心""戒慎恐惧""常惺惺"，从而维护本心不被欲念遮蔽而保持其灵明。这也就是李颙所谓的"敬则内外澄彻，自无物欲之累"⑩。之所以要以主静为入门下手工夫，主要是因为"吾人自少至长，全副精神俱用在外，每日动多于静。今欲追复元始，须

---

① 李颙：《二曲集》，第 45 页。
② 李颙：《二曲集》，第 530 页。
③ 李颙：《二曲集》，第 425 页。
④ 李颙：《二曲集》，第 83 页。
⑤ 李颙：《二曲集》，第 83 页。
⑥ 李颙：《二曲集》，第 96 页。
⑦ 李颙：《二曲集》，第 46 页。
⑧ 李颙：《二曲集》，第 26 页。
⑨ 李颙：《二曲集》，第 409 页。
⑩ 李颙：《二曲集》，第 36 页。

且矫偏救弊,静多于动,庶有入机"①。在李颙看来,"静极明生"②,心无杂念妄虑便可回归本然状态——本心,即"水澄则珠自现,心澄则性自朗"③。主静的形式是静坐,其内容是"静默返照,要在性灵澄彻",即认识本体。对于初步静坐者来说,不妨"惟理是思",即思考理来防止欲;对静坐娴熟者来说,应当"纤念不起",这才是"静坐之要"。④因为只有既没有理遮蔽也没有欲遮蔽的心,才是"无善无恶心之体",才是本心。李颙强调坚持这样静坐,便会"静坐久之,见此心之体隐然呈露"⑤。可见,主静是为了认识本体。李颙说"学问要识本体,然后好做工夫"⑥。通过主静体知到本体之后,就要通过主敬来维护本体,即李颙所谓的"保任"。这就是"敬以为之本,静以为之基",也就是李颙所谓的"工夫"。

最后,分析适用之域的内容。适用的内容非常丰富,用李颙的话语表达,那就是"上至天官舆地,以及礼、乐、兵、农、漕、屯、选举、历数、士卒"等都要通晓,或者说,"屯田、水利、盐政以及国计、选将、练兵、车制、火攻"等无不熟知。⑦"适用"的基本要求是适合时代的需要,那么凡是其时治理社会所需要的知识和技能都应当具备。但就古代社会而言,治理国家所需要的知识无非是政治、教育、军事、农业等,所以,李颙主张的适用之域的内容主要就是这四个领域的知识。

明体适用之学实际上是将道德修养与经世致用统一起来。具体而言,明体适用之学内含"成己、成物之方,道德、经济之实"⑧,"成己"与"成物"相统一。明体适用之学"内焉而圣,外焉而王,道德、经济之实,统于是矣"⑨,"内圣"与"外王"相统一。质而言之,明体适用之学是"道德"和"经济"相统一,即将道德修养与经世致用统一起来。其实,将道德修养与经世致用统一起来,是李颙建构明体适用之学的目的。在李颙看来,理想的儒学,或者说作为原始儒学的孔孟之学,是"体用全学"。所谓"体用全学",就内容来看,是既有

---

① 李颙:《二曲集》,第 20 页。
② 李颙:《二曲集》,第 6 页。
③ 李颙:《二曲集》,第 20 页。
④ 李颙:《二曲集》,第 130 页。
⑤ 李颙:《二曲集》,第 470 页。
⑥ 李颙:《二曲集》,第 492 页。
⑦ 李颙:《二曲集》,第 53 页。
⑧ 李颙:《二曲集》,第 238 页。
⑨ 李颙:《二曲集》,第 485 页。

"明体"的内容,也有"适用"的内容,前者被称为"道德之学",后者被称为"经济之学",二者相统一才是"全学",即"体用全学"。

"体用"更是一种方法。作为方法的"体用",如前所述,"体"指"实体","用"即"作用"。那么,体用关系就是实体与其作用之间的关系。依此来看,只要具备实体,也就具有实体所具有的功用。明体适用之学,就其建构方法来看,运用的正是体用方法。李颙说"明道存心以为体,经世宰物以为用"①,前者指的是"明体",后者指的是"适用",即"明体"与"适用"是体用关系。站在体用方法的立场,便不免有"体立自然用行"②的观点,即只要"明体"就可以"适用"。所以,尽管明体适用之学主张"道德经济"兼备,但是也不免强调"须以道德为本"③。然而问题是,体用方法之维的"体立自然用行"是否可以确保人只要具有了道德也就具有了知识以及技能?答案是否定的,因为道德与知识以及技能之间并不存在体用关系。但是在关学学者看来,德与才之间的关系是体用关系,即"德者,才之体;才者,德之用。有德者,必有才;有才者,不必有德"④。李颙也是基于这种认知,理所当然地认为"明体"便可以"适用"。这是李颙对体用缺乏反思,而直接接受和运用的后果。

非但李颙,整个古代关学的"体用全学"都存在这种思维方面的缺陷。张载最先提出建构"合体与用"之学的理想,但他看重的是"用"的内容,也缺乏对体用方法的反思。具体而言,张载有见于佛教徒"不知范围天用",结果其学"有体而无用",故而强调"求致用"来建构体用之学,但对体用方法并不重视,遑论反思。有明一代,关学学者普遍主张建构体用之学。他们建构体用之学主要是为了补救阳明学派的"空疏无用"对儒学造成的不良影响,依然看重的是"致用"以及"实用"的内容,而对体用方法不够重视,缺乏反思。迨清代,倡导体用之学的关学学者如王心敬、杨屾、张秉直等人,对体用关系的反思依然缺失。总而言之,古代体用之学的"体"之内容与"用"之内容之间并不存在体用关系,但是关学学者依然认为"体立自然用行"。这是关学古代体用之学普遍存在的理论缺陷。

---

① 李颙:《二曲集》,第149页。
② 李颙:《二曲集》,第163页。
③ 李颙:《二曲集》,第25页。
④ 张秉直:《开知录》卷二,第15页a。

2. 中体时用之学

晚近以来，关学学者依然坚守关学的"体用全学"理论形态，积极建构自己的体用之学。具体而言，贺瑞麟主张"圣贤学问有体有用"[1]，祝垲研究"明体达用之学"[2]，柏景伟倡导"学兼体用"[3]，刘光蕡的中体时用之学已具雏形，张元勋建构成用体用用之学。关学近代的"体用全学"最能体现时代特征者，当推刘光蕡的中体时用之学。

"中体时用"是对刘光蕡"道以中为体，以时为用"[4]的概括。"道以中为体，以时为用"也被刘光蕡表述为"道之体为中，而体道之用为时"[5]。这里的"中"指中国的传统文化，尤其是指儒家文化；而"时"指时代需要，尤其指西方先进的科技。刘光蕡认为儒学即"圣学"，而"圣学"是阐发"圣人之道"的学问。当"圣人之道""以中为体，以时为用"时，那么"圣学"自然也就"以中为体，以时为用"，此即中体时用之学。其实，刘光蕡对儒学的这种认识是其建构中体时用之学的表现。

根据刘光蕡弟子的有关记载来看，刘光蕡计划在65岁以后系统建构其中体时用之学。[6]但遗憾的是，他61岁就病逝了，建构中体时用之学便成了他的未竟事业。不过，刘光蕡遗留的著作非常多，通过研究这些著作可以展示其中体时用之学的雏形。

中体时用之学完全是时代的产物。生活在晚近时代的刘光蕡，将救亡图存作为自己的人生使命。这种使命表现在学术之域，就是主张学术救国，他明确主张"我辈为学，即求医国之术者也"[7]。但要掌握有效的救国之术，不只需要洞悉"中国受病之由"[8]，还需要"洞见中国受病之源"[9]。"中国受病"的直接

---

[1] 贺瑞麟：《贺瑞麟集》上册，第381页。
[2] 谢裕楷：《跋》，见《祝观察事略》，第1页a。
[3] 柏景伟：《沣西草堂文集》卷七，第58页b。
[4] 刘光蕡：《〈桂学问答〉跋》，转引自张鹏一：《刘古愚年谱》，陕西旅游出版社，1989年，第130页。
[5] 刘光蕡：《刘光蕡集》，第209页。
[6] 据张季鸾《烟霞草堂从学记》记载："惟知先生未尝专著一书。《遗集》所存，皆课诸生之作。先生尝语余等曰：'待过五六年，精力渐衰，将从事著作。'则知今之所传，不足尽先生蕴蓄。"（见《刘光蕡集》，第868页。）
[7] 刘光蕡：《刘古愚遗稿》，第52页。
[8] 刘光蕡：《刘光蕡集》，第145页。
[9] 刘光蕡：《刘光蕡集》，第134页。

缘由，无疑是西方列强的侵略。这种侵略不只是"战我以兵"的直接侵略，还有"朘我以商，诱我以教"①的间接侵略。"中国受病"的根源则是"夫今日中国之患，不在外人之富强，而在我国之贫弱"②，进而探究发现"中国贫弱，由民智之不开"③，即根源是中国人缺乏理性。依此来看，救亡图存有赖国人"实为富强之事"，而前提是"开新民智"④。中体时用之学，就是以这种时代背景以及刘光蕡对这种时代背景的认知为基础，被刘光蕡作为"医国之术"而初步建构的体用之学。

"中体"之域的本体并非道本体。如前所述，道内在于人即性体或心体。但是中体时用之学既浅化心性之说，也淡化心性之说。刘光蕡浅化心性之学，他认为"今日为学不必求深"⑤。儒学至为重要的人性论，他认为不必深究，理由是"学在切实浅近，不在贪心论性，过精微多沦于虚，能粗浅乃徵诸实"⑥；同样，心学的核心命题"致良知"也不必深究，只要现实中"实致良知"就足够了。基于这种认识，他说"论性之善恶，不如论人"，因为"人苟无愧于人，即可无愧于性"⑦。关于"致良知"，他诠释说："夫'良知'者何？即世所谓'良心'也。'致良知'者何？'作事不昧良心'也，此则蠢愚可晓，妇孺皆能喻矣。"⑧毋庸置疑，他诠释的"致良知"和"性之善恶"都易于理解，但是这种诠释无疑将宋明新儒学的理论浅化了，遑论发展。刘光蕡之所以浅化宋明新儒学的理论，是因为他认为宋明新儒学是"守身之学"而非"义理之学"。"守身之学"的基本特点是"身体力行，实见于用"⑨。所以，对儒家的圣人之言只要"务为实行"，便是发展儒学。同时，刘光蕡也淡化心性之学。这种淡化的显著表现是，中体时用之学中的"心性之学"过少，而"富强之术"太多。再者，中体时用之学在汲取"富强之术"的过程中，有将"心性之学"自然科学知识化的趋向，突出表现是刘光蕡对"格物"的诠释。他说"'格物'者，即物以求其性，使归有

---

① 刘光蕡：《刘光蕡集》，第 17 页。
② 刘光蕡：《刘光蕡集》，第 159 页。
③ 李岳瑞：《墓志铭》，见《刘光蕡集》，第 280 页。
④ 刘光蕡：《刘光蕡集》，第 423 页。
⑤ 刘光蕡：《刘光蕡集》，第 20 页。
⑥ 刘光蕡：《刘光蕡集》，第 287 页。
⑦ 刘光蕡：《刘光蕡集》，第 20 页。
⑧ 刘光蕡：《刘光蕡集》，第 124 页。
⑨ 刘光蕡：《刘光蕡集》，第 334 页。

用也"①，进而强调格物是"尽物之性"②。显见，格物不再是表达心性修养工夫的宋明新儒学概念，而属于探究事物属性的自然科学范畴，这是对宋明新儒学的直接解构。依此来看，"中体"之域的本体既非心本体，也非性本体，已经超出宋明新儒学的本体论域。

"中体"之域的本体其实是儒学本位。西方列强侵略中国的方式之一是"诱我以教"，即"以教士诱我之民"③。刘光蕡之所以说西方传教士诱骗中国人加入耶教，是因为其引导国人加入耶教的方式比较特别。具体而言，传教士要么是"传教施药"，即用西药引诱国人入教；要么是遭逢荒年，以"捐资赈灾"引诱国人入教；要么是"设立学堂，不取修金"，即免去学费引诱国人入教。总而言之，都是以啖之以利的方式引诱国人加入耶教，毫无皈依之自愿性可言。其实，在西方坚船利炮的护航下，晚近以来，来中国传教的"教士日横"，"耶教气焰极炽"。④每每中国战败求和之后，就会出现国人大批加入耶教的现象，即刘光蕡所谓的"议和后，乡民纷入耶教，无省不然"⑤。直面这种现状，他不免有"耶氏盛于中国，孔子之教自亡"⑥的忧患。再者，由于刘光蕡缺乏民族国家的概念，将"国家"理解为文化单位，具体到中国，这种文化自然是儒学。那么，加入耶教的中国人自然也就被他认为不是中国人了。不只是刘光蕡，当时的关学学者几乎都秉持这种观点。牛兆濂强调"吾人居今之世，最急而最先者"是"第一要认得自己是中国人，第二要知中国是行孔教之国"⑦这其实也是在说，信奉孔教才算中国人，加入耶教则非中国人。基于这种认识，刘光蕡立誓说"余生为孔子之生徒，生以守孔子庙堂"⑧，并呼吁国人弘扬儒学。具体来看，首先，他纠正国人将中国落后归咎于儒学的看法，他说："中国之大，贫弱不如人，反訾及儒教之非，呜呼，此真可为痛哭流涕者矣！"⑨其次，他强调尽管中学落后于西学，但是孔教并不落后于耶教，"夫吾国今日之学固不西人若矣，吾先圣孔、孟之说亦岂

---

① 刘光蕡：《刘光蕡集》，第20页。
② 刘光蕡：《刘光蕡集》，第20页。
③ 刘光蕡：《刘光蕡集》，第235页。
④ 刘光蕡：《刘光蕡集》，第210页。
⑤ 刘光蕡：《刘光蕡集》，第235页。
⑥ 刘光蕡：《刘光蕡集》，第214页。
⑦ 牛兆濂：《牛兆濂集》，第356页。
⑧ 刘光蕡：《刘光蕡集》，第71页。
⑨ 刘光蕡：《刘光蕡集》，第334页。

逊于西人乎？"①最后，他主张弘扬儒学是当务之急，即"孔教极弱，故发明孔教而张大之，为今日急务"②。刘光蕡甚至将普及儒学视为中国的自强之道，他说："今日欲强中国，须孔、孟之道妇孺皆晓，否则尧、舜以来之中国，外人将抚而治之，耶稣因而教之矣。"③刘光蕡对孔教这种看法表现于中体时用之学，就是他将儒学作为"中体"之域的本体，即儒学本位。这也是民族文化本位思想的体现。

刘光蕡认为学习西方应当学习其先进的东西，而反对全盘西化，这就是他所谓的"学于时，非学于西也"④。所谓先进，是相对于中国的落后而言的，即中国发展所需要而自己又没有的东西。但哪些是中国需要的？刘光蕡认为这要根据中国的国情来定。换言之，哪些是先进的东西，主要依据中国的国情而定。所以，他主张学习西方"须审度中国之情形"⑤，而反对"不审时势之所趋"⑥的盲目学习。在他看来，"不洞悉中国受病之原由，决不能用西国之善法"⑦，即使是被西方视为极好的东西，也绝不能在未了解中国国情之下随意照搬取用。到底西方哪些东西被刘光蕡认为是先进的？这就需要分析中体时用之学中的"时用"之域。

"时用"之域主要是刘光蕡所谓的"富强之术"。直面中国"国势贫弱，不能自立"⑧的现状，刘光蕡清醒地意识到"近日中国非力求富强，不能以自全"⑨。相对于"中国贫弱"而言，西方"日臻富强"。西方之所以富强，是因为西方人深谙"富强之术"。所以，刘光蕡最急于向西方学习的就是"富强之术"。随着他对西方何以富强的认识的深入，其主张学习的侧重有所不同，前期侧重于军事和经济，后期则侧重于自然科学。

刘光蕡所谓的"富强"，是指经济发达和军事强大。经济方面，他比较注意西方的工业和商业；军事方面，他关注的是西方的军事器械和军事训练。就工业而言，西方先进的生产机器引起了他极大的兴趣。他说："今外洋械器一人常

---

① 刘光蕡：《刘光蕡集》，第345页。
② 刘光蕡：《刘光蕡集》，第214页。
③ 刘光蕡：《刘光蕡集》，第712页。
④ 刘光蕡：《刘光蕡集》，第644页。
⑤ 刘光蕡：《刘光蕡集》，第148页。
⑥ 刘光蕡：《刘光蕡集》，第345页。
⑦ 刘光蕡：《刘光蕡集》，第148页。
⑧ 刘光蕡：《刘光蕡集》，第637页。
⑨ 刘光蕡：《刘光蕡集》，第127页。

兼数人之功，一日能作数日之事。"①进而他探求出了西方机器生产效率高的原因——以蒸汽机作为动力。为了将蒸汽机作动力的机器与人力或畜力作动力的机械相区别，他遂将前者称为"汽机"，并积极提倡国人学习西方用"汽机"来从事生产。就商业而言，刘光蕡主要试图纠正士人鄙视商业和商人的态度。他说"至于商贾，西人合五洲物力以课盈虚，萃一国之精神以谋生计"②，然而中国人呢？不但不重视商业，而且鄙视商业和商人。尤其是士人，此时仍然在赞扬"原宪永匿穷巷，为足行道传道"，而以"子贡货殖为非"。③在刘光蕡看来，"商能以财自雄，即是民中之豪"④，应当受到国人的尊重。基于这种认识，他竭力呼吁士人重视商业，尊重商人。就军事而言，刘光蕡不只看到了西方"水战船坚炮利"，而且看到了西方军人训练有素。所以，除仿制西方的军事器械外，还要"团练须仿西法训练"⑤。可见，刘光蕡主张学习的"富强之术"，就是西方在经济、军事领域的先进成果。

但随着刘光蕡对西方了解的深入，他对西方富强的原因有了更深远的认识，而主张学习"富强之术"的内容也发生了变化。具体来看，就军事而言，西方船坚炮利的原因其实是"用算测量，发必命中"⑥，也就是说西方海军的强势是因为其"测算"之学的发达；就工业来看，西方的机器制造何以"精而省工"？原因在于其"化学、电学、光、重等学，皆极精微"⑦。至此，他恍然大悟——西人"日臻富强"的根本原因在于科学技术先进。见识到此，他主张学习"富强之术"的内容发生了转变——由学习西方的经济和军事而转向学习西方的自然科学。眼见陕西士人固陋已久，难以速学自然科学各门类的学问，他采取了"借一端以渐推广"的教学方法；又鉴于"算学为各学之门径"，他遂率先引进了西方近代的数学知识。嗣后，又主张学习"光、化、电、热之事"⑧，即学习西方的自然科学知识。

最终，刘光蕡认识到中国贫弱的根本原因是中国人缺乏理性，因为对自然科

---

① 刘光蕡：《刘光蕡集》，第366页。
② 刘光蕡：《刘光蕡集》，第646页。
③ 刘光蕡：《刘光蕡集》，第505页。
④ 刘光蕡：《刘光蕡集》，第544页。
⑤ 刘光蕡：《刘光蕡集》，第648页。
⑥ 刘光蕡：《刘光蕡集》，第141页。
⑦ 刘光蕡：《刘光蕡集》，第142页。
⑧ 刘光蕡：《刘光蕡集》，第148页。

学知识的掌握依靠的是理性。认识达到这个层次，他对中国落后的思考，不再是思考"西人何以富，我何以贫；人何以强，我何以弱"①的问题，而是"当思与中国并立者，何以他国之人皆智皆巧皆富强，中国独愚独拙独贫弱"②的问题。中国人为什么愚拙？原因是中国人缺乏教育，尤其是"智育"。刘光蕡认为中国自秦朝开始，统治者便推行愚民政策，即"恶民智而愚之"③，原因是愚拙之民便于统治。具体而言，"至秦以诈力统一天下，自顾无持天下之术，仍欲持之诈力，而以敌国待其民，不用其智力而忌之，欲民皆愚弱而己之诈力可以持久而不败"④。这种漫长的愚民统治，导致晚近"中国人数多于各国，而智力不如各国"⑤。这种智不如人，不是说中国没有高智商的人，而是说中国人普遍缺乏智慧。因为西方的"农工商贾皆智""武夫兵将皆智"，是"群智"，而中国只有士人是"才智之士"，农工商普遍缺乏智慧。刘光蕡认为"学开其智"⑥，即智慧要依靠教育培养，尤其是依靠"智育"培养。那么，中国人普遍缺乏智慧，既是由于缺乏"智育"，更是"学不及兵、吏、农、工、商而专属于士"⑦而造成的后果。基于这种认识，他主张普及教育，而教育应当"先贵启人人之智"⑧。他认为随着教育尤其是"智育"的普及，中国人便会普遍具有智慧，即"教化日启，则民智日开"⑨。可见，中国实现富强和文明的根本途径是提高国民的理性。刘光蕡的这种认识，即使在今天看来也非常深刻。

不过，"时用"之域也存在不足。尽管刘光蕡主张学习西方先进的东西，但是他却拒斥政治之域代表先进性的自由、平等、民主等思想。在科技之域，刘光蕡甚至有"惟西人之是师，西法之是讲"⑩的主张，但是却告诫士子学习西方"非举尧、舜、禹、汤、文、武、周公之法弃之以从西政"⑪。尽管他认识到"平等、

---

① 刘光蕡：《刘光蕡集》，第 235 页。
② 刘光蕡：《刘光蕡集》，第 234 页。
③ 刘光蕡：《刘光蕡集》，第 31 页。
④ 刘光蕡：《刘光蕡集》，第 185 页。
⑤ 刘光蕡：《刘光蕡集》，第 646 页。
⑥ 刘光蕡：《刘光蕡集》，第 171 页。
⑦ 刘光蕡：《刘光蕡集》，第 361 页。
⑧ 刘光蕡：《刘光蕡集》，第 646 页。
⑨ 刘光蕡：《刘光蕡集》，第 466 页。
⑩ 刘光蕡：《刘光蕡集》，第 345 页。
⑪ 刘光蕡：《刘光蕡集》，第 234 页。

自由，人自治而君无权，则专制愚民者败"①，但是他仍旧无法接受平等、自由之说。他心中纠结的问题是"无君而国可建乎"②。在他看来，没有君主的话，必然是国将不国。所以，他坚信当时的中国不能没有君主，而且君主乃"君今日中国之民"，绝对凌驾于民众之上是理所当然的。基于这种认识，他认为引进西方"君民平等"的主张必然会破坏中国的安定，并强调说："西人平等之说，原以坏吾三纲，万不可从。"③当他无法接受平等思想时，自然也就无法接受法治思想，因为法治是以人人平等为前提的。即使他明白西方各国"今日之文明富庶"皆赖于依法治国，但仍然要将法治拒斥在国门之外。他甚至批评说："求宪法于西国，是弃祖父膏腴之业而不耕，而甘行乞于市，以求延残喘也。"④这是刘光蕡对先进性认识的局限，同时也是"时用"之域的不足。

"中体时用"，质而言之，即晚近以来中国倡行的"中体西用"。就"中体西用"的意涵来看，"中"主要指中国传统的价值体系，而"西"指西方科技方面的知识。⑤中体时用之学中的"中"与之相同，而其中的"时"与"西"也相同。尽管刘光蕡"时用"的表达比"中用"高明，但二者的内容并没有什么不同。

"中体西用"受到学界诟病的最大原因是"中"与"西"之间并不存在体用关系。严复认为以"中"为体而求"西"之用，无异于强求"牛之体"具备"马之用"，即"体用者，即一物而言之也。有牛之体，则有负重之用；有马之体，则有致远之用。未闻以牛为体，以马为用者也"⑥。这明确指出中国传统的价值体系与西方自然科学知识之间并不存在体用关系。"中体时用"既然本质上是"中体西用"，自然也不免存在这种割裂体用的不足。在刘光蕡看来，"由体已达用"⑦，只要有"实体"自然也就有"作用"，但却没有关注到体与用之间严格的对应关系，以至于造成中体时用之学存在方法之维的严重不足。当然，这种不足是关学近代"体用全学"的普遍缺陷。与刘光蕡同时期的贺瑞麟也主张"明体所

---

① 刘光蕡：《刘光蕡集》，第 645 页。
② 刘光蕡：《刘光蕡集》，第 345 页。
③ 刘光蕡：《刘光蕡集》，第 138 页。
④ 刘光蕡：《刘光蕡集》，第 295 页。
⑤ 参阅杨国荣：《哲学的视域》，生活·读书·新知三联书店，2014 年，第 344 页。
⑥ 严复著，王栻主编：《严复集》第三册，中华书局，1986 年，第 558—559 页。
⑦ 刘光蕡：《刘光蕡集》，第 568 页。

以达用，此自然之理"①，但就其体用之学来看，依然是"牛之体"与"马之用"的牵强搭配。就体用方法而言，问题出现在他们割裂了体用，完全违背"体用一原"或者说"体用不二"的方法规范。

割裂体用是"体用全学"在建构方法之维存在的普遍缺陷。无论古代的明体适用之学，还是近代的中体时用之学，都普遍地运用割裂体用的体用方法来建构"体用全学"。这种方法之维的缺陷其实是思维定式的表现。具体而言，明体适用之学以德为体而以才为用，中体时用之学从表面来看是以儒学为本位而以西学为致用，其实质是以德性为体而以理性为用。总而言之，是将道德设置为本体。众所周知，道德本位是儒学最基本的特色，那么，以道德为本体恰恰体现的是儒学的本色。换言之，如果要维系儒学，就不能不以道德为本体。由此可见，刘光蕡力倡"开民智"，但还是坚持"理性情为本，智慧次之"②，即德性为本而理性居其次，原因就在于"以道德为本"③是儒学最基本的要求，对此儒者普遍自觉。但是将道德设置为本体，在体用之维就不免将理性及知识下放到道德之"作用"的地位。可见，割裂体用的方法缺陷其实是道德本位在方法之域的表现。这也说明，割裂体用不只是关学"体用全学"的不足，也是儒家建构体用之学所存在的通病。

"体用全学"分为古代的明体适用之学和近代的中体时用之学，二者既存在相同之处，也存在差异。相同方面：就其内容来看，二者都将儒学划分为"道德之学"和"经济之学"，前者都是恪守儒家的价值体系，而后者则是根据时代的需要来填充"经济之学"的内容；就其方法来看，二者都运用割裂体用的体用方法建构"全学"。不同之处主要是"经济之学"的内容存在差异，明体适用之学主要提倡的是中国固有的政治、教育、军事方面的知识，而中体时用之学则主要倡导的是西方的经济、军事、科技等领域的知识。就二者的关系而言，中体时用之学是明体适用之学在近代的发展。具体而言，关学学者根据时代要求，立足"体一而用万"④的原则，拓展乃至更新了明体适用之学中"经济之学"的内容，遂发展出中体时用之学。古代的明体适用之学和近代的中体时用之学共同构成了

---

① 贺瑞麟：《贺瑞麟集》上册，第423页。
② 刘光蕡：《刘光蕡集》，第68页。
③ 李颙：《二曲集》，第25页。
④ 刘光蕡：《〈桂学问答〉跋》，第130页。

关学的"体用全学"。

"体用全学"是对儒家"内圣外王之学"的继承和发展，恪守并弘扬了原儒的学旨。就内容而言，"体用全学"既包括"道德之学"，也包括"经济之学"，前者是对儒学有关"圣"之内容的发展，后者则是对有关"王"之内容的发展。就方法而言，"体用全学"在"道德"与"经济"乃至"道德之学"与"经济之学"之间搭建体用关系，这是对"圣"与"王"之间的"内外"关系的发展。可见，"体用全学"发展了"内圣外王之学"，具有重要的理论价值。如果说"内圣外王之学"体现了原儒"修己治人""成己成物"的基本为学旨趣，那么，"体用全学"无疑继承并弘扬了这种原儒宗旨。可见，对儒学而言，"体用全学"理论具有十分重要的学术价值。

"体用全学"是对秦汉以来儒家恢复原儒教旨的实现。秦代焚书坑儒，儒家的"全学"从此割裂，即荀悦所谓的"秦之灭学也，书藏于屋壁，义绝于朝野。逮至汉兴，收摭散滞，固已无全学矣"[①]。自此以降，儒者便力图恢复儒家的"全学"。但是对寄寓在"六经"中的"圣人之道"，"汉儒得其制数，失其义理"。[②]嗣后，隋唐之儒亦复如是。正是有见于此，张载树立"为往圣继绝学"的志向，并最终提出建构"合体与用"之"全学"的理想。自此以后，关学学者自觉而积极恢复儒家的"全学"，而最终以体用方法建构成儒家的全学——"体用全学"。就儒学史之维来看，"体用全学"具有重要的学术地位。

当然，"体用全学"并不只是对原儒"全学"的恢复，更是重构了儒家的"全学"。因为它内含崭新的体用方法，而并非原儒的内外本末方法。再者，以体用方法重构儒家"全学"是关学的特色，因为关学以外的其他宋明新儒学学派没有这种自觉和传承。正是在运用体用方法重建儒家"全学"的过程中形成了关学丰富多样的体用之学，从而形成了关学特有的理论形态——"体用全学"。就此而言，关学也可以称为"体用全学"，简称"全学"。

---

① 荀悦撰，黄省曾注，孙启治校补：《申鉴注校补》，中华书局，2012年，第95页。
② 戴震：《戴震集》，上海古籍出版社，2009年，第189页。

第四章 关学精神——『崇实致用』

第四章 关学精神——"崇实致用"

关学精神，既指关学学者所共有的精神，也指关学理论所蕴含的精神。前者是后者的精神实体，后者是前者的理论表现，二者相统一。学人研究发现，关学精神不但内容丰富，而且层次多样。① 但是在这些关学精神中，"崇实致用"是最基本的精神。

"崇实致用"是"崇实"和"致用"的合称。"崇实"和"致用"是关学学者普遍具有的治学精神。就前者而言，张载为学主张"敦实""务实""笃实"，吕大临治学提倡"崇实"；有明一代，薛敬之为学提倡"着实"②，吕柟治学倡导"务实为要"③，马理"务为笃实之学"④，冯从吾主张"君子务实"⑤；迨清代，王建常为学提倡"笃实"，王弘撰强调学问要有"切实之诣"⑥，李颙治学主张"一味务实"⑦，刘光蕡为学倡导"求实"⑧。就后者而言，张载为学提倡"求致用"⑨；元代的萧㪺强调学问要"务见实用"⑩；有明以降，王恕主张学问应"施为实用"⑪，马理认为学问应当"有博济之用"⑫，吕柟提倡"穷经以致用"⑬，冯从吾批评儒者"骋空谭而鲜实用"⑭，王徵批评"学术

---

① 赵馥洁认为关学精神体现在多个方面，即"立心立命"的使命意识、"勇于造道"的创新精神、"崇德贵礼"的学术主旨、"经世致用"的求实作风、"崇尚节操"的人格追求和"博取兼融"的治学态度。（见赵馥洁：《论关学的基本精神》，载《西北大学学报》2005 年第 6 期，第 6—11 页；《关学精神论》，第 6—19 页。）

② 薛敬之：《思庵野录》，第 41 页。
③ 吕柟：《吕柟集·泾野子内篇》，第 17 页。
④ 永瑢等：《四库全书总目》，第 1575 页上。
⑤ 冯从吾：《冯从吾集》，第 118 页。
⑥ 王弘撰：《王弘撰集》下册，第 1015 页。
⑦ 李颙：《二曲集》，第 201 页。
⑧ 刘光蕡：《刘光蕡集》，第 232 页。
⑨ 张载：《张载集》，第 74 页。
⑩ 萧㪺：《勤斋集》，第 217 页。
⑪ 王恕：《王恕集》，第 480 页。
⑫ 马理：《马理集》，第 175 页。
⑬ 吕柟：《吕柟集·泾野先生文集》下册，第 1092 页。
⑭ 冯从吾：《冯从吾集》，第 239 页。

漫无用处"①；迨清代，李颙主张"学为有用"②，王心敬批评儒者学而"无以致用"③，杨屾倡导"穷精致用"④，贺瑞麟批评儒者"学而不能致用"⑤，刘光蕡"为学专注实践，归依致用"⑥。总而言之，"崇实致用"是关学学者的普遍主张，是关学一以贯之的思想，是关学的基本精神。

"崇实"，指崇尚"实际"，一方面主张"崇实而卑伪"⑦，另一方面主张"课虚不如求实"⑧。就前者而言，"崇实"具体表现为提倡"实行"；就后者而言，"崇实"具体表现为倡导"实事"。"致用"，即学以致用，既强调学问自身"有用"，也强调学者对学问的"致用"。依此来看，关学的"崇实致用"精神包括五个方面，即学崇"实际"、学贵"有用"、学务"实行"、学重"实事"、学求"致用"。

一、学崇"实际"

"实际"，本是佛教术语，相当于"实相"，意谓宇宙人生的真相。对宇宙人生真相之探索而形成的结论，就是宇宙观和人生观。宇宙观也叫世界观，是人们对世界的基本看法和观点；而人生观是人们对人生的根本看法和观点。前者是后者的理论基础，决定着后者；后者是前者在人生之域的具体表现，体现着前者。

关学对宇宙人生真相的自觉探索，始于张载对"释氏语实际"⑨的批判。佛教所谓的"实际"，指"真如""佛性"。张载不认同佛教的这种世界观和人生观。尤其见到佛教的世界观和人生观对社会具有较大的负面影响，他决定重新探索"实际"，为世人确立正确的世界观和人生观，即"横渠四句"中所谓的"为

---

① 王徵：《王徵集》，第147页。
② 李颙：《二曲集》，第492页。
③ 王心敬：《王心敬集》下册，第619页。
④ 杨屾：《豳风广义》，第19页上。
⑤ 贺瑞麟：《贺瑞麟集》上册，第111页。
⑥ 刘光蕡：《刘光蕡集》，第276页。
⑦ 吕柟：《吕柟集·泾野先生文集》上册，第517页。
⑧ 刘光蕡：《刘光蕡集》，第227页。
⑨ 张载：《张载集》，第65页。

天地立心，为生民立道"①。

张载关注"实际"的为学取向，被后来的关学学者普遍继承，不过他们更关注"做人实际"。具体而言，他们关注的是人"身安命立之实际"②，围绕此话题而展开了对人"本性之实际"、"存心底实际"以及"死生底实际"的探讨，最终形成了关学有关宇宙和人生的相关看法。关学学者对"实际"的关注和研究，使关学具有"学求实际"的理论特色，更使关学具有"崇实致用"的基本精神。

1. 宇宙"实际"

张载生活的北宋，佛教盛行，受佛教的世界观和人生观的影响，社会出现了比较严重的鄙弃人伦和抛弃世务的现象。弃人伦而不修，绝世务而不务，必然阻碍社会的正常发展。张载正是站在这种立场上来揭示"释氏语实际"的严重缺陷，进而教导世人确立正确的世界观和人生观。

张载认为，佛教对人生以及世界的看法是，"其语到实际，则以人生为幻妄，以有为为疣赘，以世界为荫浊，遂厌而不有，遣而弗存"③。这是说佛教的人生观是虚无的人生观，而这种虚无的人生观以虚无的世界观为基础。具体而言，佛教认为人生如幻如妄，缺乏真实性，故而消极对待人生。佛教之所以如此看待人生，是因为其将世界视为非真实的存在。而佛教将世界视为非真实存在的根本原因，诚如张载弟子范育所说："浮屠以心为法，以空为真。"④针对前者，张载批驳佛教世界观的同时，提出"虚空即气"的命题；针对后者，张载批驳佛教世界观的同时，提出"凡物莫不有是性"的命题。

"以心为法"是佛教对世界的基本看法。天台宗认为"一切诸法，皆由心生"；华严宗主张"三界所有法，唯是一心造，心外更无一法可得"；唯识宗主张"三界唯心，万法唯识"；禅宗主张"心者，万法之根本也"；等

---

① 张载"横渠四句"中的"为生民立道"被后世普遍表述为"为生民立命"。学界一般认为，这主要是受《宋元学案》将"为生民立道"改易成"为生民立命"的影响。但南宋学者周密所撰《志雅堂杂钞》引用"横渠四句"时，已有"为生民立命"的表达。（参阅姜广辉：《走出理学——清代思想发展的内在理路》，辽宁教育出版社，1997年，第55—56页。）

② 李颙：《二曲集》，第144页。

③ 张载：《张载集》，第65页。

④ 《正蒙·范育序》，见《张载集》，第5页。

等。^①总而言之，佛教认为宇宙万物不具有实在性，即宇宙万物是"虚空"；而只有"真如""佛性"才是宇宙万物的根本，也就是只有意识才是宇宙万物的根本。诚如《金刚经》所说："一切有为法，如梦幻泡影，如露亦如电，应作如是观。"既然宇宙万物都如同泡影，而不具有真实性，那么，人对宇宙万物的追求就如同梦幻，而缺乏基本的意义。

张载不认可佛教将宇宙万物归之于"虚空"的观点，并予以严厉批评。他说："释氏不知天命而以心法起灭天地，以小缘大，以末缘本，其不能穷而谓之幻妄，真所谓疑冰者与！"^②在张载看来，佛教认为宇宙万物不具有实在性，因为佛教以"心"为本、为大，而世界反而成了末、成了小。非但如此，世界的存在以及变化甚至被视为心的起灭。质而言之，心是实在的，是"实有"；而世界是非实在的，是"虚空"。张载认为佛教对世界的看法完全是颠倒之见，根本不可能认知世界。基于这种认识，他批评佛教对世界的认识是庄子所谓的"夏虫不可以语于冰者"^③，存在无法克服的严重局限；而要正确地认识世界，必须重新建构世界观。

张载在批判佛教"虚空"世界观的同时，积极建构"虚空即气"（或"太虚即气"）的世界观。这里的"虚空"其实是"无"，指感官无法感知的事物。张载认为经验界的"虚空"并不是什么都不存在，只是由于人的感官无法感知而显得不存在。那么，看似虚无的存在到底是什么？张载回答说是"气"，即他所谓的"太虚无形，气之本体"^④。太虚作为气的本然状态即"太虚之气"^⑤，是构成宇宙万物最基本的质料，是实实在在的客观存在。但由于"太虚无形"或者说"太虚无体"^⑥，即太虚是形而上的存在，人的感官无法感知，从而呈现给人以"虚空"。但看起来什么也没有的"虚空"本质上是气，是实实在在的客观存在，这就是"虚空即气"。

张载认为气是宇宙万物的根本。他说："太虚不能无气，气不能不聚而为万

---

① 参阅姜国柱：《张载的哲学思想》，辽宁人民出版社，1982年，第136—138页；姜国柱：《张载关学》，第227—229页。
② 张载：《张载集》，第26页。
③ 《庄子·秋水》。
④ 张载：《张载集》，第7页。
⑤ 张载：《张载集》，第231页。
⑥ 张载：《张载集》，第11页。

物，万物不能不散而为太虚。"①这样来看，宇宙万物只不过是气的不同存在状态而已。具体来看，气聚集起来形成宇宙万物，宇宙万物消亡，返回气散的状态，即"虚空"。有学人研究认为，在张载的关学话语中，气有两种状态，即本然状态的气和实然状态的气。前者是宇宙万物的根本，即"太虚之气"，是形而上的存在；后者是构成事物的具体质料，即"实然之气"，是形而下的存在。气是形而上与形而下相统一的存在，也是本然与实然相统一的存在。②

张载将气视为宇宙本原，是想从根本上反对佛教"以心生法"的观点。他明确地说"知太虚即气，则无无"③，即只要认识到虚空的本质是气，就明白经验界并不存在虚空。如果说感官可以直接感知的事物是"明"是"显"的话，那么，感官不能直接感知的事物就是"幽"是"隐"。这就是张载说的"因明而知之，非明则皆幽也"④。然而人感官之维的明幽之别和隐显之分，其实是对气之聚散的反映，因为"显其聚也，隐其散也"⑤。基于这种认识，张载批评"诸子浅妄，有有无之分"⑥。既然经验界的事物由气构成，而且虚空本质上也是气，那么，世界就不是虚无的，而是实在的。无论形而上的太虚之气，还是形而下的质料之气，都是不以人的主观意志为转移的客观存在。人的感官即使没有感知到气，气也依然存在。就此来看，张载确立了世界的物质第一性，与佛教将世界万物归结于意识截然相反。

就宇宙论来看，张载"太虚即气"的观点被后来的关学学者普遍继承。他们都认为："太虚、人物，实一体也。太虚之气，不得不聚而为人物；人物之气，不得不散而为太虚。"⑦关学既然承认世界的物质性，自然也就认为世界是实在的。简言之，关学对宇宙"实际"探索的结果之一是：宇宙是实在，而并非虚无。

"虚空即气"只能有效说明世界的实在性，而不能说明世界的真实性。因为"虚空即气"主要被张载用来驳斥佛教的"以心为法"，而不是"以空为真"。

---

① 张载：《张载集》，第 7 页。
② 参阅张岱年：《中国哲学大纲》，第 115—116 页；陈来：《宋明理学》，生活·读书·新知三联书店，2011 年，第 66—67 页。
③ 张载：《张载集》，第 8 页。
④ 张载：《张载集》，第 182 页。
⑤ 张载：《张载集》，第 190 页。
⑥ 张载：《张载集》，第 200 页。
⑦ 吕柟：《吕柟集·泾野先生文集》上册，第 573 页。

对后者的驳斥，张载主要运用"万物皆有理"①的命题。正是在对"凡物莫不有是性"的阐发中，张载有效地说明了世界的真实性。

佛教认为宇宙万物都假而非真，是因为万物都没有本质属性（"自性"）。如果一定要说客观事物具有本质属性，那这个本性只能是"空"，即"性空"。这就是张载所谓的佛教"以空为真"。众所周知，佛教有"万法皆空"的基本观点。这里的"空"就是"性空"，而不是经验层面的"虚空"。佛教的这种观点以"缘起性空"理论为前提。所谓"缘起性空"，是说宇宙万物都是由因缘和合而成的，自身并没有本质属性。在佛教看来，宇宙万物无不由地、水、火、风四种基本物质因素——"四大"构成。基于这种认识，佛教运用物质还原的方法将宇宙万物统统解构为"四大"，从而否定事物自身的本质属性，这就是"缘起性空"。非但如此，佛教进而将"四大"自身的实在性归结于"真如""佛性"，即"四大皆空"。可见，佛教之所以主张"万法皆空"，根本目的依然是要将"真如""佛性"确立为宇宙万物的根本。但就"缘起性空"来看，佛教坚决认为宇宙万物都是各种条件凑合成的假象，不具有真实性。

张载站在儒家立场，认为佛教将佛性视为万物的本性不正确。《中庸》说"天命之谓性"，那么性就是事物先天所固有的，是客观的存在。但佛教将"天命之性"视为"性空"，而将"佛性"当作万物的本性，这与儒家对性的看法完全冲突。故而，张载将之称为"释氏妄意天性"②。在关学学者看来，佛教所谓的性与儒家主张的性完全不同。冯从吾指出："彼所云性，乃气质之性，'生之谓性'之性；吾所云性，乃义理之性，性善之性。"③这是说佛教所谓的性是生理之性，是人的生理功能；而儒家所谓的性是义理之性，是人的道德性。之所以具有这种差别，是因为对于"性"，"吾儒以理言"，而"佛氏惟以能知觉运动的这个言"。换言之，儒家所谓的性本质是理，而佛教所谓的性本质是人的知觉。刘绍攽一针见血地指出"渠所谓性，吾所谓知觉"。佛教将佛性等同于知觉，而不承认天理的存在。正是由于佛性的这种特点，张载批评佛教"不知穷理"④。

张载反对佛教的"缘起性空"观念。佛教认为宇宙万物都是因缘和合而成，

---

① 张载：《张载集》，第321页。
② 张载：《张载集》，第26页。
③ 冯从吾：《冯从吾集》，第45页。
④ 张载：《张载集》，第26页。

并不存在本质属性,如果一定要说万物具有本质属性的话,那么这种本质属性也只能是"空"。简言之,万物"性空"。佛教对事物本性的这种看法被张载称为"释氏之言性"①。在张载看来,"释氏之言性"的根本特点是"彼以性为无"②,即不承认万物具有本质属性。显见,张载对佛教"缘起性空"的认识非常深刻。基于这种认识,他提出"凡物莫不有是性"③命题彰显事物本质属性的客观性,进而反对佛教的"缘起性空"。

张载认为宇宙万物都有其本质属性。他说"凡物莫不有是性",是说事物都具有使其成为其自身的属性,即本质属性是客观存在。这种本质属性对人而言,就是"人之性",简称"人性";对物而言就是"物之性",简称"物理"。无论是"人性"还是"物理",都是客观而永恒的存在。性不但是客观的存在,还是普遍的存在。具体来看,经验界的万物具有性,构成万物的质料之气具有性,超验的"太虚之气"也具有性。用张载的话语表达,那就是"有无虚实通为一物者,性也"④。同时,性还具有永恒性。这是因为性的本质是道或理,即张载所谓"性即天道"或者"天道即性"。就理而言,"万物皆有理"⑤;就道而言,"通万物而谓之道"⑥。总之,道或理是客观存在,那么,性自然也是客观存在。

就本体论来看,"凡物莫不有是性"不只是张载的观点,也是关学的普遍观点,更是宋明新儒学的普遍观点。性与道的关系是:道是性的超验存在,而性是道的内在存在。所谓内在,即内在于人为人性,内在于物为物理。这是中国哲学"本体"的特性——"超越而内在"。这就不难理解张载为何习惯于使用"性与天道"这样的表达。"性与天道"作为宇宙万物的根本属性是客观存在,从而确保了宇宙万物的真实性,这是关学探索宇宙"实际"的另一个重要结果。

宇宙万物不但都是客观存在,而且都各有其本质属性,这就是宇宙的"实际"。宇宙万物的实在性,张载通过"虚空即气"来阐发;而宇宙万物的真实性,张载通过"凡物莫不有是性"来论述。这两个命题不但有效反驳了佛教的"以法为心"和"以空为真"观点,而且揭示了佛教徒"明不能尽,则诬天地日

---

① 张载:《张载集》,第242页。
② 张载:《张子全书》,第241页。
③ 张载:《张载集》,第374页。
④ 张载:《张载集》,第63页。
⑤ 张载:《张载集》,第321页。
⑥ 张载:《张载集》,第64页。

月为幻妄"①的错误认识和错误做法,进而批判了佛教虚无世界观的非正当性。更重要的是,"虚空即气"思想不但为人们树立正确的世界观提供了可靠的理论依据,而且为人们树立正确的人生观提供了坚实的理论基础。

2. 人生"实际"

世界观是人生观的理论基础,人生观是世界观在人生之域的具体表现。依此来看,佛教的世界观是虚无世界观,其倡导的人生观必然是虚无人生观。具体而言,佛教视"世界乾坤为幻化"②,看待人生也必然"以人生为幻妄"。张载认为在佛教这种虚无人生观指导下生活的人,才是名副其实的"如梦过一生"③。所以,他纠正这种虚无人生观,而重新探索人生"实际"。嗣后,关学学者普遍承续张载而继续探索人生"实际",最终形成了关学重视"做人实际"④的理论特色。

关学对人生观的探索比较关注死亡哲学问题。张载认为佛教"必谓死生转流,非得道不免"⑤,借此诱导人们纷纷信奉佛教,最终阻碍社会的正常发展。有见于此,他将"人伦所以不察,庶物所以不明,治所以忽,德所以乱"⑥的不良社会现象统统归咎于佛教的轮回说。基于这种认识,张载探索人生"实际"便以生命的有限性为起点,而比较关注人"死生底实际"。后来的关学学者继承了张载探索人生"实际"的致思路径,从而使关学具有比较丰富的"死生之说"。但关学关注死亡哲学问题的目的是为人寻找"身安命立之实际"。

关学的"死生之说"强调死亡是人无法规避的自然现象。人必然走向死亡,这是人生无法改变的最终结局,其原因就在于构成人体的气不得不消散。诚如张载所说:"气之不可变者,独死生修夭而已。"⑦依此看来,"天地间岂有生而不死之理"⑧?所以,死亡作为无法改变的自然现象,是人生的必然结局。王弘撰明

---

① 张载:《张载集》,第26页。
② 张载:《张载集》,第8页。
③ 张载:《张载集》,第321页。
④ 张舜典:《鸡山语要》,第129页。
⑤ 张载:《张载集》,第64页。
⑥ 张载:《张载集》,第64页。
⑦ 张载:《张载集》,第23页。
⑧ 贺瑞麟:《贺瑞麟集》下册,第819页。

确指出，"夫死者，归也，必至之期也"①。具体来看，无论是圣人还是凡人，都必然会死亡，即"生之必有死，犹昼之必有夜，圣愚同然，古今一揆"②；人无论富贵还是贫穷，都必然会死亡，即"人谁不死，无论富贵贫贱，终有一死"③。总之，"人生百世终须死"④。死亡不可避免，这是人生亘古不变的道理。关学学者普遍倡导死亡是人生的常理：薛敬之说"生死者天地之常"⑤；吕柟和韩邦奇也有类似的表述，前者说"夫生死者，天道之常"⑥，后者道"夫死生修短，常理也"⑦；刘光蕡进而更为明确地说"人生必死，自然之运"⑧。死亡是人无法规避的自然现象，这是关学的基本观点。这种死亡观点体现出关学对待死亡抱持的是客观态度，关学思考死亡运用的是理性思维。

关学的"死生之说"反对灵魂不灭论。灵魂不灭论包括宗教的灵魂说和世俗的鬼神说，前者进而又可以划分为佛教的灵魂不灭说和耶教的灵魂不灭说。佛教的灵魂不灭说具体表现为佛教的轮回说。轮回说即佛教所谓的"生死轮回""六道轮回"，意谓一切有生命的东西如果不求"解脱"，则永远在天、人、阿修罗、畜生、饿鬼、地狱（即"六道"）间生死相续，没有终止。张载认为佛教所谓的"有识之死，受生循环"，纯属"妄见"。⑨韩邦奇批评轮回说是"释氏之教以伪"。即使轮回说之目的在于"将驱天下之人使之为善"，但在他看来，毕竟存在着欺骗性。故而，他认为"释氏以伪立教"，遂对佛教理论予以批判。⑩李元春认为佛教的"轮回之说"是其"贪生畏死"的理论表现，并批评轮回说"怀无厌之欲，害道惑世之甚者也"。⑪同样，关学学者也反对耶教的灵魂不灭说。⑫

---

① 王弘撰：《王弘撰集》下册，第 942 页。
② 李颙：《二曲集》，第 462 页。
③ 李颙：《二曲集》，第 309 页。
④ 王心敬：《王心敬集》下册，第 1090 页。
⑤ 薛敬之：《思庵野录》，第 63 页。
⑥ 吕柟：《吕柟集·泾野先生文集》上册，第 632 页。
⑦ 韩邦奇：《韩邦奇集》下册，第 1451 页。
⑧ 刘光蕡：《刘光蕡集》，第 631 页。
⑨ 张载：《张载集》，第 64 页。
⑩ 韩邦奇：《韩邦奇集》下册，第 1699 页。
⑪ 李元春：《李元春集》，第 241 页。
⑫ 不过，关学学者王徵例外。王徵接受耶教教义，认为"肉身与灵魂，合而为人"（见《王徵集》，第 200 页），并主张"身虽殁，形虽涣，其灵魂仍复能用之也"（见《王徵集》，第 177 页）。

刘光蕡否认"耶教之灵魂"的客观存在性；贺瑞麟认为："气聚则生，气散则死。死了又何知识？"[①]遂批评耶教的灵魂之说："近世邪教只养个虚灵之心，谓之灵魂，却说有天堂死后须归去，都是诳人语也。"[②]对于世俗的鬼神说，关学学者更是普遍不认可。不过，与对灵魂不灭说的批评不同，关学学者对鬼神说加以改造。关学自张载始即赋予鬼神新的内涵。张载说："神，申也；鬼，归也。"[③]"至之谓神，以其伸也；反之为鬼，以其归也。"[④]这是说："鬼"指构成万物之气的消散，万物归于消亡；"神"指气聚集而构成万物，万物生成。总之，鬼神强调阴阳二气聚散变化，神秘不可测。嗣后，关学学者对鬼神的理解，基本都受到张载"鬼神者，二气之良能也"[⑤]的影响。关学反对灵魂不灭说，也就否定了人的"再生""来世"。那么，人只有"此生""此世"，只有"一生一世"，这突出表现了生命的有限性。

关学的"死生之说"倡导人应当珍惜生命，因为人的生命是有限的。首先，关学批评人的"轻生"行为。所谓"轻生"，就是轻视自己的生命而贸然赴死。张载十分反对人的"轻生"行为，甚至批评说"今之妄人往往轻视其死"[⑥]。张载将"轻生"之人尤其是因违法犯罪而招致死刑之人斥责为"妄人"，足见其强烈反对人的"轻生"行为。基于对死亡的这种态度，关学激烈批评"佛氏以死为归真、生为幻妄"[⑦]的错误人生观。其次，关学批评导致人"枉死"的行为。所谓"枉死"，就是人本不应当死亡却死亡，这主要是针对执法者而言的。王心敬说"人命关天关地，故疑狱须慎，未可轻入人死"[⑧]，即司法机关不应轻易宣判人死刑，原因就在于生命诚可贵。所以，关学主张人"死不枉死"[⑨]。最后，关学批评道家的"达生死"态度。所谓"达生死"，是指"庄子妻死而歌，友死而歌，甚至母死不哀"那种对待死亡的冷漠态度。在冯从吾看来，"达生死者，谓不以己

---

① 贺瑞麟：《贺瑞麟集》下册，第909页。
② 贺瑞麟：《贺瑞麟集》上册，第269页。
③ 张载：《张子全书》，第380页。
④ 张载：《张载集》，第19页。
⑤ 张载：《张载集》，第9页。
⑥ 张载：《张载集》，第248页。
⑦ 韩邦奇：《韩邦奇集》下册，第1699页。
⑧ 王心敬：《王心敬集》下册，第870页。
⑨ 贺瑞麟：《贺瑞麟集》上册，第191页。

之生死动心，非不以人之生死动心也"①。这是说，所谓"达生死"，应该是当自己面临死亡时能保持平静安宁的心态，而并非冷漠地对待别人的死亡。需要说明的是，尽管关学强调人应当珍惜生命，但同时也批评贪生怕死的苟且偷生行径，而肯定追求正义的视死如归的牺牲行为。吕柟就指出"儒有视死如归之处"②，即儒家不乏牺牲精神。

关学的"死生之说"认为人的死亡本质上是理气离散。关学认为人是理气的结合体，对死亡的判定也应当以理气为依据。这个判定标准就是马理所谓的"反其理气之散而知其所以死"③，即人之死亡是理气分离。刘光蕡认可司马迁有关死亡的论断，即"凡人所生者神也，所托者形也。神大用则竭，形大劳则敝，形神离则死"④，这是说人的死亡是形神分离。不过，他又说："人得天地之理以为性，得天地之气以为形。性能常存而形必敝，性为神而形为器也。"⑤这样来看，形神分离的本质也是理气分离。综合来看，关学认为人之死亡是理气分离。需要注意的是，关学对人之死亡的界定并不是构成人之气与理的消亡，而只是二者的分离。这是为什么？如前所述，人是性与形的统一体，形由气构成，性的本质是理。由于人之为人的根本依据是性，而性是超越之理内在于人，那么，人的死亡就不可能是理的消亡，这是关学学者的普遍看法。具体来看，李颙说"气有聚散，理无聚散，形有生死，性无加损，知此则知生知死"⑥，这清楚地表明人之死亡是气散而性不亡；贺瑞麟认为"气虽有聚散而其理不随死而亡，盖性者万物之所同得，非有我之得私也"⑦，这同样清楚地表明人之死亡是气散而性不亡；李元春将之更简洁地表述为"身死而理不亡"⑧。其实，气也不会消亡，这就是关学学者为什么都说人之死亡是气散，而不说气亡。根本原因就在于"太虚之气"也是超越的存在，不可能消亡。韩邦奇说"阴阳之气，散而为隐，万有之死也"⑨，这是说仅就气而言，死亡是气由可见的实然状态返回到隐微的本然状态，气本身

---

① 冯从吾：《冯从吾集》，第530页。
② 吕柟：《吕柟集·泾野先生文集》上册，第514页。
③ 马理：《马理集》，第241页。
④ 司马迁：《史记》第10册，中华书局，1959年，第3292页。
⑤ 刘光蕡：《刘光蕡集》，第631页。
⑥ 李颙：《二曲集》，第478页。
⑦ 贺瑞麟：《贺瑞麟集》上册，第269页。
⑧ 李元春：《李元春集》，第715页。
⑨ 韩邦奇：《韩邦奇集》上册，第178页。

并没有消亡。总而言之，关学认为人之死亡是理气离散。

关学的"死生之说"认为死亡是人生重要的组成部分，人应当正确对待死亡。首先，关学认为死亡是人生的终点。王徵说："死，乃人之终也。"①这不只是说死亡乃人生的终点，还寄托着对人生尽善尽美的希望。其实，关学早在张载之时就认为"死生止是人之终始也"②。这是要求人们将死亡放置在整个人生中去看待：死亡虽然是人生的终点，但是这个终点却是经历了一定的过程而到达的，甚至其方向是由人生之始决定的。其次，关学主张人应当安详地直面自己的死亡。张载说："存，吾顺事；没，吾宁也。"③这是说人活着应当"顺理而行"，死时应当安宁平和。吕大临继承张载的观点，主张"顺吾生"而"安吾死"。④发展至清代，李颙则简明地主张"顺生安死"。所谓"安死""安吾死"，就是"临生死而不乱"，即内心宁静而态度安详。⑤最后，关学主张人应当积极迎接死亡，而不能消极地等待死亡。作为人生组成部分的死亡必然降临，这是毋庸置疑的事实。死亡何时降临？这却是一件难以确定的事。那么，人如何对待死亡的确定与不确定？贺瑞麟回答说："死虽变事不可预期，然今日做笃信工夫，直要办个至死不变、死而后已底志，方是若到死时，不能守死也。"⑥这是说：死亡不可预期也不必预期，人只要按照自己的理想每日努力奋斗即可，即使死亡明日到来，也没有什么遗憾的。人如果因为畏惧死亡而无所事事，这无异于等死。

关学的"死生之说"建议人们超越生命的有限性。关学探索"死生底实际"，目的是为人寻找"身安命立之实际"。不难看出，关学对死亡的认识有海德格尔"向死而生"的意向。孔子说"未知生，焉知死"，但关学探索死亡的致思路径却是"未知死，焉知生"。李颙明确地说，他探索死亡是想为人谋求"好散场"、寻找"好结果"，而之所以通过探索死亡来寻求，是因为"善始乃能善终，善生乃能善死"。⑦这其实是说，人死得有无价值取决于其活得有无价值，这正是"向死而生"的真谛。基于这种考虑，关学提倡人应当有意义地活着。如何

---

① 王徵：《王徵集》，第 200 页。
② 张载：《张载集》，第 183 页。
③ 张载：《张载集》，第 63 页。
④ 吕大临：《吕大临集》，第 476 页。
⑤ 李颙：《二曲集》，第 462 页。
⑥ 贺瑞麟：《贺瑞麟集》下册，第 773 页。
⑦ 李颙：《二曲集》，第 462 页。

才算活得有意义、有价值？关学的回答是"循理而行"，这同时也是超越生命有限性的方法和途径。吕大临认为"闻道而死，死而不亡"①。人只要生时掌握了道，死了也会达到老子所谓的"死而不亡者寿"。贺瑞麟说："人生斯世，求不愧道，谁能不死，又何悲！"②人之所以直面死亡而不悲伤，是因为其活得很有价值。但问题是人一生如何才算是"循理而行"？王恕回答说："生不违道，死能全节，此人之所难，世之所重。是人也，虽死犹生，令名无穷焉。"③人在活着的岁月中，做到事事"循理而行"，死亡之时，其死也做到"循理而行"，这才算一生"循理而行"。这里还有一个问题：为什么"循理而行"能够超越生命的有限性？这要从人的本性说起。人的本性是道，"循理而行"就是以人的状态存在，是真正的人，能够彰显人性的光辉，成为当世以及后世的道德模范。诚如王弘撰所说："道德可贞，翰墨有永，浩然之气长存于宇宙之间也。"④当然，超越生命的有限性不能只依靠德行，还需要有服务大众的行为和事迹。萧斗说："为儒有二，为人为己，生死岐兮。"⑤这是说儒者当中，既有大公无私而服务大众者，也有自私自利而满足自我者，前者虽死犹生，后者虽生犹死。冯从吾更是严厉批评那些"只是要自家讨便益，讨受用，不管别人死活"⑥的学人，认为这些人活着丝毫无益于社会。可见，只有服务大众而有益于社会的人，才会"生而人爱之，死而人惜之，虽年不永，犹永也"⑦。这就是超越生命的有限性。

关学崇尚"实际"既表现在探索宇宙"实际"，也表现在探索人生"实际"。就前者而言，关学以"太虚即气"命题确立了宇宙万物的实在性，以"凡物莫不有是性"命题确立了宇宙万物的真实性，从而确立了正确的世界观。就后者而言，关学通过对人"死生底实际"的探索，指出"做人实际"是"循理而行"，最终确立了正确的人生观。综合来看，崇尚"实际"完成了关学"为天地立心，为生民立道"的学术使命。

无论是世界观还是人生观，都属于价值观。那么，崇尚"实际"自然也是一

---

① 吕大临：《吕大临集》，第408页。
② 贺瑞麟：《贺瑞麟集》上册，第514页。
③ 王恕：《王恕集》，第7页。
④ 王弘撰：《王弘撰集》下册，第1047页。
⑤ 萧斗：《勤斋集》，第22页。
⑥ 冯从吾：《冯从吾集》，第214页。
⑦ 王弘撰：《王弘撰集》下册，第942页。

种价值观。崇尚"实际"作为价值观，其基本特点用关学话语表达，那就是"吾儒经世而能出世"①。这种价值观主张在现实中追求超越，通过现象体察本体，依靠凡人成就圣人。关学学者对这种价值观非常自觉，比如王心敬就说："世岂有脱俗之人？即我先师孔子，亦俗中人耳。但是身在俗中，而此心独能不泊流俗，事事依天理而行，念念奉天理为则。即脱俗不出随俗之外，而存心自在随俗之中。"②这是依靠凡人成就圣人的典型话语，也是关学崇尚"实际"的价值观的体现。

关学崇尚"实际"的价值观，就儒学的思想渊源来看，源于《中庸》的"道高妙而极中庸"。这也就是说，关学继承了原始儒家的基本价值观。如果说儒学以价值体系为核心，并以价值观来凸显儒家文化的特征，③那么关学崇尚"实际"的价值观就不仅彰显了关学的基本特色，也彰显了儒学的基本特征。依此来看，关学是最能体现原儒精神的宋明新儒学。

二、学贵"有用"

学贵"有用"是关学"崇实致用"精神的基本内容，也是关学的显著特征。学贵"有用"也称学贵"实用"，即学问应当具有使用价值或应用价值，强调学问的有用性或实用性。学贵"有用"是学求"致用"、学务"实行"和学重"实事"的理论前提。具体而言，只有学问自身具有使用价值，才可能被运用或应用，即"求致用"；才会进而强调其被实践得笃实与敦实，即"实行"；才会最终在实践中转化成实实在在的事情，即"实事"。可见，学贵"实用"是关学学者对儒学最基本的理论要求，也是关学学者建构"体用全学"的基本学术态度。

学贵"有用"既是关学一贯的为学态度，也是关学一贯的治学要求。关学自张载始就主张"学贵于有用"④。具体来看，张载不但要求学问要"切于用"⑤，

---

① 张舜典：《鸡山语要》，第123页。
② 王心敬：《丰川续集》，第409页上—409页下。
③ 参阅杨国荣：《善的历程——儒家价值体系研究》，中国人民大学出版社，2012年，第1页。
④ 程颢、程颐：《二程集》，第1196页。
⑤ 张载：《张子全书》，第316页。

而且要实而行之以"见其用"①。金元之时,萧斅主张学问应当"足以应务适变,有用于世"②,而且人应当践行其学而使学问"务见实用"③。有明一代,前有王恕强调学问应"施为实用"④;中有马理提倡学问"有博济之用"⑤,吕柟主张学问"可以应用"⑥,杨爵认为学问要"应用当其可"⑦;后有冯从吾批评儒者"骋空谭而鲜实用"⑧,王徵批评"学术漫无用处"⑨。至清代,前有李颙倡导"务为有用之学"⑩;中有王心敬提倡"有用之学"⑪而反对"学问无实用"⑫,杨屾倡导"学贵实用"⑬,李元春强调"学者自当为用世之学"⑭;后有柏景伟主张"讲求实用"⑮,贺瑞麟倡导"有用道学"⑯。迨民国期间,刘光蕡的弟子陈涛依然倡导"学求有用而已"⑰。显见,学贵"有用"是关学自始至终提倡的治学态度和为学要求。

学贵"有用"的核心是学问要"适用"。所谓"适用",就是学问能够适应时代要求,满足时代需要。这就是张载所谓的"惟义所适,惟时所合"⑱。就关学文献来看,"适用"最早由吕大临提出,他所说的"适用"就是"适于实用"⑲,这是他对儒学的基本要求。李复也主张学问"可适于用"。金元之时,萧斅明确提倡"学必适用"⑳。从此,"适用"成了关学对儒学的基本要求。具

---

① 张载:《张载集》,第226页。
② 萧斅:《勤斋集》,第170页。
③ 萧斅:《勤斋集》,第217页。
④ 王恕:《王恕集》,第480页。
⑤ 马理:《马理集》,第175页。
⑥ 吕柟:《吕柟集·泾野子内篇》,第74页。
⑦ 杨爵:《杨爵集》,第9页。
⑧ 冯从吾:《冯从吾集》,第239页。
⑨ 王徵:《王徵集》,第147页。
⑩ 李颙:《二曲集》,第177页。
⑪ 王心敬:《王心敬集》下册,第821页。
⑫ 王心敬:《王心敬集》下册,第812页。
⑬ 杨屾:《豳风广义》"题辞",第19页上。
⑭ 李元春:《李元春集》,第393页。
⑮ 柏景伟:《沣西草堂文集》,第15页b。
⑯ 贺瑞麟:《贺瑞麟集》上册,第118页。
⑰ 陈涛:《南馆文钞》,民国十三年(1924)铅印本,第22页a。
⑱ 张载:《张载集》,第74页。
⑲ 吕大临:《吕大临集》,第760页。
⑳ 萧斅:《勤斋集》,第32页。

体来看，吕柟强调学问要"实而适于用"①，李颙认为"明体而不适于用，便是腐儒"，王心敬认为"终身学而不适于实用，非口耳章句之学，即情识意见之学"②，刘绍攽反对学问"莫适于用"③，刘光蕡甚至认为"空谈而不适于用，其弊当甚于八股"④。

怎样才能确保学问"适用"？刘光蕡答"因时变学"⑤。他说："夫学将以治万世之天下，岂能拘执一法，而强以应万世之变哉？则必因时制宜，与世推移，而后不穷于用。故学于古者，必以身所值之时习之，习之而得古人之法之意，则准之以应当时之变，然后推行无弊。"⑥学问要具有适用性，学问建构者必须具有自觉的"因时制宜"意识。在建构学问之时，能够直面时代问题，把握时代脉搏，使学问具有反映时代精神的品质，这样学问就具有适用性。就关学的"体用全学"形态而言，古代关学之所以会呈现为明体适用之学，是因为"道德为人所需"而必须提倡"明体"，"经济为人所需"而必须提倡"适用"。近代关学之所以会表现为中体时用之学，是因为刘光蕡认为"伦理学者，所以迪民志使知有公利也；科学者，所以扩生利之具也"⑦。前者是中国固有的道德伦理；后者是西方科学技术，但仍被视为"经济之学"。总而言之，关学"体用全学"的实用性主要体现为"道德、经济之实"⑧。

1. "道德之实"

"道德之实"，即关学在道德之维的实用性，也就是关学具有帮助人们认知德性进而形成德行的使用价值。关学之所以具有"道德之实"，是因为其"体用全学"包含"道德之学"⑨。关学的"道德之学"，就现代的学科分类来看，广泛涉及哲学、心理学、伦理学和宗教学等多个学科的知识。换言之，关学的"道德之学"是一个横跨多个学科的广泛论域。

---

① 吕柟：《吕柟集·泾野先生文集》上册，第493页。
② 王心敬：《王心敬集》下册，第819页。
③ 刘绍攽：《皇极经世书发明》，第397页下。
④ 刘光蕡：《刘光蕡集》，第148页。
⑤ 刘光蕡：《刘光蕡集》，第646页。
⑥ 刘光蕡：《刘光蕡集》，第405页。
⑦ 李岳瑞：《墓志铭》，见《刘光蕡集》，第281页。
⑧ 李颙：《二曲集》，第485页。
⑨ 薛敬之：《思庵野录》，第35页。

"道德之学"的哲学之域。关学自张载始就将"性与天道"作为关学探讨的基本命题。这个命题是典型的中国哲学命题,甚至有学人将之视为中国哲学独特性的体现。[①]张载认为"圣人语性与天道之极"[②],那儒者自然也应当探讨"性与天道"。不过,他更关注的是体认"性与天道"。如何体认"性与天道"?张载提出三种方法:第一是"默识",即"默然以达于性与天道"[③];第二是"守礼",即"今学者下达处行礼,下面又见性与天道"[④];第三是"存诚",即"性与天道合一存乎诚"[⑤]。析而言之,天道追问的是世界的普遍原理,是纯粹的形而上问题;性侧重于"人之性",追问的是人生的普遍原理。那么,"性与天道"就追问的是宇宙人生的一般原理,探讨的是纯粹的哲学问题。再者,就性与天道的关系来看,是内在与超越的关系。具体来看,张载说"性即天道"或"天道即性",即性本质上就是天道。性与天道也有区别,即性是经验的存在,要么是"物之性",要么是"人之性";而天道是超验的存在,是独,是一。综合来看,性是天道的内在化,天道是性的超越化。这体现的是中国哲学本体的"内在—超越"特性,标志着中国哲学的民族特性。关学关注的"性"是"人之性",而天道是"人之性"的终极依据。尽管在张载之后,关学对于天理的内在表现有"性即理"与"心即理"的分化,但天理仍然是人之为人的终极依据。我们知道,关学的宗旨是"学以成人",而"学以成人"宗旨正是关学围绕"性与天道"命题探讨的结果,这反映出关学的核心是哲学。就"性"即"德性"来看,关学是道德哲学;就"所行即是道"来看,关学是实践哲学。再者,就关学的理论形态而言,"道德之学"是"体用全学"的核心,而"道德之学"是哲学,因此,关学的核心就是哲学。那么,我们可以说关学的核心是哲学,而这种哲学主要是道德哲学,是实践哲学。

"道德之学"的心理学之域。关学对"人之性"的探索广泛地涉及心理学知识,既有涉及动机心理学的"志",也有涉及生理心理学的"欲",还有涉及情感心理学的"情",等等。这里只分析关学中非常重要的"志"、"欲"和

---

① 参阅杨国荣:《哲学引论》,高等教育出版社,2015年,第23—25页。
② 张载:《张载集》,第8页。
③ 张载:《张载集》,第45页。
④ 张载:《张子全书》,第88页。
⑤ 张载:《张载集》,第20页。

"情"三个范畴。

首先,"志"在关学话语中指志向和意志,前者是人向往的方向,后者是人朝此方向努力的决心和毅力。吕大临说"志者,心之所之也"①,这里的志即志向;张载强调"志坚",因为在他看来,学者学问无成,"惟患学者不能坚勇"②,这里的志即意志。就志向而言,关学自张载始就主张立"正志",王心敬更是强调"立志须立正志"③。所谓"正志",就字面意思来看,就是既正确又远大的志向;就具体内容来看,则如王心敬所说,"士不可不以圣贤为志,而这志亦必是出于希圣希贤、仁为己任的正道理、正念头,然后算得士之本心,始叫得个志"④,即成就儒家推崇的圣贤。其实,这是引导人们树立儒家所提倡的人生观。志向一旦确立,就要意志坚定地坚持追求以至最终实现这种志向,即张载所谓的"志坚",而这种意志坚强的志向被同恕称为"坚悫笃实之志"⑤。

其次,关学文本中的"欲"指欲望,即人想达到的某种目的。关学学者普遍认为欲望是人之本能,从"生之谓性"的视域来看,欲望也是"人之性"。那么,"'欲'者,人之所不能无也"⑥。就此来看,人甚至可以被视为欲望之存在,即刘光蕡所谓的"人,有欲者也"⑦。正是基于这种认识,张载批评盲目地提倡"存天理,灭人欲",他还特别强调:"饮食男女皆性也,是乌可灭?"⑧即人类对食物和性爱的欲求也是"人之性",无法灭除。但同时,关学学者普遍主张"不穷人欲"⑨,而反对"徇人欲"⑩。具体而言,意指人不应该以完全满足自己的欲望为目标,更不应由欲望来主导自己的人生。因为就主观方面来看,人的欲望是无限的,不可能完全满足;就客观方面而言,满足欲望的资源是有限的,人的欲望也无法完全满足,即张载所谓的"人欲无餍而外物有限"⑪。但更为严重的

---

① 吕大临:《吕大临集》,第79页。
② 张载:《张载集》,第321页。
③ 王心敬:《丰川全集正编》,第455页下。
④ 王心敬:《丰川全集正编》,第455页下—456页上。
⑤ 同恕:《榘庵集》,第136页。
⑥ 吕大临:《吕大临集》,第4页。
⑦ 刘光蕡:《刘光蕡集》,第510页。
⑧ 张载:《张载集》,第63页。
⑨ 吕大临:《吕大临集》,第475页。
⑩ 张载:《张载集》,第22页。
⑪ 张载:《张载集》,第282页。

是，人的心灵一旦被欲望遮蔽，便会"纵欲败度"[①]，做出违反人伦物理的不正当事情，最终导致人性的沦丧。正是基于这种认识，薛敬之说"嗜欲能死人"[②]。那么，人到底应当如何对待欲望？关学学者主张"以理制欲，使皆合义"[③]。具体来看，要先辨别欲望的合理性或正当性，凡是不合理的或者非正当的欲望都是"私欲"或"妄欲"，不但不能满足，而且必须从源头上抑制其产生。只有这样对待欲望，人才可以"以理胜欲"[④]。

最后，"情"在关学话语中表示情感，即人对客观事物是否满足自己之需要而产生的态度，具体表现为喜、怒、哀、惧、爱、恶、欲等所谓的"七情"。张载认为"心统性情"[⑤]，明确将情感视为人的心理活动。在他看来，"有性则有情"[⑥]，即情感是人的基本属性。冯从吾认为"情者，性之发于外"[⑦]，即情是性的外在表现。李元春进而认为"性，体也；情，用也；皆统于心者也"[⑧]，这是说性与情是体用关系，即性是情的本体，而情是性的作用或表现。关学学者认为性本来"寂然不动"，当人与事物接触时，"感而遂通"而产生情。就此而言，"情者，性之动"[⑨]，即情是性有所触动的表现。但是由性生发的情"或发而中节，或发而不中节"[⑩]，有正当与不正当之别。关学主张情感要正当、要合理，即"凡七情皆得其正矣"[⑪]，而坚决反对"任情冥行"[⑫]，即在情感甚至情绪的主导下做出不合理、不正当的事情。

"道德之学"的伦理学之域。如前所述，关学的核心是哲学，尤其是道德哲学。其实，道德哲学就是伦理学。如果说关学有关"德性""德行"的探讨属于元伦理学之域的话，那么，关学有关"三纲""五常"的探讨则属于规范伦理

---

① 李颙：《二曲集》，第433页。
② 薛敬之：《思庵野录》，第56页。
③ 萧㷼：《勤斋集》，第51页。
④ 刘光蕡：《刘光蕡集》，第410页。
⑤ 张载：《张载集》，第338页。
⑥ 张载：《张载集》，第374页。
⑦ 冯从吾：《冯从吾集》，第192页。
⑧ 李元春：《李元春集》，第6页。
⑨ 冯从吾：《冯从吾集》，第192页。
⑩ 冯从吾：《冯从吾集》，第192页。
⑪ 吕柟：《吕柟集·泾野子内篇》，第172页。
⑫ 王心敬：《王心敬集》下册，第882页。

学之域。张载说"人伦，道之大原也"①，那么，恪守人伦就有其正当性和必然性。当人伦制度化为"三纲"和"五常"，"三纲"和"五常"就被视为人必须遵守的行为准则和道德规范。何谓"三纲"？即"君为臣纲，父为子纲，夫为妻纲"，就是要求臣、子、妻必须绝对服从君、父、夫。何谓"五常"？即仁、义、礼、智、信五种道德规范和道德意识，就规范伦理学而言，其侧重于道德规范。"三纲"与"五常"紧密联系，后者是前者实现的保障。故而，二者常被并举而合称为"三纲五常"，简称"纲常"。"三纲五常"源于先秦，正式提出者则为汉代儒者董仲舒，嗣后则被视为儒家的人伦特征。关学的"三纲五常"思想就是继承董仲舒等汉代儒者的思想。首先，关学认为"三纲五常"是"人道"。冯从吾说"三纲五常为生人之道"②，即"三纲五常"是人之为人必须遵守的行为准则，否则，人就会沦为禽兽，即"无纲常，则不孝不悌不忠不信，与禽兽无异，是纲常不可以不重也"③。具体来看，"三纲五常"即天理，贺瑞麟说"天地所以不敝，古今所以常存者，惟三纲五常之道相与维持焉耳"④，其弟子牛兆濂也说"予维天地之所以立，纲常而已"⑤，这其实是说"三纲五常"的本质是天理；"三纲五常"也是人之本性，李元春明确地说"君臣、父子、夫妇、昆弟、朋友，三纲五常之道，人生性皆禀之"⑥；"三纲五常"还是礼的根本，即牛兆濂所谓的"三纲五常，礼之大体"。其次，关学认为"三纲五常"具有中国特色。刘光蕡说"中国道重五伦，统于三纲"⑦，正是基于这种认识，他与弟子张元勋拒斥西方的自由平等思想，前者认为"西人平等之说，原以坏吾三纲，万不可从"⑧，后者为了维护"君为臣纲"而批评"平权之邪说"和"自由之谬论"。⑨最后，关学学者捍卫"三纲五常"。关学认为"三纲五常"是儒家主张修身、齐家、治国的基本纲领，即李复所说："古之圣帝明王，治身、治家、治国，三纲五常，人

---

① 张载：《张子全书》，第442页。
② 冯从吾：《冯从吾集》，第610页。
③ 王恕：《王恕集》，第83页。
④ 贺瑞麟：《贺瑞麟集》下册，第729页。
⑤ 牛兆濂：《牛兆濂集》，第42页。
⑥ 李元春：《李元春集》，第262页。
⑦ 刘光蕡：《刘光蕡集》，第50页。
⑧ 刘光蕡：《刘光蕡集》，第138页。
⑨ 张元勋：《原道》卷上，第26页b。

伦之道而已。"①所以，儒者必须自觉遵守和捍卫"三纲五常"，用关学话语表述，就是"身系三纲五常之任"②，或"身任纲常之重"③。具体来看，儒者既要"上明三纲，下达五常"④，更要在行为上"克尽纲常"；儒者既要"为斯世扶纲常"⑤，更要"扶持万世之纲常"⑥。总之，"卫我纲常"⑦被关学学者视为自己的职责，足见关学学者普遍重视"三纲五常"。当他们站在维护"三纲五常"的立场拒斥西方政治之域的自由、平等、民主思想时，充分暴露了"三纲五常"的时代局限性——男权和君权之世的时代特性。

"道德之学"的宗教学之域。儒学，从严格意义上说，不是一种宗教，但是具有宗教性。⑧关学学者也认为儒学非宗教。即使清末民初之际，为了效仿耶教的组织形式来"保孔教"而将儒家称为"孔教""圣教"的牛兆濂，也强调儒家"本不当以宗教名"⑨，原因就是儒家并非宗教。不过，儒家具有宗教性。就关学来看，其宗教性主要体现在关学学者普遍具有"崇圣"情结。具体来看，儒家的代表人物孔子和孟子被称为"圣人"，儒家的元典被称为"圣经"，儒家的学说被称为"圣学"。关学学者对待圣人、圣经、圣学的态度，一言以蔽之，谓"信"，这里的"信"是"尊信向仰"⑩，即信仰。关学自张载始就提倡这种圣人信仰。张载主张对儒家"圣人之道"的学习，应当"以信存道"⑪；对儒家学说的学习，应当"自信而明"⑫。自张载后，关学代有大儒，清末民初的关中大儒牛兆濂依然倡导"尊信圣人"，甚至呼吁国人"人皆尊信圣人"⑬。对于"圣人之

---

① 李复：《李复集》，第 41 页。
② 吕柟：《吕柟集·泾野先生文集》上册，第 328 页。
③ 马理：《马理集》，第 578 页。
④ 吕柟：《吕柟集·泾野先生文集》上册，第 303 页。
⑤ 李颙：《二曲集》，第 404 页。
⑥ 薛敬之：《思庵野录》，第 46 页。
⑦ 马理：《马理集》，第 307 页。
⑧ 杜维明认为儒家虽然没有宗教形式，但就精神层面来看，"儒家有宗教性的传统"，而且"儒家的宗教性和天道相关"。（参阅杜维明：《二十一世纪的儒学》，中华书局，2014 年，第 272—282 页。）
⑨ 牛兆濂：《牛兆濂集》，第 59 页。
⑩ 牛兆濂：《牛兆濂集》，第 233 页。
⑪ 张载：《张载集》，第 103 页。
⑫ 张载：《张载集》，第 192 页。
⑬ 牛兆濂：《牛兆濂集》，第 199 页。

道",他主张"悦吾道之正而信之不疑"①;对于"圣人之言",主张"于熟读精思之训,则确然信之不疑"②。总而言之,对于圣人、圣经、圣学,"学者但当笃信,而不必致疑,死守而不可躲闪也"③。这就是关学学者的信仰——圣人信仰。关学之所以主张信仰圣人,就理论而言,是因为"笃信好学""笃信力行"。这是说只有相信儒家学说,才会努力学习儒家学说;只有相信儒家学说,才会认真实践儒家学说。

关学的"道德之实",就学术的实用性而言,是要求关学具有认知人性进而践行人性的使用价值。当人性的最终依据是天理时,对人性的认知必须探讨"性与天道",这必然涉及哲学。当人性被视为"德性",就需要认知"德性",并实践而形成"德行",这必然涉及伦理学。成就"德行",就是立志成为圣贤,就是"以理制欲"而反对"纵欲败度",就是性"发而中节"而反对"任情冥行",这必然涉及心理学。但这一切的前提是,相信人的本质是"性与天道",相信儒家学说,这就涉及宗教学。总的来看,关学的"道德之学"是哲学、心理学、伦理学、宗教学的多学科综合,具有明显的跨学科性。

2. "经济之实"

"经济之实",即关学在治世之维的实用性,也就是说关学具有帮助人们掌握治世之知识进而付诸实践的使用价值。关学之所以具有"经济之实",是因为关学的"体用全学"包含"经济之学"④或者说"经世之学"⑤。关学的"经济之学",就现代的学科分类来看,广泛涉及教育学、政治学、经济学、军事学、社会保障学以及自然科学等多个学科的知识。或者说,关学的"经济之学"是一个横跨多个学科的广泛论域。

"经济之学"的教育学之域。作为儒者,关学学者大都是教授一方的"师儒"。他们不只从事教学活动,而且将自己的教学经验诉诸语言文字,阐发自己的教育观念和教育方法,从而使关学具有丰富的教育学知识。就教育目标来看,

---

① 牛兆濂:《牛兆濂集》,第 156 页。
② 牛兆濂:《牛兆濂集》,第 51 页。
③ 牛兆濂:《牛兆濂集》,第 354 页。
④ 吕柟:《吕柟集·泾野子内篇》,第 155 页。
⑤ 刘光蕡:《刘光蕡集》,第 429 页。

关学提倡的教育目标是培养"道德经济，一以贯之"的"通才""全才"，因为关学学者希望自己培养的学生"既知砥砺名德以端其体，必讲求经济以裕其用"①，不但能够成为引导一方的道德楷模，也能够成为服务社会的人民公仆。就教育内容来看，关学主张教学最基本的内容是"天理"，而特别重视"以礼为教"。张载说"君子教人，举天理以示之而已"②，即教育学生掌握宇宙人生的基本原理，具体则通过他们教授给学生的体用之学来落实。如前所述，体用之学包括"道德之学"和"经济之学"。前者教授学生掌握"伦理"，从而成为有道德的人；后者教授学生掌握"物理"，从而成为具有经济之才的人。如何培养学生掌握"伦理"？关学自张载以来形成了最具特色的教学内容——"以礼为教"，即非常重视学生有关礼义和礼仪方面的教育，要求学生不但要"知礼"，而且要"守礼"，言谈举止做到"律身以礼"。就教育方法来看，关学主张"因材施教"和"以身为教"。前者主张根据学生的个性差异，采用不同的教学方法；后者主张教学不只是"言传"，更应当是"身教"，即教师用自己的行为引导乃至感化学生。总而言之，关学主张的教育侧重人格教育，但不轻视知识教育。

"经济之学"的政治学之域。关学的主旨是"学以成人"，而"成人"不只是"立己"，还要"立人"。所以，"成人"就方法和途径而言，不能只"修己"，还需要"治人"。如何"治人"？关学给出的答案是"治世"。关学有关"治世"的探讨，广泛涉及政治学知识。关学的政治学比较关注"治世之道"，即治理国家的基本原则和基本方法。就前者而言，关学主张"以道治世"，张载甚至要求"以道治世"要做到"治身以道与治物以道"③。具体落实到政治，就是"为政以德"④，即以德治国。在张载来看，"为政不以德，人不附且劳"⑤，这是说不以德治国的话，不但老百姓不会心悦诚服，而且统治者也劳而无功。就后者而言，关学主张推行"仁政"，即"仁民之政"⑥。"仁政"的核心是"爱民"，要求朝廷治理国家的基本立场是"爱民""益民""觉民"，而

---

① 柏景伟：《沣西草堂文集》卷三，第35页a。
② 张载：《张载集》，第23页。
③ 张载：《张载集》，第288页。
④ 吕大临：《吕大临集》，第451页。
⑤ 张载：《张载集》，第47页。
⑥ 王恕：《王恕集》，第13页。

反对"殃民""剥民""愚民"。仁政落实需要具体的政策,这涉及政治学方方面面的内容。关学主张"德治",提倡"仁政",但其本质是人治,而不是法治。这种人治主要依赖君主个人的道德修养,但缺少必要的客观规范,因此显得十分脆弱。

"经济之学"的经济学之域。"养民"是关学"经济之学"的基本内容。关学主张"理财以养民"①,或者说"养民莫如财"②。有关理财的知识广泛涉及经济学。张载已发现经济学关注的基本问题——人之欲望的无限性与资源有限性之间的矛盾,即他所谓的"人欲无餍而外物有限"③。他解决这种矛盾的方法是节欲,而不是通过调配资源来满足欲望,所以,没有发展出经济学。但是张载提倡"理财",在他看来,"人多言安于贫贱,其实只是计穷力屈,才短不能营画耳"④。如果懂得致富之道,就应当积极"理财"。嗣后,关学学者比较普遍地继承了张载的"理财"主张。具体而言,吕柟主张"理财以养民"⑤;韩邦奇认为"食货者,足国之道也"⑥,积极提倡"理财";杨爵认为"财者,民之所资以生者也"⑦,也提倡"理财";冯从吾提出"公货"概念,被学人认为是其主张蓄财的理论依据;⑧王徵主张积极发展商业,最终"富国益民";杨屾批评士人"鄙致富而轻积贮",而主张"民富既属国裕";⑨张秉直提倡"生财",实现"国富民殷,财阜物丰"⑩;刘光蕡认为富强应当是"求富以为强",遂主张"欲谋强,必先谋富"。⑪可见,关学非常重视"理财"。重视"理财",自然关注"致富之道",而"致富之道"是经济学的主题。如何致富?关学学者站在国家的立场,主张积极发展农业、工业和商业。

"经济之学"的军事学之域。"保民",或者说"卫民",也是关学"经

---

① 刘光蕡:《刘光蕡集》,第17页。
② 吕柟:《吕柟集·泾野先生文集》下册,第1088页。
③ 张载:《张载集》,第282页。
④ 张载:《张载集》,第271页。
⑤ 吕柟:《吕柟集·泾野经学文集》,第303页。
⑥ 韩邦奇:《韩邦奇集》下册,第1525页。
⑦ 杨爵:《杨爵集》,第116页。
⑧ [日]沟口雄三:《中国前近代思想的屈折与展开》,龚颖译,生活·读书·新知三联书店,2011年,第48—54、303—330页。
⑨ 杨屾:《知本提纲》卷四,第42页a。
⑩ 张秉直:《开知录》卷首《自序》,第2页a。
⑪ 刘光蕡:《刘光蕡集》,第103页。

济之学"的基本内容。关学主张"治兵以保民"①，或者说"卫民莫如兵"②，即通过发展军事来保卫人民。基于这种认知，关学主张"儒者不可以不知兵"。重视兵学知识进而研究兵学，使关学广泛涉及军事学。具体来看，关学学者大都撰写有军事学著作。张载的《边议》，马理的《兵防论》，南大吉的《兵论》，王徵的《兵约》《乡兵约》，王心敬的《培植将才》《兵间事宜》《兵论》《兵机琐言》《西塞事宜》《筹边之法》《筹边迂议》《答问募兵》，张秉直的《足兵》，李元春的《左氏兵法》《结寨团练议》，刘光蕡的《壕堑私议》《团练私议》，等等，都是军事学方面的著作。就这些军事著作来看，对军事学的战略论、战术论、将帅论、士兵论、军备论等都多有论述，从而使关学具有非常丰富的军事学知识。

"经济之学"的社会保障学之域。"救民"，尤其是"救民于灾荒"，同样是关学"经济之学"的基本内容。"救民于灾荒"包括"救荒"和"备荒"，前者指救济凶年灾荒，后者指"未荒而豫为之备"③。古代社会，政府有"救荒"和"备荒"方面的具体政策，这就是所谓的"荒政"，即赈济灾民的政策。关学学者有关"荒政"的研究广泛涉及社会救济方面的知识。就现代的学科划分来看，有关"荒政"的知识应当属于社会保障学。关学自张载始就比较重视"救民于灾荒"。张载主张一旦灾荒发生，朝廷就应当及时"救灾恤患"④。李复认为发生灾荒时，朝廷"举荒政以赒之，此养民之政有本也"⑤，故而比较关注"救荒之术"。金元之时，同恕也比较关注"救荒之政"⑥。迨明代，关学学者普遍重视"荒政"，且多参与"救荒""备荒"之事。王恕不只主张"倘遇灾荒，民有不足，则散所积以赈之"⑦，而且为官期间"赈饥而救荒"，救活灾民无数；冯从吾亦重视备荒，倡导创建城西义仓；王徵不只关注"荒歉如何救济"⑧的理论问题，更从实际上解决这个问题，主张"于救荒也，则以身倡，纠'仁社'赈之，一民

---

① 刘光蕡：《刘光蕡集》，第17页。
② 吕柟：《吕柟集·泾野先生文集》下册，第1088页。
③ 王心敬：《丰川续集》，第201页下。
④ 吕大临：《横渠先生行状》，第750页。
⑤ 李复：《李复集》，第56页。
⑥ 同恕：《榘庵集》，第134页。
⑦ 王恕：《王恕集》，第140页。
⑧ 王徵：《王徵集》，第151页。

饥如己之饥"①。有清一代，关学学者更关注"荒政"研究，理论成果非常突出。具体而言，李颙在回答地方官吏"救荒之事"时，不但比较详细地阐发了"先王救荒有九政"，更详细地阐发了自己的"度荒之策"。②嗣后，关学学者撰写了大批救荒专著，如：王心敬的《荒政考》《积贮论》《积贮贷赈末议》，史调的《荒政要略》，李元春的《救荒丛说》，柏景伟的《劝赈琐言》《续赈说帖》《补赈章程》《朱子社仓私议》，刘光蕡的《论赈荒》，等等。这些有关救荒的著作，广泛涉及社会保障学的知识。

"经济之学"的自然科学之域。关学的"经济之学"也涉及自然科学。张载比较关注天文学，而且在天文研究方面不无成就。晚明之时，王徵与西方传教士密切交往，了解到西方自然科学方面的知识。他对其中的物理学特别感兴趣，并从事物理学方面的相关研究。清代中叶，刘绍攽对西方的方程和勾股比较感兴趣，不只积极学习，也有一定的研究。晚近以降，关学学者在学习西方"富强之术"的过程中，发现其"臻于富强"的秘密是自然科学先进，遂主张学习西方的自然科学知识。刘光蕡担任味经书院和崇实书院山长期间，曾聘请教师讲授"西人声、光、化、电之学"，而且要求"一一施之实验"。③刘光蕡主张学习的西方自然科学，主要有西方近代的天文学、物理学、地理学、化学和生物学。他认为"算学为各学之门径"④，故非常重视学习近代数学，并从事微积分研究。张元勋也主张积极学习西方的自然科学知识，他的"用体用用之学"包含有西方近代的物理学、天文学、生物学、化学等方面的知识。

关学提倡的"经济之实"，不但要求儒者能够识"经时济世之实务"，而且要求儒者能建"经时济世之实功"⑤。何谓"经济"？王心敬说："盖所谓经者，经理之使得宜；所谓济者，康济之使得所也。"⑥这反映出"经济之实"暗含有价值标准，即将社会事务处理得适宜得所。这个标准就是王心敬所谓的"施之事而合义，达之人而偕宜"⑦。社会治理要达到这个标准，就不得不掌握教育学、政

---

① 王心敬：《关学续编》，见冯从吾：《关学编（附续编）》，第81页。
② 参阅李颙：《又与郡伯》，见《二曲集》，第205—207页。
③ 刘光蕡：《刘光蕡集》，第148页。
④ 刘光蕡：《刘光蕡集》，第229页。
⑤ 王心敬：《王心敬集》上册，第448页。
⑥ 王心敬：《王心敬集》下册，第676页。
⑦ 王心敬：《王心敬集》下册，第676页。

治学、经济学、军事学、社会保障学乃至自然科学诸学科的具体知识。正是关学对"经济之实"的要求，使关学吸纳其他学科的知识，最终形成内容丰富的"经济之学"。

"博学广识"是关学学者对儒学的基本要求。关学自张载始就主张"博学"。迄清代末期，刘光蕡依然倡导"广识"。之所以提倡"博学广识"，是因为想成就"博大之事业"。为了实现这种远大抱负，关学学者甚至主张"一事不知，儒者之耻"[1]。在这种观点的主导下，关学学者积极学习其他学科的知识，以至于有"遗一不学，不免有儒不知物之诮"[2]的忧虑。正是在这种兼容并包的学习过程中，关学逐渐被建构成一个囊括哲学、心理学、伦理学、宗教学、教育学、政治学、经济学、军事学、社会保障学、天文学、物理学、化学、生物学的跨学科知识体系。如果说儒学是多学科的综合，[3]那关学更是多学科的综合；如果说儒学是"全体大用之学"[4]，那关学更是全体大用之学，更何况关学的理论形态就是"体用全学"。这是关学学贵"有用"的优点。

但是学贵"有用"也存在不足，主要是阻碍学术的深化和发展。学贵"有用"表明关学学者从事学术研究并不是为了学术自身的发展，而是追求学术的使用价值。依此来看，没有使用价值的学术，他们不会去研究；对于某种学术的研究，当满足了现实的需要，他们便可能不再深入研究。王心敬说："吾于切用之物，只为是离之不可得，故遇之留心，究其生产制造之宜。至于鹤颈何以长，凫颈何以短，桃之何以红，李之何以白，不惟聪明有不及，亦且心力有不暇。"[5]这不只是王心敬的个人看法，也是关学学者对待学术研究的态度，这种态度决定了关学发展的深度。可见，过度强调学贵"有用"有碍关学理论的深度化发展。

三、学务"实行"

重视"实行"是关学学者的一贯主张，也是关学最基本的学术要求。关学自

---

[1] 吕柟：《吕柟集·泾野子内篇》，第74页。
[2] 张元勋：《原道》卷上，第17页b。
[3] 杜维明：《二十一世纪的儒学》，第6—8页。
[4] 朱汉民：《儒学的多维视域》，第1—3页。
[5] 王心敬：《王心敬集》下册，第770页。

张载始即倡导"贵行"①。张载认为"人之事在行"②，那么学以成人就不得不"实行""实作"，所以，他主张只有将对人性的认知"实行去"③，才能够成为人。吕大临承续师说，主张人之"成己"应当"实吾行"④。金元之时，萧㪺提倡"力行以实之"⑤。迨明代，薛敬之治学提倡"要在力行"⑥，马理为学主张"以行为贵"⑦，吕柟认为为学应当"真实以力行"⑧，王徵为学"一味实做"⑨。有清一代，李颙讲学自言"我这里重实行"⑩，杨屾主张学问应有"躬修之实"⑪，张秉直倡导学问要"随地实践"⑫，刘光蕡教学提倡"务为实行"⑬。由此足见"实行"是关学学者普遍坚持的治学原则，也是关学一贯的主张。

"实行"，也作"实作"或"实做"，即认真去做从而具有真实的行为。泛言之，就个人来看，"实行"指将自己的认知尤其是对人性的认知付诸实践，即关学所谓的"实见之行"⑭；就朝廷而言，"实行"指将治世之道通过具体的政策而落实，即"实见之施行"⑮。不过，关学的"实行"侧重于前者，主要指人的道德实践。当然，这里的"行"都是好的行为，即关学所谓的"善行"⑯或"美行"⑰。这样来看，"实行"主要指人日常生活中好的行为。用关学话语表达，那就是"日用常行"，即"善行"。只不过，关学特别关注这种"善行"的实在性和真实性，故而强调"实行"。

---

① 张载：《张载集》，第162页。
② 张载：《张载集》，第325页。
③ 张载：《张载集》，第288页。
④ 吕大临：《吕大临集》，第115页。
⑤ 萧㪺：《勤斋集》，第53页。
⑥ 薛敬之：《思庵野录》，第30页。
⑦ 马理：《马理集》，第109页。
⑧ 吕柟：《吕柟集·泾野先生文集》下册，第1126页。
⑨ 王徵：《王徵集》，第2页。
⑩ 李颙：《二曲集》，第136页。
⑪ 杨屾：《知本提纲》卷三（上），第7页b。
⑫ 张秉直：《开知录》卷一，第8页a。
⑬ 刘光蕡：《刘光蕡集》，第259页。
⑭ 王心敬：《王心敬集》下册，第803页。
⑮ 李颙：《二曲集》，第517页。
⑯ 刘光蕡：《刘光蕡集》，第635页。
⑰ 韩邦奇：《韩邦奇集》下册，第1382页。

"实行"的核心是"行实"。所谓"行实"①，即"躬行之实"②，主要强调道德实践务必真实、确实。道德实践真实和确实的根本保障是人必须"循理而行"，具体到人类社会则是人必须"率礼而行"。只有这样，人的行为才可以避免"行伪"③，而臻于"行实"。

1. 循理而行

"循理而行"是马理的关学话语，意谓人的日常行为必须遵循道或理。其实，这种观点是关学的一贯看法。张载在关学肇创之初就倡导"顺理而行"④；迨关学终结之时，刘光蕡依然提倡"奉理而行"⑤。关学之所以主张"循理而行"，是因为只有人的行为遵循理，才能确保其行为的正当性和合理性，即"措之于行而当于理"⑥。就学理而言，我们知道，道或理是人之为人的终极依据。那么，人要以人的状态存在，其日常行为就不得不遵循道或理。正是基于这些原因，关学倡导"循理而行"，而反对"悖道之行"⑦或"行不中道"⑧。

"循理而行"首先必须是"任真而行"⑨。所谓"任真而行"，是指人的行为是在人性的主导下而施展的；反而言之，不是依据人性而施展的行为便属于"行伪"。杨屾说："外无内德，斯为鄙诈之行。"⑩这是说即使看起来是德行的行为，如果这种行为不是由德性主导而产生的，那么，这种"德行"就带有欺诈性而不能称为德行。我们知道，儒家强调"诚于中而形于外"，外在的言行是内心的真实反映，人应当内外如一。然而"行伪"是一种外是而内非的行为，这种行为不只是内外不一，更严重的是带有欺诈性。这种欺诈性，无论是欺人还是自欺，都决定了其属于"行伪"。另外，还有一种内外不一但主观上并不存在欺诈的行为，这就是关学所谓的"饰行"。这种行为主要是出于掩饰的目的，但毕竟

---

① 吕柟：《吕柟集·泾野先生文集》上册，第568页；李颙：《二曲集》，第167页。
② 吕大临：《吕大临集》，第185页。
③ 刘光蕡：《刘光蕡集》，第440页。
④ 张载：《张载集》，第329页。
⑤ 刘光蕡：《刘光蕡集》，第377页。
⑥ 杨爵：《杨爵集》，第10页。
⑦ 杨屾：《知本提纲》卷一〇，第8页a。
⑧ 王心敬：《王心敬集》下册，第624页。
⑨ 李颙：《二曲集》，第443页。
⑩ 杨屾：《知本提纲》卷六（下），第3页b。

属于内外不一的行为，所以关学学者依然认为"饰行而行者，所行必伪"①。可见，"任真而行"体现的是伦理学上的动机论，而不是结果论。

"循理而行"即"率性而行"或"依心而行"。道作为本体，具有"内在—超越"的特点。换言之，就超越之维来看，人之为人的根本依据被称为"道"；而就人的内在之维来看，人之为人的根本依据则是"性"或"本心"。就"循理而行"而言，道内在于人即性，那么"循理而行"的实质就是"率性而行"②；道内在于人即本心或良知，那么"循理而行"的实质就是"依心而行"③或"依良知而行"④。关学学者认为"性""本心""良知"是人之为人的本性，是人之本真，那么，"率性而行""依心而行""依良知而行"自然都是"任真而行"，也都是"循理而行"。

"循理而行"的本质是"行即是道"。就超越之维来看，道"无声无臭，不睹不闻"，人无法将道作为行为的标准，那么，"循理而行"就不具有操作性。就内在之维看，无论性还是本心，"犹不可见"。同样，"率性而行"和"依心而行"也不具有操作性。更严重的问题是，"率性而行"和"依心而行"不免有随心任性的不足。那么，如何"循理而行"？答案是效法圣人之行，这也就不难理解张载为何反复强调"多识前言往行以有其德"⑤。其实，多识圣人之"前言往行"是关学学者比较普遍的主张。在关学学者看来，"天理是个无躯壳底圣人，圣人是个有躯壳底天理"⑥。那么，圣人之行自然就是道的体现。所以，他们主张多识圣人之行，进而更好地效法圣人之行，最终确保自己行为的正当性。当人效法圣人之行时，人的行为也就体现着道。这样来看，尽管道"无声无臭，不睹不闻"，但就"践履制作"即人的行为来看，道却是经验的存在。⑦同样，尽管人的性或本心"犹不可见"，但是可以"见之于其行"。⑧这种主张通过人的行为体现道的观点，就是"行即是道"。

---

① 吕大临：《吕大临集》，第157页。
② 孙景烈：《滋树堂文集》，第88页下。
③ 李颙：《二曲集》，第513页。
④ 李颙：《二曲集》，第415页。
⑤ 张载：《张载集》，第284页。
⑥ 贺瑞麟：《贺瑞麟集》下册，第889页。
⑦ 参阅韩邦奇：《韩邦奇集》下册，第1358页。
⑧ 刘光蕡：《刘光蕡集》，第393页。

"行即是道"是关学"崇实致用"精神的突出表现。关学"行即是道"的观点,最先由张载提出。他说:"道,行也,所行即是道。"这是说道的实在性体现在人的行为,即人之行为的正当性或合理性体现的是道。张载提倡这种观点的目的在于强调"实行"的重要性。嗣后,关学学者普遍继承了张载的这种观点。具体而言,薛敬之说"行每有着力处,则其道自见"①;吕柟强调对道的认知"须要一言一行,一事一物皆常看见此道在"②;南大吉认为"率而行之谓之道"③;杨爵倡导"见于行为道"④;李颙则说"日用常行之谓道"⑤;刘光蕡认为"行事,道也"⑥:这都表达的是"行即是道"的观点。"行即是道"的观点看似以"行"取代了"道",有悬置形而上学的不足;其实不然,这只是关学学者强调"实行"的方法,是他们重视"实行"的表现。

"循理而行"要求"行有格"。所谓"行有格",就是行为有其规范性,因为"有格则无逾矩之行"⑦。这种规范性有其基本原则,即"行其义"⑧,就是行为有其适宜性。这种适宜性,小而言之,就是人的行为要"行无妄动"⑨"动不违则"⑩;大而言之,就是要"与时偕行"⑪。就前者而言,即使再细小的行为也要遵循道德规范,不然,"细行不谨,自大德之终累"⑫,或者说"不矜细行,终累大德"⑬。就后者而言,人的行为要适应时代的要求,符合社会的规范。特别是处于"无道之世"时,既不能"取媚于世",也不可"戾世取祸",而"须权衡于身世之间,既不失身,又不戾世,始为无弊"。⑭可见,"循理而行"对人的行为的要求非常严格。

---

① 薛敬之:《思庵野录》,第63页。
② 吕柟:《吕柟集·泾野子内篇》,第71页。
③ 南大吉:《南大吉集》,第78页。
④ 杨爵:《杨爵集》,第7页。
⑤ 李颙:《二曲集》,第420页。
⑥ 刘光蕡:《刘光蕡集》,第407页。
⑦ 吕大临:《吕大临集》,第155页。
⑧ 张载:《张载集》,第326页。
⑨ 李颙:《二曲集》,第46页。
⑩ 李颙:《二曲集》,第511页。
⑪ 王弘撰:《王弘撰集》下册,第899页。
⑫ 杨屾:《知本提纲》卷九(一),第45页b。
⑬ 李元春:《李元春集》,第408页。
⑭ 李颙:《二曲集》,第445页。

  "循理而行"要求"工夫要密"。关学主张"行即是道",就本体与工夫的关系而言,应当有工夫即本体的观点。关学并没有明确提出这种观点,但是有与此相近的观点,即"本体不离工夫"①。之所以说本体不离工夫,是因为本体凭借工夫来呈现,即冯从吾所谓的"从功夫中露出本体"②。同时,这也是认知本体的基本方法,即"从工夫识本体"③。而要凭借工夫认识本体,工夫就不得不细密,诚如祝垲所说"功夫到无止息处,方见真性"④。再者,就人之为人的终极依据来看,"道不可须臾离",那么,工夫自然也不可间断而要做到细密。基于这种认识,关学学者普遍主张"工夫细密",而反对"工夫疏漏"。⑤具体而言,王心敬主张"工夫切实绵密"⑥,贺瑞麟认为为学"要工夫密"⑦,祝垲力倡"工夫要密",刘光蕡提倡"细密工夫"⑧,牛兆濂更是主张"细针密缕做工夫"⑨。只有细密的工夫能够呈现道,并确保"道不可须臾离",这就是"循理而行"。

  "循理而行"要求人们"贵行不贵言"。吕柟说"君子贵行不贵言"⑩,这是从言行关系之维强调"实行"。我们知道,就道德之域的言行关系来看,言行一致被认为是一种德行,而有言无行则被认为是无德的行为。这里的言行指的是嘉言善行。"循理而行"基本遵循了这条原则,不过,它更倾向于践行孔子有关言行的思想。孔子主张"先行其言而后从之"⑪,关学遂提倡"以行为先,以言为后"⑫;孔子认为"古者言之不出,耻躬之不逮也"⑬,关学便主张"言不敢高于行,言之必可行也"⑭;孔子有"予欲无言"⑮之说,关学也有"等闲圣学口不

---

① 王心敬:《王心敬集》下册,第633页。
② 冯从吾:《冯从吾集》,第300页。
③ 王弘撰:《王弘撰集》下册,第563页。
④ 祝垲:《体微斋语录》卷二,第3页a。
⑤ 王心敬:《王心敬集》下册,第798页。
⑥ 王心敬:《王心敬集》下册,第627页。
⑦ 贺瑞麟:《贺瑞麟集》上册,第424页。
⑧ 刘光蕡:《刘光蕡集》,第348页。
⑨ 牛兆濂:《牛兆濂集》,第63页。
⑩ 吕柟:《吕柟集·泾野子内篇》,第8页。
⑪ 《论语·为政》。
⑫ 吕柟:《吕柟集·泾野先生文集》下册,第981页。
⑬ 《论语·里仁》。
⑭ 吕大临:《吕大临集》,第150页。
⑮ 子曰:"予欲无言。"子贡曰:"子如不言,则小子何述焉?"子曰:"天何言哉?四时行焉,百物生焉。天何言哉?"(《论语·阳货》)

齿，口虽不言行则是"①的观点。这充分说明，关学坚持原儒的道德实践精神。非但如此，关学对言行的要求比原儒更为严格，这就是有言无行被关学视为作伪，即"如行不得的，言之即是伪也"②。其实，这不只是要求儒者要谨言，更是要求儒者须"实行"。李颙说"戒空谈，敦实行"③，这是"循理而行"对言行的基本要求，也是关学"崇实致用"精神在言行之域的主要体现。

"循理而行"的目的是培养人的德行。牛兆濂说："道是公共的，必人去行之。有得于心，方为自家德行。"④这说明，德行的终极依据是道。如前所述，道具有"内在—超越"的特点，就其内在性而言，即人固有的性或本心。性或本心被认为是至善的，这就是德性。德性是"明道之所蕴"，是道德之体，而德行是"体道之所发"，是道德之用，二者内外兼备，才可称道德。⑤再者，由于德性内在而具有隐微性，他人难以感知，关学便将现实的道德视为德行，即所谓"存之躬行为道德"⑥。基于对道德的这种认知，关学主张"立德者务行"⑦，而认为"行失则德失"⑧。"循理而行"以成就德行为目的，再次说明关学所谓的"实行"主要指道德实践。

"循理而行"是关学"实行"的基本原则，就理论之维来看，将超越的道作为行为的最高标准，而将内在的性或本心作为行为的主导；就实践之维来看，效法圣人之行来确保自己行为的正当性和合理性，并通过自己行为的正当性和合理性来彰显超越的道。前者是宋明新儒学普遍具有的观点；后者体现的"行即是道"观点则是关学的特色，更能突显关学的务实精神。

2. 率礼而行

如果说"循理而行"是"实行"的基本原则和最高标准的话，那么"率礼而行"就是"实行"的实现方法和具体要求。因为"循理而行"要求之"行有格"

---

① 马理：《马理集》，第 377 页。
② 吕柟：《吕柟集·泾野子内篇》，第 86 页。
③ 李颙：《二曲集》，第 456 页。
④ 牛兆濂：《牛兆濂集》，第 258 页。
⑤ 马理：《马理集》，第 297 页。
⑥ 李颙：《李颙集》，第 567 页。
⑦ 吕柟：《吕柟集·泾野先生文集》上册，第 595 页。
⑧ 薛敬之：《思庵野录》，第 16 页。

的具体落实就是"率礼而行",而"循理而行"要求之"动不违则"的具体表现也是"率礼而行"。

"率礼而行"是马理的关学话语,意谓人的日常行为应当遵守其所处社会的礼仪规范。同样,"率礼而行"也是关学的一贯主张。具体来看:关学自张载始就主张人应当"动作皆中礼"[①];嗣后,张载弟子吕大临认为,人之修德需要"礼以正其外"[②]。有明一代,王承裕、马理师徒倡导"率礼而行"[③],吕柟主张"动皆守礼"[④],冯从吾更是强调"视听言动一一要合礼"[⑤]。迨清代,李颙主张"礼为立身之准"[⑥],王心敬倡导"立身自当中礼"[⑦],李元春主张"律身以礼"[⑧],贺瑞麟提倡"视听言动必求合礼"[⑨],牛兆濂主张"行之必以礼"[⑩]。由此足见"率礼而行"是关学的一贯主张。

关学之所以倡导"率礼而行",就学理而言,是因为礼的本质即理。张载认为"礼者理也"[⑪]。王心敬将礼与理的联系阐发得更为明确,他说:"道者,浑沦之礼;礼者,条理之道。"[⑫]这是说:理是礼的形而上存在,而礼是理的形而下存在;理是抽象的一,而礼是具体的多。不过,就张载"大道之行,由礼义而行者也"[⑬]的言辞来看,确切地说"礼义"才是理。再者,张载认为"礼非止著见于外,亦有无体之礼,盖礼之原在心"[⑭]。这样来看,礼是形而上与形而下的统一。具体而言,礼包括"礼仪"和"礼义",前者是礼的形式,即具体的礼仪规范,是形而下者;后者是礼的内容,即礼的终极依据——理,是形而上者。张载也用"有体"和"无体"来表示对礼的这种区分:"无体之礼",即形而上之礼,指

---

① 张载:《张载集》,第265页。
② 吕大临:《吕大临集》,第147页。
③ 马理:《马理集》,第329页。
④ 吕柟:《吕柟集·泾野子内篇》,第76页。
⑤ 冯从吾:《冯从吾集》,第215页。
⑥ 李颙:《二曲集》,第511页。
⑦ 王心敬:《王心敬集》下册,第628页。
⑧ 李元春:《李元春集》,第244页。
⑨ 贺瑞麟:《贺瑞麟集》上册,第465页。
⑩ 牛兆濂:《牛兆濂集》,第222页。
⑪ 张载:《张载集》,第326页。
⑫ 王心敬:《王心敬集》下册,第755页。
⑬ 张载:《张子全书》,第336页。
⑭ 张载:《张载集》,第264页。

的是礼义，也就是理；"有体之礼"，即形而下之礼，指的是"礼仪"，也就是具体的礼仪规范。礼义即礼，那理就寓于礼。"率礼而行"就可以达到"循理而行"的目的。正由于这个原因，关学提倡"率礼而行"。

"率礼而行"，就关学的历史维度来看，是关学"以礼为教"基本特色在道德实践之域的表现。如前所述，张载教授生徒重视"以礼为教"，其后关学学者更是将之视为关学的特色而代代相传，诚如贺瑞麟所说："礼教兴行，关学一脉不致叹于中断。"①当"以礼为教"被关学学者视为维系关学学派的理论核心时，"率礼而行"就必然是关学对道德实践的一贯要求。这样来看，正是在历代关学学人对关学"以礼为教"特色的传承过程中，"率礼而行"逐渐成为关学的普遍主张。

"率礼而行"被关学学人视为"实行"而普遍提倡，更重要的原因是他们认为相对于道而言，礼是具体的实在。王心敬在辨析礼与理的关系时，明确表达了这种观点。他说："礼即理也。就其品节灿著言之，谓之礼；就其秩序不紊言之，谓之理。然虚言不紊，尚无实据可依。一言礼则规矩森然，可持可守矣。故言理尚可容人假借，而言礼则必一一中规中矩，乃为当行。"②其实，关学认为礼比较实在的观点始于张载。张载认为相对于道、理、性等而言，"惟礼乃是实事"③，即礼是感官能够直接感知的、实实在在的存在。如前所述，礼包括礼义和礼仪，其中，礼仪相对于道而言，非常具体，相当实在。所以，张载说"礼乃是实事"。正是认识到礼仪的实在性，张载教授学生"以礼为教"。因为"以礼为教"能够使学生"知礼"而后"守礼"，远比直接追求超验的道要实在得多。更何况张载深悉"义理无形体，要说则且说得去，其行持则索人工夫"④。由此足见，张载之所以提倡"以礼为教"，是因为礼比较实在，可以使学生的日常行为有所依据。再者，二程称赞"子厚以礼教学者最善，使学者先有所据守"的言辞也反映了张载"以礼为教"是因为礼具体而实在。

其实，关学"以礼为教"的特色正是关学务实精神的表现。如前所述，张载认为相对于道而言，礼比较实在，故而其对生徒的教授是"以礼为教"。嗣后，

---

① 贺瑞麟：《贺瑞麟集》下册，第638页。
② 王心敬：《王心敬集》上册，第408页。
③ 张载：《张子全书》，第310页。
④ 张载：《张载集》，第322页。

关学学者普遍继承了这种观点和教学方法。吕大临继承张载的"以礼为教",因为他明白"敦厚崇礼,将以实吾行也"[①]。迨明代,吕柟"以礼教学者,似张横渠"[②],从他"若等为实学,动静当以礼"[③]的言辞来看,也推崇礼的实在性;张舜典认为"横渠以礼为学者倡",是由于"《礼》以履其实"[④]。有清一代,张载因礼实在而倡导"以礼为教"几乎成了关学学者的共识,具体而言,李颙说"昔张子以礼为教,使人日用之间知所持循,最为吃紧,故学者须从此入德,方有据依"[⑤];李元春说"张子教人以礼,是使人从显然可据处致力"[⑥];贺瑞麟更是认为"横渠张子教学者以礼为先,使有所据守。此又吾关学当奉以为法者也"[⑦]。相对于超越而抽象的道,礼仪规范则比较具体而实在,正是这个原因,关学倡导"以礼为教",即教授学生"知礼""守礼"。换言之,关学的务实精神要求其教学方法是"以礼为教"。

礼的实在性首先表现在礼仪比较繁缛。吕大临说"礼必有体"[⑧],即礼有形式,而且礼的形式十分繁复,所谓"礼仪三百复三千"[⑨]。就礼仪而言,吕柟甚至有"夫礼之无尽,如林叶之难数也"[⑩]之说。礼仪何其繁缛,以至于李元春认为"礼最繁委"[⑪]。正是由于礼仪如此繁复,如此细致,才能确保人的日常行为有礼可依。用李颙的话语表达,那就是"斯律身有藉,动不违则"[⑫]。礼仪对人日常行为的方方面面有具体规定,保障人们的行为有礼可循。换言之,礼仪对人们的日常行为具有全面的规范作用,诚如吕大临所说:"制礼以节其行而使之齐。"[⑬]这就使得礼相对于道而言比较实在。

礼的实在性也表现在礼仪具有威严性。杨奂说:"夫礼也者,制度名数之所

---

① 吕大临:《吕大临集》,第115页。
② 甘棠馣:《序三》,见《吕柟集·泾野子内篇》,第246页。
③ 吕柟:《吕柟集·泾野经学文集》,第275页。
④ 张舜典:《鸡山语要》,第122页。
⑤ 李颙:《二曲集》,第511页。
⑥ 李元春:《李元春集》,第742页。
⑦ 贺瑞麟:《贺瑞麟集》上册,第148页。
⑧ 吕大临:《吕大临集》,第80页。
⑨ 吕大临:《吕大临集》,第789页。
⑩ 吕柟:《吕柟集·泾野先生文集》上册,第535页。
⑪ 李元春:《李元春集》,第742页。
⑫ 李颙:《二曲集》,第511页。
⑬ 吕大临:《吕大临集》,第128—129页。

寓也。"①礼仪虽然不是典章制度，但是又不离典章制度，因为有关礼的典章制度本身也是礼仪。当礼仪成为朝廷颁布的制度，即"礼制"，它也就具有了近似法律的威严，而成了"威仪"。当礼具有法律的威严，礼便是"礼法"，人们不得不遵守，即王恕所说的"礼法不可以不守"②，不然的话，就会背负"悖礼"的罪名。正是基于对礼的这种认识，马理有"礼体主于严"③的观点。再者，关学学者主张朝廷对礼法的执行要严格，即李元春所谓的"礼莫如严"④。这样的话，人们就必须确立"守礼之严"⑤的意识，从而自觉遵守礼仪，做到有礼必依。有礼必依确保人们行为普遍具有正当性和合理性，这就是"实行"。

"率礼而行"即"德行"。德行是德性在人的行为上的表现，而德性的本质是道或理，那么，德行就是合乎道的行为。同样，礼的本质也是道或理，那么，"率礼而行"的行为必然是合乎礼的行为，也就是合乎道的行为。这样来看，德行就是"率礼而行"的行为。刘光蕡"德如何见？见之于事为之迹，即礼是也"⑥表达的就是这种观点。正是基于这种认识，吕大临认为"礼，德之法也"⑦，即礼为道德立法。

不过，"率礼而行"要注意"因俗为礼"⑧。如前所述，"循理而行"要求"与时偕行"，因为人的行为要具有正当性或合理性，就必须符合时代要求。"因俗为礼"正是出于这种目的而主张变革礼仪。礼一旦被制度化而成为礼制，便有脱离社会发展的不足。李元春主张"因俗为礼"就是为了确保礼仪适应时代发展，体现时代要求，因为礼仪明显存在"古礼不谐今俗"⑨的现象。就内容而言，礼是礼义，本质是理，不存在变化；但就形式而言，礼是礼仪，可以根据时代的变化而改易。李元春说"凡礼以义起，一切制度因时以酌其通"⑩，讲的就

---

① 杨奂：《还山集》，第398页。
② 王恕：《王恕集》，第83页。
③ 马理：《马理集》，第218页。
④ 李元春：《李元春集》，第845页。
⑤ 贺瑞麟：《贺瑞麟集》上册，第62页。
⑥ 刘光蕡：《刘光蕡集》，第424页。
⑦ 吕大临：《吕大临集》，第452页。
⑧ 李元春：《李元春集》，第36页。
⑨ 贺瑞麟：《贺瑞麟集》上册，第19页。
⑩ 李元春：《李元春集》，第97页。

是这个道理。如果礼仪不根据时代的变化而变化，就不能灵活地体现道。那么，"率礼而行"也就无法体验道，自然就不能等同于"循理而行"。

"率礼而行"，就礼义来看，即人的日常行为要遵循道，而且人们在遵循礼仪规范的过程中可以体验到道。"率礼而行"，就礼仪来看，即人们的日常行为遵守礼仪规范，而且人们在遵守礼仪规范的过程中，逐渐成为合乎社会要求的人。

关学主张的"实行"包括"循理而行"和"率礼而行"，二者紧密联系。就道德实践之维来看，"率礼而行"是对"循理而行"的实践。礼具有礼义和礼仪两个层面，且二者是内容与形式的统一。就礼义来看，礼的本质就是理，这决定了"率礼而行"和"循理而行"一样，可以体验到道；就礼仪来看，礼表现为具体的行为规范，从而使"率礼而行"具有可操作性。人们"率礼而行"，其行为便具有正当性和合理性，而且最终也可以体验到道。这样来看，"率礼而行"就是对"循理而行"的具体落实或实践。无论是"循理而行"还是"率礼而行"，都成就的是人的德行。

关学的"实行"特色，是关学学者"实行"的写照。据《宋史》记载，张载"学古力行，为关中士人宗师"。这既说明张载具有"实行"的品质，也说明北宋的关中士人普遍偏好"实行"，吕大临更被认为"务为实践之学"[1]。金元之时，萧𣂏被时人推许为"巨儒"是因为他"真学实践"[2]；同样，同恕被时人视为"大儒"也是由于其"履真践实"[3]。有明一代，马理被认为"务为笃实之学"[4]；吕柟之学被称为"证诸躬行，见诸实事"[5]；杨爵被认为"以躬行实践为先"[6]。迨清代，时人称李颙"以理学倡关中，以躬行实践为先务"[7]；王建常被赞为"躬行实践，为不愧大儒"[8]；李元春之学"不为空言"，而皆"自有以见

---

[1] 黄宗羲原著，全祖望补修：《宋元学案》第2册，第1104页。
[2] 李耔：《勤斋集序二》，见《元代关学三家集》，第4页。
[3] 贾仁：《元故奉议大夫太子左赞善榘庵先生同公行状》，见《元代关学三家集》，第369页。
[4] 永瑢等：《四库全书总目》，第1575页上。
[5] 永瑢等：《四库全书总目》，第302页上。
[6] 永瑢等：《四库全书总目》，第1505页下。
[7] 郑重：《序》，见《二曲集》，第705页。
[8] 贺瑞麟：《贺瑞麟集》下册，第737页。

诸实行"；①刘光蕡更是被时人称为"为学专注实践"②。关学学者的"实行"品质表现在理论上，就是关学的"实行"特色。换言之，关学的"实行"特色是关学学者"实行"的理论表现。总之，关学学者的"实行"品质决定了关学的"实行"特色。

关学重视"实行"既有其优点，也存在不足。就"学以成人"而言，"实行"无疑是成人的必备条件。那么，重视"实行"必然易于成人，这是关学学理的优点。就关学特色而言，关学学者认为"即行可以验学"③，普遍重视"实行"，这不但使关学学者"学真行实"，而且使关学成为名副其实的"实学"④，这也是关学的优点。但是，过于重视"实行"有碍学术发展，尤其不利于学术创新。关学学者为了强调"实行"，而主张"不为高远空阔之谈"⑤。但是关学乃至儒学的核心是哲学，而哲学恰恰看重的是"高远空阔之谈"，那么，重视"实行"在一定程度上不利于关学的理论发展。更严重的是，过于强调"实行"会导致关学学者缺乏学术创新意识。提倡"一味务实"⑥的李颙，有"论学于今日，不专在穷深极微、高谈性命"⑦的言辞；倡导"学以为行"⑧的贺瑞麟甚至说"今日更无庸别著述"⑨而只是实践而已，"如吃现成饭"⑩；主张"务为实行"⑪的刘光蕡也提倡"今日为学不必求深"⑫。试想理论研究不主张"求深""穷深"，何以理论创新、学术创新？这是关学的严重不足。这也就不难理解关学为何只有张载极具学术创新意识而"勇于造道"⑬，而其他关学学者大都守成有余而创新不足。

---

① 贺瑞麟：《贺瑞麟集》下册，第642页。
② 刘光蕡：《刘光蕡集》，第276页。
③ 王心敬：《王心敬集》下册，第779页。
④ 这里的"实学"是中国古典文献中的实学概念，以"通经、修德、用世"为内涵。欲详知中国古典文献中的实学概念，可参阅姜广辉：《走出理学——清代思想发展的内在理路》，第27—53页。
⑤ 贺瑞麟：《贺瑞麟集》上册，第172页。
⑥ 李颙：《二曲集》，第201页。
⑦ 李颙：《二曲集》，第491页。
⑧ 贺瑞麟：《贺瑞麟集》上册，第464页。
⑨ 贺瑞麟：《贺瑞麟集》下册，第1001页。
⑩ 贺瑞麟：《贺瑞麟集》下册，第884页。
⑪ 刘光蕡：《刘光蕡集》，第259页。
⑫ 刘光蕡：《刘光蕡集》，第20页。
⑬ 黄宗羲原著，全祖望补修：《宋元学案》第1册，第662页。

四、学重"实事"

学重"实事"是关学"崇实致用"精神的基本内容之一。关学文本中的"实事",表面来看是指实实在在的事情,其实是指有价值的事情、重要的事情,用关学话语表达就是"大事"。那么,学重"实事"就是指关学以及关学学者看重干"大事"。具体来看,关学所谓的"大事",是站在国家利益的立场而言的"大事",即"富强之事"。

学重"实事"是关学的一贯主张。张载为学提倡"须行实事"[①],在他看来,只有做实事才算是"实行",即"事即是实行"[②];继而吕大临主张学习不只是"实有是理",而且要"实有是事"[③]。迨明代,关学学者普遍看重"富强之道":马理、吕柟、韩邦奇、杨爵无不主张"实行"富强之道,王徵更是直言要做"恤商富国"的"大事"。有清一代,李颙提倡学人要有"经济之才",王心敬和张秉直进而明确主张"富国强兵",李元春倡导国家应当"富民"和"足兵",刘光蕡更是倡导国人要"实为富强之事"[④]。可见,干"实事"、干"大事"、干"富强之事"是关学的基本主张。

关学自张载始就提倡"致博大之事"[⑤],而"富强之事"就是"博大之事"。就古代关学而言,"富强之事"主要指农事和兵事;近代以降,受西学的广泛影响,"富强之事"由农事、兵事拓展到工业之事、商业之事。依此来看,关学倡导的学重"实事"主要是看重农事、工事、商事、兵事。

1. 农事

关学学者非常重视农业生产,尤其是清代的关学学者。在清代的关学学者当中,王心敬和杨屾在农业方面的成就特别突出,是当时很有成就的农学家。他们不但有农学方面的专著,而且在这些专著中提出了独到的农学理论,更重要的是这些农学理论被付诸实践后,取得了丰硕的成果。

---

① 张载:《张载集》,第 325 页。
② 张载:《张子全书》,第 80 页。
③ 吕大临:《吕大临集》,第 112 页。
④ 刘光蕡:《刘光蕡集》,第 639 页。
⑤ 张载:《张载集》,第 80 页。

王心敬认为"国以民为本,民以食为天"①,而粮食来自农业生产。所以,他非常重视农业生产以及农学知识。作为知识分子,他不仅积极地从事农学研究,而且"营田南山下,掘井涝河湾"②,积极地从事农业生产劳动。正是在学习和实践农学知识的过程中,他形成了自己的农学理论,从而撰写了《区田法》《圃田法》《井利说》《水利说》等农学和水利学方面的著作,其中,以《区田法》和《井利说》最为著名。③

《区田法》是讲述区田方法的农学论文。区是播种时在田间挖的小坑,而区田法是把田地挖成窝状的小坑来种植庄稼的一种耕作方法。其实,区田法创自汉成帝时期的氾胜之。据说氾胜之曾在关中平原教导农业生产,④区田法很有可能就是他总结关中平原的农业生产经验而发明的耕作方法。《氾胜之书》中记载有区田法,但遗憾的是该书失传。不过,南北朝时期贾思勰所著的《齐民要术》中多处引用《氾胜之书》里的内容,这使区田法在该书的《种谷》篇中保存了下来。但王心敬的区田法并非氾胜之的区田法,而是在改良氾氏区田法的基础上,增加了具体的耕作方法,使区田法成了易于操作的耕种方法。王心敬之所以要改革氾氏区田法,是因为经耕种实践检验而认为氾氏的区田法不够科学。具体而言,他将氾氏区田法付诸实践后发现,氾氏区田法主张的区太小,不便耕作;而且区太浅,盛水少而易干旱。于是,他对之进行了改革,形成了自己独特的区田法。据此,王毓瑚坚持认为王心敬在《区田法》中"提出了一种独创的耕作方法"⑤。

王心敬的区田法被运用到陕西的农业生产中,促进了农业增收。陕西巡抚崔纪最早劝导陕西农民采用区田法耕种,以至粮食生产取得了丰收。嗣后,陕西布政使帅念祖继续倡导农民采用区田法耕种,使区田法在陕西得到推广;陕西巡

---

① 王心敬:《丰川续集》,第186页上。
② 王心敬:《王心敬集》下册,第1120页。
③ 有关王心敬《区田法》和《井利说》的论述参考了刘宗镐《王心敬评传》第十二章"民以食为天"的研究成果。(参阅刘宗镐:《王心敬评传》,西北大学出版社,2015年,第135—148页。)
④ 有关氾胜之区田法的论述参考了万国鼎《"氾胜之书"的整理和分析兼和石声汉先生商榷》一文的研究成果。(参阅万国鼎:《"氾胜之书"的整理和分析兼和石声汉先生商榷》,载《南京农学院学报》1957年第2期。)
⑤ 王毓瑚:《中国农学书录》,第219—220页。

抚陈宏谋更是大力倡导陕西农民采用区田法耕种，使王心敬的区田法几乎在陕西普及。咸丰年间，担任陕西巡抚的曾望颜向当地官员咨询治理陕西的策略，有官员将王心敬的《区田法》推荐为发展陕西农业的指南书。可见，王心敬的《区田法》已经成了陕西官吏治理陕西的农学宝典。

同样，王心敬的《井利说》也被视为发展陕西农业的农学宝典。《井利说》主要记载如何凿井以及利用井水灌溉而实现农业增收。看到《井利说》的理论比较科学，且便于操作，陕西巡抚崔纪遂大力倡导陕西各地凿井灌溉。崔纪在任的一年中，陕西凿井二万五千余口，大面积的农田得到灌溉，完全解决了当时的干旱问题，实现了农业增收。看到陕西凿井灌溉而使农业增收的成效显著，一位姓周的御史提请乾隆帝在东北五省推行凿井灌溉。嗣后，担任陕西巡抚的陈宏谋也大力支持陕西的凿井灌溉工程。他在四次出任陕西巡抚的十余年时间内，先后倡导陕西凿井二万八千余口，并制造大量的水车来推动农田的灌溉，陕西的凿井灌溉事业再次达到了巅峰。道光年间，林则徐出任陕西巡抚，乡绅张鹏飞建议用王心敬的《井利说》缓解当时陕西的旱情。可见，王心敬的《井利说》也是陕西官吏治理陕西的农学宝典。

如果说王心敬作为儒学家的名望遮掩了其农学家身份的话，那么，杨屾则是著名农学家的名声几乎完全遮盖了其儒学家的身份，以至于其哲学著作《知本提纲》也被视为"说理性很强的农学著作"[1]。其实，杨屾不仅是著名农学家，还是宋明新儒学学者。刘光蕡研读杨屾的著作后认为，杨屾是一位善于"从日用上指出天命流行"的儒者，甚至称赞其有张载的"造道之勇"，遂计划采访杨屾的生平事迹，而"欲作传入关学"。现代学人党晴梵更是认为杨屾"其实为一代名儒"[2]。杨屾作为"关中大儒"而从事农业研究及农业生产劳动，其实是其学重"实事"的表现，也是对关学学重"实事"精神的继承和发展。

杨屾之所以重视农业生产以及农学知识，是因为"衣食之源，致富之本，皆出于农"[3]。非但如此，他甚至认为发展农业生产是"王道之本"。基于这种认识，他不但认真学习农学知识，而且积极地从事农业生产劳动。正是在对农业知

---

[1] 曾雄生：《中国农学史》，福建人民出版社，2008年，第676页。
[2] 李克明、邓剑主编：《党晴梵诗文集》，陕西人民教育出版社，2007年，第45页。
[3] 杨屾：《豳风广义》"豳风广义弁言"，第7页下。

识认知与实践的过程中，他逐渐形成自己的农学理论和技术；而这些理论和技术的结晶就是其农学专著《豳风广义》以及《知本提纲》（共十卷）中的三卷农学著述。

杨屾的农学著作内容十分丰富。具体来看，"耕稼要法，园圃助养，蚕桑要法，树艺要法，畜牧要法"①无所不讲。因为杨屾主张人应当全面掌握农业生产的方法和技术，即他所谓的"农非一端，耕、桑、树、畜四者备而农道全矣"②。他说"力耕则食足，躬桑则衣备，树则材有出，畜则肉不乏，自然衣帛食肉，不饥不寒"③，认为人只有全面地掌握了农业生产的方法和技能，才能够高效地从事农业生产，从而确保能够生产出满足人们生活需要的物资，不然的话，人的物质生活都无法保障，遑论更好地生活。对于治理天下的"圣王"来说，更应当全面地掌握"农道"。这倒不是要依靠"圣王"从事农业生产，而是依赖"圣王"教导百官，并最终引导百姓有效从事农业生产。所以，他将"农道"视为"王道"的必备内容。

杨屾非常重视"耕桑"。所谓"耕桑"，是农业生产和种桑养蚕的合称，也称为"农桑"。尽管杨屾主张全面掌握农业生产方法和技术，但他更重视"耕桑之道"，明确主张农业生产"尤以耕桑为首务"④，因为"农桑者，衣食之原"⑤，即农业生产和种桑养蚕是衣食的来源。对于治理天下的"圣王"而言，"耕桑之道"不但是"王道"，而且是"王道之本"，原因就在于"盖食出于耕，衣出于桑，二者生民之命，教化之原，缺一不可者也"⑥。基于这种认识，他不但自己重视"耕桑"，还建议地方政府重视"耕桑"。

杨屾率先在陕西种桑养蚕，取得了很好的成效。如前所述，种桑养蚕非常重要，但是广大的陕西地区却缺失蚕桑业，原因是陕西人认为当地的地理气候条件不适合种桑养蚕。杨屾根据《诗经·豳风》相关记载，认为陕西适宜种桑养蚕。具体来看，《豳风》曰："七月流火，八月萑苇。蚕月条桑，取彼斧斨，以伐远

---

① 杨屾：《知本提纲》卷五，第3页b。
② 杨屾：《豳风广义》"豳风广义弁言"，第7页下。
③ 杨屾：《豳风广义》"豳风广义弁言"，第8页上。
④ 杨屾：《豳风广义》"豳风广义弁言"，第7页下。
⑤ 杨屾：《知本提纲》卷五，第3页b。
⑥ 杨屾：《豳风广义》"豳风广义弁言"，第7页上。

扬，猗彼女桑。七月鸣鵙，八月载绩，载玄载黄，我朱孔阳，为公子裳。"这段文字描写的是种桑养蚕、纺纱做衣的劳动过程，而诗歌名字中的"豳"是今天陕西彬州和旬邑一带的古称。这证明陕西适宜种桑养蚕，先秦时代已有相关记录。杨屾据此认为他生活的清代中期的陕西也适宜种桑养蚕。为了证实自己的这种设想，他多方访求种桑养蚕的方法并制造缫丝的器具，亲自试验经营十余年，取得了很好的成效。① 他将自己种桑养蚕的经验总结诉诸语言文字，汇集成农学专著《豳风广义》，书中详细记载了种桑、养蚕、纺纱、织绸的方法和技术。

  杨屾的《豳风广义》被陕西大吏大力推广，且影响到周边省份。杨屾将《豳风广义》送给陕西布政使帅念祖，并在书信中"缕陈蚕桑地无不宜者，求广其利民间"②。帅念祖十分重视，积极在陕西推行种桑养蚕。嗣后，陕西巡抚陈宏谋也非常重视陕西的蚕桑业，还邀请杨屾在西安讲授农学。种桑养蚕在陕西的大力推广，使陕西出现了具有本地特色的丝绸——"秦纱"，这是杨屾对陕西纺织业的重大贡献。陕西种桑养蚕取得的显著成效还引起了河南和山东地方政府的关注，他们在当地刊印了《豳风广义》，并积极地推广种桑养蚕。

  王心敬和杨屾既是宋明新儒学家，也是颇有成就的农学家。但他们都将农学视为儒学的"经世之法"，以儒者自处而不以农学家自居。他们不但研究农学，而且从事农业生产，这就是干"实事"。他们的农学知识和技能被推广并取得了很好的成效，那么他们的农学知识就成了治国理民的"大事"。所以，农学在关学学者看来，是"实事"，是最大的"实事"。

2. 工事

  工事就是工业生产以及有关工业生产的知识和技能。关学学者对工业生产的重视程度远远不及农业。张载肯定手工业者和从商者的辛勤劳动，他说："工商之辈，犹能晏寐夙兴以有为焉。"③ 但晚明以前，关学文献中很少出现工业方面的词汇；即使出现，也不过是《尚书》中的"百工惟时"之类有关手工业的老调话语。晚明以降，王徵的著作改变了关学的这种面貌。嗣后，关学学者开始关注工业，清代中期的杨屾以及清代末期的刘光蕡表现得尤为突出。

---

① 参阅王毓瑚：《中国农学书录》，第221—222页。
② 帅念祖：《豳风广义叙》，见《豳风广义》，第2页上。
③ 张载：《张载集》，第271页。

王徵非常关注西方的工业制造。他与来华传教的耶稣会士金尼阁、汤若望、龙华尼、邓玉函等人都有密切交往，从他们那里了解到西方的工业制造知识和技能。他不只"穷索苦思，忘食寝，废酬应"地专门研究西方的制造工艺，还"如法作之"；更重要的是，他运用所学知识和工艺来创新，制造出了近似"木牛流马"之类的车子，"名之为'自行车'"。①王徵从众多的西方"巧器"中选择"关切民生日用"尤其是"国家工作之所急需"者，图文并茂地撰成《奇器图说》一书。此书不只是王徵有关机械工程的代表作，也是"我国第一部机械工程学著作"。当时的学人说："是书也，广而公之，固济世利物者一大舟楫也。"②但遗憾的是此书并未受到后人的重视，关学学者亦复如是。

杨屾虽然是著名农学家，但他也重视工业生产，他的农学著作中有工业方面的知识。首先，杨屾重视工业生产，他强调人们应当"明工利之要"③，即明白工业对于社会发展的重要性。在他看来，"万事非工不成"，因为"修齐藉工而著，治平待工而建"。④其次，杨屾对工业的理解比较宽泛。杨屾的著作中有"工业"一词，但何谓"工业"？他说："盖经营图度者，工之本也；耳目手足者，工之具也；耕织器物者，工之质也；礼乐教化者，工之文也。"⑤这是说建筑营造是工业的核心，手艺是工业生产的技术，器械是工业生产的工具，礼乐教化是工业的形式。基于对工业的这种理解，他提倡的工业具有丰富的内容。他说："身工有八：耕、织、针、厨、酿、医、商、御，各精其能而身无不理。物工有八：金、木、土、石、水、火、兽、珠，各勤其职而物无不备。事工有四：书、数、兵、刑，各通其技而事无不举。色工有二：染彩、绘画，各善其艺而用无不美。"⑥足见杨屾提倡的工业涉及各行各业，非常齐全。

不过，杨屾对工业生产的认知也存在局限性：一方面是将工业生产视为农业生产之余事，另一方面是将工业生产的核心视为"女织"。就前者而言，尽管杨屾认识到"农工相资为用，养利各贸其功"⑦，但是他仍然将工业视为农业生产之

---

① 参阅王徵：《王徵集》，第54页。
② 武位中：《奇器图说后序》，见《王徵集》，第411页。
③ 杨屾：《知本提纲》卷六上，第1页a。
④ 杨屾：《知本提纲》卷六上，第1页b。
⑤ 杨屾：《知本提纲》卷六上，第1页b。
⑥ 杨屾：《知本提纲》卷六上，第5页b—6页a。
⑦ 杨屾：《知本提纲》卷六上，第6页b。

余事，说"余则量能受工，人无废事"①，即农业生产剩余的劳动力可以从事工业生产。就后者而言，尽管杨屾对工业的理解比较宽泛，他主张的工业内容异常丰富，但他真正看重并付诸实践的只有纺织，其在《豳风广义》中主张种桑养蚕之目的就是纺织。再者，他认为纺织是女性从事的职业，"惟男耕女织，固一定而不易"②。这样来看，工业生产就不免被局限于女性劳动，从而严重限制了工业发展。

至近代，关学学者才真正认识到工业生产在国家发展中的重要地位。当中国战败于西方的坚船利炮时，中国士人才清醒地意识到工业制造的重要性，关学学者也是如此。柏景伟认为中国要"力求自强"，就不得不学习"西人之器械"。但他既反对直接购买西方的器械，也反对雇用"西国之工匠"来制造器械，而是主张中国人积极"潜学各国制造法"。因为只有这样，中国的工业制造才能"反出各国上"，而最终实现"自强"。③可见，柏景伟将工业提升到救亡图存的重要地位。这反映出他看到了工业在国家发展过程中的重要性。

在关学学者当中，真正认识到工业的重要性而重视工业的学者则是刘光蕡。首先，刘光蕡认识到民族工业是国家生存的根本。在他看来，国家的灭亡并不是由于战争失败导致的，而是由于民族工业的消亡而走向灭亡，因此他将民族工业称为"生业"，即百姓和国家赖以生存的产业。就个人而言，"生业战而败，则一国之人皆失其业"；就国家而言，民族工业消亡的话，"不惟国家，灭亡之忧将及种族"。④所以，他非常重视工业。当他看到西方"械器不假人力，精巧直类鬼工"，而中国完全依靠落后的手工业时，不禁有"人器巧而价廉，我事多而功倍，不及十年，百工皆困"⑤的亡国之忧。于是，他更加重视工业，极力呼吁国家"振兴工业"。

其次，刘光蕡洞悉现代工业的根本。对西方的工业生产，刘光蕡有一个基本认识，即"工巧"。所谓"工巧"，是指"西人制造精工"⑥。在刘光蕡看来，西方的"械器不假人力，精巧直类鬼工"，具体表现是"水火无情，皆能驱使；

---

① 杨屾：《知本提纲》卷六上，第7页a。
② 杨屾：《知本提纲》卷六上，第7页a。
③ 柏景伟：《沣西草堂文集》卷三，第36页b。
④ 刘光蕡：《刘光蕡集》，第646页。
⑤ 刘光蕡：《刘光蕡集》，第645页。
⑥ 刘光蕡：《刘光蕡集》，第32页。

金石坚固,胥可化分;况取火于日以炼金,炭薪可省;借光于电以代烛,膏油不焚"①等等。这类人工根本无法实现的事情,机器竟然都做到了,这让刘光蕡感到不可思议。惊叹之余,他探索西方"工巧"的原因,即"西洋使用水火,精妙入神,不可思议。其制造枪炮、开矿、取水、织布,皆用械器为之,精而省工,以及化学、电学、光、重等学,皆极精微,故日臻富强"②。这是说:西方之所以富强,是因为工业先进;而工业之所以先进,是因为科技先进。可见,刘光蕡洞悉了西方现代工业的根本。见识到此,他由呼吁国家"振兴工业"转而呼吁国家"振兴工学"③,因为工业的振兴依靠的是先进科技,而先进科技的掌握依赖专业学习。

再次,刘光蕡坚信采用先进的工艺从事生产是时代发展的必然趋势。在刘光蕡看来,"泰西机器必行于中国",这是时代的要求,"不惟中国不能阻,即西人亦不能秘其术不令入中国也",原因就在于西方"机器制造尤便于民"。④具体而言,"今外洋械器一人常兼数人之功,一日能作数日之事,则真'生众食寡,为疾用舒'矣"⑤。那么,获得"外洋机器之利"的中国工商界人士自然乐于"法西洋制造日用之器"。这样的话,西方先进的工业生产便会盛行于中国。

最后,刘光蕡欲创办陕西保富织布局来引导陕西走向现代工业,以期为中国工业生产做出重要贡献。西方机器的生产效率为什么非常高?刘光蕡研究的结果是西方的机器以蒸汽机作为动力。为了将以蒸汽机做动力的机器与以人力或畜力做动力的机械相区别,他遂将前者称为"汽机",并积极提倡国人学习西方用"汽机"从事生产。当他得知"英国之富全在纺织"⑥时,遂打算创办陕西保富织布局。他的目的并不只是办理织布局,更重要的是借办厂来引导陕西人采用先进的生产工艺从事生产。具体而言,先聘洋人帮助陕西人创办织布局,并指导生产。但陕西人必须通过积极学习来掌握先进的生产技术,"一二年后,必须陕人能自用械器织布",然后"一端既通,再推一端,数年之后,陕人必有熟悉各学

---

① 刘光蕡:《刘光蕡集》,第645页。
② 刘光蕡:《刘光蕡集》,第142页。
③ 刘光蕡:《刘光蕡集》,第367页。
④ 刘光蕡:《刘光蕡集》,第31页。
⑤ 刘光蕡:《刘光蕡集》,第366页。
⑥ 刘光蕡:《刘光蕡集》,第537页。

者，出而供国家之用矣"。①不能不承认刘光蕡的这个设想非常好，但遗憾的是这个设想并未实现，因为陕西保富织布局在创办过程中半途而废。究其原因，一方面是技术问题，另一方面是资金问题。就前者而言，刘光蕡派人从日本长崎购买了轧花机等先进机器，并聘请当地的能工巧匠研究进而仿制，但最终仿制失败；就后者而言，创办织布局急需的大量资金最终未能到位。这不只是创办陕西保富织布局的失败，更是陕西初次走向现代化工业的失败。

王徵、杨屾、刘光蕡虽都是"关中大儒"，但无不积极投身于工业实践。王徵不只研究西方的器械，而且动手制造，甚至不无创造，以至于现代学人将他称为"工程师"；杨屾认为纺织是女性的专业，但还是积极投身于纺丝织绸的实践中去，创造出"秦纱"；刘光蕡教学"终身以农桑、工艺为事"②，并试图创办先进的织布工厂——陕西保富织布局。由此足见关学学者治学不只"精研其理"，而且"实为其事"。③他们不只是学问家，也是实干家。

3. 商事

商事，即有关商业的事务以及知识。众所周知，中国传统社会"重农抑商"，士人普遍看不起商业以及商人，古代关学学者也基本如此。其中，只有王徵受西学影响而重视商业，是个特例。近代的关学学者受西学冲击，大都比较重视商业以及商人，其中，刘光蕡特别重视商业及商人。

在古代"重农抑商"的社会氛围中，关学普遍轻视商业以及商人。但是，关学学者能够正视商业以及商人的价值。张载对商人以追求利益为目的未必认可，但他肯定商人"晏寐夙兴以有为"的辛勤劳动。再者，他比较关注"市易之政"。他建议政府通过经济手段配置资源，做到"官亦不失取利，民亦不失通其所滞而应其所急"④，这反映出他看到了商业在国家治理中的必要性和重要性。关学轻视商业以及商人的态度，在明清两代表现得尤为突出。就明代来看，吕柟轻视商人的态度最为明显。他之所以轻视商人，客观原因是基于中国古代社会"士

---

① 刘光蕡：《刘光蕡集》，第537页。
② 李岳瑞：《墓志铭》，见《刘光蕡集》，第281页。
③ 刘光蕡：《刘光蕡集》，第21页。
④ 张载：《张载集》，第249页。

农工商"的"四民"人群划分立场，认为"商贾，逐末之流"①；主观原因是他认为商人经商只不过是为了"自肥"，这无疑是一种自私自利的行为，遂看不起商人。尽管如此，他认为"王政"应当"商贾则关市无征"②，表现出维护商人利益的倾向。就清代来看，晚清之前，关学学者亦普遍轻视商业和商人。杨屾主张"重农民而轻商贾"③，但他认识到商业以及商人在配置资源方面的重要性，即"商贩以通有无"④。尽管张秉直认为"坏天下人心者，亦莫先于商"，"坏天下之风俗者，亦胥由于商"，并且以"贾人之子未有不嗜利者"和"邑中多商贾者，其风俗必浮夸"为理由来贬低商业以及商人，但是他也看到"富天下农民者，莫大于商；广天下之闻见者，胥由于商"的客观事实。⑤李元春主张"盛世尝抑末作，则惟士农为贵耳"，但是他认识到"士农工商四民缺一不可"。⑥总而言之，晚清之前，尽管关学能够正视商业以及商人的价值，但其主流观点仍然是轻视商业以及商人，甚至不无贬抑。

在古代社会，关学学者中仅有王徵比较重视商业以及商人，这很有可能是其与西方传教士频繁交往而受到西方商业方面知识影响的结果。王徵认识到商业以及商人在国家发展中的重要地位，他说："商人者，财用发生之根本也。"他不否定商人追求利益的目的，"世间人熙熙攘攘，都为利来利往，而商为甚"，但是对于国家而言，"商有余财则乐输，国无乏用则事成"。因为商人在追求自身利益的过程中，客观上也能够"富国益民"。基于这种认识，他主张"故欲求裕国，必先恤商"，简言之，"恤商裕国"。不过，王徵所谓的商业以及商人，主要指盐、茶贩售以及盐商、茶商。⑦

在近代社会，关学基本上改变了轻视商业以及商人的态度。其中，刘光蕡表现得尤为突出。刘光蕡在西方列强"以商业夺我之财"的侵华过程中，逐渐认识到商业以及商人的重要性。首先，他发现"西国之谋人国也，以商贾笼其财，然

---

① 吕柟：《吕柟集·泾野经学文集》，第503页。
② 吕柟：《吕柟集·泾野先生文集》上册，第464页。
③ 杨屾：《豳风广义》"豳风广义弁言"，第8页上。
④ 杨屾：《知本提纲》卷四，第45页a。
⑤ 张秉直：《开知录》卷一四，第22页a—b。
⑥ 李元春：《李元春集》，第837页。
⑦ 参阅王徵：《两理略·恤商裕国》，见《王徵集》，第49—51页。

后以兵戈取其地"①,即西方侵略者侵略中国的方式不只是军事战争,更重要的是商业战争。其次,他认为西方国家特别重视商业,甚至有"西洋以商立国"②的观点。具体而言,"外洋挟一国之财力以经商",他甚至认为"西人合五洲之物以课盈虚,萃一国之精神以谋生计"③,这是西方各国富强的原因。最后,西方的商人很有智慧。刘光蕡对西方的商业以及商人有一个基本认知,这就是"商智于市"④,尤其看重西方的"商贾之智"。西方商人之所以很有智慧,是因为西方的"商者人人读书识字";中国则是"商不学而愚"⑤。刘光蕡认为"市易即交锋之事",在商战之中,"彼商皆学,故为素练之师;我商不学,则皆群儿之戏也。以群儿之戏遇素练之师,胜负之数不待智者而知矣"⑥。

基于上述认知,刘光蕡非常重视商业以及商人。首先,他强调商业是救亡图存之急务,即"今日中国以整顿商务为先"⑦。只有发展商业,才能自富自强。其次,他认为重视商业以及商人是文明社会的重要表现。他说:"洪荒之俗不重商,文明之时必重商。"⑧在他看来,中国历代统治者主张"重农轻商"或"重农抑商",这其实是在推行愚民政策。具体而言,秦始皇将"抑商"作为"愚弱黔首之术"⑨,原因是有恐商人运用智慧而"拥财自雄",从而挑战其绝对统治权。嗣后,专制时代的统治者无不出于这种目的而主张"重农轻商"。故而,刘光蕡批评"重农抑商"纯属"霸术",而绝非"王政"。再次,他强调中国人尤其是士人必须改变"轻商"的态度。自古以来,中国士人就乐于称道"原宪永匿穷巷为足行道、传道",而批评子贡货殖为非。⑩在刘光蕡看来,"商能以财自雄,即是民中之豪"⑪,应当受到国人的尊重。所以,他竭力呼吁士人重视商业,尊重商人。最后,他主张中国商人必须学习。中国商人不但要"读书识字",而且要学

---

① 刘光蕡:《刘光蕡集》,第230页。
② 刘光蕡:《刘光蕡集》,第99页。
③ 刘光蕡:《刘光蕡集》,第646页。
④ 刘光蕡:《刘光蕡集》,第44页。
⑤ 刘光蕡:《刘光蕡集》,第43页。
⑥ 刘光蕡:《刘光蕡集》,第646页。
⑦ 刘光蕡:《刘光蕡集》,第230页。
⑧ 刘光蕡:《刘光蕡集》,第736页。
⑨ 刘光蕡:《刘光蕡集》,第736页。
⑩ 刘光蕡:《刘光蕡集》,第505页。
⑪ 刘光蕡:《刘光蕡集》,第544页。

习商业方面的专业知识，因为商业"有专门之学"。

晚近，关学"富强之术"以及"富强之事"的内容发生了变化，其中最显著的特征就是"商"居其列。晚近以前，"富强"主要依靠的是"农"和"兵"；而晚近以降，"富强"依赖的是全民的努力。刘光蕡说："士、兵、吏所以为强也；农、工、商所以为富也。"①刘光蕡的弟子张元际进而认为"自强者其要有三：曰兵，曰商，曰农"②。总的来看，商业受到了前所未有的重视。

4. 兵事

兵事，即军事，就是有关军旅或战争之事以及与之相关的知识。关学素有"儒者不可以不知兵"的主张。这种主张不只表现在关学学者重视军旅之事而研究兵学，更表现在关学学者从事军旅之事，直接或间接地参与战争。

张载少年之时就曾追随彬州的焦寅研习兵学，而且试图运用所学兵学知识，夺取"洮西之地"。20岁往延安拜谒陕西招讨副使范仲淹，并呈上所撰《边议》毛遂自荐，《边议》中就有"择帅""养兵""用兵"等军事内容。可见，他有将自己的军事学知识付诸实践的理想和勇气。张载的弟子多有从事兵事者，其中，担任秦凤路经略使的李复在金兵侵犯秦州的保卫战争中阵亡。

有明一代，四海升平，关学学者对兵学的研究比较薄弱，也很少有从事兵事者。但马理认为尽管天下太平，"兵防之政"不可忽视，依然主张"兵防之制尽善"。③具体而言，一方面强调"兵制之备"要尽善尽美；另一方面将士要训练有素，提升"将士之勇"。就前者而言，他非常重视西方的热兵器，即"火器曰佛朗机，曰七眼枪，曰三眼枪，曰旋风炮，曰神机箭，凡五种"④，主张中国也仿制这些先进武器。晚明之时，金人反明而战争时有发生。王徵非常关注战事，将自己对战事的看法撰成《客问》《兵约》两部兵书，前者主要针对"辽东边事"提出自己的看法，后者比较详细地论述了"兵制""兵率""兵约"。尽管就整个关学史来看，明代关学学者的兵事比较薄弱，但是相对其他宋明新儒学学派来看，关学重视兵学和兵事的特征依然非常明显。

---

① 刘光蕡：《刘光蕡集》，第 41 页。
② 张元际：《补印知本提纲序》，见《知本提纲》，第 1 页 a。
③ 马理：《马理集》，第 561 页。
④ 马理：《马理集》，第 299 页。

清代战争比较频繁，关学学者普遍关注兵学，且多参与战事。清代前期，政府为了维护统一，内战在所难免。准噶尔之战持续多年，朝廷将所需军需物资大都摊派到关中人民的头上。王心敬为了早日将关中人民从军供愁苦中解救出来，开始密切关注战事，并潜心研究兵学，遂有军事兵学论文《培植将才》《兵间事宜》《兵论》《兵机琐言》《西塞事宜》《备边之法》《筹边迂议》《答问募兵》等相继诞生。就这些军事论文来看，王心敬的军事思想非常丰富，战略论、战术论、将士论和军备论无所不包。① 非但如此，王心敬还间接地参与了准噶尔之战。一方面是他的门人蔡瑞寰和江机直接参与战事，先后随军进入新疆和西藏，能够给他提供有关战争的翔实信息；另一方面是朝廷派出的高级将领额伦特和鄂尔泰先后与王心敬通信探讨战争的相关问题。

清代后期，内战频繁，不少关学学者直接参与战事。其中，尤以祝垲战功显著。祝垲在河南任知州期间曾参与抗击太平军的战争，而且屡建奇功，被清廷加赠二品顶戴。时任两江总督的曾国藩称赞祝垲"气韵沉雄，才具深稳，能济时艰"，遂向同治帝保荐祝垲，并在给同治帝的奏折中称其"虽不敢信为定评，要可考验于数年、数十年以后"。② 左宗棠在历数参与抗击太平军的河南官员时，也称赞祝垲"吏干将才为中州一时之冠"③。祝垲后因任知府期间督催钱粮不及份数而落职，由湖广总督曾国藩、直隶总督刘长佑和河南巡抚张之万等保荐，以直隶候补道员身份随曾国藩办理营务。嗣后，又协助李鸿章委办天津海防营务，其间染病不幸英年早逝。祝垲有运筹帷幄的宏才，惜其享年不永，未能施展其才，诚如其弟子冯端本所说："使天假之年，当宏此远谟。不独绍阳明之学术，并可为阳明之事功。"④

道光后期，西方列强侵华，中外战争不断，关学学者更关注战事，因而重视兵学。李元春"儒者不可以不知兵"的言辞就是对这种关注的写照。他甚至计划上书道光帝，建议"烟不可开"，而主张"练乡勇""善用间谍"来迎战。⑤ 柏景伟主张国人应当"潜心学习各国制造法"，制造出更先进的枪炮和轮船，才能最

---

① 参阅刘宗镐：《王心敬评传》，第149—167页。
② 曾国藩：《曾国藩全集·奏稿（九）》，岳麓书社，1994年，第5574页。
③ 左宗棠：《左宗棠全集·奏稿（三）》，岳麓书社，1989年，第430页。
④ 冯端本：《祝爽亭观察事略》，见《李元春集》，第209页。
⑤ 参阅李元春：《拟上制噗夷书》，见《李元春集》，第209—210页。

终击退侵略者而保卫国家。刘光蕡直面中国的屡战屡败，不禁思考中国"兵何以不如外洋"。他思考的结果是西方"兵精"。[①]所谓"兵精"，不只是西方兵器先进，还指西方将士"精明"。原因就在于西方"兵练于伍"[②]，而且士兵皆"知学"；中国则不然，士兵"读书识字"者无多，结果是"兵不学而骄"[③]，往往战败于西方列强。有见于此，刘光蕡主张士兵的素质应当从募兵时抓起，接着要严格训练，即"今日欲革募勇之弊，非取之学校不可；取之学校，非素为训练又不可"[④]。只有这样，"武夫兵将皆智而易精其技"[⑤]，中国才有在战争中获胜的基本保障。

"实事"，就关学文本来看，主要指将农业、工业、商业、军事诸领域的知识付诸实践，从而形成实实在在的农事、工事、商事、兵事。就人之在世而言，应事接物是人的基本存在方式，人只有通过农事、工事、商事、兵事等才能展现自我的存在。换言之，农事、工事、商事、兵事是"修己""成己"的必然要求。同时，农业、工业、商业、军事诸领域的知识作为"经世之术"，是治国理民的基本要求，只有将之付诸实践而成为实实在在的农事、工事、商事、兵事，国家才能被有效治理。换言之，农事、工事、商事、兵事也是"治人""成物"的必然要求。总而言之，"修己治人""成己成物"必然有农事、工事、商事、兵事等"实事"。张载说"人之事在行"[⑥]，而"实事"正是对"人之事"的"实行"。

"实事"即"富强之事"。晚近以前，关学主要将农事视为致富之本，而将兵事当作强国之本；晚近以降，关学依旧将兵事视为强国之本，但不再仅仅将工事、商事同农事视为致富之本，而将其一并当作强国之本，充分意识到经济是国家富强的坚实基础。

"实事"是"实行"的直接结果。将农业、工业、商业、军事诸领域的知识付诸有效的实践活动，就是农事、工事、商事、兵事。农业、工业、商业、军事

---

① 刘光蕡：《刘光蕡集》，第17页。
② 刘光蕡：《刘光蕡集》，第44页。
③ 刘光蕡：《刘光蕡集》，第43页。
④ 刘光蕡：《刘光蕡集》，第141页。
⑤ 刘光蕡：《刘光蕡集》，第138页。
⑥ 张载：《张载集》，第325页。

诸领域的知识，是关学学者"精研其理"的结果；而农事、工事、商事、兵事，是关学学者"实为其事"的结果。就此来看，关学学者不只是理论家，更是实干家。这是关学有别于其他宋明新儒学学派的显著特征。

五、学求"致用"

"致用"，即付诸实际应用之意。学求"致用"，就是为学看重对学问的实际应用或实际使用。如果说学贵"有用"强调学问自身具有实用性的话，那么，学求"致用"则强调对学问的实际使用或实际应用。前者侧重学问的理论价值，后者侧重学问的实践价值。

学求"致用"是关学一贯的主张。张载为学提倡"求致用"[1]；金元之际，同恕倡导"致用之学"[2]；有明一代，吕柟更是大力提倡"致用"，要求学人应有"致用之实"[3]，读书要"明理致用"[4]，处事要"随事致用"[5]；迨清代，关学学者更是将"致用"视为儒学的宗旨，前有王心敬提倡"吾儒原是立体致用之宗"[6]，后有李元春倡导"学原期致用"[7]；民国初期，张鹏一秉承其师刘光蕡"为学专注实践，归依致用"[8]的宗旨，进而主张"学以致用"[9]。

学求"致用"，就致用的途径来看，无非"实为其事"，即"实行"遂有"实事"；就致用的内容来看，主要是"穷经致用"[10]，晚近以前还主张"参之诸子史以达其用"[11]，力求"酌古准今以致用"[12]，而晚近以降则"融合中西"，试

---

[1] 张载：《张载集》，第 74 页。
[2] 同恕：《榘庵集》，第 133 页。
[3] 吕柟：《吕柟集·泾野先生文集》上册，第 174 页。
[4] 吕柟：《吕柟集·泾野先生文集》上册，第 135 页。
[5] 吕柟：《吕柟集·泾野先生文集》上册，第 134 页。
[6] 王心敬：《王心敬集》下册，第 907 页。
[7] 李元春：《李元春集》，第 776 页。
[8] 刘光蕡：《刘光蕡集》，第 276 页。
[9] 张鹏一：《烟霞草堂文集序》，见《刘光蕡集》，第 8 页。
[10] 吕柟：《吕柟集·泾野先生文集》上册，第 399 页；王心敬：《王心敬集》下册，第 803 页；杨屾：《豳风广义》"题辞"，第 19 页上；刘光蕡：《刘光蕡集》，第 227 页。
[11] 王弘撰：《王弘撰集》下册，第 880 页。
[12] 李颙：《二曲集》，第 401 页。

图实现"通古今、合中外，致用者，其惟儒乎"①的理想；就致用的目标来看，学求"致用"追求的最终目标是"学为大儒，仕为名臣"②。学求"致用"的途径和内容，已通过学贵"有用"、学务"实行"、学重"实事"进行了详细阐述，这里只探讨学求"致用"的目标——"学为大儒，仕为名臣"。

关学的宗旨是"学以成人"，学求"致用"必然臻于这个终极目标。尽管关学主张做人应当"学必如圣人而后已"，学习应当学"内圣外王之学"，但是圣人毕竟难以企及，更何况家天下时代，由圣成王根本没有可能。基于对现实的这种认识，关学学者只好将"学以成人"的目标降而求其次，即将"圣人"降低为"大儒"，将"王者"降低为"名臣"，遂形成关学学求"致用"的最终目标——"学为大儒，仕为名臣"。其实，这种降而求其次的做法，恰恰是关学"务实"精神的体现。所以，自晚明以来，关学学者更为自觉地提倡"学为大儒，仕为名臣"。具体来看，晚明之时，王徵率先主张"处为真儒，出为名臣"③；清中叶，前有王心敬教学提倡"处且为真儒硕士，出且为循良名臣"④，后有主掌关学书院的孙景烈大力倡导"出为良吏，处为真儒"⑤；迨晚清，主讲关中书院的柏景伟依然提倡"处为名儒，出为名臣"⑥。这就是关学学求"致用"的最终结果——"学为大儒，仕为名臣"。

1. 学为大儒

儒，在关学文本中，泛指读书的士人或者说知识分子，特别是"西儒"⑦一词，最能体现儒的这种内涵。这样来看，儒并不含有价值判断。正是这个原因，关学学者对儒做了价值上的区分，儒既有"大儒""全儒""通儒""真儒""醇儒""名儒""君子儒"，也有"曲儒""伪儒""腐儒""迂儒""霸儒""俗儒""贼儒""小人儒"。前者是关学认可的儒者人格，后者

---

① 张元勋：《原道》卷上，第1页a。
② 李元春：《李元春集》，第156页。
③ 王徵：《王徵集》，第301页。
④ 王心敬：《王心敬集》下册，第850—851页。
⑤ 孙景烈：《滋树堂文集》，第182页上。
⑥ 柏景伟：《沣西草堂文集》卷五，第1页b。
⑦ 可参阅《王徵集》和《刘光蕡集》中"西儒"一词的含义，如王徵说"乃痴想之极，会得西儒自鸣钟法（见《王徵集》，第54页）；刘光蕡说"余阅中国道学家言，西儒哲学家等书"（见《刘光蕡集》，第238页）。

则是关学否定的儒者人格。关学非常推崇"全儒""真儒",而激烈批判"伪儒""贼儒"。

关学理想的儒者人格是"全儒"。"全儒"是李颙提出的概念,也是关学特有的概念,相当于儒学文献中习见的"通儒"。何谓"全儒"?李颙说:"道德经济备而后为全儒。"①"全儒",就其学来看,拥有"体用全学",既具有"道德之学",也具有"经济之学";就其才来看,既掌握"道德之实",也掌握"经济之实";就其人来看,既具有高尚的道德素养,也具有卓越的职业成就。与"全儒"相对的是"曲儒",这种儒者无论是学问还是人品,都在一定程度上存在不足。具体来看,"曲儒"分为"腐儒"和"霸儒"。李颙说:"明体而不适于用,便是腐儒;适用而不本明体,便是霸儒。"②这是说"腐儒"虽不乏德行,但没有经世致用的能力;"霸儒"虽具有经世致用的才能,但缺失德行。这样来看,"全儒"泛指德才兼备的知识分子。

关学理想的儒者人格是"真儒"。所谓"真儒",也称"纯儒"或"醇儒"。从字面意思来看,"真儒"就是真正的儒者、真实的儒者。质而言之,就是将对"全儒"的认识付诸实践,这是关学"实行"精神在儒者人格之域的表现。李颙说:"行儒之行,始为真儒。"③依此来看,儒者是不是"真儒",应当依据其行为来判断。这个具体的判断标准是《礼记》中的《儒行》,李颙强调"行有不若此,便是制行有亏"④,便难成"真儒"。但就关学的"体用全学"来看,"真儒"主要指具有"道德之实"和"经济之实"的儒者。与"真儒"相对的是"俗儒"和"伪儒"。前者强调实行,尤其重视道德实践;后者则有言无行,缺失实践。若进而来看,"俗儒"将圣人之学当作"口耳之学"或"记诵之学",而没有将之付诸实践;"伪儒"不但没有将圣人之学付诸实践,而且为了名利在行为上存在伪装,带有一定欺骗性。所以,比起"俗儒",关学学者更厌恶"伪儒"。

关学学者站在"真儒"的立场,批评形形色色的"伪儒"。其中,以吕柟的批评最为全面。他说:"古之异端犹异类也,今之异端则同类也。挟术数者,

---

① 李颙:《二曲集》,第450页。
② 李颙:《二曲集》,第120页。
③ 李颙:《二曲集》,第110页。
④ 李颙:《二曲集》,第113页。

世称才儒；闲诗赋者，世称雅儒；记杂丑者，世称博儒；趋时而竞势者，世称通儒；谈玄者，世称高儒；临事含糊淹滞者，世称老儒；蹈袭性命之言者，世称理儒。斯非皆为孔子之书者乎？然误天下苍生者，皆此异端也。"①就这些儒者名目来看，"才儒""雅儒""博儒""通儒""高儒""老儒""理儒"无一不是美名在外。但考查其行为，不只是有名无实，而且是其行有辱其名，这就是伪儒。儒者当中之所以存在"伪儒"，是儒者唯利是图的结果。孔子说："君子喻于义，小人喻于利。"②依此来看，这类儒者的行为无疑是"小人儒"，但他们经过伪装而博取"通儒"等好的名声。诚如王心敬所说，这类儒者"假道学之公名，以自饰其名利之私心者"③，其人不只贪得，而且虚伪，人品极差。所以，他认为这类儒者就做人来看，实属"一辈佞人"，如果要算作学者，那也只能是"窃冒之学者"。

关学学者激烈批评的是"贼儒"。所谓"贼儒"，就是儒者群体中的"蟊贼"。李颙批评这类儒者说："惟是借经书以行私，假圣言以文奸，政事明敏，辞令泉涌，适足以助恶而遂非，其为害有甚于腐儒，乃经学之贼、世道之蠹也。"④这类儒者很有智慧和才华，但是他们利用自己的智慧和才华来牟取一己之利，即现今所谓的"精致的利己主义"。非但如此，他们还利用儒家的"圣人之言"来掩过饰非，甚至于颠倒是非。作为儒者，这类人"阳附而阴违，以乱吾道之真脉"⑤，实属"经学之贼"；作为官员，这类人"惟知渔利，人面而鬼心，此盗贼之行也"⑥。总而言之，"贼儒"对于社会的物质文明建设和精神文明建设都具有破坏性，属于人类社会的蠹虫。基于这种认识，关学学者激烈批评"贼儒"。

儒者，就概念而言，是个中性词；就存在者而言，是个鱼龙混杂的群体。正是这个原因，关学学者强调儒者要"实行"而有"实事"，即通过"学以致用"将关学的"体用全学"付诸实践，最终成就"真儒"。

---

① 吕柟：《吕柟集·泾野子内篇》，第15页。
② 《论语·里仁》。
③ 王心敬：《丰川全集正编》，第552页上。
④ 李颙：《二曲集》，第489页。
⑤ 王心敬：《丰川全集正编》，第552页上。
⑥ 李颙：《二曲集》，第383页。

"真儒"首重"讲学明道"。关学学者普遍认为儒者应当"以讲学为首务",或者说"以讲学为学者第一务"。讲学被认为是儒者的本职工作,那儒者最重要的身份也就是教师。所以,儒者也被称为"师儒"。在关学学者看来,讲学至为重要。冯从吾说:"开天辟地,在此讲学。旋乾转坤,在此讲学;致君泽民,在此讲学;拨乱返治,在此讲学;用正变邪,在此讲学。学者不可作屑小事看。"①李颙也认为"立人达人,全在讲学;移风易俗,全在讲学;拨乱返治,全在讲学;旋乾转坤,全在讲学。为上为德,为下为民,莫不由此。此生人之命脉,宇宙之元气,不可一日息焉者也。息则元气索而生机漓矣"②。足见讲学意义重大。讲学之所以意义重大,是因为所讲之学不只是具体的知识,更是宇宙人生的本原——天理。关学自张载始就强调"君子教人,举天理以示之而已"③。嗣后,关学学者明确主张"吾儒讲学所以明道也"④。基于这种认识,他们认为"学不讲而道不明也"⑤。我们知道,超越的道也内在于事物,这就是"人之性"和"物之性",或者说"人伦"和"物理"。这样来看,儒者讲学的基本内容就是"成己成物"之道,只不过以"人之性"和"人伦"为基础。同时,关学学者站在"讲学明道"的立场,批评"媚师以势教,鄙师以利教,懦师以悍教"⑥。因为"夫惟以势为教也,士固有青衿居而奔竞心者矣;夫惟以利为教也,士固有诗书诵而金帛志者矣;夫惟以悍为教也,士固有屡弱躯而跋扈行者矣"⑦,都不但不能培养人的德性,而且有损人的德行。可见,关学主张的教育核心是人格教育,但同时不忽视知识教育。

"真儒"看重"以身为教"。李颙说:"师之于及门,有言教,有身教。"⑧所谓"言教",就是教师通过口头语言或书面语言来教导学生;"身教"则是教师以身作则,通过自己的行为来引导学生。关学重视"身教",提倡"以身为教"⑨。关学提倡"身教",原因诚如李颙所说:"言教固所以教其行,然不

---

① 冯从吾:《冯从吾集》,第472页。
② 李颙:《二曲集》,第105页。
③ 张载:《张载集》,第23页。
④ 冯从吾:《冯从吾集》,第57页。
⑤ 马理:《马理集》,第341页。
⑥ 吕柟:《吕柟集·泾野先生文集》上册,第99页。
⑦ 吕柟:《吕柟集·泾野先生文集》上册,第99页。
⑧ 李颙:《二曲集》,第459页。
⑨ 同恕:《榘庵集》,第150页。

若身教之得于观感者尤深。"① 李元春进而指出:"夫教士以言不如教士以身,以言教其入之也易,其感之也浅;以身教其服之也难,其感之也深。"② 可见,关学学者教学主要是通过自己的行为来感化学生,从而引导学生自觉地学习和实践。就教学的内容而言,教学是教导学生认知"大道",而对道的认知只能依赖人的"自得",那么,就只能通过行为引导学生"体道",而不是依靠语言。这样来看,教师的主要工作也就如刘光蕡所说,"使人自得而已"③,这是关学提倡"身教"的一个重要原因。就教学目的而言,"讲学本为躬行"④,即讲学的目的是让学生实践教师所讲的内容。如果教师"往往讲之以口,而实未尝验之于身"⑤,那有什么资格要求学生实践呢?所以,冯从吾批评只重视"言教"而忽视"身教"的儒者说:"讲而不行,可耻孰甚?"⑥ 这是关学提倡"身教"的另一个重要原因。当然,提倡"身教"的前提是教师必须"身正行端",能够"为人师表"⑦。杨屾有"死生不易其操"⑧ 的言辞,刘光蕡也非常认可这种观点。戊戌变法失败后,刘光蕡被视为"味经康党"而成为清廷逮捕的对象,夜间有学生来书院劝他逃亡,他"厉声曰:'国事如此,吾死国难,幸何如之!何言逃也?'"⑨ 岿然独守书院,不为所动。这就是关学提倡的"以身为教"。

"真儒"必须"学兼经人"。关学学者普遍认为"经师易遇,人师难逢"⑩。所谓"经师",是对教学只重视讲授知识的教师的称呼;教学重视人格教育的教师,则被称为"人师"。教师之所以有经师与人师之分,是因为其教学的目标不同,经师的教学目标是传授知识,而人师的教学目标是培养人格。关学主张"学兼经人之师"⑪,即要求教师既能够成为经师,也能够成为人师。就学问而言,要做到经师、人师兼备,就必须具有"体用全学",因为"体用全学"

---

① 李颙:《二曲集》,第459页。
② 李元春:《李元春集》,第163页。
③ 刘光蕡:《刘光蕡集》,第336页。
④ 李颙:《二曲集》,第456页。
⑤ 李颙:《二曲集》,第38页。
⑥ 吕维祺:《川上会纪序》,见《冯从吾集》,第498页。
⑦ 马理:《马理集》,第566页。
⑧ 杨屾:《修齐直指》,见《刘光蕡集》,第719页。
⑨ 张鹏一:《刘古愚年谱》,第143页。
⑩ 李颙:《二曲集》,第459页。
⑪ 刘光蕡:《刘光蕡集》,第276页。

既具有"道德之学",也具有"经济之学",前者是人师的知识储备,后者是经师的知识储备。就教学而言,要做到经师、人师兼备,就必须"教书育人",即在传授具体知识的过程中,教授学生做人的道理。孙景烈的弟子张玉树进京谒选前辞别老师,并请教宋明新儒学的"气质之性"与"天命之性",孙景烈这样回答:"子他日亲民,其事有欲便己而不便民者,此气质之性使之也,君子弗性气质,子当曰天不命我以此也,则力绝之。有欲便民而不便己者,此出于吾性之天然也,君子必畏天命,子当曰天固命我以此也,则力为之。"①孙景烈的回答非常巧妙,既阐发了"气质之性"与"天命之性"的不同,也在教导弟子如何做官、如何做人。这就是"教书育人"。这样的教师,既是经师,也是人师。关学学者认为,真正能够很好地将经师与人师统一起来的是"大儒",故而主张"师资宗大儒"②。

"真儒"自觉"挺立师道"。张舜典提倡儒者自觉"挺立师道"③,即儒者通过自己的教学来维护师道尊严。关学学者当中,张载最先提出"师道"一词,但他没有给出"师道"的内涵。就其使用来看,"师道"就是"为人师表"中的"仪表","为人师范"中的"模范"。质而言之,就是作为老师应当遵守的一般原理。李复承续张载的"师道",进而指出其特点:"为师有道,其礼严,其道严,圆冠方领,摄衣危坐,望之俨然。学者擎跽磬折,拱手列侍,礼之严也。非法不言,非善不迹,揭表道途,欲少违之,若陷水火,道之严也。"④据此来看,师道的基本特点是"严":一方面是老师仪表严整,态度严肃;另一方面是老师教学严谨,要求严格。李元春认为师道的特点是"尊",就是人们不但"知师之宜尊",而且在实际中做到"尊师";但前提是老师要自尊,因为只有"自尊以致人之尊"⑤。综合来看,师道的基本特点是既"尊"又"严",用韩邦奇的话语表达,那就是"师道最尊严"⑥。师道之所以具有"尊"的特点,是因为"道尊分斯不得不尊,己自尊人亦尊之,皆为道耳,己非自大而人非虚崇也"⑦。这是

---

① 孙景烈:《滋树堂文集》,第88页下。
② 刘光蕡:《刘光蕡集》,第262页。
③ 王心敬:《关学续编》,见《关学编(附续编)》,第75页。
④ 李复:《李复集》,第80页。
⑤ 参阅李元春:《师道议》,见《李元春集》,第96页。
⑥ 韩邦奇:《韩邦奇集》下册,第1597页。
⑦ 李元春:《李元春集》,第96页。

说"真儒"传授的是道，道是独一无二、至高至大者，那么，道的尊贵性决定师道也具有尊贵的品质。师道具有"严"的特点，也是因为"道严"。这样来看，"挺立师道"也就是教师的行为要呈现道或天理。具体而言，教师既要有"道德之实"，成为学生的道德楷模；又要有"经济之实"，做到应事接物恰到好处。只有这样，才能"挺立师道"。正是基于这种认识，刘光蕡强调"师以道立"①，不然的话，"苟失其道，安能成乎人邪"②。牛兆濂也说："尝谓教学，不正己，何以为人之法；不明理，何以为开导人？"所以，教师要自己"明理"，才能使学生"明理"；教师要"正己"，才能够"正人"；教师只有"明理"和"正己"，才能够"为人师表""为人师范"。这就是"挺立师道"。

关学提倡"学为大儒"。所谓"大儒"，就其学问而言，就是"全儒"，即掌握"体用全学"的儒者；就其行为而言，就是"真儒"，即将"体用全学"付诸实践，尤其是将其中的"道德之学"付诸实践的儒者。"学为大儒"，既指通过学习成为"全儒"，也指通过教学成为"真儒"。

"学为大儒"，关学学者更多地表述为"处为真儒"。这里的"处"与"出"相对，"出"指出而为官，"处"指未步入仕途。未步入仕途的儒者没有治世的权力，所以"经济之学"无法很好地实践。这样来看，"学为大儒"主要是实践"道德之学"以成为有德行的儒者，而"经济之学"主要被当作知识通过讲学来传授。"经济之学"被有效实践，依赖儒者出而为官；儒者出而为官，有效实践"体用全学"，即"出为名臣"。

2. 仕为名臣

"仕为名臣"，关学文本也表述为"出为名臣"或"出为良吏"。张载说"官，已仕者"③，即已步入仕途的读书人就是官员。依此来看，"仕为名臣"是探讨读书人如何做官的问题。关学对这个问题的回答是"做好官"：一层意思是说做官要做好的官员，这个"好"主要指官员的人品好；另一层意思是说把做官这件事做好，主要指官员的政治业绩好。前者强调做官要有"道德之实"，后者强调做官要有"经济之实"。二者统一起来，就能成为政治人格高尚和政治业绩

---

① 刘光蕡：《刘光蕡集》，第752页。
② 李复：《李复集》，第80页。
③ 张载：《张子全集》，第360页。

卓越的官员——"大臣"或"名臣"。

"仕为名臣"首先面对的问题是出处问题：仕，还是不仕？关学对这个问题的回答追溯到仕之目的，即为什么要做官。就现实来看，做官无非三种目的，即"仕禄"、"仕官"和"仕道"。"仕禄"是张载提出的概念，他说："贤者仕禄，非迫于饥寒，不恭莫甚焉。"①这是说当官是为了获取俸禄，这主要是针对处于饥寒交迫的贫苦读书人而言的。"仕官"和"仕道"是吕柟给出的做官目的，他说："世之仕者矣，有以官为仕者，有以道为仕者。"②吕柟所谓的"以官为仕"可简称为"仕官"，"以道为仕"可简称为"仕道"。前者是说做官是为了谋取更高的官职，后者是说做官是为了实践大道。关学认为做官的目的是"仕道"，也就是"以道为仕"。吕大临明确地说"儒者之仕，将以事道也"③，即士人之所以要做官，是想实践他所体知的道；或者说，想实践其所学的"体用全学"，尤其是其中的"经济之学"。嗣后，关学学者普遍将"以道为仕"作为做官的标准，足见做官还是不做官的问题要由道来裁决：做官合乎道，就做官；做官不合乎道，就不做官。具体来看，有客观和主观两方面的合道要求：客观方面是对拟去做官之国是否有道的判断。孔子说："危邦不入，乱邦不居。天下有道则见，无道则隐。"④关学学者普遍遵循这条原则，认为如果一个国家是有道之国，士人就应当去这个国家做官；如果一个国家是无道之国，士人就不应当去这个国家做官。主观方面是对自己是否掌握"体用全学"尤其是"经济之学"的判断。杨屾说："学堪治理，当仕而勿隐，隐则不仁；学未至政，得位而勿仕，仕则欺君。"⑤这是说掌握了"经济之学"就可以做官，没有掌握"经济之学"就不可以做官。柏景伟甚至提出"苟无经济勿求官"⑥的观点。自己掌握了"体用全学"，同时拟去做官的国家是有道之国，那么，去这个国家做官就是合乎道的，自己的出而为官就是"以道为仕"，即"仕道"。基于这种认识，关学反对"仕禄"和"仕官"。李颙早年贫穷不堪，有人劝他不妨"仕禄"，但他谢绝了。因

---

① 张载：《张载集》，第56页。
② 吕柟：《吕柟集·泾野先生文集》上册，第362页。
③ 吕大临：《吕大临集》，第168页。
④ 《论语·泰伯》。
⑤ 杨屾：《知本提纲》卷九（一），第43页a—b。
⑥ 柏景伟：《沣西草堂文集》卷八，第19页a。

为他认为清乃无道之国,其政权的取得缺失"以德造命"的正当性。后来,面对清廷的屡次征召,他均力辞不赴,甚至有"从容怀白刃,决绝却华轺"的壮举。李颙坚持"以道为仕"的执着行为,感动了其时有节操的士人,被顾炎武称赞为"龙德而隐,确乎不拔,真吾道所倚为长城,同人所望为山斗者也"。①

"仕为名臣"的基本原则是"以道为仕"。关学认为做官的基本原则是"以道为仕",即官员的行为必须"循理而行""顺理而行"。如果做不到,宁可不做官,即吕大临所谓的"不由其道不仕也"②。这里的"道"既指治世的基本原则,也指各种官职应当履行的职责。就前者来看,首先,道是"得民之道","以道为仕"应当坚持以民为本;其次,德即"道具于心而为性","以道为仕"应当坚持以德治国;最后,学可使"道明德立","以道为仕"应当坚持以学治世,这里的学指"体用全学"。就后者来看,各级各类官员要各司其职、恪尽职守,这也就是王心敬说的"凡官职无论大小高卑,莫不各有其宜尽之道"③。不过,"以道为仕"中的"道"主要指治世的基本原则。关学之所以提倡"以道为仕",是因为"以道为仕"是关学名臣尤其是明代关学名臣政治人格的突出表现。明代的关学学者普遍做官,而且"多以气节著"④。关学名臣之所以有气节,是因为他们执着地坚持"以道为仕",即使遭受廷杖、贬官甚至生命危险,也不放弃"以道为仕"的原则。马理被明代学者崔铣称为"爱道甚于爱官"⑤,原因是他"仕以殉道,行屹言危。道苟弗伸,辄疏以辞"⑥;杨爵更是有明一代"完名全节"的理学大臣,甚至被称为有明一代的"天地正气"⑦,原因是他"立朝之谠言,百折不替"⑧,做到了"万死不回道直方"⑨。另外,王恕、吕柟、韩邦奇、冯从吾等关学名臣,也都具有"爱道甚于爱官"的政治操守。正是由于关学名臣具有"以道为仕"的精神向往和执着追求,才使关学主张"以道为仕"。

---

① 顾炎武:《顾亭林诗文集》,中华书局,1983年第2版,第412页。
② 吕大临:《吕大临集》,第165页。
③ 王心敬:《王心敬集》下册,第863页。
④ 黄宗羲:《明儒学案》上册,第158页。
⑤ 黄宗羲:《明儒学案》上册,第165页。
⑥ 乔世宁:《马豁田先生墓碑》,见《马理集》,第625页。
⑦ 林道楠:《祭解山先生文》,见《杨爵集》,第374页。
⑧ 高仪:《请谥典疏》,见《杨爵集》,第329页。
⑨ 马理:《挽诗》,见《杨爵集》,第400页。

"仕为名臣"的基本要求是"做好官"。关学的宗旨是"学以成人",而成人的目标是"做好人"。这样来看,"做好官"是"做好人"在政治之域的具体表现。换言之,从政者"做好人"的表现就是"做好官"。所以,冯从吾说"做官做个好官,就是做人"①。首先,"做好官"要有"恤民"的情怀。李颙说:"欲做好官,须是恤民。"②这是说要成为好官,必须有怜悯百姓的真情和救济百姓的实意。只有"恤民",进而才会树立自觉为百姓服务的意识。冯从吾说:"古人做官,原为百姓。今人做官,原为一身。"③古代官员大都具有为百姓服务的意识,那么,要"做好官"就应当效法古代官员。只有具有为百姓服务的自觉意识,才会考虑百姓的利益,从而做到"居官以利民为心"④。其次,"做好官"要有"爱民"的行为。关学所谓的"爱民",是指官员的行为体现出关爱百姓的用心。官员是否爱民,依据其行为判断,而并非听其空喊"爱民"的口号。"爱民"的行为,"凡事便于民底,固当勤为之。即便于民而或不便于官底,亦当力劝为之"⑤。这是说凡是有利百姓的政事,官员都应当积极地去做,哪怕这件事有损官员的利益。再次,"做好官"要有"亲民"的作风。贺瑞麟说"欲作好官,须将官架子掀倒"⑥,柏景伟也说"力除官样牌子,方能为好官"⑦,这都说明"做好官"要亲近百姓,要平易近人。最后,"做好官"必须履行工作职责。王建常提出"当官四要":"一曰'静重'。持身须先静重,即事来杂沓,只当端指麾,不可轻动从物。一曰'忠信'。与人必忠,发已自尽,出言必信,循物无违是也。一曰'慎密'。凡事皆须慎密,于细微处越发谨慎,于忙迫时益加精密。一曰'谦虚'。事上以谦,过则归己,善则必欲归人。受言以虚,可用即见之于行,不可用勿拒之于色。"⑧王心敬进而提出"居官八字符":"昔人以'清、慎、勤、敏'为居官四字符,余谓此四字自是要紧,然但知此四字亦只可谨身寡过而已。必兼之'仁、明、公、正',则知明处当,仁尽义至,始能建俊伟光

---

① 冯从吾:《冯从吾集》,第259页。
② 李颙:《二曲集》,第389页。
③ 冯从吾:《冯从吾集》,第486页。
④ 同恕:《榘庵集》,第188页。
⑤ 王建常:《王建常集》,第358页。
⑥ 贺瑞麟:《贺瑞麟集》下册,第782页。
⑦ 柏景伟:《沣西草堂文集》卷三,第31页b。
⑧ 王建常:《王建常集》,第359页。

明之业。"①总而言之,"做好官"既要遵循"恤民""爱民""亲民"的基本原则,也要遵守"当官四要""居官八字符"等具体准则。

"仕为名臣"的最高理想是"理学名臣"。"名臣"中的"臣"是"大臣",指"辅弼之臣",即位居中央的高官,最理想者莫过于宰相;"名"是"留名青史",即政治人格和政治业绩被载入国史,流芳百世。如何成为"大臣"?关学认为由"全儒"成就"名臣",即将"体用全学"完全付诸实践。具体而言,如贺瑞麟所说:"为辅弼之臣,必以格君非、恤民隐、举真才、求直言为之主。"②首先,"大臣"应当"以道事君"。王心敬说"大臣者,以道事君"③,即"大臣"辅弼君主要遵循大道。"大臣"不但侍奉君主的行为要合道,而且要建议君主的一切政治行为"循理而行",即杨爵所谓的"大臣之职,辅君当道"④。其次,"大臣"应当"以安民为心"。王恕认为"大臣之道"必须"以安民为心,而不为势利所夺可也"。⑤"大臣"应当以百姓的安居乐业为自己的政治奋斗目标,从而切实维护百姓利益,既不为一己之私利所诱导,也不为强大的王权所胁迫。再次,"大臣"应当"选贤与能"。"大臣"应当向君主推荐贤能之人,共同协助君主治理国家。关学学者甚至认为"大臣当以访求人才为急务"⑥。"大臣"要做到"选贤与能",需要具备两方面的素养:"有高天下之才曰'相才',有高天下之度曰'相度'。"⑦具有"相才"指其不但能够承担宰相之任,更能识别贤能;具有"相度"指其不但能够协调百官,更能推荐贤能。从次,"大臣"应当"直道敢言"。君主一旦"悖道而行","大臣"应当"直道而行",敢于指出君主行为的非正当性,并建议君主"循理而行"。在关学学者看来,这才是真正的"忠君",即"人臣以进言为忠"⑧,不然的话,"若思前算后,有吾君不能之意,是谓不忠"⑨。最后,"大臣"应当恪守"大臣之道"。吕

---

① 王心敬:《王心敬集》下册,第865页。
② 贺瑞麟:《贺瑞麟集》上册,第465页。
③ 王心敬:《王心敬集》下册,第684页。
④ 杨爵:《杨爵集》,第132页。
⑤ 王恕:《王恕集》,第334页。
⑥ 贺瑞麟:《贺瑞麟集》下册,第1018页。
⑦ 韩邦奇:《韩邦奇集》下册,第1363页。
⑧ 韩邦奇:《韩邦奇集》下册,第1382页。
⑨ 贺瑞麟:《贺瑞麟集》下册,第1014页。

枏说:"大臣之道有三:一曰让,二曰容,三曰公。让则不争,庶官乃和;容则不忌,群贤乃登;公则不比,庶绩可熙。"①可见,"大臣"不只是职位高,更要才能大、人品高。"大臣"尤其是宰相,不但是君主的得力助手,也是百官的政治楷模,还是老百姓的生活福星。诚如吕枏所说:"大臣者,官家之工师也,上以道德佐人主,中以纲纪正属吏,下以风俗化士庶者也。"②这就是关学所谓的"理学名臣"。

关学提倡"仕为名臣"其实是强调做官就要做对百姓有益的官员。具体来看,关学对官员最基本的要求是"做好官"。官员无论官职大小,都要既有好的德行,又有好的政绩,这是最低的要求。进而臻于"理学名臣",即取得更高的政治地位,能够更好地践行"体用全学",造福更多的百姓,建立更大的政治业绩,以至于其政治人格和政治业绩被载入史册,流芳百世。

"学为大儒,仕为名臣"是关学学者学以致用的结果。就关学而言,关学是"体用全学",既有"道德之学",也有"经济之学"。"大儒"只能践行"道德之学",只有成为官员才能有效践行"经济之学",进而成就"名臣"。换言之,"学为大儒,仕为名臣"是对"体用全学"的"实行"。就宋明新儒学而言,其也被称为"道学",因为其学千言万语归根于"道"。大儒的特点是"讲学明道","名臣"的特点是"以道为仕",用冯从吾的话语表达,即"夫仕以行道,隐以明道"。这也就是说"学为大儒,仕为名臣"是对道的"实行"。总而言之,"学为大儒,仕为名臣"是对"体用全学"的学以致用,是对"体用全学"的"实行",体现出关学学者普遍具有"实行"精神。

关学学者的"实行"精神决定其学崇"实际"、学贵"有用"、学务"实行"、学重"实事"、学求"致用",从而使关学具有"崇实致用"的基本精神。但关学学者为什么普遍具有"实行"精神?朱熹对这个问题的回答是:"西北人劲直,才见些理,便如此行去。"③朱熹的这种观点源于程颐。直面"关中学者用礼渐成俗"的现状,程颐不禁思考张载的"以礼为教"为什么会取得这么大的成效,思考的结果是"关中人刚劲敢为"④。这种看法,就关学学者推崇的朴实

---

① 吕枏:《吕枏集·泾野先生文集》上册,第 180 页。
② 吕枏:《吕枏集·泾野先生文集》上册,第 290 页。
③ 朱熹:《朱子语类》,第 3364 页。
④ 程颢、程颐:《二程集》,第 114 页。

人格而言，是基本正确的。具体来看，关学学者普遍追求朴实人格，贺瑞麟甚至认为"人须是朴实头，方是本色"①。这种朴实人格的基本要求就是：做人必须"真实以力行"②，而反对"空谈而无实事"③。当然，其"力行"的"实事"是"行好事"④，而"好事"是"有用的好事业"⑤。关学学者的这种人格被现代学人简洁地概括为"勇于从善"⑥。关学学者的朴实人格决定了他们普遍重视"实行"。

关学学者为什么具有朴实人格？黄宗羲回答说："风土之厚，而又加之学问者也。"⑦可见，黄宗羲将主要原因归结于关中的自然环境和风俗习惯。其实，明代杨守谦已经给出了相似的原因，他说："关中山川雄博，风气庞厚，士生其间，质实沉毅，资禀近道。"⑧进而指出风俗习惯是由地理环境决定的，人格是自然环境决定的。这种观点有一定的道理，但不免有地理环境决定论之嫌。地理环境对生活在其中的人们的人格的形成，无疑具有一定的促进作用，但不具有决定作用，真正起作用的是关中文化。

关学之所以具有"崇实致用"的基本精神，是因为关学继承了厚重的关中文化。对此，关学学者非常自觉。南大吉说："盖关中，古周、秦、汉、唐都会之地。周人尚礼义而贵农桑，秦人尚武勇而贵富强，汉人尚宽大而贵敦朴，唐人尚章程而贵勋伐。"⑨这就是厚重的关中文化，是周、秦、汉、唐优秀文化的结晶。北宋之时，诞生在关中的关学恰好完全继承了这种厚重的文化。张载等生活在关中的儒学学者，在这种厚重的关中文化的熏陶下，不但形成了朴实的人格并注重"崇实致用"，而且著书立说来传播这种"崇实致用"，从而使关学具有"崇实致用"的基本精神。

关学，就其"崇实致用"的基本精神而言，可以称为"实学"。张载已经提

---

① 贺瑞麟：《贺瑞麟集》上册，第413页。
② 吕柟：《吕柟集·泾野先生文集》下册，第1126页。
③ 刘光蕡：《刘光蕡集》，第234页。
④ 杨爵：《杨爵集》，第198页；冯从吾：《冯从吾集》，第148页。
⑤ 冯从吾：《冯从吾集》，第106页。
⑥ 曹冷泉：《关学概论》，第18页。
⑦ 黄宗羲：《明儒学案》上册，第158页。
⑧ 杨守谦：《致斛山先生书》，见《杨爵集》，第361页。
⑨ 南大吉：《渭南志》，陕西人民出版社，2010年，第69—70页。

出了"实学"①概念，但没有将关学视为"实学"的明确表述。将关学视为"实学"始于金元之时的萧斛，他认为关学是"圣门实学"②。有明一代，前有薛敬之提倡"实德实学"，中有吕柟倡导"士敦实学"③，后有冯从吾提倡"有用实学"；迨清代，前有李颙提倡"道德经济"之"实学"，中有王心敬倡导"明体达用实学"④和李元春倡导"圣贤实学"⑤，后有贺瑞麟提倡"成己成物为有体有用之实学"⑥和刘光蕡提倡"崇实学"⑦。由此足见关学即"实学"。

---

① 张载《礼记说》："苟能体经，自然皆知是实学。"（见《张子全书》，第282—283页）
② 萧斛：《勤斋集》，第8页。
③ 吕柟：《吕柟集·泾野先生文集》上册，第624页。
④ 王心敬：《王心敬集》下册，第848页。
⑤ 李元春：《李元春集》，第292页。
⑥ 贺瑞麟：《贺瑞麟集》上册，第466页。
⑦ 刘光蕡：《刘光蕡集》，第140页。

第五章 关学智慧——『天人合一』

关学智慧，既指关学文本蕴含的理论智慧，也指关学学者的群体智慧。就前者而言，哲学是对智慧的追问，其本质内涵即智慧，而关学的核心是哲学，那么关学智慧也就是作为哲学内涵的智慧；就后者而言，关学学者作为哲学家都具有智慧之思，诸多关学学者的智慧之思凝结为关学的共同体智慧①。其实，关学文本蕴含的理论智慧是关学共同体智慧的理论表现，是对关学学者智慧之思的文字记载。

关学智慧，概而言之，就是"天人合一"。可能有人会问："天人合一"不是中国古典哲学倡导的人生境界吗，怎么成了关学智慧？诚然，"天人合一"被现代学人视为中国古典哲学主张的人生境界，就关学文本来看，"天人合一"也被一些关学学者用来表示人生境界。试问：如果没有"天人合一"的人生智慧，何以臻于"天人合一"的人生境界？更重要的是，最早提出"天人合一"命题的张载侧重于从智慧之维阐述"天人合一"。他说"儒者则因明致诚，因诚致明，故天人合一"②；又说"'自明诚'，由穷理而尽性也；'自诚明'，由尽性而穷理也"③。这是说"因明致诚"是人先探究物理，再反观人性，最终体验到"性与天道合一"；而"因诚致明"则是人先反观人性，再探究物理，最终体验到"性与天道合一"。二者结合就是"天人合一"，即掌握宇宙人生的真谛。这其实是一种洞悉宇宙人生真谛的大智慧。具体而言，就知识之维来看，物理属于张载所谓的"见闻之知"，而人性则属于"德性之知"，那么，"天人合一"就是"德性之知"与"见闻之知"的统一。就人性之维来看，吕大临认为"仁者诚于此者也，智者明于此者也"④，依此来看，"因明致诚"和"因诚致明"追求的是德性与理性的统一，那么，"天人合一"就是德性与理性的统一，即张载所谓的"仁

---

① "关学共同体智慧"是张立文提出的命题。（参阅张立文：《关学的共同体智慧》，载《光明日报》2016年4月18日第16版。）

② 张载：《张载集》，第65页。

③ 张载：《张载集》，第21页。

④ 吕大临：《吕大临集》，第442页。

智合一"。我们知道,中国古典哲学所谓的"境界",是一种精神境界,是个人主观的东西;[1]而关学的"天人合一"涉及物理以及"见闻之知"等客观的东西,明显不同于境界之维的"天人合一"。再者,儒者乐道的"天人合一"境界"富有强烈的道德意义"[2];而关学的"天人合一"是德性与理性的统一,也明显不同于儒家的"天人合一"境界论。基于上述认知,与其说"天人合一"是关学境界,不如说"天人合一"是关学智慧。作为关学智慧,"天人合一"是一种掌握宇宙人生本原的大智慧。

此外,关学学者很少言说境界。尽管关学学者自吕大临始便已使用"境界"一词,但他们大都不谈论境界,原因诚如贺瑞麟所说,"境界未易窥测"。既然境界难以窥测,那如何谈论?所以,在贺瑞麟看来,与其谈论玄妙的境界,不如"实做工夫"[3]。出于这种考虑,尽管关学话语中的"天人合一"不乏境界意向,但这里仍然将之视为关学智慧来阐发。

"天人合一"是关学智慧的概括或总称。析而言之,关学智慧主要包括四种智慧,即"明伦察物"的通识智慧、"民胞物与"的处世智慧、"与时偕行"的变通智慧、"至和可致"的和谐智慧。

一、"明伦察物"的通识智慧

关学自张载始便提倡"知必周知"[4],即比较全面地认知人世间的各种事物。他有时也将之称为"通知"[5],即我们现代所说的"通识"。张载的这种通识主张,被嗣后的关学学者普遍继承,直到清代末期,刘光蕡依然倡导"广识"[6]。不过,关学提倡的通识并不只是要求人们获取渊博的知识,更要求人们掌握通识的智慧。

智慧具体展开为对世界之认知和对人自身之理解的二重向度。[7]那么,关学

---

[1] 参阅张世英:《哲学导论》,北京大学出版社,2002年,第72页。
[2] 张世英:《天人之际:中西哲学的困惑与选择》,人民出版社,1995年,第9页。
[3] 贺瑞麟:《贺瑞麟集》下册,第776页。
[4] 张载:《张载集》,第21页。
[5] 张载:《张载集》,第186页。
[6] 刘光蕡:《刘光蕡集》,第232页。
[7] 参阅杨国荣:《哲学引论》,第2页。

的通识智慧也必然表现为对世界认知的智慧和对人自身理解的智慧。前者是对事物的"好问好察之智"①，可简称为"察物之智"；后者是人对自我的认识，被关学称为"自知之明"。对人的认知具体指向"人伦"，而对物的认知具体指向"物理"，前者被关学称为"明伦"，后者被称为"察物"。这样来看，关学有关认知的智慧，就是"明伦察物"②的通识智慧或"察物明伦"③的通识智慧。

1. 自知之明

"自知之明"，简称"明己"，就个体而言，是人认识自我的智慧；就类群而言，即认知人类本性的智慧。牟宗三认为，"自知之明"是人类所有智慧当中"最高之智慧"，是真正的"哲学智慧"。④关学学者当中，张载最先提出"明己"概念，而"自知之明"⑤则由马理最先提出。到清代末期，贺瑞麟依然提倡"学者有自知之明"⑥。尽管"明己"概念和"自知之明"命题并不被关学学者广泛使用，但是探讨人性是他们普遍关注的哲学话题。换言之，"自知之明"是关学学者普遍具有的智慧之思。

"自知之明"关注和解答的基本问题是"什么是人"。关学从两个不同层面来回答这个问题：一个层面是人是"性形两体"的存在，另一个层面是人是"仁智合一"的存在。

人，就实然之维来看，是"性形两体"的存在。"性形两体"⑦是杨屾提出的人学命题，意谓人既是物质性的存在，也是精神性的存在，前者是"形"，后者即"性"。其实，这是关学学者对人的普遍看法。其中，王徵受耶教影响，将之转变为肉体与灵魂的结合体，即"肉身与灵魂，合而为人"⑧。关学学者之所以认为人是"性形两体"的存在，是因为他们普遍认为人是理气和合体。无论是从"理气能生人"⑨的生成视域来看，还是从"人身具理气"⑩的构成视域来看，人

---

① 吕柟：《吕柟集·泾野子内篇》，第135页。
② 贺瑞麟：《贺瑞麟集》下册，第636页。
③ 李颙：《二曲集》，第26页。
④ 参阅牟宗三：《中国哲学的特质》，上海古籍出版社，2007年，第97—98页。
⑤ 马理：《马理集》，第27页。
⑥ 贺瑞麟：《贺瑞麟集》下册，第798页。
⑦ 杨屾：《知本提纲》卷首《目录》，第1页b、第6页a。
⑧ 王徵：《王徵集》，第200页。
⑨ 薛敬之：《思庵野录》，第56页。
⑩ 史调：《史复斋文集》，见《四库全书存目丛书·集部》第281册，第35页上。

都是理和气结合而成的存在。其中，理是人作为精神性存在的依据，而气是人作为物质性存在的根源。具体来看，"惟天生民，理与气具。理也，为仁义礼智之性。气也，为五脏百骸之形"①，或者说"人之生也，得阴阳五行之气以成形，得健顺五常之理以成性"②。物质性的气构成人的身体，而精神性的理构成人的本性，前者是人生物属性的基础，后者是人社会属性的基础。这样来看，人既是物质与精神的统一体，也是生物属性与社会属性的统一体。

形之维的人，是有血肉情欲的生命体。人的身体由气构成，薛敬之说人"一身皆是气"③。如果没有气，人就不可能存在。所以，李元春说"人以气而生"④。人作为经验界的具体存在，首先必须具备实实在在的体质，而气就是构成体质的基本质料。由于人的体质完全由气构成，故而被称为"气质"。人与人之间存在差异，主要是气质的差异。由于"气有清浊纯杂"⑤之分，故而人的"气质有清浊纯驳"⑥之别。具体而言，气有纯清、清浊相杂、纯浊之分。其中，清浊相杂是清气和浊气的组合，因清浊比例不同而显得异常丰富。就万物的构成质料来看，圣人由纯清之气构成，常人或凡人以及高等动物由清浊相杂之气构成，而没有意识乃至生命的物体由纯浊之气构成。就凡人而言，其构成质料中的清气比较多而浊气比较少，就是气质"厚"，反之，则是气质"薄"。冯从吾说人"气有清浊，质有厚薄"⑦，表达的就是这个意思。由于气是构成人的基本质料，诚如张载所说"气于人，生而不离"⑧，而气是欲望的根源，那么欲望也就如同气一样成了人不可或缺的组成部分。所以，吕大临说："'欲'者，人之所不能无也。"⑨同样，人在气质上的差异性，也使人的欲望存在差异性，即气质"薄"者"多欲"，气质"厚"者"寡欲"。不过，关学学者认为构成人的气后天可以转化，即"气化"。相应地，气质也可以转化，即"变化气质"。

性之维的人，是被抽象为以德性为主导的存在。气构成人之"形"的同时，

---

① 萧㷇：《勤斋集》，第20页。
② 同恕：《榘庵集》，第149页。
③ 薛敬之：《思庵野录》，第15页。
④ 李元春：《李元春集》，第187页。
⑤ 李元春：《李元春集》，第188页。
⑥ 张舜典：《鸡山语要》，第134页。
⑦ 冯从吾：《冯从吾集》，第95页。
⑧ 张载：《张载集》，第19页。
⑨ 吕大临：《吕大临集》，第84页。

理构成人的"性"。吕大临认为:"天道降而在人,故谓之性。性者,生生之所固有也。"①道或者说理内在于人,就是人之性,即人的本性。性是人与生俱来的本质属性,是人固有的东西,诚如韩邦奇所说:"人生之初也,天赋之理。"②人的本性,分而言之,即仁、义、礼、智,张载说"仁义礼智,人之道也,亦可谓性",概而言之,即德性。萧㙔说:"盖此理得之于天,亦曰德性也。"③可见,人的本性以德性为主导。之所以认为德性在人性中居于主导地位,是因为德性至善。要确保"人性至善"或者说"性于人无不善"④,就不得不将人性规定为以德性为主。

人,就本然之维来看,是"性主乎形"的存在。就人构成的基本元素——理、气来看,气构成人的物质实体,理构成人的本质属性,二者缺一不可。这样来看,"人之生,欲与善、气与理同受"⑤,那人就不是至善无恶,而是或善或恶。就理气关系来看,"理实居中而气涵之"⑥,理必须依附于气才能存在,那么,理就有被气遮蔽的可能性,人"性不能不拘于气蔽于欲"。我们知道,就常人而言,固有的天理是完全相同的,而气质有薄厚的不同。气质厚者清气多而浊气少,对天理的遮蔽比较浅,善性易于呈现;气质薄者由于清气少而浊气多,对天理的遮蔽较深,善性不易呈现,就表现为恶。就性、形关系来看,"性依于其形实",即性依附于形而存在。同样,形也会遮蔽性。正是基于这种认识,关学学者主张"性主乎形"。具体而言,"性之帅形,犹如执御,贵明法度;形之从性,同于车马,惟听辔策"⑦。这是说由性来主导形,即由理主导气,只有这样内在的德性才能表现为外在的德行。同时,通过外在的德行彰显内在的德性,即彰显人性。

尽管人是"性形两体"的存在,但关学学者普遍将性视为人之为人的根本依据。那么,人要成为人,就必须"性主乎形",而更本质地看,即"以理驭气"。依此来看,人之为人就不得不依赖于对性以及理的认知和实践,这正是关

---

① 吕大临:《吕大临集》,第4页。
② 韩邦奇:《韩邦奇集》下册,第1358页。
③ 萧㙔:《勤斋集》,第49页。
④ 张载:《张载集》,第22页。
⑤ 韩邦奇:《韩邦奇集》下册,第1694页。
⑥ 李元春:《李元春集》,第7页。
⑦ 杨屾:《知本提纲》卷三(上),第10页a—b。

学自张载以来普遍关注"性与天道"的原因。

但是关学也不忽视人之"形",认为"形必需养"①,主张积极地"养形"。基于这种认知,关学学者鼓励人们正当地追求富贵,而反对儒者盲目地"安于贫贱"。张载说"人多言安于贫贱,其实只是计穷力屈,才短不能营画耳"②,这多少反映出张载不赞同儒者"安于贫贱"的做法。吕大临比较重视"货殖之学",认为"不殖则穷"。③迨明代,吕柟论及"致富之道";冯从吾提出"公货"概念,表现出对积蓄家产的肯定。有清一代,杨屾则明确批评儒者"鄙致富而轻积贮"④的观点和做法。继而,张秉直鼓励学人正当地追求富贵。他认为学习或从事学问研究只能是"生之而后学",如果一个人的生活都成问题,何谈学习或研究学问?基于这种认识,他提倡"学者先须谋生"⑤。人要很好地生活,就不能鄙弃富贵。在他看来,"富贵原人所当钦崇者"⑥,孔子看似反对人追求富贵,其实"圣人但恶非道之富贵,未尝以富贵为非道而薄之也"⑦。之后,李元春主张"学者先计生业"。他认为这是"横渠买田画井之意",关学学者更应有赖以生存的职业。当然,他强调对富贵的追求要合乎道义,即"谋食而合道"⑧。问题是如何"谋生",如何"养形"?杨屾回答"农工以养形"⑨,即从事农业生产和手工业生产来"养形"。出于"养形"的考虑,关学主张儒者应当积极谋生、正当地追求富贵,这是关学有别于其他宋明新儒学流派的一个显著特点。

人,就本然之性来看,是"仁智合一"的存在。张载说"仁智合一存乎圣"⑩,这看似只有圣人才能臻于"仁智合一",其实不然,"仁智合一"是人的本然状态,人人都具有仁与智,只是没有自觉地将之统一起来。李元春说:"成己仁也,成物智也,皆性之德,则皆内也。"⑪这是说仁和智是人与生俱来的属

---

① 杨屾:《知本提纲》卷首《提纲源流》,第6页a。
② 张载:《张载集》,第271页。
③ 吕大临:《吕大临集》,第425页。
④ 杨屾:《豳风广义》,第20页下。
⑤ 张秉直:《开知录》卷八,第1页a。
⑥ 张秉直:《开知录》卷一,第16页a。
⑦ 张秉直:《开知录》卷七,第1页b。
⑧ 李元春:《李元春集》,第784页。
⑨ 杨屾:《知本提纲》卷首《提纲源流》,第6页a。
⑩ 张载:《张载集》,第20页。
⑪ 李元春:《李元春集》,第705页。

性，人人都先天就具有。仁与智是人之成人的根本保障，即张载所谓的"仁知各以成性"①。再者，在成人的过程中，"仁智实相为用"②，即仁与智相互促进。所以，要想成人，必须"仁智兼全"③。基于这种认知，关学提倡"仁智合一"的人性论，即人是德性与理性相统一的存在。

仁之维的人，即将人视为德性的存在。王恕说："仁者，心之全德。"④这是说，仁是人所有道德观念的总称。仁，就内在而言，指人的怜悯之情，即张载所谓的"恻隐，仁也"⑤，冯从吾更认为"千圣相传只是仁，满腔恻隐始为真"⑥，即只有满怀怜悯之情才是仁；就外在而言，指人的博爱行为，即由"仁以爱乎人"⑦到"然后爱物"⑧。综合来看，就是李复说的"仁心博爱"⑨，即内怀仁爱之心，外有博爱之举。但晚近以来，为了将儒家的仁与耶教的博爱相区别，贺瑞麟等人认为"不可以博爱为仁"⑩。仁作为怜悯之情，关学学者强调其真实性。由于他们认为子女对父母的爱是最真挚的情感，遂主张"孝者仁之本"⑪，即仁应当从孝敬父母开始。由爱父母、爱兄弟推及爱他人，形成一种有差等的博爱层次。再者，有见"墨氏兼爱，爱无差等"⑫，关学学者更自觉地主张亲亲、仁民、爱物的博爱序列。仁作为博爱之举，关学学者强调其无私性。李元春说："仁有主爱言者，有主无私言者，无私方可言爱。"⑬这其实是说博爱不只是博大的爱，更是无私的爱。仁作为怜悯之情，也被称为"仁爱之心"⑭，是一切德行的原动力，诚如冯从吾所说"仁如桃仁杏仁，虽止一粒，而枝叶花实无穷生意已具"⑮，人的一切善行都由仁爱之心生发。就此而言，"元善为仁"⑯，即仁是万

---

① 张载：《张子全书》，第210页。
② 吕柟：《吕柟集·泾野子内篇》，第232页。
③ 李元春：《李元春集》，第255页。
④ 王恕：《王恕集》，第131页。
⑤ 张载：《张子全书》，第453页。
⑥ 冯从吾：《冯从吾集》，第351页。
⑦ 马理：《马理集》，第12页。
⑧ 同恕：《榘庵集》，第230页。
⑨ 李复：《李复集》，第17页。
⑩ 贺瑞麟：《贺瑞麟集》下册，第1053页。
⑪ 吕大临：《吕大临集》，第13页。
⑫ 冯从吾：《冯从吾集》，第174页。
⑬ 李元春：《李元春集》，第811页。
⑭ 吕柟：《吕柟集·泾野子内篇》，第83页。
⑮ 冯从吾：《冯从吾集》，第82页。
⑯ 贺瑞麟：《贺瑞麟集》下册，第618页。

善之源,是最基本的善。质而言之,仁即德性。

智之维的人,即将人视为理性的存在。理性是人不可或缺的基本属性,人一旦缺失理性就难以成人。何谓智?萧𣪘回答说:"密察精辨、清明开爽、睿哲聪觉、达渊贞正、确固专栗、缜密俭约,智之属也。"[1]依此来看,智的内涵比较丰富,但就其本质而言,无非理性而已。在关学学者看来,理性是人获取知识的基本保障,即所谓的"智则有所知也"[2],"不智则不知"[3]。就认知活动而言,人只有在理性的主导下,才能够认知事物,即"资之智以启其明达"[4],简言之,"智达识明"[5]。就知识形成而言,人只有具有理性,才能够形成知识,即所谓的"智明理得"[6]。就认知对象而言,理性既以经验界的具体事物为认知对象而企及"智周乎万物",也以超验的天道或天理为对象,因为"智能达乎形之上"[7];理性既因"神心睿智,事物之理,澄然融会"[8]而掌握物理,也因"充其德性则为上智"[9]而成就人性。再者,关学学者认为理性是社会得以有效治理的基本保障,因为"必智周万物,始能经纶万物"[10]。可见,无论是就个人而言还是就社会而言,理性都十分重要,不可缺失。

人,就应然之性来看,是"仁智合一"而以"仁"为主。尽管关学学者普遍重视理性,但最终还是将人的本质属性界定为以德性为主导的人性。原因有两个方面:一方面是理性并非人类所特有,另一方面是理性自身存在不足。就前者来看,关学学者认为高等动物也具有理性。吕大临就认为"狝猴尤似人,故于兽中最为智巧,童昏之人见解不及者多矣"[11]。这样的话,就不能将理性视为人的本质属性,更不能用理性来约束人。就关学学者秉持的"清者智而浊者愚"[12]观点来

---

[1] 萧𣪘:《勤斋集》,第49页。
[2] 柏景伟:《沣西草堂文集》卷四,第2页b。
[3] 张载:《张载集》,第287页。
[4] 杨屾:《知本提纲》卷八(一),第36页a。
[5] 李复:《李复集》,第77页。
[6] 贺瑞麟:《贺瑞麟集》下册,第950页。
[7] 李复:《李复集》,第47页。
[8] 王徵:《王徵集》,第171页。
[9] 张载:《张载集》,第307页。
[10] 李颙:《二曲集》,第80页。
[11] 程颢、程颐:《二程集》,第54页;吕大临等:《蓝田吕氏集》下册,第975页。
[12] 萧𣪘:《勤斋集》,第56页。

看，理性是由清气决定的。如前所述，高等动物由清浊相杂的气构成，自然也就具有一定的理性。就后者而言，理性是"因身发智"①，即理性是由气生发的，而气本身带有"私欲"，这就决定人不免会"自私用智"②，从而出现"利令智昏"③"智为物昏"④等现象。基于上述认识，关学学者将德性置于人性的主导地位，而非理性。但人之德性需要理性的辅助，没有理性人无法认识自己固有的德性。再者，没有理性人们无法辨别是非，德性难以培养。那如何处理德性与理性的关系呢？贺瑞麟说："道理源头，则仁在智先。学问功夫，则智又在仁先。"⑤即就德性的超越依据天理或天道而言，德性无疑是最根本的人性；但就实际中人性的培养来看，理性却是认识德性的前提。这就是"仁智合一"，即德性与理性统一而以德性为主导，这就是人性。

尽管关学学者将德性规定为人的主导属性，但他们普遍比较重视理性。张载认为在人的众多属性当中，"智极其高"⑥。直到晚清，贺瑞麟依然倡导在人的众多属性当中，"智最在先"⑦；刘光蕡也提倡"'智'先于'仁'"⑧。关学学者重视理性，自然也重视对理性的培养。如何培养理性？张载认为"智者以学知"⑨，主张通过学习来培养理性；吕柟主张"博物以教智"⑩，即对事物"多察多问"来培养理性；李元春主张"闻多则智生"⑪，即通过博闻广识来培养理性；刘光蕡主张借鉴"西人之智育"来培养理性。

"自知之明"就内容而言，认为人是"性形两体"，而以"性"为本质；认为人性是"仁智合一"，而以"仁"为主导。综合来看，人性被抽象为德性，即李颙所谓的"人即道德"⑫。故而，关学学者普遍关注德性和德行，相关论述十

---

① 张载：《张载集》，第25页。
② 张舜典：《鸡山语要》，第121页；李颙：《二曲集》，第414页。
③ 李颙：《二曲集》，第527页。
④ 张载：《张载集》，第349页。
⑤ 贺瑞麟：《贺瑞麟集》下册，第1009页。
⑥ 张载：《张子全书》，第214页。
⑦ 贺瑞麟：《贺瑞麟集》下册，第945—946页。
⑧ 刘光蕡：《刘光蕡集》，第444页。
⑨ 张载：《张载集》，第29页。
⑩ 吕柟：《吕柟集·泾野先生文集》上册，第231页。
⑪ 李元春：《李元春集》，第166页。
⑫ 李颙：《二曲集》，第553页。

分丰富。但是关学学者并不忽视人的身体和理性。具体而言，晚近以前，针对前者，关学提倡"养形"，即保养好身体；针对后者，关学提倡"学智"①，即通过学习开发理性。晚近以来，刘光蕡受西学影响，除提倡"德育"外，还大力提倡"体育"和"智育"。②

"自知之明"就方法而言，即"体验"。"体验"也被关学学者表述为"体认""体贴""体会""体察"等，是认知人性以及天理的基本方法。张载认为对"性与天道"的认知需要"人人各自体认"，进而强调"若人体认，尽可以发明道理；若不体认，亦是一场闲言长语"③。这说明"体验"是认知人性以及天理的不二法门，舍此别无他途。那么，何谓"体验"？贺瑞麟回答说"得于心体于身"④，即通过内省而认知性及天道，进而通过实践来呈现性及天道。当然，这并非只是贺瑞麟的看法，关学学者"从自己身心上体贴"⑤、"向自己身心体验"⑥、"体会于心"⑦和"切身体会"⑧等话语都充分表明，"体验"是得之于心且践之于行的活动，是关学学者普遍提倡的认知性及天道的方法。杜维明认为宋明新儒家提倡"体知"，即身体的认知，是一种与心、灵、神互相关联的认知活动。⑨关学提倡的"体验"就属于"体知"，这是宋明新儒家普遍提倡的认知方法，并非关学所独有。

"自知之明"形成的知识是"德性之知"。"德性之知"是张载提出的概念，也称"德性所知"，就字面意思来看是有关人之德性的知识。张载说"德性所知，不萌于见闻"⑩，这是因为"德性"之知是依靠体验而获取的知识。总的来看，"德性之知"是通过体验方法获取的知识，是有关人性的知识，是人对自我认知的理论成果。

---

① 吕柟：《吕柟集·泾野先生文集》上册，第630页。
② 参阅刘光蕡：《小学为大学之基础》，见《刘古愚遗稿》，第55—56页。
③ 张载：《张子全书》，第91页。
④ 贺瑞麟：《贺瑞麟集》上册，第109页。
⑤ 薛敬之：《思庵野录》，第49页。
⑥ 李元春：《李元春集》，第393页。
⑦ 吕柟：《吕柟集·泾野经学文集》，第434页。
⑧ 王心敬：《王心敬集》下册，第624页。
⑨ 参阅杜维明：《二十一世纪的儒学》，第69—70页。
⑩ 张载：《张载集》，第24页。

2. 察物之智

我们知道，关学的宗旨是"学以成人"。其对何以成人和如何成人论述得非常多，而对人以外之物的论述则比较少，尤其是对物的认知论述得更少。故而，相对于"自知之明"而言，"察物之智"显得比较单薄。

"察物之智"就是人认知人以外之事物的智慧，它既指从不同的专业视域认知事物，从而形成专门知识；也指对宇宙万物的总体认识，从而把握宇宙的基本原理。前者可以被认为是以"分"的方式呈现世界，后者则是以"合"的方式呈现世界，但都是通过真实地认知世界而走向智慧之境。[①]

"物"在关学文献中是一个极其复杂的概念。在张载来看，"盈天地之间皆物也"[②]，因为"人但物中之一物耳"[③]。张载的这种看法不无道理，但将人淹没在物之中，对以"学以成人"为宗旨的关学而言缺乏实际价值。所以，包括张载在内的关学学者都很少使用这种意涵的物概念。李元春说："世间只有一理二气，分而为天地人物四者。"[④]这是说天地是人与物生活之场，在这个场中除了人就是物。关学学者普遍使用的物概念，正是这种意涵上的"物"，即人以外的存在者。

物也是理、气的结合体。薛敬之说"万物，理气之细者也"[⑤]，这说明万物皆由理、气构成。分而言之，吕大临认为"天地万物形气虽殊，同生乎一理"[⑥]，这是说万物都内含理，更何况张载明确地说"万物皆有理"[⑦]；柏景伟认为"天地生万物，形形皆一气"[⑧]，即万物都由气构成。其实关学自张载始就认为"气不能不聚而为万物"[⑨]。这都说明，就本质而言，物是理、气结合体。那么，就经验界的具体物而言，也必然是"性形两体"。这样来看的话，无论是就本然层面

---

① 以分合方式呈现世界的论述参考了杨国荣的有关观点（见杨国荣：《哲学引论》，第103页）。
② 张载：《张载集》，第333页。
③ 张载：《张载集》，第313页。
④ 李元春：《李元春集》，第387页。
⑤ 薛敬之：《思庵野录》，第33页。
⑥ 吕大临：《吕大临集》，第278页。
⑦ 张载：《张载集》，第321页。
⑧ 柏景伟：《沣西草堂文集》卷八，第8页b。
⑨ 张载：《张载集》，第7页。

而言，还是就实然层面而言，物与人都是相同的。其实不然，人与物存在本质差异。就气而言，圣人完全由纯清之气构成，人和高等动物由清浊相杂的气构成，而低等动物以及无意识乃至无生命之物完全由纯浊之气构成。就理而言，只有人具有理或道之"全体"，即"人伦物理，皆吾分之所固有"①；而物只有理或道之"一偏"，即"得其偏者为物"②。尽管高等动物与人的构成之气同为清浊相杂之气，但清浊比例有所不同，总体而言，构成人的清气的比重远远超过其他高等动物的清气比重。所以，高等动物虽然不同程度地具有智慧，但总体来看远远低于人的智慧。就构成人与物的理来看，所有的物只有一偏之理，这就是某物之所以为某物的本质属性，即"物之性"。而人具有全体之理，不但具有"人之性"，而且可以认知"物之性"；更重要的是，在"物之性"与"人之性"的对比中，人可以走向自觉。这就是人"禀五行之气以生最灵，于万物是其秀也"③的原因。

我们知道，人是与物交往的存在。人与物最基本的交往方式是人使用物，关学将之称为"用物"。而人要有效地使用某物，就必须正确地认知某物，这就是杨屾说的"明理乃可用物"④。在关学学者看来，"物理窥开受用多"⑤，即只有认知更多的事物，才能获得更多的使用价值。故而，关学主张"知周物理"⑥，甚至有"一物不知，不可谓智"⑦和"遗一不学，不免有儒不知物之诮"⑧的观点。基于这种认识，关学提倡"博物"，提倡"博学"。

如何认识"物理"？这涉及"察物之智"的具体方法。首先，观察事物，获得感性的认识，即吕柟所说的"观察物理"⑨。接着就是"推物理"⑩，即由感性认识上升到理性认识，这依靠的是理性思维。张元勋认为"思所至即知"⑪，又说

---

① 吕大临：《吕大临集》，第174页。
② 萧㪺：《勤斋集》，第50页。
③ 张载：《张子全书》，第341页。
④ 杨屾：《知本提纲》卷二（下），第12页a。
⑤ 马理：《马理集》，第449页。
⑥ 马理：《马理集》，第252页。
⑦ 张秉直：《治平大略》卷一，第6页a。
⑧ 张元勋：《原道》卷上，第17页b。
⑨ 吕柟：《吕柟集·泾野先生文集》上册，第592页。
⑩ 杨屾：《知本提纲》卷九（一），第4页b。
⑪ 张元勋：《原道》卷上，第20页b。

"宇宙事物之理，必思而后通"①，这里的"思"即理性思维。具体而言，"事物之理，层累而增，递析而微，旁达而远，均可至无穷之域"②。这是说"物理"具有不同的层次，运用理性思维虽然不能一次穷尽"物理"，但随着知识的积累和理性思维的运动，可以使人们不断深化对物的认识，并最终穷尽"物理"。

"察物之智"形成的知识是"见闻之知"。张载认为"见闻之知，乃物交而知"③，即人对物的认知而形成的知识就是"见闻之知"。就认知方法来看，尽管对"物理"的认识依赖的是理性认识，但前提是必须有感性认识，即必须观察事物；就认知对象来看，"物理"毕竟是物之理，而物外在于人；就认知路径来看，由于物外在于人，认知"物理"只能是外求而不是内省。这就是"见闻之知"。

"察物之智"指向"专门之学"。如果某一领域的"见闻之知"积累丰富而形成专业知识，再兼"察物之智"具有"学以求知"的学术追求，使这些知识成为体系，那么，某一领域的"专门之学"就诞生了。晚近以来，刘光蕡更是强调学者应当有"专门之学"④。就关学学者来看，他们在农学、军事学、天文学、物理学方面取得的成就，就是"专门之学"，是"察物之智"的理论成果。

"明伦察物"包括"自知之明"和"察物之智"。前者是人对自我的认识，后者是人对外物的认识，二者相辅相成，最终使人掌握宇宙人生的真谛。在对自我和外物的认识过程中，人理解了人为什么是"万物之灵"，为什么是"万物之秀"。人是精神性的存在，人是社会性的存在，人是德性的存在，这就是人之为人的本质。

"明伦察物"的理论成果就是"体用全学"。"自知之明"获取的知识是"德性之知"，"察物之智"获取的知识是"见闻之知"。这两种知识紧密联系，即"德性之知"需要"见闻之知"的辅助，而"见闻之知"需要"德性之知"的指导。就前者而言，张载说："譬之指鹿为马，始未尝识马，今指鹿为之，则亦无由识鹿也。"⑤张载以比喻的方式表明没有"见闻之知"的话，"德性之知"难以形成。就后者而言，没有"德性之知"的指导，"见闻之知"会沦

---

① 张元勋：《原道》卷上，第19页a。
② 张元勋：《原道》卷上，第19页b。
③ 张载：《张载集》，第24页。
④ 刘光蕡：《刘光蕡集》，第24页。
⑤ 张载：《张载集》，第267页。

为"妄见",而导致人们"妄行"。"德性之知"构成"道德之学",各种"见闻之知"构成"经济之学"。由于"德性之知"和"见闻之知"之间紧密联系,"道德之学"和"经济之学"也紧密联系。这种紧密联系使"道德之学"和"经济之学"进而构成"体用全学"。

"明伦察物"作为通识智慧,告诉人们如何认识自我,如何认识事物,最终洞悉宇宙人生的真谛。换言之,"明伦察物"主要是认知智慧,而不是实践智慧。尽管如此,这种智慧告诉人们应当如何待人接物,而将之付诸实践就是人的处世智慧——"民胞物与"。

二、"民胞物与"的处世智慧

人是群体性的存在,群体性的表现是人与人以及人与物处在不断的交往中,诚如吕大临所说:"交际之义,人道之所以群也。"①人与人以及人与物的交往,决定了人是群体性的存在。这也就是说人是交往性的存在,或者说人的在世方法是交往。人的在世,就主观而言,就是人之处世,即积极地待人接物。那么,人到底应当如何待人接物?关学的回答是"民胞物与"。这既是关学的处世之道,也是关学的处世智慧。

"民胞物与",即张载在其《西铭》中提出的"民吾同胞,物吾与也"②。这是说人应当将他人视为自己的同胞,将外物当作自己的同伴。张载之所以提出这种待人接物的观点,是基于"万物一体"的本体认识。他在《西铭》中说:"天地之塞,吾其体;天地之帅,吾其性。"③这是说天地间万物都由理气构成,气构成万物的形体,理构成万物的本性,这就是本体之维的"万物一体"。既然人与物具有相同的终极依据——理或道,并由相同的物质——气构成,那么人就应当以对待同胞和朋友的态度来待人接物,这就是"民胞物与"。

关学学者普遍抱持"万物一体"的观点,故而普遍提倡"民胞物与"。就前者来看,他们认为"人物都在这理气中"④,进而认为"气为人物"⑤和"物我一

---

① 吕大临:《吕大临集》,第210页。
② 张载:《张载集》,第62页。
③ 张载:《张载集》,第62页。
④ 贺瑞麟:《贺瑞麟集》下册,第1024页。
⑤ 韩邦奇:《韩邦奇集》上册,184年。

理"①，最终普遍抱持"万物一体"的观点。就后者而言，关学学者盛赞张载《西铭》中提出的待人接物主张，②自觉地培养"民胞物与之心"③，努力实践"仁民爱物"的理念，最终形成关学"民胞物与"的处世智慧。

"仁民爱物"是李颙提出的命题，是"民胞物与"在实践层面的表现。就李颙"圣人仁民爱物"的话语来看，"仁民爱物"似乎是圣人的行为，其实不然，这是对"民胞物与"在实践层面的基本要求，是人们待人接物应有的态度和方法，是人应有的处世方式。

1. 仁民

"仁民"，也被关学学者表述为"爱民"和"爱人"，意谓关爱他人。关学学者当中，张载最先提出"爱人"和"爱民"两个概念。嗣后的关学学者继承张载这种待人主张，普遍提倡关爱他人，从而使关学具有"仁民"的待人智慧。

"仁民"既有其基本原则，也有其行为细则。就前者而言，关学首先主张"爱人以德"④，即按照道德标准去爱护和帮助他人，因为关学学者普遍认为人是以德性为主导的存在，爱人自然首先要爱护其道德；其次，"成人之美"⑤，即成全别人的好事，帮助别人实现其正当的愿望；再次，待人态度温和，贺瑞麟说"人须先有温和气象，方可接人"⑥，而"凡人孤冷底，便不能接人"⑦；最后，"不徇人"⑧，即不迁就他人而丧失自己的做人原则。就后者而言，针对人在野或在朝的不同身份，关学提出了不同的行为细则。具体来看，在野为民，应当遵循《吕氏乡约》；在朝为官，应当遵循"爱民为惠"⑨的相关准则。

《吕氏乡约》，全称为《蓝田吕氏乡约》，简称《乡约》，据说是张载弟

---

① 吕柟：《吕柟集·泾野经学文集》，第299页。
② 同恕说："予读张子《西铭》：'民吾同胞，物吾与也。凡天下疲癃残疾、惸独鳏寡，皆吾兄弟之颠连而无告者。'呜呼，至哉斯言！"贺瑞麟说："横渠《西铭》一篇父乾母坤、胞民与物，即一大族谱。"
③ 刘光蕡：《刘光蕡集》，第433页。
④ 张载：《张载集》，第42页。
⑤ 吕大临：《吕大临集》，第780页。
⑥ 贺瑞麟：《贺瑞麟集》下册，第1018页。
⑦ 贺瑞麟：《贺瑞麟集》下册，第1039页。
⑧ 张载：《张载集》，第44页。
⑨ 张载：《张子全书》，第406页。

子——陕西蓝田的吕大钧所作。乡约，是由乡贤、乡绅主导，基于地缘和血缘关系而形成的以劝勉和道德教化为主的乡村基层组织形式，是在民间规约基础上发展出的一套社会组织和管理体系。① 但是，它同时也是生活在乡间的人们自觉约定的以"爱人"为宗旨的行为规范。具体而言，就立约目的来看，《吕氏乡约》诚如王承裕所说"约乡人为善"②；就其方式来看，是通过缔结契约来互爱互助。总之，是对"爱人"主张的具体化。

《吕氏乡约》是对关学"爱人"处世原则的细化。其主要内容"德业相劝"、"过失相规"、"礼俗相交"和"患难相恤"等，无不体现"爱人"的处世智慧。

"德业相劝"，即劝导人们行善改过、安家乐业。其中，如何待人是主要内容。具体来看，"能事父兄，能教子弟；能御僮仆，能事长上；能睦亲故，能择交游；能守廉介，能广施惠；能受寄托，能救患难；能规过失，能为人谋；能为众集事，能解斗争，能决是非"③。无论是孝敬父兄、和睦邻里，还是走访亲友，无论是忠人所托、救人于难，还是广施于众，都是"爱人"的具体表现。

"过失相规"，即互相帮助，改正过失。其中，"犯义之六过"几乎都是违反"爱人"处事原则的过错。第一，"酗博斗讼"，即酗酒滋事、赌博敛财、打骂斗殴、诬告害人；第二，"行止逾违"，即逾越伦理规范，违反国法家规；第三，"行不恭逊"，即言行怠慢有德者和年高者，背后说长道短，恃强欺凌众人，有过不改且不听劝告；第四，"言不忠信"，即与人共事却陷合作者于不善，与人缔约却违反契约甚至毁约，以及诬陷他人的其他言行；第五，"造言诬毁"，指捏造陷害、无事生非、小事闹大、阳奉阴违、揭发他人隐私、喜欢谈论他人过失等不当行为；第六，"营私太甚"，包括与人做交易而图人之财，恶意借贷而损害债务人利益，以及受人所托而坑蒙委托人等损人利己的行为。这六类行为或多或少地都会造成损害他人的后果，明显违背"爱人"的处世原则，故而，关学将之视为过错。只要人们避免这些行为，不但不会伤害他人，反而能够关爱他人。

---

① 参阅刘学智：《理学视域下的〈吕氏乡约〉》，载《陕西师范大学学报》（哲学社会科学版）2018年第3期，第19页。
② 王承裕：《少保王康僖公文集》，第523页上。
③ 吕大钧：《吕大钧集》，见《蓝田吕氏集》下册，第793页。

"礼俗相交",即在婚嫁和丧葬大事中互相帮助。具体来看,"凡助事谓助其力所不足者,婚嫁则借助器用,丧葬则又借助人夫,及为之营干"①。婚嫁与丧葬对乡民而言,无疑是家庭最大的事情,因为这些事情需要一个家庭倾其财力、物力、人力才能完成。所以,《吕氏乡约》规定对邻里的婚嫁和丧葬大事,应当根据对方的需要,给予多方面的帮助。

"患难相恤",就是遭遇灾难时相互救助。具体来看,当邻里遭遇水灾和火灾时,要及时救助并慰问。当邻里遭遇盗窃时,要帮助抓捕盗贼或报案,力求追回财物。当邻里患病,如果是小病,要亲自去看望;如果是大病且无钱医治,就出钱帮助其救治。邻里有丧事,如果缺少人力,就出力帮助;如果缺少钱财,便借贷乃至馈赠财物。当邻里有孤儿,如果其有家产,可以帮助打理;如果无家产,便出资抚养;更重要的是要做好教育工作,使其不至于沦落为坏人。当邻里遭遇冤枉官司,如果其没有上诉的能力,要代为上诉;如果有上诉能力,要协助其上诉;如果官司导致其家破人亡,要在经济上给予接济。当邻里存在贫困户,如果其没有生产能力,直接在钱财上给予接济;如果有生产能力,则出资帮助其发家致富。

关学学者认为如果乡民言行能够遵守《吕氏乡约》,必然会人人友爱、邻里和睦,最终建构起文明的乡村生活秩序。正因看到《吕氏乡约》在乡村建设方面的重要价值,关学学者比较重视《吕氏乡约》。具体来看,有明一代,前有三原的王承裕刊刻《吕氏乡约》,并率乡人遵而行之,以至三原士风民俗贞美;中有吕柟在山西解州讲学时,将《吕氏乡约》与解州乡俗结合而制定《解州约》,并推行于当地乡里;后有蓝田的王之士借鉴《吕氏乡约》而著有《正俗乡约》,并与乡人遵行,使"蓝田美俗复兴"。②迨清末,贺瑞麟依然提倡"乡约法最关风化,务各力行"③。民国初期,牛兆濂再次刊刻《吕氏乡约》,并继承明代蓝田士人"率诸乡人,行吾邑《吕氏乡约》"④。关学学者之所以普遍主张遵守《吕氏乡约》,是因为其言行准则完全恪守关学"爱人"的待人原则。

---

① 吕大钧:《吕大钧集》,第795页。
② 参阅刘学智:《理学视域下的〈吕氏乡约〉》,第23页。
③ 牛兆濂:《牛兆濂集》,第100页。
④ 牛兆濂:《牛兆濂集》,第107页。

《吕氏乡约》始终贯穿着"爱人"的主旨，其前提是具有人我一家和人我一体的基本观念。吕大钧说："人之所赖于邻里乡党者，犹身有手足、家有兄弟，善恶利害皆与之同，不可一日而无之。"①吕大钧不但将邻里乡党视同自家兄弟，具有人我一家的观念，更将邻里乡党视为自己的手足，具有人我一体的观念。这是吕大钧对其师张载之"民胞"思想的进一步发展，更突出关学"爱人"的待人智慧。

　　人如果在朝为官，就应当奉行"爱民为惠"的待人原则。如果说关爱百姓只是个基本原则的话，那么，做有益于百姓的实事则是对这个基本原则的具体落实，这就是关学所谓的"爱民为惠"。尽管关学学者不乏"善政养民"②的见识，但是他们并没有将如何建设良好的政治制度来维护民众的利益作为亲民政治的主题，而只是提出一些零散的"爱民为惠"主张。就这些"爱民为惠"主张来看，主要包括"养民"、"保民"、"恤民"和"觉民"等原则性的建议。

　　所谓"养民"，就是民有所养，即朝廷确保百姓有赖以生存的物质条件。张载认为"欲养民当自井田始"③，他说："今以天下之土棋画分布，人受一方，养民之本也。"④朝廷要确保百姓有最基本的生产资料，而在传统的农业社会，对广大百姓来说，最基本的生产资料当然是土地。所以，张载主张朝廷应当实行井田制确保百姓有赖以生存的物质资料。之所以要实行井田制，是想凭借井田的形式达到均田的目的。张载提倡井田制就是想在生产资料方面实现公平。在他看来，好的政治就应当"均平"，那么人们拥有的土地也应当相对公平，即"田均"。如果"治天下不由井地，终无由得平"⑤。张载的这种思想被后来的一些主张井田制的关学学者所理解，马理就说："民生孔艰，必井地均田，而后民生遂。"⑥朝廷确保耕者均其田，既能够使耕者有其田，也能使百姓得到一视同仁的尊重，这无疑能够调动百姓生产的积极性。百姓拥有生产资料后，朝廷要劝导其积极地从事农业生产。此外，关学强调朝廷必须严绝"剥民之脂膏"⑦的行径，这也是

---

① 吕大钧：《吕大钧集》，第797页。
② 同恕：《榘庵集》，第129页。
③ 张载：《张载集》，第264页。
④ 张载：《张载集》，第249页。
⑤ 张载：《张载集》，第248页。
⑥ 马理：《马理集》，第153页。
⑦ 韩邦奇：《韩邦奇集》下册，第1486页。

"养民"的基本要求。具体而言，朝廷一方面要在行政和执法方面杜绝"枉法以侵民"[1]的现象，确保百姓的财富不被朝廷暴力侵占；另一方面要严格要求官员"洁己爱民"[2]，杜绝官员沦落为"食民之蟊"[3]。但需要注意的是，关学虽然主张民有所养而强调均田，但反对贫富上的平均观念。张秉直说："盖物之不齐，物之情也。虽王者之时，不能使世无贫民。特所以处之者，各得其所。俾天下之贫富，不至大相悬殊，斯治道得焉耳。"[4]正当的贫富差距，应当允许其存在。这样来看，即使确保老百姓拥有土地，也不能保证就没有贫而不能自养的百姓。对这种现象，要具体分析。如果因丧失劳动能力而导致贫困不能自养，朝廷应当帮助其生产，乃至给予经济上的接济；但对有生产能力却不愿从事劳动而造成的贫困不能自养者，朝廷不但不应无偿帮助，还应对其进行惩罚，强制其从事农业生产。关学学者认为只有这样做，才可能达到真正意义上的"养民"。

"保民"也称"卫民"，即保卫人民的人身安全和财产安全不受侵犯。怎样才能有效保卫人民？关学的回答是加强军队建设。古代的关学主张"卫民莫如兵"[5]，近代以来的关学依然倡导"治兵以保民"[6]，这都说明保卫人民的根本保障是军队。当人民的生命安全和财产安全受到威胁甚至侵犯时，朝廷应当无条件地发动自卫战来保护人民。这就是"保民"或"卫民"，是"爱民"的重要体现。

"恤民"，即同情百姓，体贴百姓。"恤民"首先要关心民间疾苦，韩邦奇认为"居官所至，问民疾苦"[7]，即无论官衔有多高，无论任职在何地，官员都应当心系民瘼，关心民间疾苦。"恤民"在政策上的重要体现是轻税薄赋。对此，王恕提出了具体的税率标准——"不过什一，不为剥民。过什一，则是剥民也"[8]，即税率低于百分之十就是"爱民"，税率高于百分之十即为"剥民"。当然，如今看来，王恕的这种标准不无绝对化和简单化的不足，但它充分体现了

---

[1] 王恕：《王恕集》，第175页。
[2] 韩邦奇：《韩邦奇集》下册，第1401页。
[3] 王徵：《王徵集》，第65页。
[4] 张秉直：《治平大略》卷二，第13页a—b。
[5] 吕柟：《吕柟集·泾野先生文集》下册，第1088页。
[6] 刘光蕡：《刘光蕡集》，第17页。
[7] 韩邦奇：《韩邦奇集》下册，第1458页。
[8] 王恕：《王恕集》，第140页。

关学学者的"恤民"主张。"恤民"对朝廷以及官员的基本要求是"节用而爱人"。在一个国家当中，从事生产的不是朝廷以及官员，而是普通百姓。朝廷以及官员应当明白生产之不易，从而珍惜百姓的劳动成果，节俭而不浪费，更不可开销无度、肆意挥霍。朝廷以及官员只有这样做，才能做到"不费民财"和"不劳民力"。①这就是"省国用以节民财"②，即"恤民"在朝廷以及官员行为上的重要体现。"恤民"的重要表现是"救荒活民"，即发生灾荒时，朝廷以及官员要积极地救灾赈灾，确保百姓的基本生活得到保障，确保其生命安全不受威胁。

所谓"觉民"，就是促使民众觉醒。这是冯从吾提出的概念，他主张"辅世觉民"③和"乐道觉民"④。前者是对在朝官员的建议，即官员通过治理社会来促使民众觉醒；后者是对在野儒者的建议，即儒者通过讲学传道来促使民众觉醒。尽管这种觉醒主要是人格意义上的觉醒，但不无政治上人民觉醒而维护其权利的意向，因为冯从吾对老子提出的"非以明之，将以愚之"的治世之道颇为不满，对中国古代的"愚人"政治，尤其是秦始皇"焚书以愚黔首"⑤的做法极为反感。但真正站在政治立场上呼吁民众觉醒则是晚近的事，这就是刘光蕡提倡的"普开民智"⑥。在"西人皆智"的强烈对比下，刘光蕡深刻地认识到"中国民智之不开"⑦，原因就是中国古代社会自"秦焚诗书以愚民"开始，一直推行的是"以法术愚民"的愚民政策。那么，只有"普开民智"，才能促使人民觉醒，最终出现"平等、自由，人自治而君无权，则专制愚民者败"⑧的文明政治。这就是关学所谓的"觉民"，是"爱民"的重要体现。

"爱民"，尤其是官员的"爱民"，仅仅只是一种主张，并没有制度层面的保障。张载强调官员是否爱民应当以其行为是否"有利于民"来判断，即"利于

---

① 王徵：《王徵集》，第48页。
② 韩邦奇：《韩邦奇集》下册，第1454页。
③ 杨复享：《大司空谥恭定少墟冯先生行实》，见《冯从吾集》，第568页。
④ 冯从吾：《冯从吾集》，第476页。
⑤ 冯从吾：《冯从吾集》，第85页。
⑥ 李岳瑞：《墓志铭》，见《刘光蕡集》，第281页。
⑦ 李岳瑞：《墓志铭》，见《刘光蕡集》，第280页。
⑧ 刘光蕡：《刘光蕡集》，第645页。

民则可谓利,利于身利于国皆非利也"①。为了督促官员乃至皇帝真正做到"爱民",他有时不得不抬出上天来震慑,即"天视听以民,明威以民"②。这反映出关学的"爱民"主张只是一种美好的政治愿望,要在古代社会实现非常困难。

"仁民",就在野的儒者而言,就是要引导邻里乡党遵守《吕氏乡约》来互爱互助;就在朝的儒者而言,就是为官要坚守"爱民为惠"的原则,做有益于百姓的实事。前者能够将"仁民"原则落实于一村一乡,可以在较小范围内关爱他人;后者能够将"仁民"原则落实于一县一省乃至全国,可以在更大的范围内关爱他人。在关学学者来看,两者有机结合,便可以臻于"仁民"的安乐之境。

2. 爱物

人以交际的方式而存在,接物是人生不可或缺的基本内容。所以,关学学者主张人们积极地应事接物,而反对绝事弃物。具体来看,张载主张人应当"有容物,无去物"③,马理对儒者"孤立而绝物"④的态度和做法予以批评,贺瑞麟也批评"有意绝物"⑤的主张和做法,刘光蕡批评以"屏万物而不接"为"高儒"的观点⑥。那么,人如何接物?关学给出的答案是"爱物"。

"爱物",即爱护万物。"爱物"是关学提倡的接物之道。张载认为"大人者"应当"有爱物,无徇物"⑦,其弟子李复进而主张"爱物无私"⑧;金元之时,同恕认为"夫以仁存心,然后爱物"⑨;迨明代,吕柟提倡人们应有"爱物之心"⑩;有清一代,初有李颙倡导学习"圣人仁民爱物"⑪,末有刘光蕡提倡"人当体天心以爱万物"⑫。可见,"爱物"是关学的一贯主张。

---

① 张载:《张载集》,第323页。
② 张载:《张载集》,第14页。
③ 张载:《张载集》,第35页。
④ 马理:《马理集》,第8页。
⑤ 贺瑞麟:《贺瑞麟集》上册,第214页。
⑥ 刘光蕡:《刘光蕡集》,第645页。
⑦ 张载:《张载集》,第35页。
⑧ 李复:《李复集》,第23页。
⑨ 同恕:《榘庵集》,第230页。
⑩ 吕柟:《吕柟集·泾野子内篇》,第134页。
⑪ 李颙:《二曲集》,第474页。
⑫ 刘光蕡:《刘光蕡集》,第467页。

"爱物"的接物之道既以"物我一体"为前提，也以"物我之异"①为前提，前者是"爱物"具有正当性或合理性的逻辑前提，后者是"爱物"具有可能性的逻辑前提。"物我一体"，前文所述"万物一体"已澄清其意涵，这里只分析"物我之异"。

"物我之异"最突出的表现是，万物之中人最贵。吕大临说"天地之性，人为贵也"②，李颙也说"天地之性人为贵"③，薛敬之解释道"此'性'字指天地间人物而言，惟人为贵"④。这都说明，万物当中人最高贵。但问题是，为什么万物当中人最高贵？萧𣲖回答说："夫万物之中，人所以最贵者，只是为有此理。"⑤其实，吕大临也有类似的看法，即人之"所以贵于万物者，盖有理义存焉"⑥。吕大临说的"理义"和萧𣲖所谓的"此理"，本质上都指向"伦理"。如前所述，人与物皆有理，只是物仅有理之一偏，而人拥有理之全体。这种偏全之别，就在于物只有"物理"，而人是"物理"和"伦理"兼备。再者，张载"人为贵亦是德也"⑦的话语更表明了这种观点。可见，人之所以在万物之中最高贵，是因为人具有德性或"伦理"。

"人物之异"更深层的原因是万物之中人最灵。同恕说"天地以盛大流行之气化生万物，而人为最灵"⑧；吕大临简明地说"人者，万物之灵"⑨。这里的灵不仅指人有智慧、有理性，更指人之"心灵"，薛敬之就认为"人皆是气，气中灵底便是心"⑩。何谓"心灵"？吕大临回答说"人心至灵，一萌于思，善与不善莫不知之"⑪；李颙回答说"各人心中知是知非，一念之灵明是也"。可见，"心灵"指人的道德判断能力，引申而言之，即人的道德自觉能力。刘光蕡说"良知、良能为人性所独，人为万物之灵者，此也"⑫，更直白地表明人之所

---

① 吕大临：《吕大临集》，第 112 页。
② 吕大临：《吕大临集》，第 205 页。
③ 李颙：《二曲集》，第 540 页。
④ 薛敬之：《思庵野录》，第 44 页。
⑤ 萧𣲖：《勤斋集》，第 51 页。
⑥ 吕大临：《吕大临集》，第 8 页。
⑦ 张载：《张子全书》，第 341 页。
⑧ 同恕：《榘庵集》，第 156 页。
⑨ 吕大临：《吕大临集》，第 474 页。
⑩ 薛敬之：《思庵野录》，第 15 页。
⑪ 吕大临：《吕大临集》，第 85 页。
⑫ 刘光蕡：《刘光蕡集》，第 715 页。

以最灵,是因为人具有道德自觉能力;人正因具有道德自觉能力,才能够道德自觉,进而呵护自己的德性,成为有道德的人,最终高贵于万物。这也就是刘光蕡说的"性灵于物,人所以贵于物"①,足见"心灵"对人而言至为珍贵。故而,马理将之视为人的至宝,他说:"盖人心之灵能照物应事,为一身之主,是人之宝也,失守则丧其宝矣。"②人的这个至宝——"心灵",就是万物之中人最贵的根本原因。

万物之中人最灵,决定人必然主宰万物,诚如刘光蕡所说:"天生万物,人为最灵,即以裁制万物而为之主。"③万物之中人最贵,决定人必须"做个至尊贵底人"④。要做尊贵的人,首先必须知道万物之中人最高贵,如果"不知自贵于物,则人与物同"⑤。明白人最高贵之后,人就必须时时处处检点自己的行为,确保自己的言行能够体现人的高贵性,这就是吕大临说的"人必自贵于物,故立心以胜己"⑥。人之高贵性体现于接物,就是抱持"物与"的态度,而普遍"爱物"。

"爱物"应当合理"用物"。人的生存和人类社会的发展都离不开物。就个人而言,"养形"必须依赖物资,刘光蕡"既生人,必生物以养之"⑦的话语,说的正是这个道理。就社会而言,人的安居离不开丰富的物资,即杨屾所谓的"物资具而人道始建"⑧。"用物"首先要"博物",即筹备丰富的物资。因为"物用各各殊"⑨,要满足人类的多样性需求,就不得不广泛地"备物致用"⑩和"造物备用"⑪。对此,刘光蕡主张"勤以生之"⑫,即通过辛勤劳动来筹备丰富的物资。但无论是获取自然物,还是加工自然物而创制人造物,都应当遵循"物理"

---

① 刘光蕡:《刘光蕡集》,第 393 页。
② 马理:《马理集》,第 185 页。
③ 刘光蕡:《刘光蕡集》,第 368 页。
④ 贺瑞麟:《贺瑞麟集》下册,第 901 页。
⑤ 吕大临:《吕大临集》,第 780 页。
⑥ 吕大临:《吕大临集》,第 780 页。
⑦ 刘光蕡:《刘光蕡集》,第 365 页。
⑧ 杨屾:《知本提纲》卷一,第 19 页 b。
⑨ 韩邦奇:《韩邦奇集》下册,第 1533 页。
⑩ 张载:《张载集》,第 213 页。
⑪ 杨屾:《知本提纲》卷首《目录》,第 1 页 a。
⑫ 刘光蕡:《刘光蕡集》,第 713 页。

或"物之性"。吕大临说:"物之命于天,未始有不善也;如不失其养而尽其才,则物物之美,皆足以周天下之用而不乏。"①只有这样,才能提供人类所需的丰富物资,而不会出现物资匮乏。其次要树立"使物各得所"②的目标。要做到物尽其用,就必须遵循"物之性"或"物理"来使用物。不然的话,不但不能物尽其用,反而还会伤害到人,即"既违命而用物,物亦反命而残人"③。当然,前提是人要"知周物理"④。在刘光蕡看来,"爱物也,是尽物之性"⑤,那么,遵循"物理"来使用物就是爱物的表现,更重要的是,这是文明社会的要求,即他所谓的"物物各就其矩,王道也"⑥。

"爱物"应当做到"利物"。所谓"利物",就是有益于物。怎样才算"利物"?薛敬之举例说"如远庖厨、以时入山林、不妄侈用,皆是利物之谓"⑦,而史调举例说"如乐善好义,积而能散,急人灾患,惠及困穷"就是"利物"⑧。就前者来看,"利物"首先应当对物怀有仁爱之心,如孟子所说"君子之于禽兽也,见其生,不忍见其死;闻其声,不忍食其肉。是以君子远庖厨也"⑨。其次,农业以及畜牧业应适时生产,即"农不违时",具体而言,如孟子所说"不违农时,谷不可胜食也;数罟不入洿池,鱼鳖不可胜食也;斧斤以时入山林,材木不可胜用也"⑩。最后,日常生活要节俭,不可铺张浪费。吕大钧认为"用度不节"乃人"不修之过",即缺乏修养的过错;⑪李元春主张"物虽细微莫不爱惜"⑫,哪怕"物已破坏"也应"更补之便为完物,若遽轻弃,岂不可惜"⑬,他"惜物力为尤甚,盘盂中偶遗饭颗必以暴天物、贼生禄惕之"⑭;刘光蕡认为即使日用常物

---

① 吕大临:《吕大临集》,第779页。
② 马理:《马理集》,第233页。
③ 杨屾:《知本提纲》卷二(下),第13页a。
④ 马理:《马理集》,第252页。
⑤ 刘光蕡:《刘光蕡集》,第367页。
⑥ 刘光蕡:《刘光蕡集》,第364页。
⑦ 薛敬之:《思庵野录》,第50页。
⑧ 史调:《史复斋文集》,第23页下。
⑨ 《孟子·梁惠王上》。
⑩ 《孟子·梁惠王上》。
⑪ 吕大钧:《吕大钧集》,第794页。
⑫ 李元春:《李元春集》,第326页。
⑬ 李元春:《李元春集》,第393页。
⑭ 李元春:《李元春集》,第318页。

也应当"俭以用之",不然的话,"残万物以纵一日之欲,则暴殄天物矣"。①就后者而言,"利物"就是用自己的财物救济他人,使之更有价值。

"爱物"应当珍惜"物命",即尊重并珍惜动物的生命。李颙认为,"圣人仁民爱物,无所不至,见一物之摧伤,犹恻然伤感",遂建议人们学习圣人,做到"必物物咸慈,而后心无不仁,庶不轻伤物命",并极力反对"轻视物命而不慈夫物"。②吕大临建议人们尊重动物的生命,不轻易杀生,他说:"不喜杀生,物虽蜂虿之毒,亦莫之伤,出于诚爱,非有望乎其报也。"③

万物之中人最贵,所以"天生万物以养人"④;万物之中人最灵,所以"天生万物,以充于天地间,而皆为人用"⑤。但是,人并不能以自我为中心而任意宰割他物,而是要在"用物"之时,内怀仁爱之心,外有爱物之行,做到与物和谐相处。这就是关学倡导的"爱物"。

人是交往的存在,因而"人生不能不与人物接"⑥。人要合乎道义地待人接物,就不能不"仁民爱物","仁民"与"爱物"紧密联系,即"爱人既深,待物必恕"⑦。人处世之所以要做到"仁民爱物",其深层原因是"以天下为一身者,一民一物莫非吾体,故举天下所以同吾爱也"⑧,这是说"仁民爱物"以"民胞物与"为逻辑前提,以"万物一体"为逻辑基础。这样来看,"民胞物与"是"仁民爱物"的理论指导,而"仁民爱物"是"民胞物与"的具体实践,二者相统一。这就是关学"民胞物与"的处世智慧,一种追求人与人、人与物和谐相处的智慧,一种追求人与自然、人与社会和谐发展的智慧。

三、"与时偕行"的变通智慧

道是变动不居的存在。道的这种变动性决定其具有普遍的适应性,最终决定

---

① 刘光蕡:《刘光蕡集》,第713页。
② 李颙:《二曲集》,第474—475页。
③ 吕大临:《吕大临集》,第752页。
④ 刘光蕡:《刘光蕡集》,第713页。
⑤ 刘光蕡:《刘光蕡集》,第393页。
⑥ 刘光蕡:《刘光蕡集》,第393页。
⑦ 牛兆濂:《牛兆濂集》,第144页。
⑧ 吕大临:《吕大临集》,第48页。

其具有永恒的合理性。道的这种特点受到关学学者的普遍关注，张载将之概括为"天道变化趋时"[①]，吕柟则概括为"道以时而变"[②]，杨爵更简洁地称为"道与时合"[③]。总而言之，道具有适时的特点。

"学以成人"，质而言之，就是"学道"。"成人"既要"明道"，也要"行道"，前者是以心体道，后者是行不违道。既然"天道变化趋时"，那么，人也应当"顺变化，达时中"[④]，即因时达变、因时制宜，这就是人应当掌握的"通变之道"[⑤]或"变通之宜"[⑥]。这是一种变通智慧，是关学的一种大智慧。这种智慧建议人们"随时变通"[⑦]，而反对和批评"不知变通"[⑧]。

"随时变通"的具体表现就是"与时偕行"。"与时偕行"是关学学者的普遍主张。北宋之时，张载提倡"趋时应变"[⑨]，吕大临建议人"当与时行"[⑩]，李复认为人应"适时变"[⑪]；金元之时，萧㪺主张"行止贵时中"[⑫]，同恕提倡"动合时变"[⑬]；有明一代，马理主张"相时而动"[⑭]，杨爵提倡"顺时以有为"[⑮]，王徵主张"因时相势"[⑯]；迨清代，李颙认为人应当"适于时宜"[⑰]，王心敬主张人应"知时宜"[⑱]，张秉直提倡"因时达变"[⑲]，刘光蕡主张"随时而变"[⑳]。由此足见"与时偕行"是关学一贯的主张。

---

① 张载：《张载集》，第 70 页。
② 吕柟：《吕柟集·泾野先生文集》上册，第 120 页。
③ 杨爵：《杨爵集》，第 56 页。
④ 张载：《张载集》，第 17 页。
⑤ 马理：《马理集》，第 210 页。
⑥ 张载：《张载集》，第 232 页。
⑦ 刘光蕡：《刘光蕡集》，第 318 页。
⑧ 李颙：《二曲集》，第 517 页。
⑨ 张载：《张载集》，第 49 页。
⑩ 吕大临：《吕大临集》，第 301 页。
⑪ 李复：《李复集》，第 55 页。
⑫ 萧㪺：《勤斋集》，第 72 页。
⑬ 同恕：《榘庵集》，第 196 页。
⑭ 马理：《马理集》，第 142 页。
⑮ 杨爵：《杨爵集》，第 27 页。
⑯ 王徵：《王徵集》，第 42 页。
⑰ 李颙：《二曲集》，第 210 页。
⑱ 王心敬：《王心敬集》下册，第 697 页。
⑲ 张秉直：《开知录》卷九，第 7 页 a。
⑳ 刘光蕡：《刘光蕡集》，第 308 页。

何谓"与时偕行"？即与时俱进。就表面来看，"与时偕行"是因时因地而变通；就实质来看，是要做到"因时制宜"，即有价值判断和价值追求内含其中。但"因时制宜"的实践活动有一个认识前提，这就是"识时达务"。综合来看，在认识之维达到"识时达务"，在实践之维做到"因时制宜"，这就是"与时偕行"。王弘撰说"与时偕行，无非学也，则无非道也"①，这是说人做到"与时偕行"，就掌握了成人之学，也就掌握了成人之道。

1. 识时达务

"识时达务"是李颙和王心敬师徒的常用语，意谓"识时"进而认知"时"之要务。何谓"时"？关学学者比较普遍的回答是"当其可之谓时"，其实，这是《礼记·学记》中的话语，本义是在适当的时机进行教育。关学学者为之赋予新意，用来表达"时"的客观必然性。冯从吾说："所谓时者何？消息盈虚，莫窥机缄，通复禅代，莫测端倪，乃造化自然之妙，而不容一毫人力参焉者也。"②这其实强调的正是"时"的客观性，而且也反映出"时"不易被人认知。吕柟认为"人之所不能违者，时也"③，这强调"时"的必然性和不可违反性。综合来看，"时"指客观而必然的趋势，小而可为促成某一事件的"时机"，大而可为影响人类生存的"时势"。关学说的"时"侧重于后者，因为关学学者更关注"时局"，更留意"时代"。

"识时达务"首先应当"识时"。"识时"，即认清时机或时势。关学学者非常重视"识时"。李元春说："天之道，以时而行；地之道，以时而成；往古来今之运，以时而异。物非时不生，人非时不立。学问修能，不知时则不进；穷通得丧，不知时则不安；是非可否，不知时则无变。何往而可昧于时也？"④这样来看，无论是修己治人，还是成己成物，"识时"是前提条件。再者，人如果不"识时"的话，不免随"时"浮沉而丧失自我，诚如冯从吾所说："后人不明于时之说，而专以随时变易解之，至为与时浮湛者借口。"⑤正是因为"识时"

---

① 王弘撰：《王弘撰集》下册，第 899 页。
② 冯从吾：《冯从吾集》，第 269 页。
③ 吕柟：《吕柟集·泾野先生文集》上册，第 315 页。
④ 李元春：《李元春集》，第 79 页。
⑤ 冯从吾：《冯从吾集》，第 270 页。

如此重要，关学学者普遍重视"识时"，并且提出了"识时"的方法——"观时"或"审时"。薛敬之说："士不审时而能得时措之宜者，寡矣！"① 可见，"观时"非常必要。而"观时"的前提是必须明白"时"的含义。刘光蕡说："昔人云'识时务者为俊杰'，此'时'字人以为豪杰之趋时，不知即《易》之'时义'、《中庸》之'时中'。盖天地之机日新，帝王之政事、圣贤之学问、吾辈之识见，不得不求日新，以合天地之气运。日新即日变，变而能新，则'时义'、'时中'之谓也。"② 这说明"时"的基本特征是具有先进性且为人类社会发展所需要。这样来看，"观时"的本质就是考察时代所需。如果用李复的话语表达，"观时"其实就是"观时之宜"③，即考察时代所需而适应时代。诚如王心敬所说："因时制宜，又首在先识时宜之奚似。"④ 懂得"时"的本质后，接着就要"观时"。根据其时西北地区闭塞落后的现状，刘光蕡建议学生阅读时兴的报纸，即"《京报》、《申报》、《万国公报》以及新出各报"⑤，从而开眼看世界。他的目的在于教导学生通过世界看中国，只有这样才能在认识世界的过程中真正地认识中国，也只有这样才能真正地认知中国的"时势"。可见，"观时"就是将中国置于其所处时代的世界大背景中观察，从而确定中国的时代所需。当然，这并不意味着中国就应当照搬世界先进国家的东西，而是要结合中国具体的国情来决定。诚如杨爵所说"时异势殊，或有可同于昔而未可同于今者，可同于彼而未可同于此者"⑥，现在先进的未来未必先进，适应西方的未必适应中国。这说明"时"具有相对性和特殊性。

"识时达务"应当洞悉"时务"。所谓"时务"，就是时代要务。只有认识时代要求，才能洞悉时代要务。关学一贯重视"时务"：近代以前，关学主张"学人贵识时务"⑦；晚近以降，刘光蕡更是提倡"士子读书，以识今日时务为第一义"⑧。前近代中国的"时务"是什么？李颙回答说"唯重农、兴学二

---

① 薛敬之：《思庵野录》，第47页。
② 刘光蕡：《刘光蕡集》，第232页。
③ 李复：《李复集》，第56页。
④ 王心敬：《丰川续集》，第106页下。
⑤ 刘光蕡：《刘光蕡集》，第230页。
⑥ 杨爵：《杨爵集》，第31页。
⑦ 李颙：《二曲集》，第54页。
⑧ 刘光蕡：《刘光蕡集》，第232页。

事"①，杨屾回答说"总不外教养两端"②。"养"依赖的是农业，"教"依赖的是学校，二者主张完全相同。其实，李颙和杨屾对其所处时代之要务的看法，也是前近代关学学者的普遍看法。晚近以降，中国在西方列强的侵略下国将不国，救亡图存成为时代的主题，富强遂成了其时的要务。这种"时务"用刘光蕡的话语来表达，就是"今日中国非力求富强，不能以自全"③。可见，古今时务不同，即吕柟说的"时有不同，务亦各异"④，原因就在于"古今时势不一"⑤。这是"时务"的基本特点。

关学特别强调"时务"不等同于"时尚"。对此，吕柟分辨得比较详细，他说："夫所谓时务者，非媚俗以同尘也，非附势以窃荣也，非避危以苟安也，非取便以合乖也，非罔人以谋利也。"⑥这些都不配称"时务"，因为"时务"是时代的要务，具有先进性，而这些统统都没有。特别是"时尚"或者说"时好"，因大众所喜好而成为一时的追捧对象，这其实是王心敬所说的"时风势众"，因缺乏先进性而不能成为"时务"。

"识时达务"既要求人们洞悉时代特征，又要求人们掌握时代要务。因为只有这样，人们才能够做到"因时制宜"。"识时达务"是对"时势"和"时务"的认知，将之付诸实践，便是"因时制宜"。前者是后者的理论指导，后者是前者的实践结果。

2. 因时制宜

"因时制宜"，就是根据不同时期的具体情况，采取适当的措施。由于关学非常重视"实行"和"实事"，故而相对"识时达务"而言，关学更重视"因时制宜"。关学学者自张载始普遍关注"因时制宜"。具体来看，张载反复强调"时措之宜"⑦，吕大临主张"因时施宜"⑧，杨爵提倡"因时立制"⑨，李颙倡

---

① 李颙：《二曲集》，第537页。
② 杨屾：《豳风广义》"豳风广义弁言"，第7页下。
③ 刘光蕡：《刘光蕡集》，第127页。
④ 吕柟：《吕柟集·泾野先生文集》上册，第72页。
⑤ 杨屾：《知本提纲》卷首《提纲源流》，第1页a。
⑥ 吕柟：《吕柟集·泾野先生文集》上册，第72页。
⑦ 张载：《张载集》，第28页。
⑧ 吕大临：《吕大临集》，第245页。
⑨ 杨爵：《杨爵集》，第33页。

导"因时制宜"①，杨屾主张"因时立法"②，李元春提倡"因时以宜民"③，贺瑞麟主张"因时制宜"④，刘光蕡也倡导"因时制宜"⑤。

"因时制宜"的具体落实，或者说具体表现，在关学学者看来，就是"因时立制"、"因时立政"、"因时制礼"、"因时立法"、"因时为业"、"因时立教"、"因时变学"和"因时造时"。

"因时立制"，指国家一切制度的制定应当随时变通、因时制宜。杨爵说"圣人位乎天位，因时立制以化成天下"⑥，这看似说只有"因时立制"的圣人才能有效治理天下；他又说"圣王德与天合，故能因时立制"⑦，这看似说只有具备天德的圣人才能够做到"因时立制"。其实不然，这是凭借圣人、圣王来表达"因时立制"的合理性和正当性，希望其时的皇帝能够效法圣人、圣王来"因时立制"。李颙认为国家的一切制度应当做到"顺时制定"，制度的施行也应当"相势斟行"，站在这种立场，他批评主张恢复井田制的儒者是"板腐书生慕古而不知变通，好执迂阔之见"⑧。杨屾主张"制度因时"⑨，即国家的制度建设要因时制宜。针对迂儒厚古薄今的做法，他提倡"遵时王之制，毋泥古以妄议"⑩。李元春也认为凡是制度都应"因时酌定"⑪，他说："一切制度因时以酌其通，不可戾古而亦不得尽拘于古。"⑫

"因时立政"，即治国之道要随时变通、因时制宜。杨爵认为"圣王因时立政"⑬，即三代的圣王是根据时代需要而确立治国之道的，那么，现实中的帝王也应当效法圣王来"因时立政"。吕柟说："夫政因时而变，议以时而立，违时而

---

① 李颙：《二曲集》，第524页。
② 杨屾：《知本提纲》卷首，第1页a。
③ 李元春：《李元春集》，第792页。
④ 贺瑞麟：《贺瑞麟集》下册，第829页。
⑤ 刘光蕡：《刘光蕡集》，第127页。
⑥ 杨爵：《杨爵集》，第6页。
⑦ 杨爵：《杨爵集》，第33页。
⑧ 李颙：《二曲集》，第517页。
⑨ 杨屾：《知本提纲》卷六（下），第16页b。
⑩ 杨屾：《知本提纲》卷八（一），第33页a。
⑪ 李元春：《李元春集》，第64页。
⑫ 李元春：《李元春集》，第97页。
⑬ 杨爵：《杨爵集》，第97页。

议，不知务者也。"①这说明，凡是不合时宜的治国理念以及政治制度，都应当根据时代的要求来改革，而不能墨守成规，逆时代而行。但诚如杨爵所说，"乐因循而惮改革，苟目前而忘远大，众人之情也"②，更何况统治者为了维护自己的已得利益而不愿改革，那政治改革岂不是更难以实现？在关学学者看来，"时代迁移，政因俗革"是政治之域不得不遵循的客观规律，即使再"善于古"的政治制度，只要其"不合于今"，就必须改革。③政治如何改革？李元春说"先王施政因时以宜民耳"④，即政治改革以有益于人民为标准。

"因时制礼"，即礼仪制定和施行要随时变通、因时制宜。关学有"以礼为教"的特色，所以，关学学者普遍重视礼仪，也普遍遵守礼仪。但是，他们并非一意固守古代的礼仪，而是能够因时代的需要删繁就简来灵活地遵守礼仪。故而，在理论上，关学学者普遍主张"因时制礼"。王心敬说："议礼制礼，丰啬隆杀，要在因时制宜。"⑤礼仪的制定或繁或简，要按照时代的要求，因时制宜。吕柟认为"礼以时而运者不可泥也"⑥，即礼仪的执行也要满足时代需要，不能固守成规。原因诚如李颙所说，"时异世殊，难以尽遵"，只能"斟酌损益，随时变化可也"。⑦清代末期，刘光蕡更明确地指出："时异，而礼乐即须损益，不能泥守先王之礼乐以治今世之人。"⑧所谓"损益"，就是删除不适应当前社会的内容，增加当前社会需要的内容。正因关学学者具有"因时制礼"的自觉，能够根据时代的需要来增删礼仪，才能够使礼仪被其时的关中士人认可和遵守，才使关学"以礼为教"的传统能够继续传承而不至中断。

"因时立法"，即国家法律法规的制定应当随时变通、因时制宜。关学学者有一个比较普遍的看法，就是法律法规的制定依据的是"人情"——国人的实际情况。因为他们认为立法的核心问题不是要建立完备的法律以确保有法可依，

---

① 吕柟：《吕柟集·泾野先生文集》上册，第469页。
② 杨爵：《杨爵集》，第97页。
③ 王心敬：《王心敬集》下册，第661页。
④ 李元春：《李元春集》，第792页。
⑤ 王心敬：《丰川续集》，第106页下。
⑥ 吕柟：《吕柟集·泾野先生文集》上册，第535页。
⑦ 李颙：《二曲集》，第57页。
⑧ 刘光蕡：《刘光蕡集》，第429页。

而是"法立而能守"①，即人们是否能够遵守法律。再者，关学学者认为制定和施行法律的目的是维护"人之性"，所以，法律的制定应当"因时立法，因情矫偏"②。基于上述认知，关学学者普遍将"人情"视为制定法律的根本依据，即所谓的"立法准乎人情"③。只有依据这样的标准制定法律，法律才能"合生人原本中正之道"，社会"自然太平永久而不乱"。④但问题是"人情"是变化的，那么法律也应当变化。诚如刘光蕡所说："人情随时而变，故法亦不得不与之俱变。"⑤基于这种认知，他强调"法无一定，随时而变"⑥。吕柟也有相同的观点，即"法对情而变者不可定也"⑦。这充分反映出关学特别强调法律要随时变通、因时制宜。

"因时为业"是刘光蕡提出的命题。这里的"业"，就个人而言，指职业；就国家而言，指产业。但无论是职业还是产业，关学都主张因时变通，因时制宜。就产业来看，农业一直是最受重视的产业，因为"生之本莫逾于农"⑧，个人的生存和国家的发展都以农业为基础。所以，关学学者普遍关注农业的"因时为业"，原因诚如刘光蕡所说："农事以时为重，失其时，则劳而无功，普天下皆然。"⑨具体来看，对农民而言，从事农业生产必须"不违农时"，不但要"播种以时"，而且相关的管理以及最终的收获都要及时；⑩对官府而言，应当"授时力作，督责不使失期"⑪，即提醒甚至督促农民按照节气从事农业生产。关学学者之所以普遍强调"不违农时"，是因为前现代的农业是一个"奉天时"⑫的产业，几乎完全依靠自然条件来生产，一旦错失了农时便会劳而无获。前现代农业的这种特征被杨屾概括为"乘时尽利"⑬，足见农业生产必须"因时为业"。

---

① 张载：《张子全书》，第 427 页。
② 杨屾：《知本提纲》卷末《后跋》，第 1 页 b。
③ 刘光蕡：《刘光蕡集》，第 312 页。
④ 杨屾：《知本提纲》卷末《后跋》，第 1 页 b。
⑤ 刘光蕡：《刘光蕡集》，第 312 页。
⑥ 刘光蕡：《刘光蕡集》，第 308 页。
⑦ 吕柟：《吕柟集·泾野先生文集》上册，第 535 页。
⑧ 薛敬之：《思庵野录》，第 56 页。
⑨ 刘光蕡：《刘光蕡集》，第 385 页。
⑩ 吕大临：《吕大临集》，第 450 页。
⑪ 杨屾：《知本提纲》卷四，第 36 页 b。
⑫ 吕大临：《吕大临集》，第 51 页。
⑬ 杨屾：《知本提纲》卷四，第 31 页 a。

晚近以降，刘光蕡受西方"农工商贾皆智而易精其业"①的刺激，比较重视"职业""专业"，遂主张职业之维的"因时为业"。这种维度的"因时为业"主张人们应当根据时代要求和个人情况选择自己的职业。就前者而言，中国贫弱不堪，国人应当"实为富强之事"，积极从事"农、工、商、贾之业"，而不应当再沉溺于"举业"，即不应再埋头科举考试。就后者而言，人们应当根据自己的情况在"农、工、商、贾"四业中选择适合自己的职业，在学习职业方面的"专门之学"之后，积极从事自己的职业。这样的话，对个人而言，"民各安生业，即为民生财也"②，国人可以发家致富；就国家而言，"各操生业可以富"③，即国民皆有自己的职业，可以使国家富裕。

"因时立教"，即教育应当随时变通、因时制宜。关学学者普遍认为教育极为重要，诚如刘光蕡所说，"建国君民，教学为先"④，所以，他们普遍重视教育。"因时立教"就是他们对教育的基本主张。贺瑞麟说"大圣人因时立教"⑤，其实这是借圣人来表达自己的教育主张，当然这也是关学学者的普遍主张。这里的"教"既指教育制度，也指教学活动。就前者而言，关学学者大都对科举制度有所不满。张载认为科举不免以利诱人，有损青年学以成人的志向；再者，他发现"今之学者大率为应举坏之"⑥，遂劝勉青年"少置意科举"⑦。迨科举制度延续到清代，弊端更是百出，以至于前有王心敬高喊"自制举盛而人才衰"⑧，后有贺瑞麟疾呼"科举实是坏人心术"⑨。就后者而言，关学主张因材施教，即吕柟所说："圣人教人，每因人变化。……盖随人之资质学力所到而进之，未尝规规于一方也。"⑩如果不能正视学生资质的差异而采取因材施教的教学方法，那必然无法做到有教无类，诚如薛敬之所说："教人切当语其可及者，不然非但不知，抑

---

① 刘光蕡：《刘光蕡集》，第138页。
② 刘光蕡：《刘光蕡集》，第365页。
③ 刘光蕡：《刘光蕡集》，第84页。
④ 刘光蕡：《刘光蕡集》，第319页。
⑤ 贺瑞麟：《贺瑞麟集》上册，第66页。
⑥ 张载：《张载集》，第329页。
⑦ 吕大临：《横渠先生行状》，第749页。
⑧ 王心敬：《丰川全集续编》，第776页上。
⑨ 贺瑞麟：《贺瑞麟集》下册，第886页。
⑩ 吕柟：《吕柟集·泾野子内篇》，第73页。

且以为妄，无益也。"①其实，这不但违背了有教无类的教育观念，更违背了儒者"仁者与万物一体"的基本立场。杨爵说："盖圣人视天下无不可为之时，亦无不可变之人，此有教无类之义，与人为善之心也。"②基于这种认识，儒者不但要抱持有教无类的人才观念和因材施教的教育方法，更要具有"因时立教"的教育理念。关学之所以提倡"因时立教"，是因为"教以势而殊"③，即时势不同，教育也应当不同。详而言之，"第古今时势不一，人情习尚各殊，故法不泥古，教亦时变"④。可见，教育只有随时变通、因时制宜，才能够被人们接受，才能得到推广。

"因时变学"是刘光蕡提出的为学主张，意谓学术建构应当随时变通、因时制宜。他认为这是孔子"学而时习之"传达的思想，即"盖因时变学，即所谓学而时习也"⑤。当然，这只不过是他借"圣人之言"来表达自己的观点。为什么要"因时变学"？刘光蕡回答说："今之时，天变而高远，地变而狭近，物用变而新奇，如别辟一世界，人事不能不与之俱变。人之所以学者，学治其事也。事变而学又何能不变哉？"⑥客观地看，学术变化是由时代变化决定的；主观地看，则是由个人"学以致用"的治学观念决定的。刘光蕡明确主张"今日为学，须心目专注于实用"⑦。刘光蕡的弟子张元勋也主张"因时变学"，原因与刘光蕡如出一辙，他说："圣人有因时之学焉，学问不求于世切，迂疏而无当实事；治化不期与时入，虚寂亦奚贵先觉。"⑧可见，张元勋主张"因时变学"，也是为了有效地运用学术来经世致用。如前所述，"崇实致用"是关学的基本精神，那么"学以致用"就是关学学者的普遍主张，这正是关学学者大都主张"因时变学"的原因。如何"因时变学"？刘光蕡回答说："今日讲学，万不宜自隘程途，悬一孔子之道为的，任人之择途而往，不惟不分程朱、陆王，即荀、杨、管、商、申、韩、孙、吴、黄老、杂、霸、词章以及农、工、商、贾，皆为孔教之人。苟专心

---

① 薛敬之：《思庵野录》，第12页。
② 杨爵：《杨爵集》，第12页。
③ 吕柟：《吕柟集·泾野先生文集》上册，第120页。
④ 杨屾：《知本提纲》卷首《提纲源流》，第1页a。
⑤ 刘光蕡：《刘光蕡集》，第646页。
⑥ 刘光蕡：《刘光蕡集》，第643页。
⑦ 刘光蕡：《刘古愚遗稿》，第43页。
⑧ 张元勋：《原道》卷上，第18页b。

向道，皆能同于圣人。而耶、佛亦可为吾方外之友，如孔子之于老子，楚狂、沮、溺等。"①简而言之，以"实用"为目的而将"古今中外学问"融为一体。张元勋"通古今、合中外，致用者，其惟儒乎"②的学术建构目标也表明，"因时变学"就是根据时代要求来建构能够满足时代需要的学问。

"因时造时"是张元勋提出的命题，意思是说人顺应时代进而推动时代发展。前近代的关学学者认为，人——哪怕是圣人——只能"顺时"，不能"造时"。冯从吾说："圣人岂能为时哉？不惟圣人，即造化亦不得而强之，如春之不得不夏，夏之不得不秋，而秋之不得不冬也，时则使然，造化乌得而强之？"③圣人不但不能"造时"，还不能"违时"，而只能"顺时"。但晚近以降，在西方列强撞开中国闭关锁国的大门后，关学学者开始睁眼看世界。当他们发现"气球以行空，电光以代烛，摄影以绘图，蒸汽以制造，突镜聚光不火可以燃物，空筒传响隔世可以闻声"④时，倍感人类之强大，人定胜天的自信油然而生。张元勋"因时造时"的观念正是这种时代背景下的产物。在他看来，人类制造的这些新奇东西反映出"圣人有造时之学"，而这种学问正是"因时"的理论结晶。⑤其实，这是说新时代是人创造的，即"造时"。这种创造适应了历史发展的潮流，即"因时造时"。

关学反对"迎合时好"。如前所述，"时尚"或"时好"要么为权贵所提倡，要么为大众所追捧。其实，无论是"时好"所好之物，还是"时尚"所尚之事，本身并没有什么价值，根本不值得追求。所以，无论是"媚俗以同尘"，还是"附势以窃荣"，都属于"迎合时好"。⑥基于这种认识，关学学者普遍批评"迎合时好"。可贵的是，他们对人"迎合时好"的原因做了深入而详细的分析。王心敬认为人"迎合时好"是信仰缺失而没有自信造成的。他说："学问不求信心，追逐时好。"⑦相信自己的本心，浅而言之就是自信，深而言之便是信仰。那么，这就是说人因为缺失信仰而没有自信，导致其追求时尚。李元春认为

---

① 刘光蕡：《刘古愚遗稿》，第122页。
② 张元勋：《原道》卷首《叙》，第1页a。
③ 冯从吾：《冯从吾集》，第269页。
④ 刘光蕡：《刘光蕡集》，第645页。
⑤ 张元勋：《原道》卷上，第18页b。
⑥ 参阅吕柟：《吕柟集·泾野先生文集》上册，第72页。
⑦ 王心敬：《王心敬集》下册，第676页。

"迎合时好"是人缺乏才识造成的。他给在外做官之朋友的信中说"以足下之才",再兼朋友辅佐,"不待趋逐时尚,政声自宜大起"。①这说明人"迎合时好"是缺乏才识导致的。牛兆濂认为人的意志不坚定也会导致"迎合时好",即他所谓的"守旧者不胜时流之讪笑,乃变吾说以从之,自谓能趋时也"②。李颙认为"迎合时好"是人追求名利造成的,他批评学术之域的投机分子"迎合时好,假卫道之公名,为趋时邀名之藉"③。由于这种"迎合时好"是出于一己之利的考虑而自觉地追求时尚的行为,关学学者普遍予以激烈批评,斥责这类人为"佞人",甚至唾骂这类人"率兽食人"。关学学者之所以普遍批评"迎合时好",不只是因为"迎合时好"这件事自身没什么价值,更因为其与"因时制宜"易于混淆。因为"迎合时好"大都打着"因时制宜"的旗帜,吹着"识时务者为俊杰"的号角,光明正大地愚弄民众。

"识时达务"是对"时势"和"时务"的认知,以这种认识为指导,在现实生活中做到"因时立制"、"因时立政"、"因时制礼"、"因时立法"、"因时为业"、"因时立教"、"因时变学"和"因时造时",这就是"因时制宜"。"识时达务"是认识,"因时制宜"是对这种认识的实践,二者相互统一,这就是"与时偕行"。

"与时偕行"有其遵行的基本价值原则——"时义之道"④。所谓"时义",就是时时刻刻适宜,即具有永恒的适宜性。那么,"时义之道"就是人掌握这种永恒之适宜性的基本原则或方法。贺瑞麟说:"夫圣贤处事有心所欲为而分不敢为者,有理所当为而时不宜为者,要亦视乎义之如何而已。"⑤这说明即使合理的事情,其时机未成熟也不能实现,足见"适时"的重要性。但冯从吾又说,"夫随时变易而不从道,则小人而无忌惮"⑥,这说明人做事要合乎道理,不然就不是人的正常存在,足见"从道"的重要性。综合来看,人要"与时偕行"就必须既"从道"又"适时",即吕大临所谓的"因时顺理"⑦。这就是"时义之道"的内

---

① 李元春:《李元春集》,第193页。
② 牛兆濂:《牛兆濂集》,第27页。
③ 李颙:《二曲集》,第539页。
④ 马理:《马理集》,第228页。
⑤ 贺瑞麟:《贺瑞麟集》上册,第189页。
⑥ 冯从吾:《冯从吾集》,第270页。
⑦ 吕大临:《吕大临集》,第305页。

容,也是"与时偕行"遵循的基本原则。

"与时偕行"的逻辑前提是"广识"。"与时偕行"是"识时达务"与"因时制宜"的有机统一。其中,"识时达务"是认识,是"因时制宜"的指导。"识时达务"的逻辑前提是"广识",那"广识"也就是"与时偕行"的逻辑前提。所谓"广识",从本质上说就是睁眼看世界。如果人不睁眼看世界,就不可能"观时",遑论"识时"进而认知"时务"。"观时",按照张元勋的解释,就是"观察时变"①。晚近以来,正是由于关学学者睁眼看世界,才发现"今之时,天变而高远,地变而狭近,物用变而新奇,如别辟一世界"②;正是由于关学学者睁眼看世界,才深知"不胸有五大洲之列国,不足以安一洲之一国";正是由于关学学者睁眼看世界,才反省"西人风气日开,每岁新出之书,多至万余种,诸事日益求新。中国乃固守唐宋以来之旧见,乌得不日见削于人也"。这就是"广识",是中国人懂得将中国置于世界中观察,才能认清中国的"时势",才能确立中国的"时务"。

"与时偕行"需要智慧做保障。"与时偕行",是难能可贵的事情。"时"作为"时势"这般宏大的国情世运,人若"智不运则不能应变趋时"③。"时"即使是做成某事的"时机",人要做到"因时而动"仍然需要"见几而作之智"④。就"与时偕行"来看,无论是"识时达务"还是"因时制宜",都依赖高超的智慧。就前者而言,人要认清"时势"需要依赖智慧,诚如贺瑞麟所说:"所谓时者,尤须大著精彩极力认取,方可不失。"⑤人由"识时"进而洞悉"时务",也需要卓越的智慧。就后者而言,"因时制宜"仍然需要高超的智慧。贺瑞麟说:"圣人随时处中,此非穷理精安可。"⑥这里的"穷理精"既指对"时义之道"的掌握,也指对"时势"以及"时务"的认知,无疑都需要极高的智慧,足见"与时偕行"以卓越的智慧为基本保障。

综上所述,以"广识"为逻辑前提,以"因时顺理"为价值原则,以卓越智慧为能力担当,在认知之维达到"识时达务",在实践之维臻于"因时制宜",

---

① 张元勋:《原道》卷上,第18页b。
② 刘光蕡:《刘光蕡集》,第643页。
③ 韩邦奇:《韩邦奇集》上册,第168页。
④ 张秉直:《开知录》卷九,第7页a。
⑤ 贺瑞麟:《贺瑞麟集》下册,第773页。
⑥ 贺瑞麟:《贺瑞麟集》下册,第1022页。

这就是"与时偕行",这就是关学主张的变通智慧。

四、"至和可致"的和谐智慧

关学有"尚和"的优良传统。所谓"尚和",就是崇尚和谐,即为人处世追求"事无不谐,人无不和"[①]的境界。这种和谐是一种至高至大的境界,关学学者称之为"太和"或"至和"。尽管这种境界至高至大,但关学学者坚信人只要合理而执着地追求,终究还是可以实现的,这就是张载所谓的"至和可致"[②]。

自张载提倡"太和所谓道"[③]后,关学学者便将"太和景象"[④]作为自己的人生奋斗目标。他们不但认为"太和"是正确的价值观,即"太和,正气也,正道在其中"[⑤],而且认为"太和"是正确的发展观,即"太和之气,文明之化"[⑥]。前者是天地正气,是人间正道,是人和社会应当遵循的基本价值;后者是文明的大道,是文明的殿堂,也是人和社会应当坚持的基本价值。对个人而言,"谨身修德,化欲从理",便可以"臻太和";[⑦]就社会而言,只要社会管理者"一切举措悉循天理之公",便可使"民皞皞同游于太和之域"。[⑧]这就是关学学者追求的太和境界——"太和景象"。

"太和景象",就个人而言,是内而"心气和平"[⑨],外而"慈爱祥和"[⑩],"待人以和"而又"和而不同","敬和接物"而又"和而不流",犹如"一团和气"使人如沐春风;就社会而言,是明君良臣共成"雍熙、泰和之治"[⑪],从而使"国家共享休和"[⑫],甚至使"天下享和平之福"[⑬]。为了臻于"太和景象",

---

① 王恕:《王恕集》,第125页。
② 张载:《张子全书》,第336页。
③ 张载:《张载集》,第7页。
④ 李颙:《二曲集》,第442页。
⑤ 李元春:《李元春集》,第704页。
⑥ 吕柟:《吕柟集·泾野先生文集》上册,第70页。
⑦ 杨屾:《知本提纲》卷首《弁言》,第11页。
⑧ 刘光蕡:《刘光蕡集》,第443页。
⑨ 吕柟:《吕柟集·泾野子内篇》,第74页。
⑩ 刘光蕡:《刘光蕡集》,第57页。
⑪ 王恕:《王恕集》,第345页。
⑫ 杨屾:《知本提纲》卷首《提纲源流》,第7页a。
⑬ 李颙:《二曲集》,第439页。

关学学者普遍树立"气象以和"①的道德追求；为了实现"天下和平"的盛世，关学学者普遍抱有"为万世开太平"的崇高理想。这就是"太和"或"至和"，对之合理而执着的追求即"致和"②。"至和可致"不只是关学学者的美好愿望，更是关学学者的人生智慧。何谓"至和"？如何"致和"？对这些问题的智慧之思体现的是一种和谐智慧，即"至和可致"的和谐智慧，这是关学倡导的人生大智慧。

1. 和而不同

"尚和"首先需要明白什么是"和"。薛敬之回答说："'和'之义大矣哉，其说有二焉：一本思所谓和，曰'中和'，以情言；一本载所谓和，曰'太和'，以气言。"③这是说"和"有两种含义：就人的情感来看，"和"是人的思想在情感方面的适度表现，即"中和"；就构成万物的质料——气来看，"和"是阴阳五行的协调搭配，即"太和"。综合来看，"和"就是"谐和"，或者说"和谐"，一种关系之维的平衡状态。

"和"是万物最合理的存在状态。马理说"天有太和之气，人有太和之心"④，无论是物质性的存在，还是精神性的存在，都以"和"为本然状态。就前者而言，"太和，正气也，正道在其中"，"太和之气"构成万物，是万物的本源；就后者而言，"元和自在人心，本非外假"⑤，人的本然之"和"即"元和"，也就是"太和之心"，是人的本体。综合来看，"和"是宇宙万物的本然状态。我们知道，儒学有以本然为应然的价值设定，那么，"和"也就是万物应然的存在状态，即万物理想的存在状态。质而言之，"和"是万物最合理的存在状态。如果说"太和之气"和"太和之心"是从实体之维言说"和"，那么，张载的"仇必和而解"则是从关系之维言说"和"。张载基于对自然界和人类社会的长期观察，发现"有象斯有对，对必反其为；有反斯有仇，仇必和而解"⑥。这是说只要是独立的个体，就与和其处于统一关系中的另一个体存在差异，这种

---

① 张舜典：《鸡山语要》，第115页。
② 薛敬之：《思庵野录》，第95页。
③ 薛敬之：《思庵野录》，第95页。
④ 马理：《马理集》，第211页。
⑤ 杨屾：《知本提纲》卷六（下），第31页a。
⑥ 张载：《张载集》，第10页。

差异的日渐发展会导致二者走向对立，而对立会日渐发展成相互冲突，冲突解决之后两者又走向新的统一。其实，这就是辩证统一规律。张载的这种辩证认知，再次说明"和"是万物最合理的存在状态。实体与关系是紧密联系的。正是因为"和"是事物最合理的存在状态，所以，物与物之间即使普遍存在矛盾，最终也会趋向"和"的状态。牛兆濂大概也基于对事物以及事物之间关系的这种认知，认为"和也者，万物之所以得所也"①，即"和"是万物最合理的存在状态。总而言之，"和"是万物本然的存在状态，是万物理想的存在状态，是万物最合理的存在状态。

"尚和"是社会治理所遵循的基本原则。张载说："性刚者易立，和者易达，人只有立与达。"②这里的"立"是"己欲立而立人"，"达"乃"己欲达而达人"。那么，"和者欲达"就是"和"不但能够使自己事事行得通，也能够使别人事事行得通。这样来看，"尚和"就是处理社会事务必须遵守的基本原则。王恕说："天下之事，行之以和则行，不和则不行，故和为天下行事之达道。"③这更明确地说明，"尚和"是处理社会事务的基本原则。换言之，"尚和"是社会治理所遵循的基本原则。

"尚和"的基本原则是"和而不同"。"和而不同"，也被关学学者称为"和而不流"，意思是说和睦相处而不随便附和。"和而不同"是关学学者的普遍主张，其中明确提出"和而不同"者较多。具体来看，王恕主张"处众和而不同"④；吕柟提倡"和而不同以裕俗"⑤；冯从吾主张人应当"和而不同"⑥；王徵倡导"和而不流，圆则中规"⑦；贺瑞麟也提倡人应当"和而不流"⑧；刘光蕡认为"能和而不同，办事决无贻误"⑨；等等。"尚和"之所以要以"和而不同"为基本原则，是因为"和"以"不同"为基本内涵。何谓"和"？马理引用

---

① 牛兆濂：《牛兆濂集》，第374页。
② 张载：《张载集》，第272页。
③ 王恕：《王恕集》，第146页。
④ 王恕：《王恕集》，第10页。
⑤ 吕柟：《吕柟集·泾野先生文集》上册，第558页。
⑥ 冯从吾：《冯从吾集》，第211页。
⑦ 王徵：《王徵集》，第315页。
⑧ 贺瑞麟：《贺瑞麟集》下册，第897页。
⑨ 刘光蕡：《刘光蕡集》，第246页。

晏子的话回答说："譬之五味相济，是之谓和。"①这是以做饭调味为例说明，只有将不同调料按照一定的比例调和，才能产生美味，而"和"即不同的调和，其前提就是不同；不然的话，诚如"以水济水亦同耳，安得为和？"②正是基于对"和"的这种认识，"尚和"以"和而不同"为基本原则。

"尚和"必然反对"附和"。所谓"附和"，即应和、追随别人的言行，也就是说不加辨别地跟着别人说或做。冯从吾认为"附和"完全是"私相迎合"，本质是"同而不和"。③这是说"附和"是为了自己的利益考虑而刻意顺从或投合别人，其实质是同而不是和。刘光蕡说："惟求和衷，不审其事之可否，阿意曲从，则又非也。"④依此来看，"附和"只是以讨好他人为目的，而无视其认同的对象是否真正值得赞同，完全是一种曲意逢迎他人的做法，这种言行当然不值得肯定。"尚和"与"附和"有根本的区别：前者是依据一定的事实或价值而做出的客观判断，而后者则是站在维护自己利益之立场而表达的主观态度。对此，关学学者有清醒的认识，这就是刘光蕡说的"内介而外和"⑤。分而言之，"内介"是说有自己的价值立场和判断标准，并坚定地坚持自己的立场和标准；"外和"是说即使经过判断而不认同，也表现得和气且处理得和睦。可见，如果丢到了价值立场和判断标准，那么就违反了"和"的本质，即吕柟所谓的"弃介尚和则逆"⑥，这就是"附和"。

明白"和"是万物最合理的存在状态，作为"万物之灵"的人必然推崇"和"，这就是"尚和"；懂得"尚和"的基本原则是"和而不同"，那人必然合理而执着地追求"和"，这就是"致和"。人只有既"尚和"又"致和"，才有资格相信"至和可致"。

2. 和平之德

人，如前所述，被关学视为道德的存在。那对人最基本的培养当然是道德培

---

① 马理：《马理集》，第262页。
② 马理：《马理集》，第262页。
③ 冯从吾：《冯从吾集》，第211页。
④ 刘光蕡：《刘光蕡集》，第246页。
⑤ 刘光蕡：《刘光蕡集》，第105页。
⑥ 吕柟：《吕柟集·泾野子内篇》，第7页。

养，而吕柟认为道德培养应当是"育其和平之德"①。既然人可以被抽象为道德，那"尚和""致和"之人当然也就可以被视为具有"和平之德"。关学学者非常关注人如何培养"和平之德"的问题，相关的回答也比较丰富。

"和平之德"既要"心和"也要"气和"。就气之维来看，本然之人就处于"气和"的状态。杨屾说："阴阳交感，和气凝而人道生。"②人生之初即是由"和气"构成的，那自然处于"气和"的状态。但若后天被外物引诱而丧失自我，"和气"便不知不觉地被"气化"，而最终"失和"了。所以，后天之人必须"使得所养，令其和气"③。关学学者抱持"心和则气和"④的立场，认为人要保持或恢复"气和"的状态，首先必须保持或恢复"心和"的状态。如何使"心和"？同恕回答说"去尽私心养太和"⑤，吕柟的"公则和而广"⑥也给出了相同的回答。这都说明人只有开阔胸襟，保持公平、公正的心态，才能使自己处于"心和"的状态。根本办法则是体知天理或天道，即贺瑞麟所说的"穷理则心宽和，而狭窄之病去矣"⑦，因为"天道无私"，体知天道或天理的心必然是"廓然大公"之心；不然，人难以"大其心"，终究无法实现"心和"。另外，张载还提供了一些外在的辅助方法，比如欣赏高雅的音乐，他说："惟雅乐则声音中正，故可以养人和平。"⑧高雅的音乐之所以能够使人保持或恢复"心和"，是因为其本身具有"中和之气"，即"古乐所以养人德性中和之气"⑨。只要"心和"了，作为"五官百骸之主"的心自然能够主导"气和"。李复说"气和体必舒"⑩，即人"气和"必然身体舒泰，从而达到"体和"。可见，"和平之德"是通过"心和"而实现"体和"，是内外统一之"和"。

"和平之德"既要"养性"也要"养形"。人，如前所述，是"性形两体"的存在，那么，"致和"就不能只追求"心和"，而不顾"体和"。其实，关学

---

① 吕柟：《吕柟集·泾野先生文集》上册，第382页。
② 杨屾：《知本提纲》卷一，第20页a—b。
③ 张载：《张子全书》，第255页。
④ 张载：《张载集》，第265页；李颙：《二曲集》，第27页。
⑤ 同恕：《榘庵集》，第343页。
⑥ 吕柟：《吕柟集·泾野先生文集》上册，第156页。
⑦ 贺瑞麟：《贺瑞麟集》下册，第896页。
⑧ 张载：《张子全书》，第365页。
⑨ 张载：《张载集》，第262页。
⑩ 李复：《李复集》，第100页。

自张载始就提出了"体则欲和"①的命题，同时，他也不无滋养精气的意识。②但他认为"心和则气和"，遂将人自身的"致和"转化成了实践层面上的"心和"。诚然，人的身体健康会受到心理以及精神方面的影响，但是心理健康乃至精神健康并不能保障人的身体健康。遗憾的是张载似乎没有认识到这一点，尽管他提出了"体和"的观点，但在追求"心和"的过程中悬置了"体和"。在他看来，对人的培养就是"大其心"，具体而言，"求养之道，心只求是而已。盖心弘则是，不弘则不是，心大则百物皆通，心小则百物皆病"③。这样的话，对人的培养就只看重"养心""养性""养德"，而完全忽视"养形""养体""养生"。如此一来，"体和"就有名无实。嗣后，关学学者对人自身之和的追求，几乎都沿袭着张载"心和则体和"的路径，结果在实际的"致和"中悬置"体和"，而只求"心和"。迨清代中期，王心敬将之推向极致。具体来看，对于学友的身体疾病，他给出"与其服药救标，不如养心培本"的治疗建议，因为他认为"心君苟得舒泰，客邪自得退以听命也"。④他的这种建议无异于放弃"体和"，而只求"心和"。关学只重视"心和"而忽视"体和"的僵局，直到乾隆年间才被杨屾打破。在他看来，"性非身无以明道立功，身非养何以依性久着"，"强健清明，则德业可修；病发昏庸，则百事无成"。⑤基于这种认识，他主张"形必需养"⑥。于是，关学才有了"养形""养体""养生"的相关思想。为了确保人能够有效地"养体"，杨屾从医学之维告诉人们"资养赖于二肠"⑦，所以要爱护自己的五脏六腑；从产业之维告诉人们"农工以养形"⑧，所以要大力发展农业和工业生产；从环境之维告诉人们"大则天轮日月，地球山河，尽吾人之居室，衣食之仓库；小则水陆飞行，花果草木，悉吾人之自主，身体之荣养"⑨，所以要爱护环境；从养生之维告诉人们"凡有形身，先明颐养之道；甫作

---

① 张载：《张子全书》，第 352 页。
② 张载说："义理须是博文，博文则用利，用利即身安，到身安处却要得资养此得精义者。"（见《张载集》，第 286 页）
③ 张载：《张载集》，第 269 页。
④ 王心敬：《丰川全集续编》，第 740 页上。
⑤ 杨屾：《知本提纲》卷三（下），第 1 页 a。
⑥ 杨屾：《知本提纲》卷首《提纲源流》，第 6 页 a。
⑦ 杨屾：《知本提纲》卷一，第 23 页 a。
⑧ 杨屾：《知本提纲》卷首《提纲源流》，第 6 页 a。
⑨ 杨屾：《知本提纲》卷二（下），第 11 页 b。

婴童，即讲调摄之方"，所以人们在日常生活中要注意"继生气以滋荣卫"。①此后的关学学者，如李元春和刘光蕡都能够正视"养形"，但他们是站在"生业"的立场论"养形"，远不如杨屾全面。总而言之，"和平之德"是"养形"与"养性"相统一的结果。

"和平之德"是"内有文明之德"而"外有和悦之气"。如前所述，"尚和"的本质是"内介而外和"。就人之道德而言，就是"内有文明之德"而"外有和悦之气"。杨爵说："内有文明之德，则在己所以察之者精；外有和说之气，则在人所以从之者易。"②只有"内有文明之德"，察理精明，才能知是知非；只有"外有和悦之气"，待人温和，才能睦邻友好：这其实就是"和平之德"。而且，"文明之德"和"和悦之气"紧密联系，诚如李颙所说："爱敬根于中，和顺达于外。"③这是说前者是后者的内在根据，后者是前者的外在表现。引而言之，前者是后者的本体，后者是前者的作用，即体用关系。正是这种体用关系使人的"一念爱人真心"④外化为"一团和气"⑤，从而使被接待之人感受到如沐春风般的温暖和舒畅。这样来看，"和平之德"就是内怀一颗仁心，外呈一团和气。

"和平之德"就待人之维来看，即"待人以和"。关学提倡的待人原则是"待人以和"⑥，也表述为"和以处众"，即人与人相处应当遵守"和而不同"的基本原则。具体而言，首先，待人态度要温和。张舜典强调"接人贵温和"⑦，即以温和的态度对待他人。其次，与人相处要和睦。关学学者特别重视"和睦乡里"⑧，即与邻里乡党相处和睦融洽。最后，反对"徇人"，即放弃自己的原则而迁就他人。冯从吾认为"时和而和，不为徇人"⑨，这是说追求与人和睦相处并不以放弃自己的原则为代价，如果用迁就他人的主张来谋求和睦，那宁可不要这种

---

① 杨屾：《知本提纲》卷三（下），第2页a。
② 杨爵：《杨爵集》，第97页。
③ 李颙：《二曲集》，第410页。
④ 冯从吾：《冯从吾集》，第91页。
⑤ 王徵：《王徵集》，第322页。
⑥ 刘光蕡：《刘光蕡集》，第114页。
⑦ 张舜典：《鸡山语要》，第115页。
⑧ 李颙：《二曲集》，第536页。
⑨ 冯从吾：《冯从吾集》，第270页。

和睦。贺瑞麟也说:"一味苟且徇人,乌得谓之真和平哉?"①迁就他人而获得的暂时和睦,并不是真正的和睦。

"和平之德"就接物之维来看,即"敬和接物"②。"敬和接物"是张载提出的接物态度和方法,即接物要恭敬温和。在张载来看,这是人之"仁心"在接物之域的表现。冯从吾认为"敬者,心之本体"③,那"和"也就是敬的外在表现。杨屾进而认为"敬和一本,体用自宜兼修"④。这是说"敬"是"和"的本体,"和"是"敬"的功用,敬与和是体用关系。依此来看,"敬和接物"就是对物要内怀恭敬之心,外有温和之情。

人是"以天地万物为一体者",那么"待人以和"和"敬和接物"就是人待人接物应有的态度和方法。因为只有通过这种待人接物的态度和方法,才能体现人的"民胞物与"思想,进而体现出人是"以天地万物为一体者"。同时,也正是通过"待人以和"和"敬和接物",从人我、物我的关系之维呈现人具有"和平之德"。

"致和"就是人通过自己的"和平之德",将"和而不同"的价值原则由内向外、由己及人地逐渐推广。薛敬之回答"何是致和"的问题时说:"殆必一心之和华而为一身之和,一身之和廓而为一郡之和,一郡之和大而为千里之和,亦岂但眕瞳区区之地有不和哉?"⑤如果说人的"和平之德"是圆心的话,"和而不同"的价值原则就是以同心圆的方式由这个圆心逐层向外推广,直至扩展到最外最大的那个同心圆——"和平天下"。

3. 和平天下

"和平天下",即"致和"臻于其最高境界,从而实现"天下和平"。所谓"天下和平",消极地看,就是国家乃至世界处于没有战争、没有敌视及暴力行为的状态;积极地看,就是政府之间乃至国家之间互相友好、和洽安宁。

"和平天下"是关学的政治理想。张载将"和平天下"作为自己的政治理

---

① 贺瑞麟:《贺瑞麟集》下册,第805页。
② 张载:《张载集》,第325页。
③ 冯从吾:《冯从吾集》,第214页。
④ 杨屾:《知本提纲》卷六(下),第18页b。
⑤ 薛敬之:《思庵野录》,第96页。

想,并发出"为万世开太平"的政治宏愿。嗣后,关学学者便普遍继承了他的这种政治理想和政治誓愿。直至清代末期,刘光蕡依然抱着"天下太平"[①]的政治理想,为中国乃至世界的"万世太平之基"[②]努力寻找"太平之治"[③]。

"和平天下"寄托于君主的大公无私。在封建专制时代,君主对国家具有绝对的领导权,那么,国家的和平便在很大程度上取决于君主的领导。关学学者甚至认为"天下之和系于主君"[④],即国家的和平依赖于主导国家的君主。如何依靠君主实现和平?首先,君主必须具备"大公无私"的道德素养。吕柟说:"天地无心,能命万物之化生;圣人无我,能速天下之和平。"[⑤]这里的"无我"指君主治理国家没有一己之私而完全为百姓的利益着想,君主的这种政治自觉是实现和平的前提。在马理看来,君主"正其心则和平天下而有余,不正其心则检乎一身而不足"[⑥]。只要君主端正其思想,一切为百姓的利益考虑,完全可以使国家臻于和平;不然的话,不但国家无法臻于和平,而且君主个人的道德修养也十分不堪。其次,君主必须具有"忧乐同民"的政治行为。"人何以和?君能忧乐同民也。"[⑦]君主实际做到关注民间疾苦,与百姓同甘共苦,便会赢得百姓的拥护和爱戴,自然上下团结、国家和平。具体而言,"出入相友,守望相助,疾病相救,民是以和睦,而教化齐同,力役生产可得而平也"[⑧]。君主应当教导百姓出入劳作时相互伴随,抵御盗寇时互相帮助,有疾病事故时互相照顾,从而建立和睦友爱的关系,进而教授百姓文化知识使其精神丰富,令其积极从事生产而使其物质丰富,这样就臻于和平。最后,"和平天下"其实是君民之间"以心感心"的互动模式。张载说:"能通天下之志者为能感人心,圣人同乎人而无我,故和平天下,莫盛于感人心。"[⑨]圣人治理天下之所以能实现太平盛世,是因为圣人能够以道德感化百姓。马理认为,"圣人之治万民,匪家谕而户晓之也,以心感心,自

[①] 刘光蕡:《刘光蕡集》,第407页。
[②] 刘光蕡:《刘光蕡集》,第31页。
[③] 刘光蕡:《刘光蕡集》,第350页。
[④] 薛敬之:《思庵野录》,第48页。
[⑤] 吕柟:《吕柟集·泾野先生文集》上册,第604页。
[⑥] 马理:《马理集》,第118页。
[⑦] 刘光蕡:《刘光蕡集》,第485页。
[⑧] 刘光蕡:《刘光蕡集》,第537页。
[⑨] 张载:《张载集》,第34页。

和平而咸宁也"①。只要圣人关爱百姓，百姓必然爱戴圣人，天下自然臻于和平。可见，和平的实现完全维系于君主的道德修养。

"和平天下"不能缺失制度保障。鉴于将和平的希望完全寄托于君主而导致和平难以实现的客观危机，关学学者不得不为"天下和平"寻求更值得信赖的依据，即制度方面的基本保障。李元春在探讨如何确保国家上下节俭时说："况今天下凡事皆有制度，但使遵其制，自不为非分之费，无为之需，各端所裁，将在数倍而无虑乎甚贫，则下知耻辱，上禁贪暴，此世之所以安于和平无事也，故曰一于俭则天下治矣。"②建立健全有关节俭方面的制度，然后严格遵守制度，便可以有效实现节俭。同样，只要建立健全维护和平的相关制度，督促人们严格遵守，那和平便可以早日实现。

"和平天下"主要依靠礼制。关学为和平提供的制度保障主要是礼制。张载认为"和必以礼节之"③，这不只是说个人的言行需要礼仪来规范，也指国家的治理需要礼制来维持。他说："欲养民当自井田始，治民则教化刑罚俱不出于礼外。"④如果说治理国家就是治理民众的话，那国家的治理不能不依靠礼制。因为无论是政治劝化，还是法律惩罚，都依赖礼制的相关规定而落实。到了近代，关学的这种治世观念仍然没有改变。即使是睁眼看世界的刘光蕡，也依然倡导"治民之大经、大法，全备于礼"⑤，因为他认为以礼治世是中国的特色。他说："夫人无礼义则横暴，横暴即夷狄也；有礼义则和柔，和柔即中国也。"⑥与西方列强的横暴相较而言，柔和是中国的特征。中国之所以柔和，是礼仪教化的结果。这样来看，以礼治世就是中国的特色。基于这种认识，刘光蕡将"和平之治"委托给了礼制，重弹"导之以礼乐，而民和睦"⑦的治国老调。

"和平天下"初步涉及现代法制。前现代的关学虽然不无法制方面的论说，但在以礼治世观念的限制下，关学学者对法律的认知非常浅显，论述也比较零散。晚近以降，关学学者在西学的冲击下，对法律以及法制有了比较深刻的认

---

① 马理：《马理集》，第117页。
② 李元春：《李元春集》，第78页。
③ 张载：《张载集》，第227页。
④ 张载：《张载集》，第264页。
⑤ 刘光蕡：《刘光蕡集》，第424页。
⑥ 刘光蕡：《刘光蕡集》，第55页。
⑦ 《孝经·三才章第七》。

识。其中，以刘光蕡对法律的认识最为全面和深刻，已触及现代法制。起初，刘光蕡只不过是对"泰西各国视法官为极尊、极贵，虽贵为天子亦不能干涉之"的现象比较好奇。在这种好奇心的促使下，他研读了西方法制方面的书籍，遂发现"盖尊法官即所以尊法律，尊法律即所以维持公义"①。法律之所以能够维护公义，是因为法律面前人人平等，他说："泰西视法律为至尊、至重，无论为君为民，凡有血气者莫不受制于其下。"②就立法而言，法律的制定能够做到"是非决于公论"③，即法律源于民意；就执法而言，"法立必行，不挟君上之势以挠法也"④，即使至高无上的君主也必须遵守法律。基于这种认识，他说："国之大本在乎法律，法也者，起于人群之团聚，而以之保平和、臻久安之具，即所谓纲纪也，无法律斯无国家矣。"⑤但遗憾的是，由于强烈的民族主义情结作怪，刘光蕡坚信"西国所谓宪法，即中国所谓《洪范》，所以知人安民、平治天下之道也"⑥，从而认为"求宪法于西国，是弃祖父膏腴之业而不耕，而甘行乞于市，以求延残喘也"⑦，最终堵住了凭借法律实现和维护和平的路径。

"和平天下"是关学崇尚世界和平而反对非正义战争的体现。如前所述，关学学者普遍重视兵学，在他们看来，兵学知识是强国必要的知识储备。其中，军队建设尤为关学学者所看重，因为"兵精国自强"⑧。只有军队强而有力，人民和国家才能得到基本保障。无论是前近代关学主张"卫民莫如兵"⑨，还是近代关学主张"治兵以保民"⑩，都说明军队建设的根本目的是保卫人民。再者，王心敬说"设兵所以镇边疆，而卫国家"⑪，这样来看，军队的职责就是保卫人民生命及财产安全，捍卫国家主权及领土完整。基于对军队的上述认知，关学学者反对非正义的战争。就国内而言，关学倡导"主和不主战"，反对"以兵力争夺土地、人

---

① 刘光蕡：《刘光蕡集》，第 311 页。
② 刘光蕡：《刘光蕡集》，第 313 页。
③ 刘光蕡：《刘光蕡集》，第 308 页。
④ 刘光蕡：《刘光蕡集》，第 308 页。
⑤ 刘光蕡：《刘光蕡集》，第 311 页。
⑥ 刘光蕡：《刘光蕡集》，第 45 页。
⑦ 刘光蕡：《刘光蕡集》，第 45 页。
⑧ 王心敬：《王心敬集》下册，第 1116 页。
⑨ 吕柟：《吕柟集·泾野先生文集》下册，第 1088 页。
⑩ 刘光蕡：《刘光蕡集》，第 17 页。
⑪ 王心敬：《丰川续集》，第 311 页上。

民";①就国际而言，关学提倡"交邻主和不主战"，除非是"暴君虐民，不得不伐之以救民"，才发动正义之战。②总而言之，"和平天下"体现了关学学者爱好和平的政治愿望。

"和而不同"是人际交往以及国家交往应当坚持的基本价值观。关学认为这种价值观具有先天性，即人生而具有"和平之德"。这种道德，就内在的心性来看，是人的"仁爱之心"；就外在的言行来看，是人的"一团和气"。"致和"就是将人内在的"和平之德"呈现出来。就个人修为而言，待人做到"待人以和"，接物做到"敬和接物"；就社会治理而言，君主以及各级官员做到"一切举措，悉循天理之公"，国家便会臻于"天下和平"。关学认为只要按照这种原则和方法"致和"，"和平天下"的愿望就一定会实现，这就是"至和可致"。

"至和可致"，就个人来看，是追求人与社会以及人与自然之间的和谐；就国家来看，是追求个人与国家以及国家与国家之间的和谐。就前者而言，和谐不只是个体自身的和谐，即身体的和谐和精神的和谐，也指人与人、人与物之间的关系和谐；就后者而言，和谐不只是国家内部的和谐，即君臣和谐和官民和谐，也指国家与国家之间的关系和谐。关学之所以重视和谐，是因为和谐是个人以及人类社会存在的理想状态。这也就不难理解和谐何以会成为文明社会的基本要求。正由于这个原因，追求和谐是个人以及人类社会永恒的主题，更是个人以及人类社会的生存智慧。这样来看，"至和可致"体现的是人追求和谐的生存智慧，即"至和可致"的和谐智慧。同样，这也是关学的一大人生智慧。

关学的四大智慧是人的生存智慧。所谓生存智慧，就是人如何在世界上更好地生存的智慧。具体来看，"明伦察物"的通识智慧使人能够认识自我，能够认识世界，进而能够认识人与世界之间的关系；"民胞物与"的处世智慧和"与时偕行"的变通智慧则使人在上述认识的指导下能够很好地处理人与世界的关系，前者侧重于处理横向的或者说静态的人我关系和物我关系，后者侧重于处理纵向的或者说动态的人我关系和物我关系；"至和可致"的和谐智慧则使人将人与世界的关系处理得圆满成功且普遍有效，这就是"天下和平"，即世界和平。可见，关学的四大智慧紧密联系，为世界和平提供有力的智慧支撑。

---

① 刘光蕡：《刘光蕡集》，第17页。
② 刘光蕡：《刘光蕡集》，第17页。

关学的四大智慧是一个整体，可合称为"天人合一"智慧。何谓"天"？冯从吾一语破的："'天'字就是'理'字，以此'理'原是自然的，故曰'天'。"①这是说"天"代表的是本然。如前所述，儒学有以本然表示应然的价值趋向，那么，"天"其实表达的就是应然，即应该如此。就人而言，"天"指向人应该做什么，应该成为什么。这样来看，"天"就是人世间一切价值的担当，是支撑人以及人世的价值基石。那么，"天人合一"就是人应当成为其本身，人应当在妥帖地待人接物中成为其本身，这是人之为人的大智慧。这种大智慧，若分而言之，就是"明伦察物"的通识智慧、"民胞物与"的处世智慧、"与时偕行"的变通智慧、"至和可致"的和谐智慧；若合而言之，就是"天人合一"智慧。

关学的"天人合一"智慧，不只是人认识自我、认识世界的认知智慧，更是人与世界和谐相处的实践智慧。这种智慧能够实现人与人、人与社会、人与自然的和谐发展。这种智慧不但能够使人更好地生活，也能够使世界更好地发展，是人与世界和睦相处的大智慧。

---

① 冯从吾：《冯从吾集》，第491页。

结语　关学的未来——「因时变学」

关学学派诞生于11世纪中叶，终结于20世纪上叶，是历史上的存在，本无未来可言。但诚如克罗齐所说，"一切历史都是当代史"①，那么历史上的关学经现代学人诠释后便成为现代的关学。现代关学，相对于历史上的关学来说，就是关学的未来。但是，这里探讨的关学的未来，并非实然之域的现代关学研究，而是指相对于我们当前而言，关学在未来的发展。

关学作为历史上的存在，必然有其具体的存在时空。就空间而言，关学诞生和发展于中国西北的关中地区；就时间而言，关学诞生和发展于北宋至民国初期这一漫长的历史时域。就前者来看，关学属于地方学派；就后者来看，关学属于传统学术。那么，生活在全球一体化的现代社会的学人，如果要"接着讲"关学，就不能不从地方与世界、传统与现代的交融视域来研究关学。

一、地方与世界

关学作为"关中理学"，有严格的地理阈限，客观上决定其属于地方学派。关学诞生和发展于关中，就不能不受关中地理和关中文化的影响。如果说关学是一股新儒学支流的话，那么关中就是其流经的河道。当关学流经关中河道，其流向和深浅就不能不受河道的影响；更重要的是，河道的材质也在一定程度上影响着水质。这就是关中地理、关中文化与关学学说之间的复杂关系。

1. 关学的地方特色

关学是关学学者的思想结晶，关学的特色也就源于关学学者的群体特征。

---

① ［意］贝奈戴托·克罗齐著，［英］道格拉斯·安斯利英译：《历史学的理论和实际》，傅任敢译，商务印书馆，2018年，第2页。

"崇尚气节"被现代学人普遍视为关学学者最显著的特征,①但本质地看,"崇尚气节"只不过是关学学者的"质直好义"和"刚劲敢为"在特定历史条件下的表现。所谓"质直好义",是说人因为具有"质直"的品格,所以喜好追求道义,即"好义"。而"刚劲敢为"则是说,人因为具有"刚劲"的气质,所以敢于有所作为,即"敢为"。如果进而追溯"质直"品格和"刚劲"气质的成因,则不能不关注关中地理和关中文化。

关中地理培育了关学学者"质直"的品格和"刚劲"的气质。黄宗羲认为,明代关学学者"多以气节著",原因是关中"风土之厚,而又加之学问者也"。②这是说关中学者"崇尚气节"是受关中地理和关中文化双重影响的结果。其实,关中地理培养了关学学者的"质直"品格和"刚劲"气质,这早已被宋明之时的学者所认知。北宋之时,程颐与张载论学,就有"关中人刚劲敢为"③的论断;朱熹也认为"西北人劲直"④。这都说明地处中国西北的关中,其地理培养了关学学者刚劲的气质。明代学人杨守谦明确指出:"关中山川雄博,风气庞厚,士生其间,质实沉毅,资禀近道。"⑤关中地理培养了关学学者"质直"的品格和"刚劲"的气质,关学学者对此也是自觉的,贺瑞麟就说:"关中其地土厚水深,其人厚重质直,而其士风亦多尚气节而励廉耻,故有志圣贤之学者,大率以是为根本。"⑥关学学者"质直"的品格决定他们普遍"好义","刚劲"的气质决定他们普遍"敢为",而"好义"和"敢为"的有机统一,则使关学学者普遍具有豪杰气象。

关中文化塑造了关学学者的豪杰气象。王阳明说:"关中自古多豪杰,其忠信沉毅之质,明达英伟之器,四方之士,吾见亦多矣,未有如关中之盛者也。"⑦关中之所以豪杰盛出,是关中地域文化长期熏陶的结果。清人陆均说:"关中古

---

① 张岂之认为"崇尚气节,敦善厚行"是关学的特色(张岂之:《总序》,见刘学智:《关学思想史》,第5页),赵馥洁认为"崇尚节操"的人格追求是关学的基本精神(见赵馥洁:《关学精神论》,第15—17页),刘学智认为"崇尚气节"是关学的宗风(见刘学智:《关学思想史》,第18页)。
② 黄宗羲:《明儒学案》上册,第158页。
③ 程颢、程颐:《二程集》,第114页。
④ 朱熹:《朱子语类》,第3364页。
⑤ 杨守谦:《致斛山先生书》,见《杨爵集》,第361页。
⑥ 贺瑞麟:《贺瑞麟集》上册,第69页。
⑦ 王守仁:《王阳明全集》第1册,上海古籍出版社,2014年,第235—236页。

多豪杰，代有伟人，炳彪史册。人以为风高土厚，地运使然，而不知贞元之会合，光岳之钟灵，岂仅区区将相循吏足以应扶与之间气，当必有出类拔萃之贤圣，继继承承，相绵弗替。"①诚然，关学学者"质直好义"和"刚劲敢为"的品质都有地理环境的影响因素存在，但陆均认为决定因素是关中地区悠久的历史文化，而且这种文化似乎是儒家的圣贤文化。其实，清初担任西安知府的叶承桃就曾因关中的圣贤文化而大为感叹："关中文献邦，被成周风化，湛西汉经术，沐盛唐雅藻，尚已。"②但客观地看，关中文化远比圣贤文化丰富得多，诚如南大吉所说："盖关中，古周、秦、汉、唐都会之地。周人尚礼义而贵农桑，秦人尚武勇而贵富强，汉人尚宽大而贵敦朴，唐人尚章程而贵勋伐。"③周、秦、汉、唐文化沉淀于关中，便形成博大而厚重的关中文化。长期生活在关中文化氛围中的人，必然"尚气概，崇勇毅，敦重质直，不事浮靡"④，易于养成豪杰气象。

豪杰气象的实质是"勇于从善"。关学学者不但"质直好义"，而且"刚劲敢为"。"好义"和"敢为"相结合，就是"勇于从善"。王阳明说"关中自古多豪杰"，其中"豪杰"指称的就是"勇于从善"的关学学者的精神风貌。就做人而言，关学学者始终执着地坚持"循道而行"的做人原则，即使面对金钱诱惑和强权威胁也绝不放弃，这就是"勇于从善"。在朝如杨爵，绝不放弃"以道事君"的原则；在野如李颙，始终恪守"隐居求志"之初心。哪怕生命受到威胁，他们也岿然不动摇，大有壁立千仞之气概。就做学问而言，关学自张载始就"勇于造道"。所谓"勇于造道"，就是勇于学术创新，其实是"勇于从善"在理论建构之域的表现。张载有"学贵心悟，守旧无功"的学术自觉，读书倡导"每见每知新意"，教学主张"多求新意以开昏蒙"，治学提倡"濯去旧见以来新意"，所以，他能够肇创关学并成为宋明新儒学的实际开创者。嗣后的关学学者，学术创新虽不及张载，但他们大都主张认知要有"新知"，实践要有"新得"，学术要有"新语"。到了清末，刘光蕡认识到"世运至今日，事事均须翻新"⑤，学术更应"自出新意"，故而主张"因时变学"，使中国固有的宋明新儒学"变而能新"。这就是"勇于造道"，即学术之域的"勇于从善"。

---

① 陆均：《序二》，见《吕柟集·泾野子内篇》，第245页。
② 王弘撰：《王弘撰集》下册，第898页。
③ 南大吉：《渭南志》，第69—70页。
④ 同恕：《榘庵集》，第143页。
⑤ 刘光蕡：《刘光蕡集》，第210页。

关学学者"勇于从善"的豪杰气象使初来关中的外地学者深有感触。清初走访关中的顾炎武就曾感叹:"秦人慕经学,重处士,持清议,实与他省不同。"[①]民国初期来关中讲学的孙乃琨也盛赞:"关中风气甲天下,不惟讲学纯儒历世不绝,即贤宰良吏亦较倍于他省。"[②]这说明豪杰气象关学学者也代有所传,实为关学学者群体的一大特征。

关中地理和关中文化铸造了关学的特质。关学的特质取决于关学学者的品质,同时受关中文化的影响也很大。就前者而言,关学学者的豪杰气象决定关学的特质,而关学学者的豪杰气象则由关中文化和关中地理所塑造;就后者而言,关学的"学以成人"宗旨、"体用全学"形态、"崇实致用"精神和"以礼为教"学风都能从关中文化中寻找到依据。具体到张载其人其学来看,长期定居在关中的他饱受关中文化濡染,久而久之,养成了"质直好义"和"刚劲敢为"的优良品质,随之具有"勇于从善"的豪杰气象。李元春就认为:"横渠,儒者中豪杰也。"[③]详而言之,张载"其志与气,本皆过人远甚"[④]:他以"为天地立心,为生民立道,为去圣继绝学,为万世开太平"为志向,志向何其远大;他"气质刚毅"[⑤]"学古力行","毅然以圣人之诣为必可至,三代之治为必可复"[⑥],气魄何其豪迈!这就是张载的豪杰气象。这种豪杰气象就学术表现来看,他"勇于造道",开创了"大气磅礴"[⑦]而又"踏着实地"[⑧]的宋明新儒学学派——关学。"大气磅礴"的突出表现是其学以"学以成人"为宗旨,以"体用全学"为形态;"踏着实地"的突出表现是其学以"崇实致用"为精神,以"以礼为教"为学风。嗣后,浸润在关中文化中的关学学者自觉地传承张载关学,他们在传承关学"学以成人"的宗旨和"以礼为教"的学风的同时,不断充实关学"体用全学"的内容而将之拓展得更"大气磅礴",逐渐增强关学"崇实致用"

---

① 顾炎武:《顾亭林诗文集》,第87页。
② 孙乃琨:《灵泉文集》上册,第74页a。
③ 李元春:《李元春集》,第705页。
④ 李元春:《李元春集》,第705页。
⑤ 吕大临:《横渠先生行状》,第750页。
⑥ 黄宗羲原著,全祖望补修:《宋元学案》第1册,第664页。
⑦ 方东美用"大气磅礴"评价张载其人其学,他称张载是"大气磅礴的张横渠",称赞其学是"大气磅礴的思想",并认为"最有精神,最有气魄,在宋儒中首推张横渠"。(见方东美:《新儒家哲学十八讲》,第264—265页。)
⑧ 张载:《张载集》,第272页。

的精神而将之巩固得更"踏着实地"。

关中文化和关中地理既塑造了关学学者的品质，也铸造了关学学说的特质。所以，关学学者提起关中颇具自豪感。关学学者的著作中几乎都频繁地出现"关中"二字，而且他们对关中的称呼大都是"吾关中"。在他们的心目中，"关中为天下首"，"关中自古称天府"，"关中自古文献邦"，"关中为理学渊薮"。对关中的这些认识，使他们具有一种地域文化优越感，更使他们对自己能够"倡道关中"而深感自豪。

但是晚近以降，关学学者这种地域自豪感日渐消失。因为地处西北的关中与东南沿海地区相比，其闭塞落后日益显著。刘光蕡的弟子张鹏一认为，"道光以后，通商事起，以翻译制造为时尚，是为趋重西学时代"[①]。而其时的关中诚如刘光蕡的另一弟子陈涛所说："关河西塞，不便交通。习尚固陋，于新世界学术知识瞢然无所概见。"[②]所谓"习尚固陋"，即张鹏一所说的关中当时"惟以八股应试之文为重"[③]。直到光绪后期，西学才在关中兴起，显著表现是1895年陕甘味经书院创立时务斋，专门督促学生学西学。牛兆濂"秦中僻在一隅，西学倡行在甲午、乙未以后"[④]的言辞，也佐证了这段历史。这比东南沿海几乎晚了半个世纪，其落后情形可想而知。张鹏一和陈涛之所以能够清醒地认识到关中的落后，是因为他们受刘光蕡派遣，曾于1896年到上海、苏州、武汉等地考察过。对关中地区闭塞落后的清醒认知，导致关学学者丧失了昔日的地域自豪感，但更重要的是，他们自此具有了立足关中、放眼世界的自觉意识。尤其当张元勋的弟子郭希仁于1913在欧洲考察发现"吾国数十年中所模仿者，半属欧洲百年前之旧物，尚何新之有"[⑤]后，关学学者立足关中、放眼世界的意识更为自觉、更加强烈。

2. 关学由地方走向世界

其实，明清之际，关学学者已经睁眼看世界了，只不过那时的关学学者看西方是睁一只眼、闭一只眼。冯从吾说："中国与外国，天之所覆同也，地之所载

[①] 张鹏一：《古愚先生没后二十七周年学说纪念文》，《陕西教育旬刊》第二卷第32/33/34合刊，1934年，第61页。
[②] 陈涛：《南馆文钞》，第41页a。
[③] 张鹏一：《古愚先生没后二十七周年学说纪念文》，第61页。
[④] 牛兆濂：《牛兆濂集》，第72页。
[⑤] 郭希仁：《思斋文存》，民国间铅印本，第8页a。

同也。料天命之性，亦是同的。如何分中国外国。"①对外国这种不合实际的认识，并不只是认识的问题，更重要的是心态问题。其时的中国士大夫大都视中国为天朝上国，而将外国视为蛮夷之邦，冯从吾也不例外，他说："中国、外国开关以来都是一样，只是中国有圣人教他知道理，便谓之中国；外国无圣人教他知道理，便谓之外国。"②其实，这句话是说中国有儒家的圣人教化，故而文明；外国缺失圣人之教，必然野蛮。客观地看，其时西方还未崛起，中国相对比较先进，从而使当时的士大夫看西方是睁一只眼、闭一只眼。明末，王徵与来华传教的耶稣会士密切接触，对"远西奇器"极感兴趣，并"特录其最切要者"而成《远西奇器图说》一书。再者，他对西方的天主教也极感兴趣，自言"独笃信西儒所说天主之教"③，并受洗入教。王徵对西方的了解相对比较深切，但由于他皈依天主教，遂不被后来的关学学者所重视，以至于为学以"崇实致用"为基本精神的关学学者对其"关切民生日用"的《远西奇器图说》也漠然视之。尽管清末刘光蕡为之辩解，强调"泾阳王葵心先生以身殉明，大节懔然，与西人天主之说汩三纲者截然不同"④，但是王徵依然未受到关学学者的重视。清初，关中诸大儒都不漠视西方。具体而言，王弘撰虽对"西洋之学，专奉耶稣"不以为然，但肯定西方的"天文奇器，则有独长"；⑤王建常也认可西方的天文仪器，称赞西人"造此器最是精致"⑥；李颙看好西方水利学方面的知识，建议子弟学习《泰西水法》。但随着闭关锁国政策的施行，中国人睁眼看世界的大门被关闭了。自此以降，中国人过着"天朝上国"的自大自闭生活，地处中国偏僻西北的关中更是如此。

关学学者真正睁眼看世界始于清末。当西方列强的坚船利炮撞开中国紧闭的国门后，中国人才开始真正地睁眼看世界，此时已是道光晚期。而关学学者开始睁眼看世界则是在光绪年间，他们从懂得睁眼看世界的那一刻起，便清醒地认识到"天下"不同了。诚如刘光蕡所说："今五洲大通，古之所谓天下者，退而为一国，而别以环球为天下。"⑦这种不同最直接的表现就是：昔日的"天下"被

---

① 冯从吾：《冯从吾集》，第489页。
② 冯从吾：《冯从吾集》，第489页。
③ 王徵：《王徵集》，第156页。
④ 刘光蕡：《刘光蕡集》，第42页。
⑤ 王弘撰：《王弘撰集》下册，第548页。
⑥ 王建常：《王建常集》，第275页。
⑦ 刘光蕡：《刘光蕡集》，第198页。

中国人理所当然地视为中国,而现在睁眼看世界后,便明白"天下"应当是全世界。但无论抱持什么样的天下观念,关学学者建构关学都具有"天下"视域,而并非局限于关中。

关学学者对关学的建构始终抱持"天下"视域,而并非关中的地方视域。张载要求学人"以天下为度",就学术建构而言,即具有天下视域。具体来看,晚近以前,"天下"即中国,关学建构以中国存在的现实问题或学术问题为问题,以其时中国知识界拥有的知识为资源;晚近以降,"天下"即世界,关学建构虽然仍然以中国存在的现实问题或学术问题为问题,却是以世界知识为资源。这就决定关学学说绝非地方学说,关学思想绝非地方思想,而具有相当的普遍性和普遍价值。

就关学学者的治学态度来看,关学有"天下"视域。张载为学主张"以天下为度",具有"为天地立心,为生民立道,为去圣继绝学,为万世开太平"的远大抱负和学术使命。再者,出于"周于用"的考虑,他主张"博学""博物",这决定其为学必然抱持开阔的学术胸怀和开放的学术眼光,而主张兼容并包、有容乃大。故而,张岱年称赞"张载的学说最宏伟渊博"[1]。后来的关学学者也主张"博学",甚至有"一物未知,不可谓智"[2]的看法。特别是明末,王徵主张学习西学,在他看来,"夫说亦何西、东之有"[3]。晚近以降,关学学者提倡"广识"。刘光蕡发现"西人制造精工","西人之学皆归实用",遂主张学子积极学习西学,进而提倡"融会中西"。[4]其弟子张元勋倡导"通中西""合中外",并主张"博学",认为"遗一不学,不免有儒不知物之诮"[5]。关学学者兼容并包的治学态度反映出关学始终以"天下"为治学的视域。

就关学建构面对的问题来看,关学有"天下"视域。北宋佛教盛行,世人受佛教世界观影响"以人生为幻妄"[6]。张载"闵乎道之不明,斯人之迷且病"[7],自觉用儒家"圣人之道"来重建健康的人生观。有见于佛教尚空,其学"有体无

---

[1] 张岱年:《中国哲学大纲》,第42页。
[2] 张秉直:《治平大略》卷一,第6页a。
[3] 王徵:《王徵集》,第155页。
[4] 刘光蕡:《刘光蕡集》,第48页。
[5] 张元勋:《原道》卷上,第17页b。
[6] 张载:《张载集》,第65页。
[7] 范育:《正蒙序》,见《张载集》,第5页。

用",他特别强调为学应"崇实致用",并欲建构"体用全学"。在他看来,只要世人积极学习"体用全学",便可"修己治人""成己成物",即"学以成人",于是关学诞生。嗣后,关学学者普遍"以天下为度",根据时代所需而"因时变学",使关学"体用全学"的内容愈来愈丰富,使关学"崇实致用"的精神越来越突出,使关学"学以成人"的宗旨愈来愈鲜明。晚近以降,关学学者直面"今日中国贫弱"的现状,关注的是"西人何以富,我何以贫;人何以强,我何以弱"①的问题。当明白中国贫弱的原因后,关学学者主张学人积极学习西方的"富强之术",使关学"体用全学"的内容更为丰富;主张"实为富强之事"而更强调"实用""致用",使关学"崇实致用"的精神更突出。同时,不忽视"成人之学"来维系关学的"学以成人"宗旨。关学继续传承和发展。

就关学的学术资源来看,关学有"天下"视域。《宋史》评价张载之学,有"以《易》为宗,以《中庸》为体,以孔、孟为法"之说,这不只说明张载恪守儒学宗旨,也说明其学汲取诸多儒学典籍的思想。张载为学虽批判佛老,但同时也吸收了佛老的一些思想。另外,他还具有天文学和植物学方面的专业知识。这都反映出张载之学具有十分丰富的学术资源。嗣后的关学学者,既"曾向禅门问路,也从道教寻宗"②来吸纳佛道二教的思想,又"参之诸子史"③来广泛汲取历史学和诸子百家的思想。再者,关学学者还具有农业、水利、军事诸专业领域的知识。迨明末,王徵不但学习西方的物理、商业、工程制造等方面的知识,还吸收了天主教思想。到了清代中叶,杨屾既汲取基督教思想,也旁及伊斯兰教的思想。晚近以降,刘光蕡和张元勋积极汲取西方政治、军事、经济、数学、物理、化学、生物、天文学诸领域的知识。至此,关学的学术资源真可谓"通古今,合中外"④,无比丰富。

关学建构具有"天下"视域决定关学思想具有普遍性。关学就其"关中理学"内涵来看,确实是地方学术,但其始终"以天下为度",便自然具有普遍性。就这个视域来看,关学与其他宋明新儒学学派的学说必然是大同小异。换言之,关学的特征是相对的特征,而不是绝对的特征。

---

① 刘光蕡:《刘光蕡集》,第235页。
② 王心敬:《王心敬集》下册,第1082页。
③ 王弘撰:《王弘撰集》下册,第880页。
④ 张元勋:《原道》卷首《叙》,第1页a。

关学"学以成人"宗旨的普遍性与特殊性。杜维明认为"学以成人"是儒家精神取向的显著特征。[①]依此来看，关学的"学以成人"就具有普遍性，而且这种普遍性也被关学学者所认识。他们正是基于对"学以成人"的普遍性的认识，才主张"洛学之与关学无二道"[②]，进而主张"关闽濂洛是吾师"[③]，即以关学为核心来汲取其他宋明新儒学流派的思想。但是关学"学以成人"也具有特殊性，即"学以成人"中的"学"指"体用全学"。

关学"体用全学"形态的普遍性与特殊性。儒学被称为"内圣外王之学"，其中，"内圣"指心性之学，"外王"指经世之学。关学的"体用全学"包括"道德之学"和"经济之学"，前者是修身养性的学问，后者是经世致用的学问。就此而言，"体用全学"与"内圣外王之学"相同，"体用全学"具有普遍性，但是"体用全学"的"道德"与"经济"之间是体用关系。再者，其"经济之学"包括社会学、军事学以及自然科学方面的知识，这是"体用全学"的特殊性。

关学"崇实致用"精神的普遍性与特殊性。据张岂之研究，"经世致用"乃"中华人文精神"。那么，中国的优秀传统文化都具有"经世致用"精神。当然，宋明新儒学也不例外。何谓"经世致用"？即其"精髓是密切结合社会的实际，去探讨学问的具体应用"[④]。这与关学的"崇实致用"相同。这样来看，关学的"崇实致用"精神也具有普遍性。但是关学"崇实"之"实"不只是"实际"，还包括"实行""实事"。再者，与其他宋明新儒学流派不同，关学学贵"有用"、学求"致用"，关学学者将农业等专业知识付诸实践，从而造就了相关领域的专家，比如王徵是工程师，杨屾是著名农学家，这是关学"崇实致用"的特殊性。

关学学说既具有特殊性又具有普遍性，这是关学地域性与世界性相结合的理论表现。关学是存在于关中地区的宋明新儒学学派，具有明确的地域性。但是关学学者普遍具有开放的学术眼光，从而使关学具有世界性。关学的世界性使关学学说具有普遍性，关学的地域性使关学学说具有特殊性。关学学派是地域性与世界性相结合的历史存在，关学学说是特殊性与普遍性相统一的新儒学思想。

---

① 参阅杜维明：《儒教》，上海古籍出版社，2008年，第105—107页。
② 孙景烈：《滋树堂文集》，第114页上。
③ 王建常：《王建常集》，第401页。
④ 张岂之：《中华人文精神》（增订本），陕西人民出版社，2007年，第180页。

关学学派属于地方学派，但由于关学学者具有"为天地立心，为生民立道，为去圣继绝学，为万世开太平"的社会责任感和使命意识，他们大都心系国计民生、关注社会问题，并具有容乃大的学术胸怀、多元开放的学术眼光、兼容并包的治学态度，故而能够使关学学说具有普遍性。鉴往知来，现代的关中学者如果要接着讲关学，就需要继续发扬关学学者的上述优良传统，立足关中，放眼世界，关注中国问题乃至世界问题，并运用关学智慧来解决这些问题，不只使关学具有现代世界的知识背景，更要使关学具有现代世界的时代精神，从而使关学走向世界。

二、传统与现代

关学诞生于11世纪中叶，终结于20世纪上叶，就其存在的历史时期来看，几乎完全处于中国的封建时代。这说明关学是封建社会的学术理论，是封建社会的思想观念。这是客观事实，我们不能不承认。作为现代人，在认知关学的传统时不能缺失现代意识，必须清醒地认识到其思想局限性。

1. 关学的时代局限

关学，就其存在时域来看，诞生于北宋，经元、明、清三代的发展，终结于民国初期，属于前现代社会的传统文化；就其思想内容来看，以儒学为主干，旁及佛教、道教、基督教、伊斯兰教等宗教思想以及自然科学诸学科的知识，是一个多元综合的思想体系。在这个多元的前现代社会的思想体系中，哪些思想是受时代限制的落后思想？哪些思想超越时代而具有现代价值？这是现代人认识关学应当思考的问题。

关学作为前现代社会的学术，难免带有封建社会的属性。封建社会是一个绝对的男权社会和绝对的君权社会。作为男权社会的产物，关学具有重男轻女思想；作为君权社会的产物，关学既有尊君抑民的思想，也有重视人治而轻视法治的思想。这都是关学的时代局限性。

关学是男权社会的产物，具有明显的重男轻女思想。中国封建社会是绝对的男权社会，关学作为封建社会的产物具有明显的重男轻女思想。吕大临说："人之类，男子为贵也，其配则天也、阳也、乾也，可以服人而不可以服于人者也。"①吕大临的这种男权思想是关学学者的普遍看法，只不过其他关学学者没有这样直白地表达而已。晚近以降，随着西学东渐，西方的男女平等思想传入中国。刘光蕡认为"男女平等"如果"专指父母爱子女"，那是正确的，完全可以接受；如果指男女两性在社会和家庭中享有同等的权利，那是错误的，当然不能接受。在他看来，"夫妇不可平等，阴必统于阳，家必统于夫也"，所以，"未婚嫁以前，则男先女而下女；既婚娶以后，则女顺男而从男，皆经义也"。②有人可能要问：刘光蕡认识到"中国轻女，养而不教"③，并在陕西"设立女学堂"，怎么能说他轻视女性？诚然，刘光蕡主张"女子皆读书识字"并创办女学，但只是出于"富强中国"的考虑，并非因接受男女平等观念而重视女性。关学重男轻女观念与现代的男女平等观念相冲突，具有严重的时代局限性。

关学是君权社会的产物，具有明显的尊君抑民思想。孟子说："民为贵，社稷次之，君为轻。"④这其实是儒家美好的政治憧憬，封建社会的客观现实是君为贵而民为轻。关学如实地反映了这种客观现实。在关学倡导的"以道治世"政治哲学体系中，民的理想政治人格是"顺民"，其基本政治素养是"勤"和"俭"，其为民的宗旨是"以顺从为道"。百姓没有丝毫的政治权利，完全是被统治、被驯服的对象；非但如此，百姓还必须积极地从事生产劳动，而自己在日常生活中不得不省吃俭用，因为只有这样才可以为统治者贡献更多的财富——"国富"。而君主则是国家的绝对统治者，拥有至高无上的权力。由于"夫以四海之广，皇上不能亲至"，不得不授予别人部分权力来代其管理，这样就导致"人主之所恃以治天下者，内外臣工"⑤。因为臣子的权力是君主授予的，所以"臣也者，受君之命而奉以行之者也"⑥，即臣子只是君主命令的执行者。再者，臣之事君诚如杨爵所说，即使"外混尘埃罹罗网"，也要"内抱赤心与忠肠"，做绝对"忠君"的"忠臣"。这样来看，君主拥有治理国家的绝对权力，至高无上，那必然是"天下之和系于主君"⑦。有人可能会问，关学不也提倡"爱民"

---

① 吕大临：《吕大临集》，第205页。
② 刘光蕡：《刘光蕡集》，第138页。
③ 刘光蕡：《刘光蕡集》，第207页。
④ 《孟子·尽心下》。
⑤ 王心敬：《丰川续集》，第309页下—310页上。
⑥ 杨爵：《杨爵集》，第43页。
⑦ 薛敬之：《思庵野录》，第48页。

吗？诚然，关学学者几乎都主张"爱民"，但其"爱民"是"爱民如子"①。尽管张载有"大君者，吾父母宗子"②的说法，将君与民的关系视为兄弟关系，但这种君民平等的观念并未被后来的关学学者所继承，他们依然倡导君民关系为父子关系。君与民以及臣与民既然是父子般的上下关系，那么老百姓对待官员乃至君主必须像儿子侍奉父亲那样绝对服从，这就是"顺民"。可见，臣民必须绝对服从君主，用刘光蕡的话语表达即"惟君独尊"③。晚近以降，西方传入的自由、平等和民主思想并未改变关学学者的尊君抑民观念。尽管刘光蕡认识到"平等、自由，人自治而君无权，则专制愚民者败"④，但他依然无法接受自由平等思想，反而主张"西人平等之说，原以坏吾三纲，万不可从"⑤。在他看来，治国还是"忠孝"靠得住。他说："欲建今日之中国，君今日中国之民，不使由孝以识天下一家之仁而重宗子，则人皆无君，无君而国可建乎？故孝者，建国之本也。"⑥他的弟子张元勋更是将自由视为"自由之谬论"，将平等斥为"平权之邪说"。⑦关学的尊君抑民思想具有严重的局限性，完全不适合今天的社会。

关学是人治社会的产物，具有明显的重视人治而轻视法治的思想观念。儒家提倡德治，即所谓的"为政以德"，关学也是如此。我们知道，德治将治理国家的基本依据归于德性，其本质是人治。德治主要依靠君主的"圣德宽仁"⑧，因而德治的前提就是君主必须有德。杨爵说："体仁与天地万物为一体，君德备矣。"⑨只有君主将内在的仁爱之心扩充到万物一体的境界，才算具备君德。这样的君德听起来非常完美，但如何保障君主有这样的德性，关学学者没有论说。这样来看，德治其实完全依赖的是君主内心的善性。但孟子说过，"徒善不足以为政"⑩，国家治理岂能完全依赖君主的德性？客观地看，这就需要法律保障，更何况关学学者也深知"法无偏私，而人自畏服"⑪。那么关学学者为何重视德治而轻

---

① 王恕：《王恕集》，第 311 页。
② 张载：《张载集》，第 62 页。
③ 刘光蕡：《刘光蕡集》，第 313 页。
④ 刘光蕡：《刘光蕡集》，第 645 页。
⑤ 刘光蕡：《刘光蕡集》，第 138 页。
⑥ 刘光蕡：《刘光蕡集》，第 345 页。
⑦ 张元勋：《原道》卷上，第 26 页 b。
⑧ 王恕：《王恕集》，第 340 页。
⑨ 杨爵：《杨爵集》，第 7 页。
⑩ 《孟子·离娄上》。
⑪ 王恕：《王恕集》，第 319 页。

视法治？原因是他们没有看到法治之下大小官员"畏法遵令，不敢玩愒"①，看到的反而是"法行多弊，弊于行法者耳"②，法律在社会治理中没有发挥应有的作用。更严重的是，在"惟君独尊"的封建社会，君主"不特有行法乱法之实权，且并有立法变法之实权，故常居法之外而无所忌惮"③。这样的话，有法而不执法守法，那法律便形同虚设。基于这种认识，关学学者主张"立善法不如得善人，以善法得善人而后善也"④，遂提倡人治，提倡德治。关学学者的这种认识，是对其所处社会"任情不以法"⑤的客观反映。晚近以降，刘光蕡在西方法律法治思想的影响下，认识到"王朝立法主治，在于天子"⑥，即中国封建王朝制定的法律并不代表民意。他希望在中国建立代表民意的法律，但由于其自身的民族主义情结作怪，认为"西国所谓宪法，即中国所谓《洪范》"，并倡言"吾中国宪法，尧、舜、禹、皋创之，汤、文、武、周公承之，孔、孟修之，明明备于《尚书》"，那么，"求宪法于西国，是弃祖父膏腴之业而不耕，而甘行乞于市"，⑦最后他还是放弃了建立代表民意之法律。关学重人治而轻法治的思想也明显具有时代局限性，不适合现代的法治社会。

重男轻女、尊君抑民、重视人治而轻视法治，关学的这些思想观念都不适合现代社会。当然，这只是其荦荦大者，如果仔细分析，一定还有其他与现代社会不相容的思想观念。我们不能不承认，这些都是关学代有传承的思想观念，是真实存在的传统。

当然，关学的历史局限性也是孔子儒学的历史局限性。针对这种局限性，我们必须保持清醒。诚如张世英所说："孔子的儒学，从整体上看，是统治平民老百姓思想之学，缺乏民主、自由、平等观念，我们不能以复兴几千年前的孔儒之学来振兴当今之中华文化。"⑧对待关学，也应当具有这种认识和态度。

2. 关学由传统转向现代

尽管关学是封建社会的思想产物，不免具有时代局限性，但是其主要关注

---

① 王心敬：《丰川续集》，第225页下。
② 史调：《史复斋文集》，第14页上。
③ 刘光蕡：《刘光蕡集》，第313页。
④ 王心敬：《王心敬集》下册，第777页。
⑤ 王恕：《王恕集》，第471页。
⑥ 刘光蕡：《刘光蕡集》，第301页。
⑦ 刘光蕡：《刘光蕡集》，第45页。
⑧ 张世英：《九十思问》，中国人民大学出版社，2016年，第180页。

的是"何以成人"和"如何成人"的问题,而这两个问题是人类面临的永恒的问题。那么,关学"学以成人"的宗旨就不会过时。当关学学者站在人性的高度来回答这两个问题,就不无突破其时代局限的可能。具体到关学的思想来看,无论是"学以成人"的关学宗旨,还是"崇实致用"的关学精神、"天人合一"的关学智慧,都饱含与现代社会契合的思想精华,这都需要今天的人们去继承和发扬。

"学以成人"的关学宗旨具有一定的现代价值观念。"学以成人"作为关学的宗旨,既指向学习,也指向做人。前者是成人的手段,后者是学习的目的。关学对人的认识非常全面。就个体人看,人是"性形两体"的存在,即人既是精神存在,也是物质存在,而且二者紧密联系,缺一不可。与其他宋明新儒家只重视"人之性"不同,关学也重视"人之形",所以,他们比较关心人的身体健康,主张"形必需养",进而主张儒者必须掌握基本的生存技能——"生业",不然的话就无法生存。就人性来看,人是"仁智合一"的存在,即人既是德性存在,也是理性存在,而且二者紧密联系,缺一不可。《世界人权宣言》第一条说:"人人生而自由,在尊严和权利上一律平等。他们赋有理性和良心,并应以兄弟关系的精神相对待。"这无异于将理性和良心视为人性,这是现代社会对人性的认知。据此来看,关学将"仁智合一"视为人性,明显具有现代性。众所周知,现代社会将理性当作判断与衡量事物合理性的标准,将自由视为人类追求的根本价值和最终目标。但是在后现代主义者看来,西方在现代化过程中,对理性推崇过甚而导致"理性万能",对自由推崇过度而陷于"个人中心主义"。关学"仁智合一"的人性论,将德性置于德性与理性关系的主导地位,多少弥补了"个人中心主义"的不足。就学习而言,关学提倡的学习也具有现代性。就学习内容而言,关学学习的是"体用全学",这种学问既包括"德性之知"也包括"见闻之知",前者可以培养人的德性,后者可以培养人的理性。就学习方法而言,关学提倡"知行合一",即学习应当将认识与实践结合起来。关学学者还提倡终生学习,因为他们明白"学无止境"。可见,关学的"学以成人"宗旨具有现代性。

"崇实致用"的关学精神需要现代学人继承和发展。"崇实致用"作为关学的基本精神,是"崇实"和"致用"的合称。"崇实"指崇尚"实际"、学务"实行"和学重"实事","致用"指学贵"有用"和学求"致用"。具体来看,崇尚"实际"关注的是宇宙和人生的原理,建议人们树立正确的世界观和人生观;学务"实行"强调的是实践,建议人们将认识转化为实践,将德性转化为德行;学重"实事"强调事情的价值和意义,建议人们做有价值、有意义的事情;学贵"有用"强调学术的实用价值,建议人们学习有实用价值的学问;学求"致用"强调知识的转化,建议人们应用所学知识解决现实问题。就此来看,关学的"崇实致用"精神也契合现代社会的精神,值得继承和弘扬。但需要注意的是,其中的学贵"有用"和学求"致用"要辩证地看。诚如有学人指出,过度地强调学贵"有用"和学求"致用"其实是在"戕害哲学",因为这易于把哲学变成功利之学和势利之学,最终抽离哲学高贵的精神特质。[1]关学学者虽然大都主张"学以致用",但也不乏"学以致知"的呼声,比如杨屾既主张"学贵实用"[2]和"穷经致用",同时也主张"学以求知"[3]。今天我们不应当只关注"学以致用",也应强调"学以致知"。

"天人合一"的关学智慧需要现代人继承和发展。关学的"天人合一"智慧包括"明伦察物"的通识智慧、"民胞物与"的处世智慧、"与时偕行"的变通智慧、"至和可致"的和谐智慧。首先,关学"明伦察物"的通识智慧是认识世界和认识自我的智慧。认识世界依靠"察物之智",其为人提供"见闻之知";认识自我依靠"自知之明",其为人提供"德性之知"。其次,"民胞物与"的处世智慧是指导人更好地生存的智慧,具体而言,即指导人与人以及人与物如何更好地相处,关学站在"民胞物与"的认识基础上,建议人们"仁民爱物"。再次,"与时偕行"的变通智慧是指人能够识时达务进而做到因时制宜的智慧,具体来看,以"广识"为逻辑前提,以"因时顺理"为价值原则,在认知之维达到"识时达务",在实践之维臻于"因时制宜",人就可以"与时偕行"。最后,"至和可致"的和谐智慧是指为人处世能够做到"事无不谐,人无不和"[4]的智慧,关学认为只要人们具备"和平之德"和"和平天下"之志,并自觉遵守"和而不同"的价值原则,便可以臻于人与人和谐、人与物和谐、人与自然和谐、人与社会和谐的"太和景象"。很明显,这四种智慧也是现代人和现代社会所需要的智慧。其中,"民胞物与"的处世智慧和"至和可致"的和谐智慧尤为现代人

---

[1] 参阅赵林:《西方哲学史讲演录》,高等教育出版社,2009年,第23—25页。
[2] 杨屾:《豳风广义》"题辞",第19页上。
[3] 杨屾:《知本提纲》卷九(一),第12页b。
[4] 王恕:《王恕集》,第125页。

所急需。现代社会业已泛滥的工具理性给自然造成了极大的破坏,生态环境急需保护。关学"民胞物与"的处世智慧和"至和可致"的和谐智慧可以指导人们更好地与自然相处。

关学的"学以成人"、"崇实致用"和"天人合一"思想都契合现代人和现代社会发展的需要,具有一定的现代性,可以被现代学人继承和发展。其实,这只是大体而言,如果仔细分析,你会发现关学还有更多的思想观念为现代人和现代社会所需要,值得现代学人去继承和发展。

三、传承与创新

彼得·伯克说:"传统的两个孪生的悖论:表面上的创新会掩盖对传统的传承,反过来,传统的外表迹象也会掩盖创新。"[①]这看似说传承与创新之间存在冲突:传承就意味着没有创新,创新也就意味着没有传承。但这只是就表面或外表来说的。就其内在或实质来看,创新是传承中的创新,传承是创新中的传承,二者紧密联系,如同孪生兄弟:这才是历史上真实的文化传统。

关学作为传统文化,也应从传承与创新的关系视域来认知。如果只关注关学的传承,就难以看到关学的创新,那关学何来发展?如果只关注关学的创新,就难以看到关学的传承,那关学何以成派?总而言之,割裂传承与创新,便无法认知学派之维的关学。

1. 关学代有传承

就文化传统而言,彼得·伯克的上述观点告诉我们,文化传承没有一成不变的传承,都是在变化中传承。因为后来者对前代文化的继承都是一种选择性的继承。这种选择,大而言之,是根据时代的需要做出的选择;小而言之,是根据个人的偏好做出的选择。

关学的传统因选择性地传承而形成。诚如张岱年所说:"张载学说有两个最重要的特点,一是以气为本,二是以礼为教。后来关中地区的学者,大多传衍了以礼为教的学风,而未能发扬以气为本的思想。"[②]关学学者继承了张载的"以礼

---

① [英]彼得·伯克:《什么是文化史》,蔡玉辉译,北京大学出版社,2009年,第29页。
② 张岱年:《序》,见陈俊民:《张载哲学思想及关学学派》,第5页。

为教",而没有继承其"以气为本",这就是关学所体现的选择性传承,进而形成关学的传统。

"以礼为教"既指张载的学术风格,也指关学的学术风气。就前者而言,"以礼为教"应当是张载的教风,即侧重用礼仪教育学生的教学风尚。程颢"子厚以礼教学者最善"①的言辞表明,"以礼为教"就是教风。不过,需要澄清的是,张载的"以礼为教"乃"使学者先学礼"②,而并非只"教之以礼"。对此,关学学者认知得非常准确,认为"横渠急于讲礼"③,而并非只"讲礼",遂将张载的教学方法称为"横渠张子教学者以礼为先"④。受张载长期用礼仪教导学生的影响,"关中学者,用礼渐成俗"⑤,即逐渐形成一种非常重视礼仪的学术风气。这就是张载以及关学"以礼为教"的学风。

张载"以礼为教"的学风被关学学者代代传承。张载教学"使学者先学礼";吕大临深知张载教导学生"多告以知礼成性变化气质之道"⑥,便自觉地继承"以礼为教"。金元之时,萧㪺"尤邃《三礼》"且"为善于礼"⑦。有明一代,王承裕"教人以礼为先"⑧,其弟子马理也"执礼如横渠"⑨;吕柟被时人认为"以礼教学者,似张横渠"⑩。至清代尤其是晚清,有"礼教兴行,关学一脉不致叹于中断"⑪之自觉的贺瑞麟,以倡导礼教来振兴关学,遂使"横渠遗教畅然行乎三辅"。民国之初,牛兆濂更是"大倡礼教"⑫,希望"关中学者兴行于礼教"⑬来复兴关学,其时来陕西讲学的山东大儒孙乃琨不禁感叹:"自横渠张子倡明礼教,本于天理民彝,合乎洙泗教法,故其学愈传愈远,历久弥曜。故至今西安文庙行礼,少长咸集,宛若熙朝盛世,莫不肃敬将事,令人忘其为晦盲时

---

① 程颢,程颐:《二程集》上册,第23页。
② 张载:《张载集》,第330页。
③ 李元春:《李元春集》,第417页。
④ 贺瑞麟:《贺瑞麟集》上册,第149页。
⑤ 程颢,程颐:《二程集》上册,第114页。
⑥ 吕大临:《吕大临集》,第205页。
⑦ 苏天爵:《元故集贤学士国子祭酒太子右谕德萧贞敏公墓志铭》,第512页。
⑧ 马理:《马理集》,第329页。
⑨ 冯从吾:《关学编(附续编)》,第48页。
⑩ 吕柟:《吕柟集·泾野子内篇》,第246页。
⑪ 贺瑞麟:《贺瑞麟集》下册,第641页。
⑫ 牛兆濂:《牛兆濂集》,第60页。
⑬ 牛兆濂:《牛兆濂集》,第45页。

代。"① 这是从他者的视域展现关学学者对"以礼为教"的代代传承。

张载的"以礼为教"之所以在关中代有传承,是因为关学学者认为"以礼为教"是关学的传统。继承张载的什么思想来传承关学?对于这个问题,吕柟回答说"张子以礼教人"②;冯从吾回答说"横渠以礼教为学者倡"③;李颙的"张子以礼为教"④、李元春的"张横渠以礼教人"⑤、牛兆濂的"横渠以礼教关中学者"⑥等回答,意思也完全相同。贺瑞麟明确地说:"横渠张子教学者以礼为先,使有所据守。此又吾关学当奉以为法者也。"⑦由此足见,"以礼为教"被关学学者视为维系关学学派的核心思想。

"以礼为教"的学风之所以能够成为关学最基本的理论特色和维系关学学派的核心思想,是因为它负载着关学"学以成人"的宗旨,浓缩了关学"体用全学"的形态,凝聚着关学"崇实致用"的精神。

首先,关学"以礼为教"的学风负载着关学"学以成人"的宗旨。关学"学以成人"的宗旨表明关学的教学目标是培养完善的人,核心是恢复并维持纯粹的人性。在张载看来,"知礼成性"⑧,即人认知并恪守礼仪便可以恢复并维持其纯粹的人性,原因是"礼所以持性"⑨。礼可以维持人性,是因为"礼者理也"⑩。具体而言,礼是形而上("无体之礼")与形而下("有体之礼")的统一体:"无体之礼"即"礼义",指礼的终极依据"道"或"理",是形而上者;"有体之礼"即"礼仪",指具体的礼仪规范,是形而下者。依据这种认识,张载说"除了礼天下更无道"⑪。后来的关学学者继承了张载的这种观点,主张"礼即理也"⑫,并认为"循理而行"⑬的具体实践就是"率礼而行"⑭。

---

① 孙乃琨:《灵泉文集》下册,第 13 页 a—b。
② 吕柟:《吕柟集·泾野子内篇》,第 76 页。
③ 冯从吾:《关学编(附续编)》,第 9 页。
④ 李颙:《二曲集》,第 511 页。
⑤ 李元春:《李元春集》,第 756 页。
⑥ 牛兆濂:《牛兆濂集》,第 40 页。
⑦ 贺瑞麟:《贺瑞麟集》上册,第 149 页。
⑧ 张载:《张载集》,第 37 页。
⑨ 张载:《张载集》,第 264 页。
⑩ 张载:《张载集》,第 326 页。
⑪ 张载:《张载集》,第 264 页。
⑫ 王心敬:《王心敬集》上册,第 408 页。
⑬ 马理:《马理集》,第 212 页。
⑭ 马理:《马理集》,第 329 页。

其次，关学"以礼为教"的学风浓缩了关学的"体用全学"形态。就关学"体用全学"的形态来看，关学包括"道德之学"和"经济之学"。前者主要被用来培养人的道德素养，后者主要被用来治理社会。礼可以培养人的道德素养，上文探讨"以礼为教"与"学以成人"的关系时已有论述，不再赘述。其实，张载曾明确地表示"以礼成德"[1]。同时，礼也是社会治理的基本工具，张载说："治民则教化刑罚俱不出于礼外。"[2]嗣后的关学学者更是强调"圣王治世莫重于礼"[3]，因为他们深知作为交往性的存在，人交往的准则是"礼交义接"[4]；那么，社会的治理当然是"治崇礼义"[5]——他们认为这是"张横渠欲天下以礼"[6]的本义。

最后，关学"以礼为教"的学风凝聚着关学"崇实致用"的精神。张载认为"礼着实处"[7]，甚至有"惟礼乃是实事"[8]的观点，根本原因是相对于"道义是无形体之事"[9]而言，"礼有形"[10]。采取"以礼为教"的方法教学，能使学生"言有教，动有法"。二程称赞"子厚以礼教学者最善"，也是因为这种教法"使学者先有所据守"。后来的关学学者更深知此理，李颙说："昔张子以礼为教，使人日用之间知所持循，最为吃紧，故学者须从此入德，方有据依。若高谈性命，卑视矩矱，乐舒放而惮检束，非狂即妄。"[11]李颙的弟子王心敬进而解释道："礼即理也。就其品节灿著言之，谓之礼；就其秩序不紊言之，谓之理。然虚言不紊，尚无实据可依。一言礼则规矩森然，可持可守矣。故言理尚可容人假借，而言礼则必一一中规中矩，乃为当行。"[12]由此足见，关学学者提倡"以礼为教"的一个重要原因是其凝聚着关学"崇实致用"的基本精神。

就众多的关学学者来看，关学思想非常多样；就悠久的关学史来看，关学思

---

[1] 张载：《张子全书》，第344页。
[2] 张载：《张载集》，第264页。
[3] 李复：《李复集》，第3页。
[4] 同恕：《榘庵集》，第210页。
[5] 韩邦奇：《韩邦奇》，第1530页。
[6] 李元春：《李元春集》，第400页。
[7] 张载：《张载集》，第129页。
[8] 张载：《张子全书》，第310页。
[9] 张载：《张载集》，第284页。
[10] 张载：《张子全书》，第338页。
[11] 李颙：《二曲集》，第511页。
[12] 王心敬：《王心敬集》上册，第408页。

想变化多端。但是，多样中有同一，万变中有不变，这就是关学的传承。这种传承，宏观地看，既有表层的"以礼为教"学风，也有深层的"学以成人"宗旨、"体用全学"形态和"崇实致用"精神。这就是关学的传承，也是关学的传统。

2. 关学在传承中创新

如果我们承认传承是在创新中传承，那么，要明白"传承什么"，就不得不在多样中寻求同一，在变化中寻求不变。一旦我们明确了"传承什么"，就需要考虑"怎么传承"，这就涉及在传承中创新的问题。

就关学而言，在传承中创新就是发展关学，就是"接着讲"关学。前文回顾了以往关学学者如何在创新中传承关学，接下来则要展望现代学人应当如何发展关学。

首先，关学要在传承中创新，应当培养关学品格。关学品格既指关学学者所推崇的理想人格，也指关学学者日常生活中所体现的现实人格。关学学者主张"即行可以验学"[1]，特别强调"知行合一"，所以，他们推崇的理想人格与其日常生活中的现实人格基本是统一的：这是关学学者的人格魅力。关学学者的人格魅力，大体而言，表现在三个方面：有担当，有气度，有创意。

第一，有担当。"有担当"指关学学者具有强烈的社会责任感和历史使命感。最能体现这一点的，莫过于"横渠四句"。在张载的著作中，"横渠四句"是："为天地立心，为生民立道，为去圣继绝学，为万世开太平。"[2] 先分析"为天地立心"。张载说"天地之大德曰生，则以生物为本者，乃天地之心也"[3]，又说"天本无心，及其生成万物，则须归功于天，曰：此天地之仁也"[4]。据此来看，这里的"心"，就是张载所谓的"仁心""爱心""循理之心"，质言之，即道德心、道德意识，强调道德主体性。这是张载因见佛教"以人生为幻妄"而为人世确立的价值之源，基于此，人世才具有意义，人生才具有价值。接着分析"为生民立道"。就本体之维来看，张载有"由气化，有道之名"[5]的观点，这是说道寓于气，道不离器；就工夫之维来看，张载有"道，行

---

[1] 王心敬：《王心敬集》下册，第779页。
[2] 张载：《张载集》，第320页。
[3] 张载：《张载集》，第113页。
[4] 张载：《张载集》，第266页。
[5] 张载：《张载集》，第9页。

也，所行即是道"①的观点，这是说道由气显，器以现道；就成人之维来看，就是通过"气质之性"彰显"天地之性"，即由德行呈现德性：总而言之，道指向实践，尤其是道德实践。这是张载针对佛教"圣人可不修而至，大道可不学而知"的观点而为人世确立的实践观。再分析"为去圣继绝学"。在张载看来，只要唤醒世人的道德意识，再教导他们自觉地进行道德实践，这就是继承孔孟之道。最后分析"为万世开太平"。张载坚信"至和可致"，只要经济上由"均田"而实现"均平"，在此基础上"教之以礼"，人类社会便能达到较高程度的物质文明和精神文明，从而臻于太平祥和的盛世。嗣后的关学学者将"横渠四句"视为自己的人生使命，认为"如此方可为学，如此方可为人"②，"志不如此，便不成志；学不如此，便不成学；做人不如此，便不成人"③。关学学者这种强烈的社会责任感和历史使命感，促使他们关注社会问题、留意民生实况，这是关学"因时变学"的前提，是关学具有时代精神的基本保障。更重要的是，关学学者大都兢兢业业地将这种担当意识付诸实践，而大有壁立千仞之概，在朝就像杨爵一样成为"天地正气"，在野如同李颙一般成为"士林楷模"，犹如擎天柱似的支撑着天理，维护着道义，捍卫着人世间正确的价值观。

第二，有气度。"有气度"主要指关学学者具有开阔的学术胸襟和开放的学术眼光。在宋明新儒家当中，张载是最有气度的哲学家，这基本上是现代学人的共识。吕思勉赞扬说："理学家中，规模阔达，制行坚卓，实无如张子者。"④方东美称许说："有这样子大气磅礴的思想表现，最有精神，最有气魄，在宋儒中首推张横渠。"⑤张载何以具有"规模阔达"甚至"大气磅礴"的气度？一个很重要的原因就是他认为一个有良知的学者应当"以天下为度"，一个泱泱大国应当有"天包海蓄之度"⑥；并且他在现实中自觉地做"大其心"的工夫来促使"心大"，因为"心大则做得大"⑦：这就是张载所谓的"欲以致博大之事，则当以博大求之"⑧。嗣后的关学学者大都继承了张载的这种人格魅力，抱持有容乃大的

---

① 张载：《张载集》，第71页。
② 李元春：《李元春集》，第727页。
③ 李颙：《李颙集》，第136页。
④ 吕思勉：《理学纲要》，商务印书馆，2015年，第60页。
⑤ 方东美：《新儒家哲学十八讲》，第265页。
⑥ 张载：《张载集》，第362页。
⑦ 张载：《张子全书》，第306页。
⑧ 张载：《张载集》，第272页。

学术胸怀、多元开放的学术眼光和兼容并包的治学态度，而很少有以正统自居的自大思想、强调门户的狭隘意识和同而不和的学霸观念。这是关学学者能够建构"体用全学"的主观条件。

第三，有创意。"有创意"指关学学者具有学术创新的自觉意识和实践意识。现代学人几乎普遍认为宋明新儒学的开山者是周敦颐，其实就学术价值以及影响范围来看，张载恐怕才是宋明新儒学真正的开创者。吕思勉就认为"张子之于理学，实有开山之功者也"①。王阳明认为张载是"豪杰"，而他所谓的"豪杰"是指"无所待而兴起者"②，这是对孟子"待文王而后兴者，凡民也。若夫豪杰之士，虽无文王犹兴"③思想的继承。王阳明用"豪杰"来赞扬张载，其实是说张载之学对宋明新儒学有开创之功，全祖望称赞张载"勇于造道"④也能反映这种看法。张载之所以被视为"勇于造道"的"豪杰"，是因为他"当自立说以明性，不可以遗言附会解之"⑤的学术创新；若再深究其原因，则是他自觉的创新意识。张载有一首借物言理的诗："芭蕉心尽展新枝，新卷新心暗已随。愿学新心养新德，旋随新叶起新知。"⑥这首诗歌告诉我们：无论是想拥有"新知"，还是想拥有"新德"，都必须先具有"新心"——自觉的创新意识。正是因为具有自觉的创新意识，张载治学主张"濯去旧见以来新意"，读书主张"每见每知新意则学进矣"，教学主张"多求新意以开昏蒙"。⑦这种自觉的创新意识和实践意识不仅使他开创了宋明新儒学的一个重要流派——关学，也使他成为宋明新儒学的实际开创者。后来的关学学者不乏对张载"有创意"之魅力人格的继承，这是关学能够"因时变学"的重要原因。

其次，关学要在传承中创新，应当完善关学理论。就历代关学学者的传承来看，关学的传统应当是"学以成人"的宗旨、"体用全学"的形态、"崇实致用"的精神和"以礼为教"的学风，这也是关学之所以为关学的基本理论。那么，关学的创新应当是在传承这些基本理论的过程中的创新，即通过不断创新来

---

① 吕思勉：《理学纲要》，第 67 页。
② 王守仁：《王阳明全集》第 1 册，第 64 页。
③ 《孟子·尽心上》。
④ 黄宗羲原著，全祖望补修：《宋元学案》第 1 册，第 662 页。
⑤ 张载：《张载集》，第 275 页、第 323 页。
⑥ 张载：《张载集》，第 369 页。
⑦ 张载：《张载集》，第 321 页。

日渐完善这些理论。

关学"学以成人"的宗旨需要完善。关学"学以成人"宗旨的核心是人的问题，即什么是人？关学自张载以降的回答是"仁智合一"，这是关学人性论方面的创新。我们知道，先秦之时，"仁智合一"被儒者认为即使圣人也未必能达到，所以才有"仁智，周公未之尽也"①的说法。子贡虽然推许孔子达到了"仁智合一"的境地，但也只不过是"学不厌"和"教不倦"的统一而已。②张载"仁智合一"则不然，其"仁"指"仁心""爱心"，而"智"则是与愚昧相对立的智慧；尤其当他倡导"仁智各以成性"时，"仁智合一"就是人性。所以说"仁智合一"是德性与理性相统一而以德性为主导的人性论。但是关学的这种人性论没有明确回答德性与理性是什么关系，而且对德性如何主导理性也悬而未论，这是关学"学以成人"宗旨需要完善的地方。

关学"体用全学"的形态需要完善。关学的"体用全学"内容包括"道德之学"与"经济之学"，前者主要是哲学、伦理学、宗教学、心理学等学科的知识，后者容纳了政治、经济、军事以及自然科学诸领域的知识，是一个综合多学科的庞大的知识体系。李颙说："'儒'字从'人'从'需'，言为人所需也。"③这表露了他建构"体用全学"的初衷，即拓展"经济之学"的范围使儒学具有更普遍的实用性，从而为明清之际走向没落的新儒学创造生机。但如果按照这种思路去建构"体用全学"，必然使关学走向百科全书式的学问，这在学科门类繁多的今天既不可能，也没有必要。再者，"体用全学"标榜"道德"与"经济"之间是体用关系，但对"道德"与"经济"之间何以具有体用关系却没有说明，而只是强调"体立自然用行"。既然有"道德"之体必然有"经济"之用，那确立"道德"之体就可以了，又何必不断拓展"经济之学"而使之越来越庞大？当"经济之学"越来越庞大，而"道德之学"没有相应拓展的话，那势必造成"体用全学"以"经济之学"为大为重，这样的学问还是儒学吗？需要特别说明的是关学的形态存在严重不足，即缺乏好的论证。我们知道，中国传统哲学不注重形式逻辑，因而缺乏好的论证，关学自然也不例外。关学著作不能说没有论

---

① 《孟子·公孙丑下》。
② 孟子说："昔者子贡问于孔子曰：'夫子圣矣乎？'孔子曰：'圣则吾不能，我学不厌而教不倦也。'子贡曰：'学不厌，智也；教不倦，仁也。仁且智，夫子既圣矣！'"（《孟子·公孙丑上》）
③ 李颙：《二曲集》，第450页。

证，但缺乏好的论证。晚近以前，关学学者论证的方式大都是"持之有故"式，即征引"圣人之言"来为自己的观点做支撑，而缺乏有效的"讲道理"。即使晚近接触西方思辨哲学的张元勋建构了具有形式逻辑的哲学体系，但其逻辑很不严密，论证缺乏有效性。那么，现代学人继承关学必须克服这种不足，学会好的论证。这都是关学"体用全学"形态需要完善的地方。

关学"崇实致用"的精神需要完善。关学的"崇实致用"精神表明关学侧重于"学以致用"，而不是"学以致知"。关学学求"致用"的前提是学贵"有用"，而这种有用性看重的是实际的使用价值或应用价值，这必然导致关学侧重"经济之学"中各门类的具体知识，使关学走向百科全书式的学问。再者，过于追求"学以致用"，会导致关学沦为追求实际利益者的工具，而出现王心敬所批评的"以《诗》《书》为荣名利禄之媒"[①]的关学学者。如果我们承认关学的核心是哲学的话，那么我们就不应当一味地追求学问的适用性和实用性，而应当追求学问的纯粹性和自洽性。这样的学问虽然无法使人直接获取实际利益，显得"大而无用"，但能够锻炼人的理性思维、提高人的心灵境界，使人成为健全的人，这正是庄子所谓的"无用之用"。这都是关学"崇实致用"精神需要完善的地方。

关学"以礼为教"的学风需要完善。关学"以礼为教"学风中的"礼"，指的是礼仪，其随时代的变化而不断变化。经五四运动时期对"吃人的礼教"的激烈批判，前现代社会的礼仪被视为"旧伦理"而被世人摒弃，关学教导生徒的礼仪概莫能外。但是现代社会仍然倡导人们遵守礼仪规范，依然认可彬彬有礼之人，只不过是用现代的礼仪规范替代了前现代的礼仪规范而已。当然，发展关学的"以礼为教"学风并不只是主张和引导人们遵守现代的礼仪规范那么简单，还需要沿着"礼即理"的思路深究现代礼仪规范的合理性和正当性，使之与关学的本体论自洽。这是关学"以礼为教"学风需要完善的地方。

最后，关学要在传承中创新，应当运用关学智慧。面对传统文化，人们大都会发问：继承什么？如何继承？对前者比较普遍的回答是"智慧"，对后者比较普遍的回答是"运用"，结合而言，继承传统就是运用其智慧。当我们汲取传统文化中固有的智慧，并用其解决现代人与现代社会存在的问题时，这其实就是创新——应用创新。关学具有"天人合一"智慧，具体而言，即"明伦察物"的通

---

① 王心敬：《丰川续集》，第647页下。

识智慧、"民胞物与"的处世智慧、"与时偕行"的变通智慧和"至和可致"的和谐智慧。这四种智慧完全可以用来解决现代人与现代社会存在的一些问题,从而实现关学的应用创新。

关学"明伦察物"的通识智慧的运用。人生在世,就其认知活动而言,无非是认识世界和认识自我。关学"明伦察物"的通识智慧既强调"自知之明",也强调"察物之智",前者指向对自我的认知,后者指向对世界的认知;更重要的是,这种智慧是将世界与自我联系起来的认知,自我是世界中的自我,世界是自我眼中的世界。这种智慧使人们明白世界因人类而具有价值,人类因世界而拥有家园。无论是对现代极端的人类中心主义还是对极端的环境保护主义,无论是对现代的物质主义还是对浪漫的道德理想主义,关学"明伦察物"的通识智慧都具有重要的理论价值和应用价值。尤其面对当今日益严重的环境问题,特别是酸雨污染、土地荒漠化、水资源危机等人为造成的环境问题,关学"明伦察物"的通识智慧就显得更有价值。

关学"民胞物与"的处世智慧的运用。人作为存在,是与他人、与外物不断交往中的关系之存在。人的这种存在方式,用关学话语表述就是"人道主交"。故而,关学非常重视"待人接物",从而形成了"民胞物与"的处世智慧。关学"民胞物与"的处世智慧既要求人们"仁民",也要求人们"爱物"。"仁民"指"爱人",即关爱他人,这有助于克服利己主义的局限;尤其面对现代社会的精致利己主义,"爱人"主张显得更有价值。"爱物",即爱护万物,尤其是当现代的动物保护由野生动物保护发展到动物权利保护、动物福利保护,关学"爱物"的主张就显得更有价值。总而言之,"民胞物与"对于现代人建构人与人、人与社会、人与自然和谐相处的生存环境,具有十分重要的理论价值和应用价值。

关学"与时偕行"的变通智慧的运用。追求时代精神,顺应世界潮流,无论是对于个人而言,还是对于国家而言,毫无疑问都是其发展的必然趋势。关学"与时偕行"的变通智慧就是认知和实践这种发展规律的智慧。"与时偕行"的前提是"识时达务",目标是"因时制宜",但这绝不是"闻风起舞""随波逐流""同而不和",而是在正确价值观的引导下走向世界文明、人类文明。关学"与时偕行"的变通智慧在当前中国的运用,就个人而言,要放眼世界,接受现代文明人应有的基本素养,知行合一,最终将自己塑造成现代公民;就国家而言,要融入世界,接受人类文明社会的价值观念,在人类文明的殿堂中勇往直前。

关学"至和可致"的和谐智慧的运用。我们知道,和平与发展是当今世界的主题,构建和谐社会更是当前中国的任务。关学"至和可致"的和谐智慧正是追求和谐、追求和平的大智慧,在当今中国乃至世界都具有重要的理论价值和应用价值。关学"至和可致"的和谐智慧以"和而不同"为基本价值导向,而完全反对"同而不和";故而,关学所谓的"和谐",是以独立性和多样性为前提的和谐。再者,"至和可致"是以和平的方式追求和谐,而不是其他方式。出于上述考虑,关学"至和可致"的和谐智慧对追求和谐的人有一个基本要求,这就是追求和谐者首先必须具有"和平之德"。何谓"和平之德"?即"内有文明之德"而"外有和悦之气"。

关学,就其存在的空间范围来看,是一个地方学派,但具有世界视域;就其存在的时间范围来看,是一个前现代社会的学派,但不乏现代价值。关学这种前现代社会的地方学派已经终结了——当然,这只是说属于宋明新儒学发展阶段的关学终结了。我们知道,儒学在宋明新儒学之后,又发展出现代新儒学;相应地,关学也应当有属于现代新儒学发展阶段的现代新关学,不妨称之为"新关学"。这就需要现代学人在对关学的继承中不断创新,具体而言,培养关学品格、完善关学理论、运用关学智慧,立足中国、放眼世界,创造出具有现代社会之时代精神的"新关学"。

参考资料

一、古代著作

1. 已点校古籍

［西汉］董仲舒著，周桂钿译注：《春秋繁露》，中华书局，2011年。

［西汉］司马迁：《史记》，中华书局，1959年。

［东汉］荀悦撰，［明］黄省曾注，孙启治校补：《申鉴注校补》，中华书局，2012年。

［唐］韩愈著，刘真伦、岳珍校注：《韩愈文集汇校笺注》，中华书局，2010年。

［北宋］周敦颐著，陈克明点校：《周敦颐集》，中华书局，1990年。

［北宋］张载著，章锡琛点校：《张载集》，中华书局，1978年。

［北宋］张载著，林乐昌编校：《张子全书》，西北大学出版社，2015年。

［北宋］程颢、程颐著，王孝鱼点校：《二程集》，中华书局，1981年。

［北宋］吕大临等著，曹树明点校整理：《蓝田吕氏集》，西北大学出版社，2015年。

［北宋］李复著，魏涛点校整理：《李复集》，西北大学出版社，2015年。

［南宋］胡宏著，吴仁华点校：《胡宏集》，中华书局，1987年。

［南宋］朱熹著，朱人杰、严佐之、刘永翔主编：《朱子全书》，上海古籍出版社，2002年。

[元]脱脱等：《宋史》，中华书局，1985年。

[元]萧㪺、同恕、杨奂著，孙学功点校整理：《元代关学三家集》，西北大学出版社，2015年。

[明]宋濂等：《元史》第14册，中华书局，1976年。

[明]王恕著，张建辉、黄芸珠点校整理：《王恕集》，西北大学出版社，2015年。

[明]薛敬之、张舜典著，韩星点校整理：《薛敬之张舜典集》，西北大学出版社，2015年。

[明]王守仁著，吴光等编校：《王阳明全集》，上海古籍出版社，2014年。

[明]南大吉编撰，梁玉珍、姜继业校注：《渭南志》，陕西人民出版社，2010年。

[明]南大吉著，李似珍点校整理：《南大吉集》，西北大学出版社，2015年。

[明]马理著，许宁、朱晓红点校整理：《马理集》，西北大学出版社，2015年。

[明]吕柟著，赵瑞民点校整理：《吕柟集·泾野子内篇》，西北大学出版社，2015年。

[明]吕柟著，刘学智点校整理：《吕柟集·泾野经学文集》，西北大学出版社，2015年。

[明]吕柟著，米文科点校整理：《吕柟集·泾野先生文集》，西北大学出版社，2015年。

[明]韩邦奇著，魏冬点校整理：《韩邦奇集》，西北大学出版社，2015年。

[明]杨爵著，陈战峰点校整理：《杨爵集》，西北大学出版社，2015年。

[明]冯从吾著，刘学智、孙学功点校整理：《冯从吾集》，西北大学出版社，2015年。

〔明〕冯从吾著，陈俊民、徐兴海点校：《关学编（附续编）》，中华书局，1987年。

〔明〕王徵著，林乐昌编校：《王徵集》，西北大学出版社，2015年。

〔明〕刘宗周著，吴光主编：《刘宗周全集》第四册，浙江古籍出版社，2007年。

〔清〕张廷玉等撰：《明史》，中华书局，1974年。

〔清〕黄宗羲原著，全祖望补修，陈金生、梁运华点校：《宋元学案》，中华书局，1986年。

〔清〕黄宗羲著，沈芝盈点校：《明儒学案》，中华书局，2008年第2版。

〔清〕顾炎武著，华忱之点校：《顾亭林诗文集》，中华书局，1983年第2版。

〔清〕王建常著，李明点校整理：《王建常集》，西北大学出版社，2015年。

〔清〕王弘撰著，孙学功点校整理：《王弘撰集》，西北大学出版社，2015年。

〔清〕李颙著，陈俊民点校：《二曲集》，中华书局，1996年。

〔清〕李颙著，张波编校：《李颙集》，西北大学出版社，2015年。

〔清〕王心敬著，刘宗镐、苏鹏点校整理：《王心敬集》，西北大学出版社，2015年。

〔清〕全祖望著，朱铸禹汇校集注：《全祖望集汇校集注》，上海古籍出版社，2000年。

〔清〕戴震：《戴震集》，上海古籍出版社，2009年。

〔清〕李元度著，易孟醇点校：《国朝先正事略》，岳麓书社，2008年。

〔清〕李元春著，王海成点校整理：《李元春集》，西北大学出版社，2015年。

〔清〕贺瑞麟著，王长坤、刘峰点校整理：《贺瑞麟集》，西北大学出版社，2015年。

［清］刘光蕡著，武占江点校整理：《刘光蕡集》，西北大学出版社，2015年。

［清］严复著，王栻主编：《严复集》第三册，中华书局，1986年。

［清］牛兆濂著，王美凤等点校整理：《牛兆濂集》，西北大学出版社，2015年。

王美凤整理编校：《关学史文献辑校》，西北大学出版社，2015年。

2. 未点校古籍

［南宋］刘荀：《明本释》，《景印文渊阁四库全书》第703册，台湾商务印书馆，1983年。

［南宋］林駉：《古今源流至论前集》，《景印文渊阁四库全书》第942册，台湾商务印书馆，1983年。

［南宋］林駉：《古今源流至论后集》，《景印文渊阁四库全书》第942册，台湾商务印书馆，1983年。

［南宋］林駉：《古今源流至论续集》，《景印文渊阁四库全书》第942册，台湾商务印书馆，1983年。

［南宋］黄履翁：《古今源流至论别集》，《景印文渊阁四库全书》第942册，台湾商务印书馆，1983年。

［明］王承裕：《少保王康僖公文集》，《明别集丛刊》第1辑第81册，黄山书社，2013年。

［清］永瑢等：《四库全书总目》，中华书局，1965年。

［清］王心敬：《尚书质疑》，《四库全书存目丛书·经部》第59册，齐鲁书社，1997年。

［清］王心敬：《丰川全集正编》，《四库全书存目丛书·集部》第278册，齐鲁书社，1997年。

［清］王心敬：《丰川全集外编》，康熙五十五年（1716）额伦特刻本。

［清］王心敬：《丰川续集》，《四库全书存目丛书·集部》第279册，齐鲁书社，1997年。

［清］史调：《史复斋文集》，《四库全书存目丛书·集部》第281册，齐鲁书社，1997年。

［清］杨屾：《豳风广义》，《续修四库全书》第978册，上海古籍出版社，2002年。

［清］杨屾：《知本提纲》，民国十二年（1923）重刻本。

［清］张秉直：《治平大略》，光绪元年（1875）传经堂刻本。

［清］张秉直：《开知录》，光绪元年（1875）传经堂刻本。

［清］张秉直：《萝谷文集》，道光九年（1829）中和堂刻本。

［清］孙景烈：《滋树堂文集》，《清代诗文集汇编》第307册，上海古籍出版社，2010年。

［清］刘绍攽：《皇极经世书发明》，《四库未收书辑刊》第3辑第23册，北京出版社，2000年。

［清］刘绍攽：《卫道编》，《四库未收书辑刊》第6辑第12册，北京出版社，2000年。

［清］刘绍攽：《二南遗音》，《四库全书存目丛书·集部》第412册，齐鲁书社，1997年。

［清］刘绍攽：《九畹古文》，乾隆八年（1743）刘氏传经堂刻本。

［清］刘绍攽：《九畹续集》，乾隆四十三年（1778）刘氏传经堂刻本。

［清］周元鼎：《汇菊轩文集》，咸丰十年（1860）守泽草堂刻本。

［清］祝垲：《体微斋遗编》，光绪十六年（1890）刻本。

［清］柏景伟：《沣西草堂文集》，光绪二十六年（1900）排印本。

［清］曾国藩：《曾国藩全集·奏稿（九）》，岳麓书社，1994年。

［清］左宗棠：《左宗棠全集·奏稿（三）》，岳麓书社，1989年。

［清］刘光蕡：《刘古愚遗稿》，香港天马出版有限公司，2015年。

［民国］宋伯鲁：《还读斋杂述》，民国十二年（1923）海棠仙馆刊本。

［民国］张元勋：《原道》，己未春尊经堂校印本。

［民国］郭希仁：《思斋文存》，民国间铅印本。

［民国］陈涛：《审安斋遗稿》，民国十三年（1924）铅印本。

［民国］孙乃琨：《灵泉文集》，济南善成合记印务局，1940年。

［民国］李铭诚：《庇荫轩存稿》，民国三十五年（1946）排印本。

二、现代著作

1. 学术专著

侯外庐：《中国思想通史》第四卷（上册），人民出版社，1959年。

姜国柱：《张载的哲学思想》，辽宁人民出版社，1982年。

陈俊民：《张载哲学思想及关学学派》，人民出版社，1986年。

张岱年：《中国古典哲学概念范畴要论》，中国社会科学出版社，1989年。

劳思光：《新编中国哲学史》第三卷上册，三民书局，1987年。

张立文：《中国哲学范畴发展史（天道篇）》，中国人民大学出版社，1988年。

张鹏一：《刘古愚年谱》，陕西旅游出版社，1989年。

程宜山：《张载哲学的系统分析》，学林出版社，1989年。

朱建民：《张载思想研究》，文津出版社，1989年。

张世英：《天人之际：中西哲学的困惑与选择》，人民出版社，1995年。

陈钟凡：《两宋思想述评》，东方出版社，1996年。

龚杰：《张载评传》，南京大学出版社，1996年。

蒙培元：《理学范畴系统》，人民出版社，1998年。

姜广辉：《走出理学——清代思想发展的内在理路》，辽宁教育出版社，1997年。

林继平：《李二曲研究》，台湾商务印书馆，1999年第2版。

丁为祥：《虚气相即——张载哲学体系及其定位》，人民出版社，2000年。

姜国柱：《张载关学》陕西人民出版社，2001年。

陈少峰：《宋明理学与道家哲学》，上海文化出版社，2001年。

陈远宁：《中国佛教与宋明理学——一次本土文化与外来文化融合的成功例证》，湖南人民出版社，2002年第2版。

赵吉惠：《21世纪儒学研究的新拓展》，社会科学文献出版社，2004年。

赵吉惠、刘学智主编：《张载关学与南冥学研究》，社会科学文献出版社，2004年。

王毓瑚：《中国农学书录》，中华书局，2006年。

李克明、邓剑主编：《党晴梵诗文集》，陕西人民教育出版社，2007年。

冯友兰：《新原道》，生活·读书·新知三联书店，2007年。

牟宗三：《中国哲学的特质》，上海古籍出版社，2007年。

张岂之：《中华人文精神》（增订本），陕西人民出版社，2007年。

范寿康：《中国哲学史通论》，武汉大学出版社，2008年。

张世英：《哲学导论》，北京大学出版社，2002年。

曾雄生：《中国农学史》，福建人民出版社，2008年。

杨立华：《气本与神化：张载哲学述论》，北京大学出版社，2008年。

杨伯峻：《论语译注》，中华书局，2009年。

杨国荣：《历史中的哲学》，华东师范大学出版社，2009年。

赵林：《西方哲学史讲演录》，高等教育出版社，2009年。

陈来：《宋明理学》，生活·读书·新知三联书店，2011年。

方东美：《新儒家哲学十八讲》，中华书局，2012年。

杨国荣：《善的历程——儒家价值体系研究》，中国人民大学出版社，2012年。

乐爱国：《为天地立心：张载自然观》，海天出版社，2013年。

赵馥洁：《关学精神论》，西北大学出版社，2015年。

刘学智：《关学思想史》，西北大学出版社，2015年。

杨国荣：《哲学的视域》，生活·读书·新知三联书店，2014年。

郑臣：《内圣外王之道：实践哲学视域内的二程》，上海人民出版社，2015年。

刘宗镐：《王心敬评传》，西北大学出版社，2015年。

吕思勉：《理学纲要》，商务印书馆，2015年。

冯契：《冯契文集》第六卷，华东师范大学出版社，2016年。

张岱年：《中国哲学大纲》，商务印书馆，2015年。

朱汉民：《儒学的多维视域》，东方出版社，2015年。

杨国荣：《哲学引论》，高等教育出版社，2015年。

林乐昌：《张载理学与文献探研》，人民出版社，2016年。

陈来：《孔子·孟子·荀子：先秦儒学讲稿》，生活·读书·新知三联书店，2017年。

赖永海：《佛学与儒学》（修订版），中国人民大学出版社，2017年。

郭齐勇：《中国哲学史十讲》，复旦大学出版社，2020年。

［美］郝大维、安乐哲：《通过孔子而思》，何金俐译，北京大学出版社，2005年。

［美］杜维明：《儒教》，陈静译，上海古籍出版社，2008年。

孔祥来、陈佩钰编：《杜维明思想学术文选》，上海古籍出版社，2014年。

［美］杜维明：《二十一世纪的儒学》，中华书局，2014年。

［英］彼得·伯克：《什么是文化史》，蔡玉辉译，北京大学出版社，2009年。

［意］贝奈戴托·克罗齐著，［英］道格拉斯·安斯利英译：《历史学的理论和实际》，傅任敢译，商务印书馆，2018年。

［日］沟口雄三：《中国前近代思想的屈折与展开》，龚颖译，生活·读书·新知三联书店，2011年。

［日］小野泽精一、福永光司、山井涌编：《气的思想——中国自然观与人的观念的发展》，李庆译，上海人民出版社，2014年。

2. 期刊论文

张鹏一：《古愚先生没后二十七周年学说纪念文》，《陕西教育旬刊》第二卷第32/33/34合刊，1934年。

曹冷泉：《关学概论》，《西北文化月刊》1941年第1卷第3期。

张蕴：《考古鼻祖北宋吕大临家族墓地出土文物》，《收藏》2010年第7期。

林乐昌：《论张载的理学纲领与气论定位》，《孔学堂》2020年第1期。

陈祖武：《关于李颙研究中的几个问题》，《中国社会科学研究生院学报》1987年第2期。

万国鼎：《"氾胜之书"的整理和分析兼和石声汉先生商榷》，《南京农学院学报》1957年第2期。

邓晓芒：《论中国哲学中的反语言学倾向》，《中州期刊》1992年第2期。

刘学智：《理学视域下的〈吕氏乡约〉》，《陕西师范大学学报》（哲学社会科学版）2018年第3期。

刘宗镐：《论关学的心学化及其价值》，《人文杂志》2018年第12期。

吕妙芬：《杨屾〈知本提纲〉研究——十八世纪儒学与外来宗教融合之例》，《中国文哲研究集刊》第四十期，2012年。

张立文：《关学的共同体智慧》，《光明日报》2016年4月18日第16版。

后 记

2020年是关学开山祖师张载的千年诞辰。昔人云："唤起昔贤梦，千载续遗芳。"依此来看，阐发张载遗留的学术思想不失为纪念这位先哲的好方法。这正是《关学引论》的撰写缘起。

我之所以将拙著命名为"关学引论"，出于两方面的考虑：一方面，这是对关学的探讨，试图引而申之，以发掘其哲学思想；另一方面，"引论"有抛砖引玉之意，是希望关注关学之哲学思想的学者探赜索隐、发覆去蔽，弘扬关学的哲学思想精华，突显关学的学术价值。

《关学引论》的完成，离不开我的老师张岂之先生和刘学智教授的教诲和提携。对我从事关学研究，张先生多有鼓励，先生"兼和·守正·日新"的教诲，我时刻铭记于心；刘教授更是大力提携，《关学引论》能够跻身"关学文丛"，成为其中的一册，就是刘老师极力推荐的结果。我在学习和研究中偶有所获，便念及老师的教诲；每每念及，便不胜感激。

《关学引论》的完成也得益于同事、亲人和学生的帮助。我在西北大学关学研究院的同事魏冬教授、王美凤教授和刘峰博士，都向我提供了相关的研究资料，对该书的撰写很有帮助。《关学引论》定稿之际，我不慎左眼染疾，不得不中止修订工作。书中未校对的引文和脚注，由内子苏鹏博士和我的硕士研究生罗进林同学完成。对以上诸人的帮助，在此表示衷心的感谢！此外还要感谢陕西师范大学出版总社编辑张爱林女士，她的负责的态度和辛勤的工作，保证了拙著的及时出版。

张载说："学贵心悟，守旧无功。"我非常喜欢这句话，将其作为我从事学术研究的座右铭，《关学引论》的撰写尤其如此。故而，赵馥洁先生说《关学引论》

的"一些提法颇有新意",业师刘学智教授也称其中"许多论述颇富新意"。但由于种种原因,本书亦难免存在不足甚或错误,望读者朋友指正!

刘宗镐

2020年11月28日

写于西北大学关学研究院